COURS DE GEOGRAPHIE
PREMIÈRE ANNÉE

LE MONDE.

657. — ABBEVILLE. — TYP. ET STÉR. GUSTAVE RETAUX.

ENSEIGNEMENT SECONDAIRE SPÉCIAL

PREMIÈRE ANNÉE

COURS DE GÉOGRAPHIE

LE MONDE

DESCRIPTION PHYSIQUE ET POLITIQUE

DES CINQ PARTIES DU MONDE

ÉTUDE DÉTAILLÉE DE L'EUROPE

PAR

M. E. KLEINE

SOUS-CHEF DU BUREAU DES TRAVAUX HISTORIQUES AU MINISTÈRE
DE L'INSTRUCTION PUBLIQUE
CHEVALIER DE LA LÉGION D'HONNEUR

2ᵉ ÉDITION
ornée de 6 cartes imprimées en couleur et de cartes en noir dans le texte.

PARIS

P. DUCROCQ, LIBRAIRE-ÉDITEUR

55, RUE DE SEINE, 55

1879

LE MONDE

LIVRE I.

GÉOGRAPHIE GÉNÉRALE

CHAPITRE I.

LE GLOBE TERRESTRE.

La terre dans le système solaire.

Un des savants les plus célèbres et les plus spirituels du siècle dernier, Fontenelle, a très-exactement et très-finement expliqué la situation de notre globe dans l'ensemble du système solaire ; il a, avec autant d'ironie que de vérité, marqué la place de notre monde dans les mondes innombrables au milieu desquels nous sommes comme perdus.

« De la terre où nous sommes, ce que nous voyons de plus éloigné, c'est le ciel bleu, cette grande voûte, où il semble que les étoiles sont attachées comme des clous. On les appelle fixes, parce qu'elles ne paraissent avoir que le mouvement de leur ciel, qui les emporte avec lui d'orient en occident. Entre la terre et cette dernière voûte des cieux, sont suspendus, à différentes hauteurs, le soleil et la lune, et les autres astres qu'on appelle planètes.

« Notre folie, à nous autres, est de croire que toute la nature, sans exception, est destinée à nos usages ; et quand on demande à certains philosophes à quoi sert ce nombre prodigieux d'étoiles fixes, ils vous répondent froidement qu'elles servent à leur réjouir la vue. Sur ce principe on ne manqua pas d'abord d'imaginer qu'il fallait que la terre fût en repos au centre de l'univers, tandis que tous les corps célestes, qui étaient faits pour elle, prendraient la peine de tourner alentour pour l'éclairer. La terre se trouvait justement au milieu des cercles que décrivent les planètes, et ils étaient d'autant plus grands qu'ils étaient plus éloignés de la terre.

« Vient un Allemand, *Copernic* (1472-1543 après Jésus-Christ), qui fait main basse sur tous ces cercles différents et sur tous ces cieux solides qui avaient été imaginés par l'antiquité. Saisi d'une noble fureur d'astronome, il prend la terre et l'envoie bien loin du centre de l'univers, où elle était placée, et dans ce centre, il y met le soleil, à qui cet honneur était bien mieux dû. Les planètes, ne tournant plus autour de la terre, ne la renferment plus au milieu du cercle qu'elles décrivent. Tout tourne présentement autour du soleil ; la terre y tourne elle-même.

« Une boule qui roulerait sur une allée aurait deux mouvements. Elle irait vers le bout de l'allée, et en même temps elle tournerait plusieurs fois sur elle-même, en sorte que la partie de cette boule qui est en haut descendrait en bas, et que celle d'en bas monterait en haut. La terre fait la même chose. Dans le temps qu'elle avance sur le cercle qu'elle décrit en un an autour du soleil, elle tourne sur elle-même en vingt-quatre heures. Ainsi, en vingt-quatre heures, chaque partie de la terre perd le soleil et le recouvre ; et à mesure qu'en tournant, on va vers le côté où est le soleil, il semble qu'il s'élève, et quand on commence à s'en éloigner, en continuant le tour, il semble qu'il s'abaisse.

« Mais si la terre tourne, nous changeons d'air à chaque moment et nous respirons toujours celui d'un autre pays. — Nullement, l'air qui environne la terre ne s'étend que jusqu'à une certaine hauteur, peut-être jusqu'à vingt lieues tout au plus ; il nous suit et tourne avec nous. Vous avez vu quelquefois l'ouvrage d'un ver à soie, ou ces coques que ces petits animaux travaillent avec tant d'art pour s'y emprisonner. Elles sont d'une soie fort serrée, mais elles sont couvertes d'un certain duvet fort léger et fort lâche. C'est ainsi que la terre, qui est assez solide, est couverte, depuis sa surface jusqu'à une certaine hauteur, d'une espèce de duvet qui est l'air et toute la coque du ver à soie tourne en même temps. Au delà de l'air, est la matière céleste, incomparablement plus pure, plus subtile et même plus agitée qu'il n'est.

« C'est pourtant sur cette coque de ver à soie qu'il se fait de si grands travaux, de si grandes guerres, et qu'il règne de tous côtés une si grande agitation [1]. »

Forme de la terre. — Les pôles.

La terre est une boule. Chacun s'en peut assurer par ses yeux. Transportons-nous dans une vaste plaine de l'Arabie, ou sur la haute mer. Pourquoi les tours, les vaisseaux, les montagnes, lorsque nous nous en éloignons, semblent-ils se plonger sous l'horizon? Et pourquoi, au contraire, lorsque nous en approchons, ces objets se montrent-ils d'abord par le sommet et ne découvrent-ils que successivement leur milieu et leur base?

1. Fontenelle. *Entretiens sur la pluralité des Mondes.*

C'est que toute plaine apparente sur la terre est une surface courbe. Cette observation répétée partout démontre bien que la surface de la terre est à peu près régulièrement courbée.

De plus, les nombreux voyages faits autour du monde ont clairement établi la forme de la terre et les calculs astronomiques ont achevé la démonstration. La hauteur des montagnes ne prouve rien contre la rotondité de la terre, car ces irrégularités, qui nous semblent énormes, sont à peine sensibles lorsqu'on embrasse un globe aussi vaste, et on a dit mille fois qu'elles ne se remarquaient pas plus que les aspérités de la peau d'une orange.

Toutefois, il est bien reconnu aujourd'hui que la sphère terrestre n'est point parfaite : à ses deux extrémités elle est très-sensiblement aplatie. On a donné à ces extrémités le nom de POLES, d'un mot grec qui veut dire *pivot*. Car à ces extrémités est supposée s'appuyer une ligne idéale passant par le centre et autour de laquelle la terre accomplit son mouvement de rotation sur elle-même. Cette ligne idéale est l'AXE de la terre.

Étoile polaire. — Les deux pôles. — Les quatre points cardinaux.

C'est le ciel qui nous a aidés à nous reconnaître sur la terre. L'homme a de bonne heure compris l'utilité que pouvaient lui offrir les étoiles et n'a pas tardé à remarquer leur mouvement, les dessins qu'elles représentaient rassemblés par groupes et, selon l'éclat dont elles brillaient, leur importance. Les étoiles donc ont servi à nous donner des points de repère, des points principaux, autrement dits *cardinaux*, à l'aide desquels nous déterminons les diverses directions.

Certaines étoiles forment comme un chariot ou une ourse : on les appelle pour cela la constellation de la *grande ourse*; les anciens disaient le *septentrion*. Une autre constellation d'une forme analogue, mais disposée dans un ordre inverse, a reçu le nom de *petite ourse*. Là se trouve une étoile, la plus rapprochée de l'axe dans lequel tourne la terre et qui, pour cette raison, nous paraît presque immobile. C'est l'*étoile polaire*, appelée ainsi à cause de son voisinage d'un des pôles de la terre. On est convenu d'appeler le pôle voisin de cette étoile le POLE NORD. On a donc eu un point de repère, un point fixe. Avec celui-là il a été aisé de déterminer les autres. Le pôle opposé a été appelé le POLE SUD ou POLE ANTARCTIQUE. Dans le jour, la position du soleil indique l'ORIENT, point où il se lève, l'OCCIDENT, point où il se couche. Ainsi, la nuit l'étoile polaire, dans le jour le soleil, nous donnent les quatre points CARDINAUX c'est-à-dire ceux à l'aide desquels on peut diriger sa marche dans n'importe quelle contrée. Du reste, dès que le *nord* est connu, les autres points sont faciles à trouver. Lorsque nous regardons le *nord*, l'*orient* est à notre droite, l'*occident* à notre gauche, le *sud* derrière nous. Si l'on regarde le midi, c'est le contraire.

Entre les quatre points cardinaux, il y en a d'intermédiaires. Ainsi, on dit le *nord-est*, point entre le *nord* et l'*est*; le *sud-est*, point entre l'*est* et le *sud*, et ainsi de suite : sud-ouest, nord-ouest.

L'ensemble de toutes ces directions a été bien relevé et on a constitué, avec les quatre branches principales, compliquées des branches intermédiaires, une sorte de rosace, dite *rose des vents*, qui compte *trente-deux* feuilles, c'est-à-dire qui indique trente-deux points différents d'où peuvent venir les vents.

En géographie, se diriger se dit aussi *s'orienter,* parce que le soleil nous guide principalement. A six heures du matin il se trouve à l'orient, à l'*est*; au milieu de la journée au sud ou *midi* (milieu du jour) ; à six heures du soir à l'*ouest.* Mais dans les temps couverts et surtout quand on a besoin, comme dans les voyages maritimes, d'indications très-précises, on se sert d'un instrument bien simple mais bien utile, auquel l'homme a dû de pouvoir s'élancer avec confiance sur toutes les mers, la boussole, dont l'aiguille aimantée tourne toujours une de ses pointes vers le nord.

Mesure de la terre. — L'équateur. — Longitude et latitude.

Pour faciliter la mesure de la terre et l'évaluation des distances, on a imaginé un cercle courant autour de la partie la plus renflée de la terre et à une égale distance des deux pôles. Ce cercle s'appelle l'équateur, parce qu'il divise le globe terrestre en deux parties égales.

Puis on a conduit parallèlement à ce cercle d'autres cercles qui, de chaque côté, vont en se rétrécissant, comme la terre, à mesure qu'on approche des pôles. Ces cercles sont appelés parallèles : ils servent à marquer la latitude, c'est-à-dire la distance d'un lieu à l'équateur. Deux points extrêmes, séparés par des milliers de lieues, peuvent avoir la même latitude, c'est-à-dire être dans la même situation relativement à l'équateur. Cela est très-important pour se rendre compte de la différence ou de la resssemblance des climats.

Les astronomes et les géographes ont aussi imaginé d'autres cercles dirigés en sens contraire des premiers, passant par les pôles, et par conséquent perpendiculaires à l'équateur. Ces cercles ont été appelés MÉRIDIENS, parce que, sur tous les points où passent ces cercles, il est midi au même moment. Et cela s'explique. La terre tourne de l'ouest à l'est. Tous les points donc qui se trouvent sur la même ligne du nord au sud, marchent de front, tournent ensemble, s'approchent ou s'éloignent ensemble du soleil qui ne peut pas éclairer l'un avant l'autre. Au contraire, tous les points qui sont situés sur une **parallèle**, se présentent successivement devant le soleil et ne peuvent avoir midi à la même heure.

Les méridiens servent à mesurer la LONGITUDE, c'est-à-dire la distance d'un lieu à un méridien principal qu'on a pris pour point de départ. En France, on a choisi comme point de départ le méridien qui passe par Paris.

Les méridiens qui sont à l'est du méridien de Paris marquent la LONGITUDE ORIENTALE; ceux qui se trouvent à l'ouest, la LONGITUDE OCCIDENTALE. Il y en a 180 d'un côté et 180 de l'autre, car la terre est une sphère, et on sait qu'une sphère se divise, en géométrie, en 360 degrés.

On dira donc : *telle ville est au 20ᵉ degré de longitude orientale* pour exprimer son éloignement du méridien de Paris, et *au 15ᵉ degré de latitude ou nord ou sud* pour exprimer son éloignement de l'équateur et à quelle distance elle se trouve soit au sud, soit au nord du milieu de la terre.

Tropiques et zones.

Dans le mouvement de la terre autour du soleil, il arrive des moments où la partie éclairée embrasse la même surface que la partie non éclairée. Alors la durée du jour se trouve égale à celle de la nuit pour tous les points du globe terrestre. Les époques auxquelles le centre de la terre se trouve dans cette position s'appellent ÉQUINOXES. Mais la révolution de la terre autour du soleil ne se fait pas dans le plan même de l'équateur. De sorte que les rayons du soleil ne tombent pas toujours à plomb sur l'équateur. Le soleil paraît tantôt avancer, tantôt reculer au delà. Les cercles parallèles qui marquent la limite où il s'avance en été, et la limite où il recule en hiver, s'appellent TROPIQUES (d'un mot grec qui veut dire retour). Le premier est le TROPIQUE DU CANCER ; le second, le TROPIQUE DU CAPRICORNE.

On a également distingué des cercles qui sont aussi éloignés des pôles que les tropiques sont éloignés de l'équateur : ce sont les CERCLES POLAIRES.

On a appelé les espaces compris entre ces cercles polaires et les tropiques des ZÔNES ou bandes.

Les zônes renfermées entre les cercles polaires du nord et du sud sont les ZÔNES GLACIALES : elles sont privées du soleil une grande partie de l'année. Les deux zônes comprises entre chacun des cercles polaires et chacun des tropiques sont les ZÔNES TEMPÉRÉES, parce qu'elles ne reçoivent jamais les rayons du soleil à plomb. Enfin la zône comprise entre les tropiques et par le milieu de laquelle passe l'équateur est la zône TORRIDE.

La terre a, nous l'avons dit, deux mouvements, l'un sur elle-même, qui produit le *jour* et la *nuit* ; l'autre autour du soleil qui se fait en 365 jours 24' 2" et qui constitue la période de l'*année*.

Les saisons.

Dans le mouvement autour du soleil chaque partie de la terre s'en rapproche ou s'en éloigne. Lorsqu'un pays se rapproche du soleil, il est frappé plus directement par les rayons brûlants, la chaleur augmente ainsi que la lumière, les jours sont plus longs et les moissons mûrissent. C'est l'*été*. Lorsqu'il s'éloigne, au contraire, il ne reçoit plus les rayons du soleil que d'une manière oblique; les jours diminuent ainsi que la chaleur et la neige couvre la terre. C'est l'*hiver*. Ce sont là les deux grands changements, les deux *saisons* principales. Mais il y a deux périodes intermédiaires. Dans l'une, le pays se rapproche tous les jours un peu du soleil et n'éprouve pas encore les chaleurs excessives de l'été; c'est le *printemps* où tout germe et fleurit.

Dans l'autre, le pays s'éloigne peu à peu du soleil sans perdre tout de suite sa chaleur; c'est l'*automne*, où les feuilles jaunissent et tombent.

Le premier jour du printemps et de l'automne les *jours* sont *égaux* aux nuits; ce sont les **équinoxes**, dont nous avons parlé; la terre se trouve à ce moment partagée également; une moitié éclairée, une moitié sombre.

On appelle *solstice* (sol et stare), le jour où le soleil semble arrivé au terme de sa course soit ascendante soit descendante. Ainsi le plus petit jour de l'année c'est le *solstice d'hiver*, le plus long c'est le *solstice d'été*.

Dans chaque pays les *saisons* changent de caractère. Et cela se conçoit. La terre étant renflée au milieu, les différents points ne peuvent recevoir une égale quantité de chaleur et de lumière; à mesure qu'on s'avance vers les extrémités de la boule, la chaleur diminue. Il y a des pays où les hivers sont de six mois. Il y en a d'autres, au contraire, où il ne gèle jamais, la saison d'hiver n'est que la saison des fortes pluies. Ce sont les différents climats que nous étudierons plus loin.

Cartes. — La Mappemonde.

Pour représenter la terre, le mieux était naturellement de façonner des globes à son image : on a construit des sphères sur lesquelles les différentes parties de la terre sont dessinées avec toute l'exactitude possible. Mais ces sphères, ces globes terrestres ne sont pas, s'ils ont une dimension un peu grande, d'un usage facile ; s'ils sont réduits, ils n'offrent pas assez de surface pour contenir les détails. Il faut donc, le plus souvent, renoncer à ces globes et se contenter de simples tableaux qui ne présentent pas l'image réelle de la terre, mais sur lesquels on peut au moins dessiner la forme des différentes parties ; ce sont les *cartes géographiques*.

Si la carte représente le monde entier, c'est la mappemonde (le mot carte en anglais se dit *map*). Ordinairement une mappemonde se divise en deux hémisphères, pour conserver au moins quelque chose de la forme de la terre : c'est comme une boule coupée en deux parties égales.

Quelquefois cependant on ne cherche pas à représenter la rondeur de la terre et on dessine tout uniment les diverses parties de la terre sur une carte carrée.

Ce sont les *degrés de longitude* et *de latitude* qui ont permis de dresser des cartes avec une exactitude mathématique et ce sont les degrés qui servent, comme nous l'avons dit, à indiquer les distances. Les degrés se divisent en *minutes* et en *secondes*. Sur une carte, les degrés de longitude vont de haut en bas, les degrés de latitude de gauche à droite.

Sur les cartes, le *nord* est en haut, l'*est* à droite, le *sud* en bas, l'*ouest* à gauche.

Mais on ne saurait tracer des méridiens ni des parallèles arbitrairement : il faut pour obtenir sur une surface plane la reproduction vraie de lignes tracées sur un globe avoir recours aux procédés de la géométrie descriptive, à la *projection*.

« Pour donner une idée des procédés employés sous le nom de *projection* dans la construction des cartes, imaginons qu'on ait d'abord exécuté un globe terrestre creux en papier, avec méridien et parallèle. Découpons-en maintenant une portion destinée à devenir une carte, par exemple la région dont l'équateur occupe le milieu.

« Déroulons cette bande, et les méridiens ou plutôt les portions de méridiens seront représentées par des lignes droites parallèles, à égale distance les unes des autres ; les parallèles seront figurées par des lignes parallèles et équidistantes. Voilà le canevas le plus simple à tracer ; c'est un réseau formé de carrés égaux. Si donc nous voulons faire la carte de toute la région équatoriale, nous n'avons qu'à tracer sur une feuille de papier des lignes équidistantes s'entrecoupant perpendiculairement ou, mieux encore, à prendre une feuille de papier tout quadrillé. Les lignes dirigées dans un sens seront les méridiens, celles qui sont perpendiculaires seront les parallèles. Il ne reste plus qu'à y placer les divers points du globe déterminé chacun par sa longitude et sa latitude.

« Si du globe en papier on découpe une portion quelconque plus ou moins étendue, il est facile de voir qu'on ne pourra plus l'aplanir et que, pour la reproduire sur une feuille de papier sans trop d'inexactitude, il faudra représenter les parallèles par des *courbes parallèles* et équidistantes, et les méridiens par des lignes droites ou plus exactement par des *courbes* équidistantes et *convergentes*. La convergence devra être d'autant plus prononcée que la portion représentée sera plus voisine de l'un des pôles (1). »

Étendue relative des terres et des eaux.

A la surface de notre globe nous voyons en bien inégale quantité de la *terre* et des *eaux*.

Le globe terrestre offre une superficie de 510 millions de kilomètres carrés. Les terres n'occupent environ que le quart.

Autrefois même la mer a couvert à peu près toute la terre.

« La géologie nous apprend comment on a pu déterminer ses limites successives aux divers âges de notre planète. Mais il n'est pas nécessaire de remonter à des époques très-reculées pour être témoin des envahissements ou du retrait des eaux.

« Le détroit de Gibraltar, que les anciens appelaient les *Colonnes d'Hercule*, est une conquête de l'Océan. Jusqu'à nos jours il s'est élargi. En 1748, par une mer très-basse, on a découvert, dans la partie océanique du détroit, le fameux temple d'Hercule dont on a retiré plusieurs débris.

« Une des plus désastreuses irruptions de la mer que nous connaissions est celle qui, en 1446, submergea plus de deux cents bourgs de la Frise et de la Zélande. On a vu longtemps encore après la catastrophe les sommets des tours et les pointes des clochers s'élevant au-dessus de la surface de l'eau. On pourrait multiplier beaucoup les exemples des variations dans le fond des mers. Ici des villes, des contrées entières sont recouvertes par les eaux. Dans le nord de la Suède, la mer

---

1. Félix Hément. *Notions de Cosmographie.*

paraît se retirer, tandis qu'elle envahit lentement le sud de cette contrée.

Des variations continuelles se produisent dans le bassin des mers. Elles sont généralement très-lentes et difficiles à suivre, mais petit à petit, elles acquièrent une grande importance. Quelquefois elles sont brusques, accompagnées de phénomènes désastreux qui effrayent l'homme et paraissent troubler l'harmonie de l'univers.

« Tous les jours l'Océan semble jeter un défi à la terre. Il se retire comme le lutteur pour s'élancer avec plus de force contre les barrières qu'il voudrait franchir. Deux fois par jour il s'agite et couvre de ses eaux de grandes étendues de côtes ; deux fois il se retire, abandonnant aux hommes un grand nombre d'épaves marines. Mais, contenue par une main puissante et invisible, il ne dépasse jamais une limite que tous les jours il peut atteindre. Il s'avance et se retire à des heures si bien réglées que l'homme a pu déterminer pour chaque point des côtes l'heure de la haute mer et l'heure de la basse mer (1). »

CHAPITRE II.

LES EAUX.

Les cinq océans.

Nous voyons à la surface du globe terrestre, de la terre et des eaux, mais à vrai dire le fond des mers est la suite

1. M. Sonrel. *Le fond de la mer, Bibliothèque des Merveilles.*

immédiate du sol sur lequel nous habitons. On y retrouve les mêmes accidents géographiques, plaines, vallées, ravins, collines, escarpements, immenses étendues de vase, etc. — Si l'on faisait abstraction de l'eau, on verrait, au fond de la mer, la continuation des chaînes de montagnes de notre terre et des plissements du sol analogues à ceux que nous avons sous les yeux. Mais l'eau a tout recouvert et nous ne pouvons contempler que d'immenses surfaces mobiles. Ces plaines d'eau dont l'étendue a longtemps effrayé l'homme, s'appellent les *Océans*.

A proprement parler, il n'y a qu'une mer, qu'un Océan. Embarquez-vous au Havre, naviguez au couchant, doublez l'Amérique, remontez vers l'Océanie, visitez les côtes de la Chine et les rivages de l'Inde, revenez en suivant les côtes d'Afrique et d'Europe, vous rentrerez au Havre sans avoir été obligé de descendre de votre vaisseau. Ce sont bien les mêmes flots qui vous ont porté.

Mais pour se reconnaître plus facilement sur cette immense étendue d'eau, on distingue cinq parties de l'Océan.

L'océan, qui s'étend entre l'Europe et l'Afrique d'un côté, et les deux Amériques de l'autre, s'appelle l'*Atlantique*.

Celui qui s'étend entre l'Amérique et la Chine s'appelle le *Pacifique*.

Celui qui baigne les côtes des Indes et la côte orientale de l'Afrique, l'*océan Indien*.

Enfin l'océan, lorsqu'il s'approche du pôle nord, prend le nom d'*océan Glacial arctique*, et lorsqu'il s'approche du pôle sud, prend le nom d'*océan Glacial antarctique*.

Détroits et caps.

Les cinq océans communiquent entre eux généralement par de vastes espaces, mais aussi par des passages resserrés entre les terres et qu'on nomme *détroits*.

Ainsi l'océan Atlantique communique librement au nord de l'Europe avec l'océan Glacial arctique, mais, au nord-ouest de l'Amérique, il passe par le DÉTROIT DE DAVIS.

Au midi, il se confond librement avec l'océan Glacial austral, puis à l'est, doublant la pointe de l'Afrique au *cap* de *Bonne-Espérance*, il se confond avec l'océan Indien ; à l'ouest, doublant la pointe de l'Amérique du sud ou *cap Horn*, il se confond avec l'océan Pacifique. Les navires mêmes peuvent ne point aller jusqu'au cap Horn : le DÉTROIT DE MAGELLAN, au sud de l'Amérique, ouvre déjà un passage pour aller de l'Atlantique au Pacifique.

De même, l'océan Pacifique communique librement avec l'océan Austral, mais les îles de l'Océanie ont surgi entre lui et l'océan Indien, ne laissant que des détroits dont profite la navigation : détroit de BASS entre l'Australie et la Tasmanie ; détroit de TORRÈS au nord de l'Australie et mer de *Lanchidol* ; détroit de la SONDE entre les îles de Sumatra et de Java ; détroit de MALACCA entre l'île de Sumatra et l'extrémité de l'Indo-Chine.

Au nord, il communique avec l'océan Glacial arctique par le détroit de BEHRING, entre l'Amérique et l'Asie.

Marées et courants.

Si les eaux n'avaient à subir l'action des vents et des astres, notamment de la lune, elles garderaient leur équilibre. Le vent agite leur surface; la lune agit sur leur masse : elle les attire, les élève, et comme le mouvement de la terre empêche que cette action soit perpétuelle, les eaux retombent et s'élèvent tour à tour : ces ondulations constituent les *vagues*. La marche apparente des vagues est une illusion des yeux produite par le mouvement continuel : elles n'avancent pas et ne reculent pas.

Mais la mer marche. Elle avance vers le rivage où elle se retire. Elle s'élève et elle s'abaisse deux fois par jour. L'intervalle entre l'élévation et l'abaissement des eaux s'appelle MARÉE. Pendant six heures la mer monte, c'est le FLUX ou flot ; et lorsqu'elle a atteint son niveau le plus élevé, on dit que la mer est *haute*. Elle descend ensuite, c'est le REFLUX ou *jusant* ; et, lorsqu'elle est arrivée à son point le plus bas, on dit que la mer est *basse*. Chaque jour la haute mer vient quarante-neuf minutes plus tard que le jour précédent.

La cause de ce soulèvement des eaux est l'attraction du soleil et de la lune. Lorsqu'un astre passe au-dessus de l'Océan, il attire à lui les eaux plus voisines de lui que la terre, et les soulève. Après les avoir soulevées, il les entraîne à sa suite en donnant naissance à une grande vague qui constitue la marée. L'action de la lune est la plus forte, parce que sa petite distance de la terre compense et au-delà la petitesse de sa masse. Les marées sont plus considérables à l'époque de la pleine lune.

C'est aux équinoxes de printemps et d'automne que les marées sont les plus hautes, parce qu'alors le soleil et la lune sont à peu près dans le même plan, le plan équateur, et presque sur une même ligne droite. D'ailleurs le phénomène des marées est très-compliqué, et souvent des circonstances particulières viennent le modifier.

Dans les mers fermées les attractions de la lune et du soleil se font sentir comme dans l'Océan, mais sans produire de grandes oscillations. De sorte qu'on a pu dire que la Méditerranée n'a pas de flux et de reflux. Les marées existent cependant dans la Méditerranée, mais à peine sensibles, sauf dans les golfes des Syrtes et sur les côtes de la Tunisie. Sur les côtes d'Italie, à Livourne, le flux s'élève à près de 30 centimètres ; à Venise, la différence entre les hautes et les basses mers de nouvelle lune et de pleine lune varie de 60 à 90 centimètres. Dans la Baltique, beaucoup plus étroite que la Méditerranée, les oscillations sont plus faibles : à peine si on le remarque,

Les courants.

Outre ce mouvement de va et vient produit par une cause tout extérieure, l'Océan a encore des mouvements qui lui sont propres. L'étude attentive de cette plaine qui ne paraît mobile qu'à la surface, les longues navigations, les observations répétées, ont démontré qu'il y avait dans les océans des directions générales de l'eau, de grands fleuves, si l'on veut, et, comme l'on dit habituellement, des COURANTS.

On distingue entre les courants ceux qui sont *constants*, et ceux qui sont *périodiques* et *accidentels*. Ces derniers sont très-nombreux ; ils sont dus aux variations mêmes de l'atmosphère qui produisent de grands mouvements dans les masses d'eau. Les premiers sont les plus intéressants à connaître pour le géographe.

Échauffées et rendues moins denses à l'équateur, les eaux de l'Atlantique y forment une sorte de bourrelet ; refroidies et alourdies aux pôles, elles s'y abaissent et un double courant *équatorial* et *polaire* tend à se former. C'est le mouvement de l'air qui va en déterminer la direction. On ne peut nier l'effet des vents sur la mer, ils la rident et y découpent des vagues qu'ils chassent devant eux, augmentant ou diminuant les hauteurs des marées suivant qu'ils concordent avec la marche du flot, ou bien qu'ils s'y opposent. Or, les vents combinent leurs efforts pour entraîner, dans la direction de l'Amérique, les eaux les plus chaudes de l'Atlantique ; elles commencent leur mouvement au sud du cap Vert (côte d'Afrique) et le continuent avec une vitesse croissante jusqu'au cap San-Roque.

En cet endroit, la côte américaine offre une configuration remarquable : avançant graduellement du nord et du sud, elle pousse dans l'est une pointe avancée qui partage naturellement le courant en deux rameaux, l'un dirigé vers le cap Horn, l'autre qu'on nomme le GULF-STREAM et qui monte vers le nord.

« C'est un merveilleux phénomène, un fleuve au milieu de l'Océan, et le volume de ses eaux est à lui seul plus considérable que celui de tous les fleuves du globe réunis. Son lit et ses rives sont d'eau froide ; sa couleur est d'un bleu sombre et on le voit ainsi séparé des eaux qui le bordent. A la hauteur des Carolines, et sur le bord occidental, cette ligne de séparation est si étroite qu'on peut voir, quand la mer est tranquille, l'avant du navire faire jaillir les eaux bleues du courant, tandis que l'arrière est encore dans les eaux vertes qui le contiennent. Ce grand courant a sa source dans le golfe du Mexique et son embouchure dans l'océan Arctique. Le volume de ses eaux reste invariable.

« ... La branche la plus large se dirige à l'ouest, sous l'ardent soleil des tropiques et entre dans la mer des Antilles, à une température peu différente de la chaleur du sang. Cette température n'est supérieure que de quelques degrés à celles des eaux suréchauffées du golfe du

Mexique, qui sont destinées à pénétrer dans les froides régions du Nord. Vous devez vous rappeler, en effet, que ces tièdes eaux et les eaux glacées qui baignent les rives de la Nouvelle-Zemble ne peuvent s'équilibrer, et que la nature travaille incessamment à rétablir l'équilibre par l'échange des eaux froides et des eaux chaudes ; tandis que d'autre part elle ne cesse aussi de le détruire par les influences contraires de la chaleur et du froid. Les tièdes eaux du golfe du Mexique en sortent par un courant qui n'a pas moins de 3,000 pieds de profondeur et 60 milles de large, et dont la vitesse, dans les détroits de la Floride, est de 4 milles à l'heure. Il suit les côtes d'Amérique en s'élevant au Nord, et répand alors ses eaux sur la mer comme un manteau de chaleur, couvrant une immense étendue et abritant des myriades de créatures, qui, pendant l'hiver et jusque sur nos côtes d'Europe, y trouvent une abondante nourriture...

« Si la chaleur transportée par ce prodigieux courant pouvait être utilisée, elle serait suffisante pour maintenir en constante activité un fourneau cyclopéen, capable de donner un courant de fer fondu d'un volume égal à celui du plus grand fleuve.

« C'est à cette chaleur bienfaisante que l'Irlande doit la verdure qui lui a fait donner le nom d'Émeraude des mers et que nos côtes occidentales doivent aussi les pâturages qui, en plein hiver, quand tout est couvert de glace aux latitudes correspondantes de l'Amérique, offrent au berger une nourriture pour son troupeau.

« ... Aussi les eaux du Gulf-Stream circulent dans le vaste Océan, enlevant la chaleur en excès dans une région pour la transporter dans les régions froides appelant des courants frais pour tempérer l'ardent climat des tropiques.

« La vie pullule dans les tièdes eaux du Gulf-Stream,

qui portait jusque dans nos rivages des myriades d'animalcules phosphorescents. Dans les nuits orageuses le grand courant apparaît aussi lumineux sur la sombre mer, y traçant comme une voie lactée, plus étincelante que celle qui éclaire la voûte céleste (1). »

La mer Arabique, comme la mer des Antilles et le golfe du Mexique, est la chaudière où s'échauffent les eaux qui alimentent le courant de Mozambique. L'Arabie, la Perse et l'Inde limitent cette mer au nord, comme l'Amérique centrale, l'isthme de Darien et Venezuela limitent au sud la mer des Antilles. Les eaux suréchauffées de ces deux mers tendent à changer de place avec les eaux plus froides qui sont à leur portée. Ainsi, les eaux du Gulf-Stream se dirigent vers la mer du Nord, et celles du courant de Mozambique vers l'océan Austral.

« Le circuit des courants commence dans le grand océan Pacifique de la même manière que dans les autres bassins. Un immense fleuve d'eau froide, d'une largeur inconnue, vient frapper l'archipel de Magellan, au sud de l'Amérique, et se divise en deux courants partiels dont l'un, pénétrant dans l'Atlantique, à l'est des îles Falkland, où n'abordent jamais les glaces, va se joindre à la grande ronde des eaux entre l'Afrique et le Brésil, tandis que l'autre s'élance directement au nord en longeant les côtes de la Patagonie, du Chili, du Pérou : c'est le COURANT DE HUMBOLDT, ainsi nommé d'après le célèbre voyageur qui en reconnut l'existence. Il entraîne avec lui de grandes montagnes de glace souvent remplies de pierres et de débris tombés des montagnes antarctiques, et par la fraîcheur de ses eaux produit un abaissement très-remarquable de la température dans tous les pays dont il baigne les rives. Cette masse liquide qui, sur les côtes

---

1. Maury.

du Chili, n'a pas moins de 1,250 mètres de profondeur, donne à la végétation du pays une analogie remarquable avec celle de Sainte-Hélène, que baigne, à plus de 7,000 kilomètres de distance, un autre embranchement du courant antarctique. Le fleuve polaire change tout sur son passage, flore, faune, climats et même l'histoire de l'humanité. Si l'air n'était pas constamment rafraîchi par le contact des eaux froides venues du pôle, le Pérou, que les pluies arrosent si rarement, serait transformé en un autre désert de Sahara ; la vie de l'homme y deviendrait presque impossible. Par ce courant les distances se trouvent aussi très-notablement diminuées, et Valparaiso, Coquimbo, Arica, Callao, sont en réalité moins éloignés de l'Europe qu'ils ne le paraissent sur la carte, car après après avoir contourné le cap Horn, les navires qui longent la côte occidentale de l'Amérique du sud sont poussés de 20 à 30 kilomètres chaque jour par le courant (1). »

Le courant de Humboldt se joint ensuite au *courant équatorial* qui se porte de l'est à l'ouest à travers le Pacifique. « Arrivé au terme de son voyage à travers l'océan Pacifique, le courant équatorial doit forcément changer de direction. Une partie de ses eaux poussée, tantôt dans un sens, tantôt dans un autre, par les *moussons* qui se succèdent aux abords des continents d'Asie et d'Australie, s'épanche dans l'océan des Indes par les détroits peu profonds des îles de la Sonde ; mais la grande masse du courant est rejetée soit au sud, soit au nord, par la résistance des rivages sur lesquels elle se heurte et se brise. La moitié du courant qui frappe les côtes australiennes est infléchie vers le sud et se porte dans la direction des terres antarctiques ; elle coule ainsi en sens inverse du courant polaire, qu'elle finit par rencontrer au sud de la

---

1. Elisée Reclus. *La Terre, L'Océan.*

Nouvelle-Zélande, puis elle plonge sous les eaux plus froides, que leur moindre salinité rend plus légères. A l'est et au nord-est, c'est au courant venu des mers antarctiques à compléter l'énorme circuit que décrivent les eaux autour du bassin méridional du Pacifique.

« L'autre moitié du courant équatorial, infléchie par la Nouvelle-Guinée, les Philippines et cette longue barrière d'îles placées en avant de la Chine, se reploie graduellement vers le nord et longe les côtes extérieures du Japon. C'est le Gulf-Stream de l'océan Pacifique, appelé aussi COURANT DE TESSAN, à cause du marin qui en a révélé l'existence aux savants d'Europe ; mais depuis des centaines et peut-être des milliers d'années, les Japonais le connaissaient et en tenaient grand compte dans leur navigation côtière ; ils lui donnent le nom de KURO-SIVO ou *Fleuve Noir*, sans doute à cause du bleu profond de ses eaux. Moins rapide que le Gulf-Stream, sa marche est cependant en moyenne de plus de deux kilomètres à l'heure, et dans maint détroit, elle dépasse de beaucoup cette vitesse. Au large de Yeddo, sa température moyenne est de 24 degrés centigrades, soit d'environ 6 à 7 degrés de plus que les eaux en repos qui se trouvent sur ses bords ; du reste le Kuro-Sivo, comme le courant des golfes, est composé de bandes liquides d'une température inégale, coulant à côté les uns des autres comme deux rivières distinctes dans un même lit. Au nord du Japon, ce courant rencontre obliquement un courant d'eau froide sorti de la mer d'Okotzk, pour remplacer une partie du vide causé par l'évaporation dans les mers équatoriales. D'épaisses brumes, semblables à celles des bas-fonds de Terre-Neuve, reposent au-dessous des parages où s'opère le contact entre les eaux chaudes et les eaux froides ; des bancs de poissons, exploités par les pêcheurs, peuplent également la zone maritime qui sert de limite entre les deux courants, et où la pâture d'animalcules et de débris apportés des tropiques se joint à celle qu'ont charriée les flots venus du nord. Toutefois les phénomènes qu'offre la rencontre des deux courants n'ont pas la même grandeur dans le Pacifique boréal que sous les latitudes correspondantes de l'Atlantique, car la masse d'eau qui débouche de la mer d'Okotzk est relativement peu considérable, et l'ouverture du détroit de Behring, large de 50 kilomètres, et profonde de 100 mètres à peine, a de trop faibles dimensions pour laisser pénétrer beaucoup d'eau de l'océan Glacial dans le Pacifique (1). »

Mers secondaires. — Iles et Presqu'îles.

L'évaporation enlève à la Méditerranée plus d'eau qu'elle n'en reçoit par les fleuves et les pluies ; de là un courant constant qui de l'Atlantique entre dans cette mer par le détroit de Gibraltar. Ce courant est salé, et comme aucun de ses sels n'est enlevé par l'évaporation, il s'ensuit que la Méditerranée doit pouvoir s'en débarrasser, sinon elle tendrait à devenir, avec le temps, une couche de sel.

Il n'y a qu'une mer, nous l'avons dit. Toutefois, de même qu'on a pu la distribuer géographiquement en cinq océans, de même aussi on a pu trouver d'autres subdivisions en donnant des noms particuliers aux parties de la mer qui baignent certains rivages et certains groupes d'îles, ou qui pénètrent dans les renfoncements formés par de grandes presqu'îles, et même assez avant dans l'intérieur des continents.

Ainsi la *Méditerranée* (au milieu des terres) est la con-

1. E. Reclus.

tinuation de l'océan Atlantique. — Par le détroit de *Gibraltar*, elle pénètre entre l'Europe et l'Afrique et baigne les grandes presqu'îles qui terminent l'Europe méridionale : Espagne, Italie, Grèce. Cette mer forme elle-même d'autres mers que nous aurons à décrire, *Archipel, Mer Noire*, etc. Au nord de l'Europe, l'océan Atlantique forme encore des mers secondaires, la *Manche*, la mer du *Nord*, la *Baltique* qui baignent les Iles Britanniques, la péninsule danoise, et la péninsule scandinave. De même sur les côtes d'Afrique il forme la mer ou le golfe de Guinée ; sur les côtes orientales d'Amérique, le golfe du *Mexique*, la mer des *Antilles*.

L'océan Pacifique forme également des mers secondaires : mer de *Californie* ou *Vermeille*, golfe de *Panama*; puis, sur les côtes d'Asie : mer du *Japon*, qui baigne le groupe d'îles qui porte ce nom ; mer *Jaune*, mer de *Chine*, mer d'*Okotzk* et, au sud, golfe de *Siam*.

Les îles sont si nombreuses et si importantes dans le Grand Océan, qu'on en a fait une des cinq parties du monde : l'Océanie.

L'océan Indien forme, sur les côtes d'Asie, le golfe du *Bengale*, le golfe ou mer d'*Oman*, le golfe *Persique*, le golfe *Arabique*.

Ces mers secondaires baignent les trois grandes presqu'îles de l'*Arabie*, de l'*Hindoustan*, de l'*Indo-Chine*.

L'atmosphère : vents, moussons, ouragans, pluie, lignes isothermes, climats.

Si l'eau circule autour de la terre, l'air circule au-dessus de la terre et de l'eau, les enveloppant, les animant, les fécondant l'un et l'autre. C'est dans l'air que tout ce qui respire, les plantes, les animaux, l'homme puisent la vie et la force. Réservoir qui se vide sans cesse et se remplit toujours, l'atmosphère contient les gaz différents que tous les êtres vivants aspirent et renvoient et si bien combinés que les gaz funestes aux uns nourrissent les autres et que la masse totale de l'air est renouvelée par son épuisement même et que rien n'est perdu. L'air est toujours en marche : il transporte d'une contrée à l'autre soit les vapeurs, soit la chaleur, soit le froid, soit la poussière, soit les semences : il est l'agent le plus actif du mélange qui s'établit entre les productions des divers pays et rétablit pour la température l'équilibre détruit par le voisinage ou l'éloignement excessif du soleil.

Les VENTS sont déterminés par une différence dans la pesanteur de l'air. Lorsque l'équilibre est rompu, il tend à se rétablir, comme il chercherait à se rétablir dans un vase d'eau qu'on agiterait. On a remarqué *trente-deux* directions principales de l'air en mouvement, et on a constitué ce qu'on appelle la *rose des vents*; c'est une rose à trente-deux feuilles dont chacune porte le nom d'un vent.

Rien n'égale la rapidité de l'air emporté ainsi, soit au nord, soit au sud, soit au nord-ouest, soit au sud-ouest. Sa vitesse habituelle est de 100 mètres par minute ou 6 kilomètres par heure. Dans les ouragans, la vitesse du vent devient alors terrible et dévastateur, elle atteint 2,700 mètres par minute. Ce qui diminue la pesanteur de l'air, en certains endroits, c'est la différence de température. L'air échauffé et dilaté dans la zône équatoriale se porte, à travers les régions supérieures de l'atmosphère, vers les pôles. D'un autre côté, l'air, refroidi et abaissé, à mesure qu'il s'approche des pôles, revient de ces points vers l'équateur. De là des mouvements incessants que modifient les plaines, les montagnes, les forêts, les mers et une foule de circonstances secondaires. De là cette agitation perpétuelle de l'atmosphère, dangereuse quelquefois, et effrayante pour les navigateurs, mais, en général, utile et salutaire. De là ces souffles tantôt chauds, tantôt froids, suivant les pays dont ils viennent, et qui raniment les pays engourdis par la gelée ou rafraîchissent les contrées brûlées par un soleil implacable.

Pendant les chaudes journées, il s'élève sur les côtes une brise venant de la mer, qui alterne avec une brise de terre soufflant la nuit vers le large. On explique de la manière suivante l'alternance de ces brises régulières, pendant la saison d'été. L'air, échauffé par son contact avec le sol, se dilate et s'élève, faisant place à l'air plus frais de la mer, à la brise bienfaisante, qui vient rétablir l'équilibre. Pendant la nuit, la terre rayonne plus librement, se refroidit et abaisse la température de l'air qui est en contact avec elle. Devenu plus dense, cet air s'étend vers le large, où il déplace un air moins froid et nous donne ainsi la brise de terre.

Les courants d'air établis par la différence de chaleur entre les régions de l'équateur et celles des pôles, devraient aller du nord au sud et du sud au nord. Mais le mouvement de la terre change cette direction, et on a, dans l'hémisphère boréal, un vent constant de nord-est, dans l'hémisphère austral un vent constant de sud-est. Ce sont les vents *alizés*, ainsi nommés d'un vieux mot français *alis*, qui voulait dire régulier.

Les masses d'air amenées par les deux vents alizés ne pourraient s'accumuler incessamment dans la même région : elles se dilatent, s'élèvent et s'écoulent, par des courants de retour, dans les régions supérieures de l'atmosphère : ce sont les *contre-alizés* ou vents de retour.

Les vents alizés n'ont point, sur les continents, la même régularité que sur les océans où aucun obstacle n'arrête leur marche. Cependant ils soufflent sur de vastes étendues de terres : ainsi le désert du Sahara prouve l'existence d'un vent régulier du nord-est qui dessèche cette contrée. Le témoignage de Livingstone qui a traversé, dans sa longueur, le continent africain, ne permet pas de douter que l'Afrique méridionale est soumise à l'action des vents alizés de sud-est, depuis l'embouchure du Zambèze jusqu'au littoral d'Angola. En Amérique, le Brésil, le Paraguay et de l'autre côté la Bolivie, le Pérou sont également rafraîchis par les vents humides du sud-est.

Dans l'Inde, ces vents réguliers prennent le nom de *moussons* (du mot arabe *maussim* ou *moussim* qui signifie changement, saison). Les moussons soufflent du sud-ouest pendant six mois, du 15 avril au 15 octobre, et du nord-est pendant six autres mois, du 15 octobre au 15 avril : ces vents sont dirigés vers le continent dans l'été, et en sens contraire, ou vers les mers, en hiver.

Les moussons, comme tous les vents, ont leur cause principale dans l'échauffement de vastes régions, sur lesquelles les rayons du soleil tombent à plomb, ou dans la différence de température du continent et des mers. Mais il est difficile, dans l'état actuel de la science, de préciser les continents et les mers qui, par leur différence de température, sont la cause immédiate des moussons.

Au point de vue de la navigation, les moussons soufflant six mois dans une direction, six mois dans une direction opposée, donnent aux navigateurs faisant voile pour les grandes Indes la faculté de bien régler les époques d'aller et de retour , la constance des vents alizés est quelquefois un bienfait sans doute, mais elle est le plus souvent un obstacle contre lequel il faut lutter ; ils retardent la marche des navires, et, en les entraînant toujours dans la même direction, ils ont empêché qu'on ne découvrît plus tôt des îles importantes.

Les moussons divisent l'année, dans cette région du globe en *saison humide* et en *saison sèche*. Pendant l'été, par suite de la nudité du sol, de la sécheresse et de la pureté de l'air, les grands déserts de Gobi et de la Tartarie, ainsi que les steppes de l'Asie, acquièrent une chaleur intense. Leur surface échauffe alors l'air qui se trouve au-dessus d'elle, le dilate et le force à s'élever, ainsi que cela arrive pour les brises de terre et de mer. Mais, dans ce dernier cas, l'équilibre se rétablit chaque soir entre les masses fluides inégalement échauffées, tandis que la chaleur reçue par les immenses plaines de l'Asie dans une longue journée d'été, ne peut se dissiper durant la courte nuit qui la suit, la mer étant d'ailleurs trop éloignée pour aider la brise à refroidir des sables brûlants. La chaleur s'accumule donc dans les espaces arides à mesure que les rayons solaires prennent plus de force, et l'air, au-dessus d'une surface de plusieurs millions de milles carrés, s'élève jour et nuit en immenses colonnes. Ce n'est qu'à la fin de l'automne et presque en hiver que le sol de ces plaines arrive à épuiser sa provision de chaleur, que l'équilibre thermal se rétablit et que le changement de mousson s'opère, le vent, jusqu'à l'année suivante, reprenant son cours normal.

Les moussons de la côte occidentale d'Afrique ont pour cause les déserts brûlants de ce continent ; et, de même les plaines puissamment échauffées du Mexique ou du Texas, produisent celles du golfe du Mexique. Dès qu'elles soufflent, la saison pluvieuse commence dans les deux pays, pendant qu'à Costa-Rica, dans le Pacifique, se forme une autre mousson, par suite du dégagement du calorique qui accompagne la condensation des vapeurs transportées jusqu'aux montagnes de l'Amérique centrale. On comprend maintenant dans quelles conditons les vents dominants de l'ouest abordent en hiver les côtes refroidies de l'Europe. Réchauffés et mouillés à la fois par les dérivations descendantes et par leur contact avec les eaux de la mer, ils entretiennent cette température humide en moyenne qui caractérise le climat de l'Islande, des îles Britanniques et surtout de la verte Irlande, cette émeraude de l'Océan. Ils arrosent les côtes de l'Europe, et dans les endroits où le continent se relie en hautes montagnes, l'air, déjà saturé, se refroidit en gravissant les pentes et y verse autant de pluie que dans les zones torrides ; à Bergen, au pied des Alpes scandinaves et à Coïmbre, à l'origine des sierras espagnoles, il tombe jusqu'à quatre mètres d'eau.

En appliquant ces principes à la France, il est facile de prévoir comment la pluie est distribuée. Brest reçoit le premier choc de tous les vents de mer, de tous les vents de pluie. Ils se dessèchent et s'avancent dans l'intérieur du pays, qui est moins mouillé ; mais ils s'élèvent et se sursaturent en Auvergne dans les Cévennes, les Alpes et le Jura. Les Alpes ont une influence prédominante, tous les courants s'y refroidissent et y versent de l'eau. Quand il pénètre dans la Méditerranée, le vent du nord-ouest se resserre entre les Pyrénées, qu'il prend en écharpe, et les Alpes maritimes, où il pleut souvent. Une fois dans le golfe du Lion, il se dilate, envoie ses remous sur le fond de l'Adriatique, au-dessous du Tyrol, dans cet amphithéâtre de montagnes dont Venise est le centre, et qui est abrité des vents du nord. C'est le lieu le plus pluvieux de l'Europe.

Toute l'étendue des côtes d'Europe depuis le cap Finistère (lat. 50°) et l'extrémité inférieure de la Norvége jusqu'au cap Nord (lat. 71°) ne présente aucun point où l'hiver soit assez rude pour fermer les ports par la glace. La côte est de l'Amérique, entre les mêmes parallèles, s'étend du Labrador à l'océan Arctique. Or, en Angleterre, on laisse toutes les années les troupeaux aux pâturages, pendant qu'au Labrador l'hiver est si rigoureux que l'homme même peut trouver à peine de quoi subsister. En s'élevant davantage au nord on arrive bientôt dans une contrée absolument inhabitable. Le sol n'y produit aucun végétal, et avant de parvenir à la latitude du cap Nord on trouve tous les ports obstrués par les glaces, hiver comme été.

Dans cette froide contrée les vents dominants soufflent de l'ouest, comme dans les plus doux climats de l'Europe occidentale; mais au lieu de venir de la mer et de porter au Labrador des vapeurs chargées de calorique, ils arrivent du côté de la terre et sont presque toujours secs.

L'hiver est plus long dans l'hémisphère sud. Mais si les mers de cet hémisphère ont par suite une moindre quantité de jours, elles ont aussi moins de tempêtes et moins de calmes que les mers du nord. Dans cette dernière partie du globe, les montagnes, les déserts et les forêts mettent obstacle aux mouvements de l'air ou les modifient. Détournés de leur direction, et même arrêtés comme l'eau barrée dans son cours ou resserrée dans un étroit espace, ils soufflent ensuite avec plus de force, et marquent leur passage par des naufrages et des désastres.

« Quant aux vents locaux qui caractérisent certaines régions, ils ont tous leur origine première dans l'inégale répartition de la chaleur. Tels sont le *chamsin* de l'Égypte, le PAMPERO de la république Argentine, tel est surtout le courant aérien auquel on donne dans le Sahara le nom de SIMOUN ou d'empoisonné. Dès que ce vent commence à souffler, le voyageur haletant respire avec peine; l'air est desséché comme s'il était lancé par la gueule d'un four; la chaleur, accrue par le rayonnement des innombrables grains de sable qui flottent dans l'atmosphère, s'élève rapidement à 45, 50 et même 56 degrés ; le soleil se voile, tous les objets prennent une teinte violette ou d'un rouge sombre ; la poussière emplit l'espace. Pour ne pas être étouffés par cet air irrespirable les hommes s'enveloppent la figure de leurs vêtements, et les chameaux enfouissent leurs cous dans le sable. D'ailleurs il n'arrive pas toujours que des trombes de poussière s'élèvent alors en tourbillonnant dans le ciel. Palgrave, qui eut à souffrir d'un violent simoun, dans un désert d'Arabie, ne vit sur le ciel ni nuage de sable ou de vapeur et ne put s'expliquer les ténèbres qui avaient soudainement envahi l'atmosphère. En Sicile et dans le sud de l'Italie, souffle parfois un vent chaud du midi que l'on considère comme une sorte de simoun et qui se sature d'humidité en passant par la Méditerranée : c'est le sirocco. D'ordinaire, il est peu rapide et ses bouffées sont interrompues de calmes étouffants ; la surface de l'eau est à peine agitée, une brume de vapeurs pèse sur l'horizon, le soleil se cache derrière un voile de nuées blanchâtres. Sous l'influence énervante de ce souffle du midi, tout travail devient pénible ; cependant on n'a jamais à craindre les phénomènes redoutables qui se produisent pendant le simoun. Dans les Alpes de la Suisse, le vent du midi est connu sous le nom de FOEHN, dérivé du mot *favonius*, le vent méridional des Romains. Les contrées du midi de la France ont aussi à subir les effets d'un vent qui est un véritable fléau : c'est le vent du nord-ouest, auquel l'imagination populaire a donné le nom de maître, MISTRAL. Il est causé, comme les vents alternatifs des montagnes, par la juxtaposition de deux surfaces inégalement échauffées. Ce courant aérien est malheureusement bien nommé, car sa vitesse, parfois comparable à celle des ouragans, suffit pour déraciner les arbres et raser les murailles.

Dans toutes les régions de l'atmosphère où deux courants se heurtent de face ou se froissent latéralement, il se produit aussitôt sur la ligne de rencontre des remous aériens qui se meuvent avec une extrême rapidité, et leurs vastes tourbillons rétablissent promptement l'équilibre entre les deux masses d'air. Lorsque ces remous n'ont qu'une importance locale on les connaît sous le nom de *trombes* ; lorsque leurs effets se font sentir sur une grande étendue de pays, on se sert de la désignation plus générale et plus scientifique de *cyclone*. Ce terme peut s'appliquer également aux ouragans (en Caraïbe, aracaz, des Indes occidentales, aux *tornades* des côtes d'Afrique, aux typhons (ti-foong) des mers de la Chine, aux tempêtes tournantes de l'océan des Indes, aux grands coups de vents de l'Europe occidentale. Toutefois on désigne principalement par le nom de cyclone les tourbillons qui se développent suivant une courbe régulière, soit dans la mer des Antilles ou dans la mer des Indes, soit plus rarement dans l'océan Pacifique.

« Depuis Colomb, le premier Européen qui ait contemplé les ouragans des Antilles, des milliers de navires se sont engloutis pendant les tempêtes tournantes des mers tropicales, soit au fond des ports et des rades, soit dans les mers qui baignent les côtes de l'Amérique, de la Chine, de l'Hindoustan et les îles de l'océan Indien. Tel cyclone, comme celui de Calcutta en 1864 ou de la Havane en 1856, a fracassé plus de 150 grands vaisseaux en quelques heures ; tel autre cataclysme du même genre, notamment celui qui passa sur le delta du Gange en octobre 1637, noya plus de 20,000 personnes dans les eaux débordées. »

« Le plus terrible cyclone des temps modernes est probablement celui du 10 octobre 1780, que l'on a spécialement nommé le grand ouragan. Partant des Barbades, où rien ne resta debout, ni arbres, ni demeures, il fit disparaître une flotte anglaise mouillée devant Sainte-Lucie, puis il ravagea complètement cette île, où six mille personnes furent écrasées sous les décombres.

Ensuite le tourbillon, se portant sur la Martinique, enveloppa un convoi de transports français et coula plus de quarante navires portant quatre mille hommes de troupes ; sur terre, la ville de Saint-Pierre et d'autres localités furent complètement rasées par le vent et neuf mille personnes y périrent. Plus au nord, la Dominique, Saint-Eustache, Saint-Vincent, Puerto-Rico furent également dévastés, et la plupart des bâtiments qui se trouvaient sur le chemin du cyclone sombrèrent avec leurs équipages. Au delà de Puerto-Rico la tempête se replia au nord-est vers les Bermudes, et bien que sa violence se fût graduellement affaiblie, elle n'en coula pas moins plusieurs vaisseaux de guerre anglais qui retournaient en Europe. Aux Barbades, où le cyclone avait commencé sa terrible spirale, le vent s'était déchaîné avec tant de fureur, que les habitants, cachés dans les caves, n'entendaient pas leurs maisons crouler sur leurs têtes ; ils ne ressentirent seulement pas les secousses du tremblement de terre qui, suivant Rodney, accompagna le météore. La colère des hommes s'arrêta devant celle de la nature. Les Français et les Anglais étaient alors en guerre, et tous ces navires que la mer venait d'engloutir étaient chargés de soldats cherchant à s'entr'égorger. Au spectacle de tant de ruines, les haines des survivants se calmèrent. Le gouverneur de la Martinique fit mettre en liberté des matelots anglais devenus ses prisonniers à la suite du grand naufrage, déclarant que dans la commune catastrophe tous les hommes devaient se sentir frères (1). »

1. E. Reclus.

L'humidité de la terre s'évapore et forme des *brouillards*, puis des *nuages* qui, arrivant dans une région plus froide, se résolvent en *pluies*. Les vents promènent les nuages et, par leur origine, leur direction, leur intensité, exercent une grande influence sur l'humidité des pays. Les pluies tombent plus abondantes sur les montagnes que sur les plaines à cause de la différence de température. Dans les Indes, à cause des chaleurs tropicales qui causent l'évaporation des eaux de la mer des Indes et de la hauteur de l'Himalaya qui arrête et condense les nuages, les pluies sont plus fortes que nulle part ailleurs, ce sont de véritables déluges. Dans l'Afrique équatoriale la chaîne des Khilimandjaro arrête également les nuages et les pluies y sont continuelles pendant dix mois.

Les contrées tropicales sont remarquables par l'abondance autant que par la régularité des pluies qui augmentent ou diminuent suivant la marche apparente du soleil dans les cieux. Les pluies en effet s'y forment sur place par la condensation des vapeurs ascendantes, et ces vapeurs sont entraînées par le soleil d'un tropique à l'autre. Lors donc qu'aux mois de juin, de juillet, d'août, le soleil est aux zônes des contrées voisines du Cancer, les nuages couvrent le ciel et les pluies tombent avec une force diluvienne : c'est la saison de l'hivernage ou des pluies pour le Mexique, les Antilles, l'Amérique centrale. Il ne faudrait pas pour cela croire que cette saison pût être regardée comme l'hiver. Non, jamais, au contraire, le soleil n'a plus de force, c'est l'été astronomique, mais la couche de nuages, l'humidité presque quotidienne, tempèrent la chaleur et rafraîchissent les matins et les soirs. Puis le soleil redescend vers le sud, entraînant de nouveau avec lui son lourd cortége de vapeurs, les vents alizés reprennent leur direction vers l'équateur, absorbant l'humidité, et vont la porter plus loin. C'est la saison sèche qui commence en septembre. Pour chaque pays situé sous les tropiques ou l'équateur, les saisons sèches et les saisons pluvieuses varient suivant la position, le relief du sol, le voisinage de la mer, la direction des alizés. De vastes étendues de terres pourtant restent sans pluie : le Sahara, les déserts de l'Égypte et de l'Arabie, les hauts plateaux de la Perse, de la Tartarie de la Chine et le désert de Cobi. En Afrique, il faut citer encore le désert de Kalahari, en Australie les déserts du Centre, et en Amérique les pampas. Ces contrées sont traversées trop rapidement par les nuages, et les vents alizés, devenus plus chauds à mesure qu'ils approchent de l'équateur, absorbent constamment l'humidité.

Nous n'insisterons pas sur les nombreux phénomènes que présentent les pluies et les orages, sur leur marche, et leur intensité si variées. C'est là l'objet d'une science toute nouvelle, la *météorologie*, qui va se développant chaque jour, grâce aux nombreux observatoires établis dans les diverses contrées du globe, et à l'étude attentive, comparée, minutieuse des phénomènes quotidiens. Nos savants ont dressé des cartes météorologiques : ils suivent maintenant la marche des orages et des pluies et arriveront, nous n'en doutons pas, à déterminer les lois qui président à cette marche si capricieuse en apparence. Ils rendent déjà de grands services à la navigation, en avertissant les ports de l'approche des tempêtes et des mouvements probables de l'atmosphère.

Les conditions atmosphériques modifient tellement la température de chaque contrée que la chaleur se trouve très-inégalement répartie, et qu'on ne pourrait mesurer ses degrés pour chaque pays, par le degré de latitude et le plus ou moins de distance de l'équateur. Il faut, pour se rendre compte de la répartition de la chaleur sur le globe, tracer toute une série de lignes

courbes et irrégulières, reliant entre eux les pays sit[ués]
sous des latitudes différentes. Ces lignes idéales i[ma]-
ginées par Humboldt, au commencement de notre siè[cle]
et que la science complète ou modifie chaque jour,
nomment les lignes *isothermes* (d'égale chaleur). E[lles]
marquent les points différents du globe où la moyen[ne]
de température est la même. Ces lignes figurant [des]
degrés de latitude brisés, ont leur équateur, ligne bri[sée]
également qu'on appelle ÉQUATEUR THERMIQUE, c'est-à-d[ire]
la courbe indiquant la moyenne de la chaleur la p[lus]
forte. L'équateur thermique ne coïncide nullement a[vec]
l'équateur astronomique. Il se trouve presque en ent[ier]
dans l'hémisphère boréal, beaucoup plus chaud que l'h[é]-
misphère austral. Et en voici la raison. Les régions a[n]-
tarctiques sont complétement ouvertes aux océans [du]
sud et au flot des eaux équatoriales : celles-ci s'étend[ent]
plus librement sur ces vastes espaces, se refroidisse[nt]
beaucoup plus vite : les courants de l'équateur pénètre[nt]
moins facilement dans les régions arctiques fermées p[ar]
des terres nombreuses : ils se mélangent moins vite a[ux]
eaux froides et conservent plus longtemps leur chale[ur]
première. L'équateur thermique se maintient au n[ord]
de l'équateur astronomique, dans toute l'étendue [de]
l'ancien continent. Il passe par les déserts brûlants [du]
Sahara en Afrique, la mer Rouge, les déserts de l'Arab[ie,]
les côtes de l'Hindoustan. Il s'infléchit au sud dans [la]
mer de la Sonde et le Pacifique. En Amérique, il [se]
maintient au-dessus de l'équateur, car il passe p[ar]
l'isthme de Panama, longe les côtes de la Colombie, de V[é]-
nezuela, des Guyanes, et ce n'est qu'à partir de l'embo[u]-
chure du fleuve des Amazones, qu'il s'infléchit au sud [de]
l'équateur.

La masse plus considérable de terre que possède l'h[é]-
misphère boréal, le relief plus élevé du sol, la vari[été]

des accidents qui modifient les lois générales de la température, les courants particuliers, notamment le Gulf-Stream, déterminent, pour cet hémisphère, une inégalité des lignes isothermiques bien plus grande que dans l'hémisphère austral. Ainsi une ligne qui passe en Amérique sur la côte de la Caroline du Nord, près du cap Hatteras, coupe le midi de la France, de Bayonne à Montpellier, à 9 degrés de latitude plus au nord. Entre New-York et Dublin la différence de latitude est de 13 degrés et cependant la température moyenne est la même (10°). Quoique les observations pour les régions polaires soient encore loin d'être complètes, on a cependant des indications suffisantes pour croire qu'il y a, de même qu'un équateur thermique distinct de l'équateur astronomique des *pôles de froid* éloignés de plusieurs centaines de kilomètres des pôles géométriques. Ces pôles se trouveraient, en Asie, près de la Nouvelle-Sibérie, et en Amérique, au milieu des archipels nombreux qui encombrent les mers de la région polaire. Ainsi les pays soumis au froid extrême auraient déjà été visités par les hommes et c'est là ce qui explique qu'au delà de ces pays Kane a pu découvrir une mer libre. L'accès du pôle géométrique ne serait donc pas impossible : il y a tout lieu de croire que ce n'est point une croûte de glace, mais une mer libre. Seulement, pour y arriver, il faut vaincre tous les obstacles des régions plus froides qui l'entourent. Si on arrivait on pourrait s'y maintenir, mais c'est la route qui est impraticable.

Les lignes isothermiques n'indiquent nullement le *climat*. Ainsi la même ligne présentant une température moyenne de 10 degrés centigrades passe par les hauts plateaux du Far-West américain, par New-York, Dublin, Londres, Vienne, la mer Noire, la Crimée, Astrakan et Pékin. Et cependant il n'y a aucune analogie entre les climats de New-York où les hivers sont rigoureux et de Londres où ils sont humides, et encore moins avec ceux d'Astrakan et de Pékin. C'est que le mot *climat* comprend l'ensemble des conditions de température, d'humidité, de sécheresse, auxquelles est soumis un pays.

Un CLIMAT est une chose essentiellement variable ; mille causes diverses peuvent le modifier non-seulement d'une contrée à une autre, mais encore dans la même contrée. Il y a les climats *de la terre*, les climats *de la mer*, les climats des *montagnes*, les climats des *plaines*. Un seul pays réunit quelquefois les divers climats.

Ainsi la France, sur les côtes de l'océan Atlantique et de la Manche, a un climat maritime : la nature de ce climat est d'être plus égale, c'est-à-dire que les moyennes de température de l'hiver et de l'été diffèrent peu ; l'humidité modère la chaleur et le froid. Dans l'intérieur, les différences entre les saisons s'accusent davantage ; l'air est plus sec, plus chaud en été, plus froid en hiver : c'est le climat *terrestre* ou *continental*. Et cela se conçoit. Les vents et la pluie exerçant une grande action sur la température, des contrées situées à égale distance du soleil, sur la même ligne, n'auront point la même chaleur, si cette chaleur est modifiée par une autre puissance.

Les nuages chargés de pluie nous viennent de l'océan Atlantique, cet immense réservoir où le soleil pompe incessamment les vapeurs dont il les forme. Les vents qui souffleront de ce côté, de l'ouest et du sud-ouest, nous arriveront donc chargés de pluie, et les côtes recevront la première pluie. Mais, à mesure qu'ils s'avancent dans l'intérieur des terres, les vents se dessèchent ; ils ne rencontrent plus les masses d'eau qui entretenaient leur humidité : moins chargés d'eau, ils s'élèvent, et élèvent avec eux les nuages. Il tombera évidemment moins de pluie.

Plus on s'élève, plus l'air se raréfie et se refroidit. Les hautes montagnes du globe ont leurs cimes couvertes de neiges, tandis que la végétation la plus luxuriante fleurit à leurs pieds. Du reste, les chaînes de montagnes modifient singulièrement la température d'une contrée suivant leur direction. Elles peuvent donner à un territoire un climat différent du climat général de la région dans laquelle il se trouve.

CHAPITRE III.

LES TERRES.

Les continents. — Les cinq parties du monde.

Nous avons dit que la terre ne couvrait que le quart de notre globe. Cette terre se divise en deux grandes masses qui se tiennent et que pour cela on appelle *continents* (d'un mot latin signifiant tenir ensemble).

On distingue l'ANCIEN CONTINENT, qui seul était connu avant le xv° siècle de l'ère chrétienne, et le NOUVEAU CONTINENT découvert par Christophe Colomb.

L'*ancien continent* comprend l'EUROPE, l'ASIE, l'AFRIQUE qui sont les trois parties du monde les plus peuplées. L'Europe et l'Asie se tiennent très-solidement l'une à l'autre, par une attache très-forte; l'Afrique ne se rattache à l'Asie que par une langue de terre, très-mince, l'*isthme de Suez*, que l'art de l'homme a réussi à couper.

Le *nouveau continent* est formé par l'AMÉRIQUE qui se divise en deux parties, *Amérique du Nord*, *Amérique du Sud*, reliées entre elles par une bande de terre étroite, l'*isthme de Panama*, qui un jour sera probablement détruit.

A ces quatre parties du monde, il faut ajouter les groupes d'îles considérables de l'océan Pacifique et qu'on appelle l'Océanie. Cette cinquième partie du monde contient même une île si vaste, l'*Australie*, qu'à elle seule cette île équivaut à un continent.

Étendue relative des terres au nord et au sud de l'Équateur ; forme générale ; ressemblances et différences des continents.

Si la distribution des terres et des mers est très-inégale à la surface du globe, la distribution des terres l'est aussi. Presque toute la masse des terres est dans la première moitié du globe, je veux dire dans l'hémisphère boréal, au nord de l'équateur. L'autre moitié en a relativement peu, et à mesure qu'on s'avance vers le pôle austral, c'est l'Océan qui règne et domine librement.

Presque tout l'ancien continent se trouve au nord de l'équateur, et cette ligne, qui ne traverse ici que l'Afrique, passe même au-dessous du milieu de cette contrée. Plus de la moitié du nouveau continent est également au nord de l'équateur, qui passe dans le nord de l'Amérique méridionale.

La direction des deux continents est très-différente. Ainsi, l'ancien est dirigé de l'ouest à l'est et parallèle, pour ainsi dire, à l'équateur. Le nouveau s'étend, au contraire, en longueur, tandis que l'ancien s'étend en largeur. L'Amérique semble aller dans la direction des pôles.

Chose curieuse pourtant ! malgré la différence des

deux continents, leurs péninsules ou presqu'îles ont toutes ou même presque toutes, même direction. Elles sont tournées en général vers le midi. Regardez la *Californie*, le *Groënland*, la *Floride*, etc., en Amérique, et vous verrez qu'elles ont la même direction que l'Italie ou la Grèce en Europe, l Arabie ou l'Hindoustan en Asie, etc.

Dans l'ancien continent, l'Europe a une forme très-irrégulière, car elle est profondément découpée par la mer qui la pénètre presque en tous sens. Elle est toutefois plus large que longue (5,400 kilom. du sud-ouest au nord-est, 3,800 kilom. du nord au sud). C'est la plus petite, quoique la plus importante partie du monde : sa superficie n'est que de 9,778,000 kilom. carrés.

L'Asie occupe une superficie de 46,000,000 kilom. carrés ; c'est un immense quadrilatère plus large que long, car il a 10,500 kilom. de l'ouest à l'est, et 6,900 du nord au sud.

L'Afrique figure un vaste triangle, mais sans régularité. Sa plus grande largeur de l'est à l'ouest est de 6,800 kilom. Sa plus grande longueur, du nord au sud, de 8,000 kilom. ; sa superficie de 29,700,000 kilom. carrés.

Les deux Amériques figurent également deux vastes triangles irréguliers, liés ensemble ou plutôt superposés ; l'Amérique du nord cependant se rapproche davantage de la forme du quadrilatère ; l'Amérique méridionale ressemble plus à l'Afrique. La superficie de la première est de 20,000,000, celle de la seconde de 18,000,000 de kilom. carrés.

Quant à la nature du sol et à l'aspect général, l'*Europe* offre un ensemble admirable de pays bien cultivés, fertiles, jouissant d'un climat modéré, et depuis longtemps théâtre du développement d'une riche civilisation. L'*A-*

/rique est, au centre, occupée par des steppes, des déserts, des lacs marécageux, et elle est en grande partie brûlée par le soleil. L'Asie offre dans son ensemble l'aspect le plus inégal et le contraste de tous les climats, des régions glacées et des contrées brûlantes, des steppes tristes et désertes et de luxuriantes campagnes, de la plus mesquine végétation et de la plus exubérante, car cette partie du monde a une zône glaciale, une zône torride et, au centre, une zône qui serait tempérée si, à cause de son élévation, elle n'était le plus souvent froide.

Les terres du nouveau continent, qui sont loin d'être défrichées, sont parées d'une végétation robuste et sauvage dans sa beauté, arrosées par des fleuves immenses, éclairées par un soleil splendide, ornées de forêts gigantesques et recèlent dans leur sein les mines les plus précieuses.

Plateaux et grandes plaines.

Les continents diffèrent considérablement entre eux en étendue et dans leur relief général. L'Asie est un vaste système de plateaux : la région centrale de ce continent, entourée par les plus hautes montagnes du globe, est le massif terrestre le plus élevé de tous les continents, car il atteint en certains endroits la hauteur moyenne de 4,000 et de 5,000 mètres. L'Europe, au contraire, a peu de plateaux et beaucoup de plaines. Ainsi l'Europe orientale n'est qu'une longue succession de plaines unies ou cultivées, ou tourbeuses et couvertes de bruyères. L'Afrique se compose de plateaux s'appuyant sur les chaînes qui bordent les rivages.

Dans les deux continents du Nouveau-Monde, les plateaux et les plaines offrent une surface à peu près égale.

Toutes les contrées occidentales de l'Amérique du nord, aussi bien qu'une grande partie des régions orientales, sont des plateaux soit unis, soit dominés par des chaînes de montagnes ; les plaines qui s'étendent entre les deux systèmes d'élévations, sont sensiblement égales en surface aux terres élevées qui les bordent des deux côtés. Dans l'Amérique du Sud, les plaines sont relativement plus étendues ; cependant, les hautes terres et les montagnes font à peu près équilibre.

Les plaines en général ont été les premiers centres des empires, des sociétés civilisées : elles se prêtent plus facilement à la culture, à la construction des villes. La vallée du Nil, celles du Tigre et de l'Euphrate ont vu les empires les plus anciens. Toutefois, quand les plaines sont trop étendues, quand elles offrent un champ trop vaste soit à des vents froids, soit à des vents brûlants, elles deviennent des déserts.

« Le groupe de déserts le plus considérable du monde entier est le *Sahara,* qui s'étend à travers le continent africain, des rivages de l'Atlantique à la vallée du Nil. Cet immense espace a plus de 5,000 kilomètres de l'ouest à l'est et dépasse 1,000 kilomètres en largeur moyenne : il égale en superficie les deux tiers de l'Europe. C'est la partie de la terre où la chaleur est la plus intense ; quoiqu'elle se trouve au nord de la ligne équatoriale, c'est là qu'est le véritable sud du monde et le principal foyer d'appel pour les courants atmosphériques. Dans cette région il n'existe qu'une seule saison, l'été brûlant et implacable. Rarement les pluies viennent rafraîchir ces espaces, où dardent les rayons solaires... A l'est de l'Égypte, qui peut être considérée comme une longue oasis riveraine du Nil, le désert recommence et borde la mer Rouge sur tout son pourtour. Une grande partie de l'Arabie n'offre que sables et rochers, et vers le sud-est, dans le Dahna, il se trouve même des solitudes qu'aucun voyageur arabe ou frank ne semble encore avoir traversées. Au nord et à l'est s'étendent les *nefoud* ou « filles du grand désert », beaucoup moins vastes que le Dahna, et cependant redoutables à parcourir.

« A l'orient de la péninsule arabique, la chaîne des déserts se continue obliquement à travers l'Asie. La plus grande partie du plateau de l'Iran, occupant un espace quadrilatéral entouré de montagnes qui arrêtent les pluies au passage, consiste en solitudes arides, les unes revêtues de couches salines, restes d'anciens lacs desséchés, les autres couverts de sables mouvants que le vent soulève en tourbillons, ou bien parsemées de monts rougeâtres que le mirage éloigne ou rapproche et transforme incessamment suivant les ondulations de l'atmosphère.

« Au delà du puissant massif central d'où rayonnent au loin les chaînes montagneuses de l'Asie, les steppes et les déserts, alternant avec les uns et avec les autres suivant les conditions topographiques et l'abondance ou la rareté des eaux, s'étendent sur un espace de plus de 3000 kilomètres, entre la Sibérie et la Chine proprement dite. La partie orientale de cette zone est appelée, suivant les langues, *Cobi* ou Chamo, c'est-à-dire le désert par excellence, et correspond, en effet, par ses énormes dimensions, au Sahara d'Afrique, exactement situé à l'extrémité de cette grande chaîne de solitudes qui se prolonge à travers tout l'ancien monde. Le mirage, la marche des dunes, les tourbillons de sable et tant d'autres phénomènes décrits par les voyageurs d'Afrique, se reproduisent dans certaines parties du Cobi, comme dans tous les déserts ; mais le froid y est d'une rudesse exceptionnelle à cause de la grande hauteur des plateaux, qui est en moyenne de 1,500 mètres, et du voisinage des plaines de la Sibérie, traversées, par le vent du pôle. Il y gèle presque toutes les nuits, et souvent pendant le jour. L'atmosphère est d'une sécheresse extrême, la végétation manque presque complétement et quelques bas-fonds herbeux sont les seules oasis de ces régions. De Kiachta à Pékin, on voit cinq arbres seulement sur une largeur de 7 à 800 kilomètres que présente cette partie de la Mongolie. Du reste, le Cobi, comme le Sahara, fut jadis recouvert par les eaux de l'Océan : jusque sur les plateaux élevés, on remarque d'anciennes falaises à la base rongée par les flots et de longues plages de cailloux roulés se développant autour de golfes disparus.

« L'Amérique, continent moins large et plus exposé dans toute son étendue aux vents pluvieux de la mer que la masse plus grande de l'ancien monde, n'offre aussi qu'un petit nombre de contrées dont la sécheresse et l'aridité soient comparables à celles de certaines parties du Sahara et de l'Arabie. Les plaines occupent, il est vrai, une place relativement beaucoup plus grande dans le nouveau monde que dans les continents d'Asie et d'Afrique ; mais elles sont pour la plupart des régions auxquelles l'abondance des eaux et le dépôt des alluvions fluviales ont donné une admirable fertilité. Considérées dans leur ensemble, les étendues herbeuses du nouveau monde sont toutes, comme les landes, les steppes et les toundras de l'ancien, disposées régulièrement suivant une ligne parallèle à l'axe des continents eux-mêmes. Dans l'Amérique du Nord elle sont comprises dans le vaste bassin central formé par les Alleghanys et les premiers contreforts des montagnes Rocheuses. Dans l'Amérique du Sud, elles occupent également une partie de la dépression médiane du continent entre les plateaux des Guyanes et du Brésil et les massifs avancés des Andes. Grâce aux vents pluvieux de la mer qui pénètrent dans les plaines, soit par le nord, soit par le midi, la végétation y est entretenue du moins pendant plusieurs mois de l'année, et nulle part, même dans les régions les moins fertiles, on n'y voit de véritables déserts. Ceux-ci disposés également, comme en Afrique et en Asie, sur une ligne parallèle à la zône des savanes et à l'axe continental de l'Amérique, sont tous situés du côté de l'ouest, sur les versants ou dans les bassins intérieurs des Rocheuses et des Andes. D'ailleurs, ils sont relativement peu considérables et coupés de vallées fluviales, dont les unes aboutissent à des lacs fermés, tandis que les autres se déversent dans la mer (1). »

Les montagnes. Principales chaînes.

Ce que prouvent l'aridité et le climat ou brûlant ou glacé des vastes étendues de plaines, c'est que, sans les montagnes, la terre serait inhabitable. Supprimez les montagnes. L'eau tombée du ciel ne coulerait plus et même il n'en tomberait peut-être pas, car nous avons dit le rôle des montagnes, ces condensateurs des nuages. Supprimez les montagnes, plus de sources bienfaisantes, plus de ruisseaux limpides, plus de rivières serpentant à travers le pays, plus de fleuves majestueux. Supprimez les montagnes, vous supprimez la vie, puisque l'eau en est un des éléments. Les montagnes et les collines peuvent être comparées à des toits et les cours d'eau à des gouttières préparées par la nature pour transporter au loin les pluies qui tombent sur les pentes, et féconder le sol.

Le relief des continents a donc une grande influence

---

1. Elisée Reclus. *La Terre. Les Continents.*

sur leur fertilité et les montagnes ont joué un grand rôle dans l'histoire des sociétés humaines.

En Europe, la charpente montagneuse très-confuse au midi se compose de hautes montagnes qui diminuent d'élévation à mesure qu'on avance vers le nord. Elle part du cap *Tarifa*, au détroit de Gibraltar, et va finir au cap *Waigatz*, dans la mer de Kara. A droite et à gauche, elle jette de nombreux rameaux dont quelques-uns, comme il arrive en toutes les parties du monde, sont plus importants que la chaîne principale. Cette longue suite de hauteurs, très-forte au midi et dans certaines parties du centre, divise naturellement l'Europe en deux régions bien distinctes : la *haute* et la *basse* Europe. La *haute* et *basse* Europe, c'est là une division non moins importante pour l'histoire de l'homme que pour la géographie physique.

Les rameaux qui se détachent de la chaîne de partage couvrent d'abord l'Espagne, puis la France ; la haute chaîne des *Pyrénées* n'est dans sa plus grande partie qu'un rameau. En France, les montagnes les plus élevées sont les monts volcaniques d'*Auvergne* qui autrefois vomissaient du feu et des pierres, mais dont les cratères sont éteints aujourd'hui. Puis, la chaîne projette encore les *Vosges* ; c'est à peu près tout pour le nord et encore les chaînes sont relativement courtes. Il faut cependant mentionner les montagnes qui forment la charpente de la péninsule scandinave qu'on appelle les *Alpes scandinaves*.

Au midi, la chaîne de partage projette des rameaux bien autrement importants. Les principaux se détachent du massif des Alpes. Un grand rameau, se détachant des Alpes centrales, s'en va former la charpente montagneuse de la péninsule italique et se terminer au cap *dell' Armi*. Un second, sous le nom d'Alpes *juliennes*, puis d'Alpes *illyriennes*, descend le long du rivage oriental de la mer Adriatique, et, en Turquie, se divise lui-même en deux rameaux : l'un va couvrir la Grèce et aboutir au cap Matapan; l'autre, plus épais, s'en va, sous le nom de *Balkans*, aboutir à la mer Noire vers le détroit de Constantinople.

Les *Carpathes* au centre de l'Europe sont une chaîne remarquable qui ne fait pas tout entière partie de la ligne de partage.

Enfin, un autre rameau se détache du plateau de Valdaï et court au sud; il est faible d'abord, mais il se soude ensuite à la muraille haute et forte du *Caucase* qui sépare la mer Noire de la mer Caspienne.

Quant à l'Afrique, ses chaînes de montagnes, au lieu de prendre la forme d'une arête plus ou moins vive, s'étendent, s'aplatissent. Elles enveloppent l'Afrique comme d'une ceinture, ne laissant entre elles et les côtes qu'une bordure cultivable et habitable. Aussi les eaux du centre manquent-elles d'écoulement et ce défaut de configuration a fait le plus grand tort à l'Afrique. Ce n'est pas un corps, c'est une masse. Les voyages des courageux explorateurs qui nous ont révélé l'intérieur de l'Afrique, ont cependant fait mieux connaître les belles chaînes de montagnes en Abyssinie et celle du *Kilimandjaro* (6,100 mètres), couverte de neige sous l'équateur.

Le nouveau continent est mieux dessiné à l'intérieur que l'ancien et il possède sinon la plus haute, comme on le croyait avant les explorations de l'Himalaya, du moins la plus longue charpente montagneuse. Cette charpente, d'un relief fortement accusé, va du nord au sud, du détroit de Behring au détroit de Magellan ou plutôt au cap Horn, car la mer la recouvre un moment, mais ne la détruit pas. Cette chaîne, sous le nom de *Cordillières*, de *Montagnes Rocheuses* et des *Andes*, partage les deux

Amériques en versants de l'est et de l'ouest. Comme la limite de partage est très-rapprochée de la côte occidentale, le versant de l'ouest est insignifiant; les grands cours d'eau et les vastes étendues sont de l'autre côté.

La partie la plus élevée de cette longue charpente se trouve dans l'Amérique du Sud. « Longtemps le Chimborazo, volcan voisin de Quito, escaladé presque jusqu'au sommet par Humboldt, puis par Boussingault et élevé de 6,530 mètres, a eu les honneurs de la prééminence. L'Aconcagua dans le Chili, la Sorata et l'Illimani, dans la Bolivie, paraissent décidément plus élevés, quoique de 7,300 à 7,600 on ait réduit le calcul de leur hauteur à 6,800 et 6,600. Dans les listes les plus récentes, l'Aconcagua tient la tête pour l'Amérique entière, avec la cote 6,834 mètres. Ce qui est certain, c'est que les sommets au-dessus de 6,000 mètres sont nombreux dans les Andes et que la chaîne se maintient aux altitudes neigeuses sur une longueur de plus d'un quart de tour du globe, depuis le sud du Chili jusqu'au milieu de la Nouvelle-Grenade. Au bord même de la mer des Antilles, s'élève brusquement, tout à fait isolée, et produisant l'effet de saillie peut-être le plus considérable du globe entier, cette superbe masse de la sierra Nevada de Sainte-Marthe, élevée de 5,850 mètres et oubliée sur les cartes classiques françaises parce qu'elle n'est pas sur la ceinture d'un bassin fluvial.

« En dehors de cette sorte de colonne vertébrale que forment les Cordillières au continent américain, il y a, vers l'ouest des deux parties de ce continent, quelques systèmes montagneux d'une importance bien moindre, surtout au point de vue de l'altitude. Dans la partie la plus florissante des États-Unis s'étend du Mississipi au Saint-Laurent une série de plissements parallèles très-analogues à notre Jura, connus sous le nom de monts Apalaches, la partie orientale sous celui de monts *Alleghanys*. Ce sont de petites montagnes, dont les points culminants n'atteignent pas 2,000 mètres ; elles renferment une quantité de vallées boisées, dont quelques-unes sont devenues célèbres par leur pétrole, aujourd'hui une des grandes richesses du sol américain. Des mines importantes de houille ou plutôt d'anthracite, qui y abondent aussi, représentent la réserve de l'avenir et le moyen de recueillir la succession future de l'Angleterre, reine actuelle des mers et du commerce (1). »

Les fleuves.

La pente des eaux est naturellement dans la même direction que la ligne de partage.

Les grands fleuves descendent des plus épais massifs montagneux. Ainsi en *Europe* les Alpes donnent naissance au *Rhin*, au *Rhône* qui vont se jeter dans des mers tout opposées, et au *Pô*, le principal fleuve de l'Italie. Si le Danube naît dans des ramifications secondaires des Alpes, il n'en doit pas moins la plus grande partie de ses eaux à ses premiers affluents venus des grandes Alpes.

Le Volga fait exception, puisqu'il naît dans des hauteurs plus que médiocres et coule dans une immense plaine.

En *Asie*, les plus abondants cours d'eau descendent du massif montagneux qui forme le centre de ce continent. L'*Indus*, le *Gange*, le *Brahmapoutre* roulent une énorme masse d'eau à la mer des Indes. Le Mé-kong, artère fluviale du Cambodge et de la Cochinchine, descend des ramifications de ce massif, comme en descendent les fleuves

1. A. Dupaigne. *Les Montagnes.*

chinois qui vont, à l'est, se jeter dans l'océan Pacifique. Des montagnes d'Arménie descendent les deux fleuves parallèles du Tigre et de l'Euphrate, qui se réunissent au moment de se jeter dans le golfe Persique. Au reste, c'est là un des caractères des fleuves asiatiques, d'être accouplés deux à deux : le Tigre et l'Euphrate, l'Indus et le Satlej, le Gange et le Brahmapoutre, le Yantse-Kiang et l'Hohang-ho. On voit ces fleuves prendre naissance dans le même système de montagnes, couler ensuite dans des directions tantôt opposées, tantôt parallèles, puis se réunir pour se jeter ensemble dans la mer par le même delta.

Quant à l'*Afrique*, la ceinture de montagnes qui l'enveloppe fait qu'elle a autant de versants que ses côtes ont d'inflexions. Les fleuves, d'ailleurs, commencent seulement à être bien connus et les voyageurs modernes ont enfin trouvé les sources du *Nil*, ce fleuve merveilleux qui étonnait si fort les anciens. Livingstone a décrit le cours d'un fleuve non moins considérable, le *Zambèze*, qui coule de l'ouest à l'est. Le *Niger*, le *Sénégal*, qui se dirigent, au contraire, vers l'ouest et se rendent à l'océan Atlantique, ont pris également, depuis les explorations faites en notre siècle, rang parmi les grands fleuves.

Et cependant ce n'est ni l'Afrique, ni l'Asie qu'on pourrait appeler le pays des fleuves ; c'est l'*Amérique* et surtout l'Amérique du Sud. « Là, dit Élisée Reclus, se déroulent l'immense Amazone que les navires peuvent remonter jusqu'à plus de 5,000 kilomètres ; le puissant Parana, au nom guarani signifiant la rivière par excellence ; l'Orénoque, dont le bassin est trois fois moindre que celui du Mississipi et que l'on dit cependant porter à la mer une quantité d'eau plus considérable que ce fleuve surnommé le Père des eaux. A cause du peu de largeur qu'offre le versant du Pacifique, les grands cours d'eau de l'Amérique méridionale coulent dans les plaines situées à l'est du continent ; mais ils ne prennent pas tous leur source dans la chaîne des Cordillières ; l'Orénoque a son origine dans les montagnes de la Guyane, le fleuve des Amazones commence dans les Andes ; le Parana et la plupart de ses affluents naissent sur les plateaux de l'intérieur du Brésil (1). »

Les nombreuses rivières du système amazonien qui descendent du plateau central du Brésil, suivent toutes parallèlement la direction du nord au sud et du sud au nord. Les principaux affluents de l'Orénoque, au contraire, coulent dans le même sens que le fleuve des Amazones, c'est-à-dire de l'ouest à l'est ; il est donc vrai de dire que le système hydrographique de l'Amérique du Sud comprend deux bassins transversaux l'un à l'autre.

Quant au rio Magdalena, à l'Atrat et aux divers cours d'eau des Guyanes, ce sont des fleuves aux bassins nettement limités ; mais il est à remarquer qu'eux aussi, parallèles aux affluents méridionaux de l'Amazone, coulent uniformément du sud au nord. »

L'Amérique du Nord peut néanmoins être fière du grand fleuve qui recueille la majeure partie de ses eaux, le *Mississipi*, tant célébré par les voyageurs et décrit si admirablement par Chateaubriand. Le Mississipi, dont nous reparlerons comme de tous les autres cours d'eau en faisant la description de chaque pays, se jette dans le golfe du Mexique. L'Amérique du Nord peut être fière aussi du Saint-Laurent qui semble un véritable bras de mer quand il se joint à l'océan Atlantique où il apporte les eaux des grands lacs.

1 Elisée Reclus. *La Terre.* — *Les Continents.*

Ce qui reste à découvrir sur le globe.

L'homme a mis des siècles à connaître le domaine que Dieu lui a donné. On peut dire maintenant qu'il le connaît bien, s'il est loin de l'avoir, en totalité, exploité et peuplé. D'intrépides voyageurs ont exploré les parties les plus éloignées et les plus inaccessibles du monde. Ce serait toute une histoire que celle des découvertes géographiques, et nous ne pouvons l'aborder ici.

L'Europe est tout entière, non-seulement connue, mais habitée. L'Asie ne présente plus guère que certaines parties du plateau central qui demandent encore des explorations, non pour être connues, mais pour être bien déterminées géographiquement. Au xix° siècle, l'Afrique a vu de nombreux voyageurs pénétrer dans ses profondeurs les plus reculées, sans cependant que de ce côté tout ait été vu et décrit. Les difficultés qui empêchent de voyager dans la région équatoriale ont jusqu'ici entravé les efforts, mais non désespéré le courage des explorateurs, qui, espérons-le, parviendront à nous faire connaître avec précision les caractères du centre de l'Afrique.

En Amérique, dans ce continent le plus récemment découvert, tout l'ensemble est connu : il ne reste plus que des explorations de détail, des reconnaissances à opérer dans des vallées reculées et difficiles à aborder.

Quant à l'Océanie, il est douteux que de nouveaux voyages y ajoutent une île de plus, mais on a encore beaucoup à étudier dans la plus grande de ses îles, l'Australie. Là, chaque année, il y a des explorations, et il en reste encore à faire.

Toutefois, l'attention des géographes et des savants

est moins portée du côté de ces différentes parties du monde, qui sont en général bien déterminées, que du côté des pôles.

Sans doute, la curiosité scientifique est plus intéressée que le commerce à la découverte de nouvelles terres ou de nouveaux passages dans les mers polaires. Mais ce serait quelque chose de bien important, si l'homme parvenait enfin à se rendre un compte exact de l'étendue de son domaine, même des parties qui sont inhabitables et improductives. Au nord de l'Amérique, il y a des îles et de vastes terres très-froides. Tout autour s'étend une mer de glace. Les navigateurs cherchent surtout à s'assurer qu'il y a un passage entre ces îles, et qu'on pourrait faire le tour complet de l'Amérique par le nord-ouest comme on le fait par le sud. Ce sont les expéditions au pôle Nord, expéditions des plus dangereuses, mais que les périls n'empêchent pas de renouveler sans cesse.

A l'extrémité opposée, de savants navigateurs ont aussi cherché à constater, surtout depuis 1830, l'existence de terres nouvelles. On se demande maintenant s'il n'y a pas un continent austral.

LIVRE II.

L'EUROPE PHYSIQUE.

CHAPITRE IV.

CONFIGURATION; LIMITES ET MERS DE L'EUROPE.

Configuration générale.

L'Europe présente dans son ensemble une sorte de quadrilatère irrégulier et profondément découpé par les mers qui de tous côtés la pénètrent. Si on la compare aux autres parties de l'ancien continent, c'est une vraie presqu'île, puisqu'au nord, à l'ouest, au midi elle est entourée d'eau, et que d'un seul côté, à l'est, elle a une frontière terrestre, la frontière asiatique. Elle est comprise entre le 36e degré et le 79e de latitude nord et, pour la longitude, en prenant pour base le méridien de Paris, entre le 12e degré de longitude ouest et le 60e degré de longitude est.

Sa direction générale est du nord-est au sud-ouest. Elle va sans cesse en se rétrécissant de ce côté. Du nord au sud elle a 4,000 kilomètres de long. Du sud-ouest, c'est-à-dire du cap Saint-Vincent, à l'extrémité nord-est, embouchure de la petite rivière de Kara, elle compte 5,400 kilomètres.

L'Europe attachée à l'Asie avec laquelle elle fait corps, ne paraît, à l'égard de cette masse énorme, qu'une simple péninsule divisée elle-même en d'autres péninsules : la Turquie, la Grèce, l'Italie, l'Espagne au midi, le Danemark et la Suède au nord. La France même, bien que fortement unie au continent, est cependant sur deux côtés et surtout à l'ouest enveloppée par les eaux. L'Europe est donc, dans l'ancien continent, la partie qui, malgré son peu d'étendue relative, présente le plus grand développement de côtes, le plus de golfes, de presqu'îles et d'îles. Cette configuration particulière permet de faciles communications d'un pays à l'autre : l'homme et la civilisation ont pénétré partout, comme la mer, et l'Europe, quoique la plus petite des cinq parties du monde, tient la première place dans l'histoire.

Limites ; océans et mers secondaires.

Les limites de l'Europe sont en général des mers. Au midi, à l'ouest, au nord, ce sont des ramifications des océans ou les océans eux-mêmes qui marquent ses contours : au nord, l'océan Glacial *Arctique* qui forme la mer Blanche ; à l'ouest l'océan Atlantique qui forme la mer du Nord et la Manche ; au midi la *Méditerranée* qui forme elle-même la mer *Ionienne*, l'*Archipel*, la mer de *Marmara*, la mer *Noire*. Ces mers méridionales séparent l'Europe de l'Asie et de l'Afrique. En dehors d'elles s'étend l'immensité de l'Océan.

Au midi cependant, la séparation de l'Europe et de l'Asie est marquée encore par une forte muraille, la chaîne du *Caucase*, mais cette chaîne est courte, si elle est haute et épaisse.

A l'est : un grand lac salé, la *mer Caspienne* ; un fleuve qui s'y jette, l'*Oural;* une chaîne de montagnes qui porte le même nom, les monts *Ourals*, limitent, sans les séparer effectivement, l'Europe et l'Asie.

Nous avons dit que les mers découpaient profondément les côtes d'Europe. Elles y pénètrent en effet dans tous les sens et y forment des golfes nombreux quand elles-mêmes ne sont pas de véritables et immenses golfes. Ainsi la mer *Blanche*, au nord, est un bras de mer enfoncé dans les terres; l'océan Atlantique, outre la mer du Nord, forme, tout à fait dans l'intérieur des terres, la mer *Baltique*, à laquelle conduisent seulement d'étroits passages. La mer Baltique elle-même, le long des côtes qu'elle baigne, creuse les golfes de *Riga*, de *Finlande*, de *Bothnie*. Sur les côtes de France, l'océan Atlantique forme le golfe de *Gascogne*.

Au midi, la mer Méditerranée, dérivation puissante de l'Océan dont elle diffère cependant puisqu'elle n'a pas le *flux* et le *reflux*, découpe de mille manières les rivages qu'elle baigne : elle dessine les golfes du *Lion*, sur les côtes de France ; de *Gênes* sur celles d'Italie; elle s'insinue profondément entre l'Italie et la Turquie sous le nom de mer *Adriatique* que termine le golfe de *Venise ;* elle déchire les côtes de la Grèce où le plus grand golfe est celui de *Lépante;* puis se continue par l'*Archipel*, et enfin par la *mer de Marmara* et la *mer Noire* qui ressemblent plutôt à des lacs, car elles sont entourées de terres et on n'y entre que par d'étroites ouvertures. La mer Noire forme elle-même la mer d'*Azof*, dernier enfoncement des eaux venues de l'Océan.

Détroits.

Ces mers nombreuses communiquent entre elles par des passages plus ou moins larges, plus ou moins faciles.

Ainsi pour aller de la mer du Nord dans la mer Baltique, il faut passer par les détroits qui se trouvent entre le Danemark et la Suède : le SKAGER-RACK, le CATTÉGAT et le passage assez difficile du SUND. La mer du Nord communique avec la Manche par le détroit du PAS-DE-CALAIS.

Au midi, le détroit de GIBRALTAR est de beaucoup le plus important. C'est par lui que communiquent l'océan Atlantique et la Méditerranée ; c'est grâce à lui que, de tous les points du nord et de l'ouest de l'Europe, on peut par mer aborder tous les rivages du midi. Ce détroit sépare l'Afrique de l'Europe, et les deux pointes qui le forment appartiennent, l'une au Maroc, l'autre à l'Espagne.

Nous parlerons des détroits secondaires dans l'étude des diverses contrées de l'Europe ; mais à l'extrémité orientale de la Méditerranée, deux détroits très-importants ont joué un grand rôle dans la politique des puissances européennes : les détroits des DARDANELLES et le BOSPHORE, par lesquels on va de l'Archipel, continuation de la Méditerranée, dans la mer de Marmara, puis de la mer de Marmara dans la mer Noire. Ces détroits sont pour les puissances de l'est de l'Europe les clefs du midi.

Caps.

Si les détroits et les golfes sont des conquêtes de la mer sur la terre, les caps ou les promontoires sont au contraire des pointes hardies que poussent les terres dans la mer. L'Europe, présentant des côtes excessivement découpées, de grandes presqu'îles, de nombreux golfes, a également beaucoup de caps que nous passerons en revue à mesure que nous décrirons chaque contrée. Disons seulement qu'à considérer l'ensemble, les deux pointes extrêmes de l'Europe sont au nord le cap Nord qui se détache des côtes de la Suède pour s'avancer dans l'océan Glacial, et au midi le cap Matapan qui se distingue entre les nombreuses pointes qui terminent la Grèce Ces deux pointes extrêmes sont éloignées de 4,000 kilom.

A l'ouest, le continent européen projette dans l'océan Atlantique la pointe Saint-Mathieu (France), les caps Ortégal (Espagne), Saint-Vincent (Portugal); au midi de l'Espagne, le cap Tarifa forme avec la pointe de Ceuta en Afrique le détroit de Gibraltar. Citons encore les caps qui terminent la péninsule italienne : les caps dell'Armi et Spartivento, d'une part, et le cap de Leuca de l'autre.

Iles.

Les nombreuses découpures faites par la mer dans le continent européen s'attestent encore par les îles, morceaux considérables du continent, que la mer n'a pu engloutir et qui planent en général vertes et riantes au-dessus des eaux.

Au nord, on trouve des îles froides comme les contrées qui les avoisinent : les îles *Lofoden*, et l'*archipel danois* (Seeland, Fionie, etc.), et les îles de la mer Baltique. Au delà de l'Europe, dans l'océan Glacial, on remarque la grande terre peu connue de la *Nouvelle-Zemble*.

Au nord-ouest ce sont les îles *Færoer*.

A l'ouest, c'est l'*Islande* qu'on rattache à l'Europe, mais qui se rattache plus naturellement aux terres glacées de l'Amérique du nord. Après les groupes secondaires des *Hébrides* et des Orcades, c'est le groupe des *Iles Britanniques*, si grandes qu'elles sont devenues le siége d'une puissance de premier ordre. Puis viennent les îles qui s'échelonnent le long des côtes de France.

Enfin, au midi, la Méditerranée est peuplée d'îles : îles Baléares, îles de Corse, de Sardaigne, de Sicile, îles Ioniennes, îles de l'Archipel. On voit que la mer n'a pu recouvrir toutes les terres de sa nappe uniforme. De nombreux et fertiles débris surnagent, et c'est à peine si, dans certaines parties de la Méditerranée, surtout dans l'Archipel, l'on perd la terre de vue.

CHAPITRE V.

RELIEF DU SOL. LES MONTAGNES.

La haute et la basse Europe.

Dès qu'on jette les yeux sur une carte d'Europe, on est frappé de la netteté avec laquelle le relief des contrées méridionales contraste avec l'égalité des contrées septentrionales. De fortes chaînes au centre et au midi, de vastes plaines à l'ouest et au nord, tel est l'aspect général : de là une division naturelle, la *haute* et la *basse Europe*. Tracez une ligne de Paris à Astrakan : elle ne heurtera aucun obstacle sérieux ; il semble que ce soit la même plaine coupée seulement çà et là par quelques chaînes de collines. Des bords du Rhin à ceux du Volga, de Cologne à Nijni-Nowgorod, sur une distance de 3,980 kilomètres, on a pu construire des chemins de fer sans avoir besoin d'aucun tunnel. Au contraire, tirez une ligne de Bayonne à Constantinople, elle traversera une infinité de chaînes de montagnes, et rien n'est plus tourmenté, plus varié, plus pittoresque et souvent plus grandiose que la région de la haute Europe.

Les Alpes ; direction générale de la chaîne.

Les Alpes sont les plus hautes montagnes de l'Europe : elles en sont comme le support, et, avec leurs rameaux, la charpente. « Les populations de toute l'Europe centrale doivent la plus grande partie de leurs eaux, et par suite la fertilité de leur sol, leur vie et leur richesse à ce massif de 25 millions d'hectares et aux immenses réserves que constituent ses neiges et ses glaciers. Cinq nations, la France, l'Italie, la Suisse, la Bavière et l'Autriche se partagent cette énorme surface, ce sol bouleversé, cet enchevêtrement de crêtes hérissées, de sillons profonds et de contournements bizarres, qui va du golfe de Gênes au Rhône, au Jura, au Danube, et dont toutes les autres chaînes du centre de l'Europe peuvent être regardées comme des appendices.

« Les Alpes proprement dites forment, autour de la haute Italie, une large zone arquée dont l'axe mesure au moins 1,200 kilomètres de développement du col de Cadibone, près de Savone, qui forme la limite des Apennins, jusqu'à Fiume ou jusqu'à Vienne. La largeur va toujours en croissant de l'ouest à l'est ; les Alpes maritimes, épaisses de 60 kilomètres au col de Tende, arrivent à 120, entre Digne et Coni ; les Alpes grées, à 150, entre Grenoble et Turin, comme les Alpes pennines, entre Genève et Ivrée ; le système entier, limité encore à 160 entre Lucerne et Côme, atteint 190 entre le lac de Constance et Bergame, 250 entre Munich et Vérone, 350 entre Fiume et Vienne. Il est à remarquer que les Alpes ont leur versant le plus abrupte et tous leurs grands escarpements tournés du côté de l'Italie. La chaîne se presse au-dessus des plaines du Milanais et du Piémont « comme une muraille qui environne un jardin ». Du côté de la France, de la Suisse et de l'Allemagne, au contraire, les Alpes s'abaissent doucement par des gradins successifs. On ne peut monter au mont Blanc, par exemple, que du côté de la Savoie; du côté de l'Italie ce n'est plus une pente, c'est un escarpement effroyable.

« Le point de départ, qu'on peut regarder comme le centre des Alpes sous le rapport géographique, est le nœud du *Saint-Gothard*, situé au centre de la Suisse, où viennent se rencontrer six vallées principales qui divergent dans tous les sens : l'Aar et la Reuss au nord, vers l'Allemagne, le Rhin, à l'est vers l'Autriche, puis vers l'Allemagne, le Tessin et la Toccia au sud vers l'Italie, et le Rhône à l'ouest vers la France. Ce massif central, sorte de nœud où viennent se rattacher les chaînes principales, est assez peu élevé relativement à ses puissants voisins : ses quatre points culminants ont environ 3,200 mètres (1). »

Les Alpes se subdivisent en tant de massifs portant chacun un nom particulier, qu'il faut, pour s'y reconnaître, s'en tenir aux trois grandes divisions : ALPES OCCIDENTALES, de la Méditerranée au mont Blanc; ALPES CENTRALES, du mont Blanc jusqu'au delà du Saint-Gothard, au pic des Trois-Seigneurs ; ALPES ORIENTALES, du pic des Trois-Seigneurs jusqu'en Turquie, au Tchar-Dagh.

Les ALPES OCCIDENTALES, entre la France et l'Italie,

---

1. Albert Dupaigne. *Les Montagnes.*

se subdivisent à leur tour : *Alpes maritimes* (du col d'Altare au mont Viso) ; *Alpes cottiennes* (ancien nom, souvenir du roi Cottius du temps des Romains) ; cette région renferme le mont Genèvre et le mont Tabor et s'étend jusqu'au mont Cenis ; *Alpes grées ou graïes* (vieux nom celtique), du mont Cenis au mont Blanc. Le massif du mont Blanc renferme la plus haute cime des Alpes et même de l'Europe, si on regarde le Caucase comme une chaîne asiatique. Ce massif, l'un des moins irréguliers, offre ce caractère que tous les sommets sont subordonnés au sommet principal (4,810 mètres) « autour duquel ils se rangent comme des courtisans autour d'un souverain » ; les noms de ces sommets les plus populaires parmi les touristes sont, du côté français, le mont *Buet* (3,111 mètres), le col de *Balme* (2,204), le *Brévent*, le *mont Joli* ; et, du côté italien, le *Cramont*.

Après le massif du mont Blanc, les Alpes se contournent, et séparent la Suisse de l'Italie ; là commencent les ALPES CENTRALES qui se subdivisent en *Alpes pennines, lépontiennes, rhétiques*.

Cette région est celle du *mont Rose*, avec ses sommets célèbres : le *Grand-Saint-Bernard*, le mont *Cervin* qui élance dans les airs des points presque inaccessibles, et que Tyndall a le premier escaladé, le *Weisshorn*, une des plus belles cimes des Alpes, le *Combin* et une foule d'autres. Au milieu du massif, à une altitude de plus de 1,600 mètres, se trouve le village de *Zermatt* qui est devenu, pendant l'été, le rendez-vous des touristes, comme Chamounix, en Savoie, est le rendez-vous de ceux qui veulent explorer la région du mont Blanc.

Au delà du massif du mont Rose, paraît le *Simplon*, puis le massif du *Saint-Gothard* qui, pour être moins élevé que celui du mont Rose et du mont Blanc, n'en offre pas moins une foule de sommets et de passages célèbres. C'est du massif du Saint-Gothard que se détachent les principaux rameaux des Alpes suisses : Alpes *Bernoises*, Alpes d'*Unterwald*, Alpes d'*Uri* et de *Schwitz*. Ces rameaux, non moins majestueux que la chaîne principale, sont également couronnés en partie de neiges et de glaciers : ils sont même les régions les plus explorées par la foule des voyageurs qui affluent dans les Alpes bernoises et surtout sur leur versant nord-ouest, l'*Oberland* : là s'élancent les cimes célèbres de la Jungfrau et du *Finsteraarhorn* (4,275 mètres).

Au nord des Alpes d'Uri et d'Unterwald se rattachent les montagnes de cette région si connue et si visitée qui entoure le lac de Lucerne ou des Quatre-Cantons. Ces quatre cantons, Uri, Schwitz, Unterwald et Lucerne (auquel on pourrait ajouter Zug), les cantons primitifs de la Suisse, qu'on appelle aussi cantons forestiers, petits cantons, cantons catholiques et qu'on pourrait appeler les pays les plus beaux et les plus heureux de la terre, ne renferment que des montagnes de second ordre, qui sont loin d'atteindre, en général, les altitudes neigeuses. Mais ces montagnes, les belvédères préférés des grandes Alpes, s'appellent le *Righi* (1,800 mètres), couvert d'hôtels et de pensions; les Mythes (1,903 m.) de Schwitz; la Frohnalp (1,911 m.) de Brunnen, le *Seelisberg* (1,928 m.) qui porte sur son flanc le légendaire Grütli, berceau de la liberté suisse ; le *Burgenstock*, centre de ce lac que le poëte appelle une étoile tombée du ciel entre les montagnes ; le *Stanzerhorn* (1,900 m.) qui domine les délicieuses vallées de Sarnen et de Melchtal, et en face de lui le fameux *Pilate* (2,133 m.), sombre repoussoir des riantes campagnes de Lucerne ; enfin, au fond de l'Unterwald, « les charmantes montagnes du *Brunig*, faites exprès pour les peintres, » comme dit Toppfer, et dont le point culminant, le *Rothorn* (2,351 m.), de Brienz, sert de belvédère au massif des Alpes bernoises (1). »

Au delà du Saint-Gothard les Alpes centrales se continuent par le massif qui a gardé le nom antique de *mont Adula* et qui s'étend entre le Tessin et les Grisons ; puis par le *Splügen* et le massif de la *Bernina*, l'un des plus curieux de la Suisse. Cette région dite des Alpes rhétiques est le point de départ d'un rameau important : les *Alpes des Grisons*, qui se dirigent vers le nord entre le Rhin et l'Inn et se continuent, en diminuant d'élévation, dans le Tyrol, puis dans le sud de la Bavière. De cette partie des Alpes centrales se détachent encore les *Alpes de Salzbourg* et les *Tauern* qui se prolongent par les *Alpes styriennes* et de la *basse Autriche*.

Les ALPES ORIENTALES, moins élevées que les Alpes centrales, mais contenant encore des sommets neigeux, commencent au pic des Trois-Seigneurs et se prolongent sous les noms d'*Alpes Carniques*, puis d'*Alpes juliennes*, puis d'*Alpes dinariques*, jusqu'au plateau de la péninsule hellénique. Le dernier mont toujours couvert de neige à l'est des Alpes est le *Terglou* (dans les Alpes juliennes, 2,850 mètres), aux sources de la Save.

Principaux cols et passages des Alpes.

Les Alpes laissent, entre leurs principaux massifs, des cols ou passages assez nombreux que l'industrie des hommes s'est efforcée de rendre praticables : les cols de *Tende*, de l'*Argentière*, d'*Agnello*, dans les Alpes maritimes ; le col d'*Abriès*, le col du *mont Genèvre*, le col de *Fréjus*, le col du *mont Cenis*, et celui du *Petit-Saint-Bernard* dans les Alpes cottiennes et grées. La route du mont Cenis tracée par Napoléon I*er* était, depuis le com-

1. A. Dupaigne.

mencement du siècle, la seule voie de communication relativement facile entre la France et l'Italie. Mais depuis quelques années elle a perdu de son importance, sinon de son charme, par l'ouverture du tunnel percé dans le voisinage, sous le col de Fréjus, et qui permet aux locomotives de franchir les Alpes. Ce tunnel gigantesque qui part de *Modane*, en France, pour aboutir au village italien de *Bardonnèche*, a été creusé, durant quatorze années, à quinze cents mètres au-dessous de la montagne : il a plus de douze kilomètres de longueur. Rien ne semble plus impossible depuis que cette œuvre admirable a été menée à bonne fin et depuis que l'homme est arrivé à supprimer cette barrière réputée infranchissable.

Au delà s'ouvre un autre passage au pied du *mont Blanc*, « le merveilleux, dit Toppfer, pour ceux qui sont amateurs de solitudes alpestres, de cimes terribles, de glaciers formidables. Il faut s'élever sur le col du Bonhomme, puis sur le col des Fours, d'où l'on redescend pour s'élever de nouveau sur le col de la Seigne. Au delà on côtoie le lac Combal et les sonores glaciers de l'Allée-Blanche. Point de route, mais d'abruptes sentiers où il ne faut pas s'aventurer sans guide. Point de voyageurs, mais une ou deux caravanes de touristes, et parfois un chasseur de chamois qui passe d'une cime à une autre. Point d'auberges enfin, mais seulement un misérable chalet adossé au glacier du mont Blanc. Vous tous qui aimez la marche libre, indépendante, la poésie grande et neuve, l'immensité, le silence, le mystère et les confuses émotions que fait naître une brute et colossale nature, passez par l'*Allée Blanche*. »

Le passage du *grand Saint-Bernard* est assez mal connu de nos jours, parce que c'est de nos jours qu'on l'a le plus décrit. Il est remarquable à cause de l'hospice

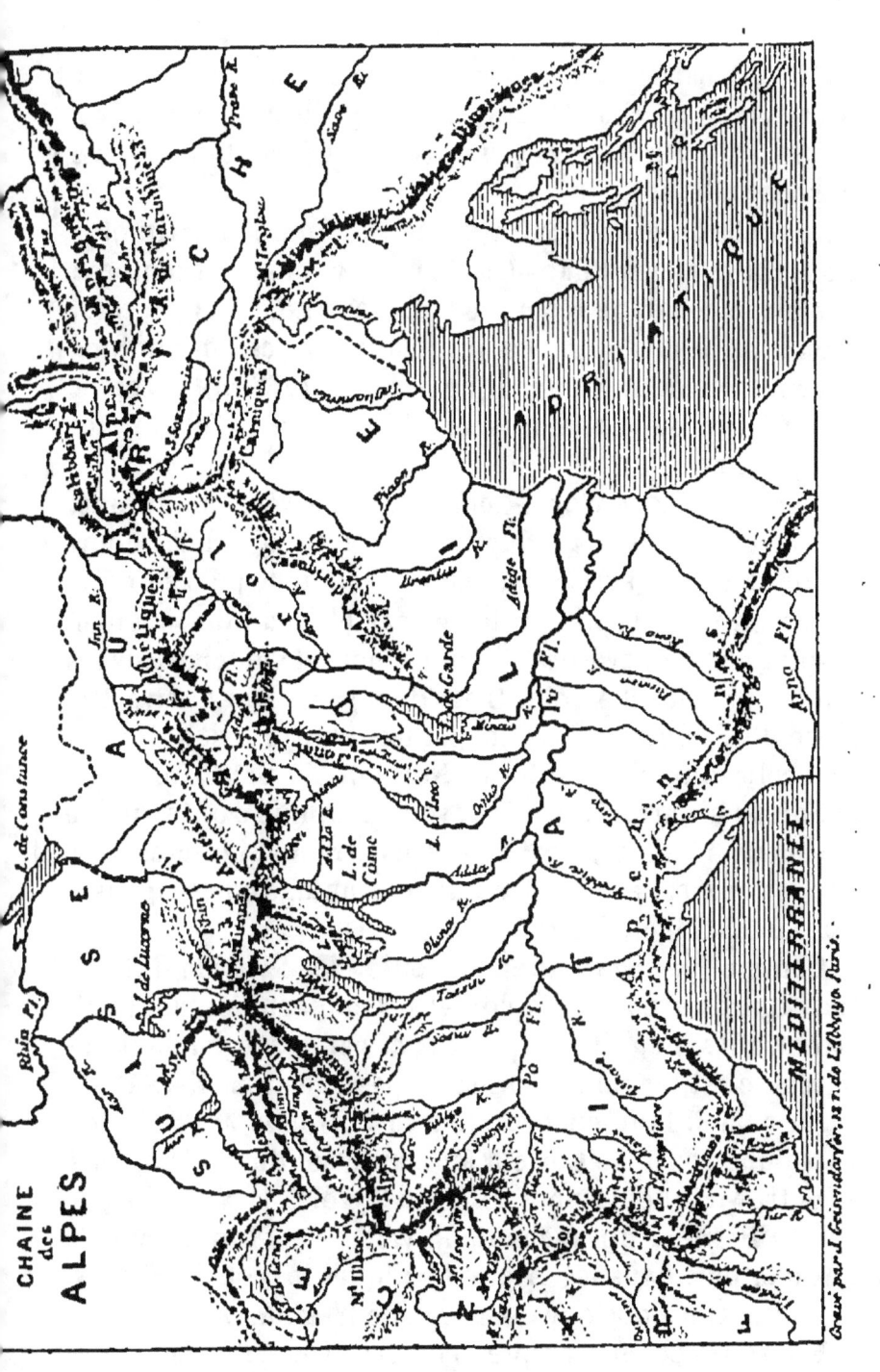

surtout, à cause de cette sainte maison où, depuis tant de siècles, la charité chrétienne veille avec une affectueuse sollicitude sur ceux qui s'engagent dans ces mornes vallées.

Au delà du grand Saint-Bernard, le mont Cervin et le mont Rose élèvent dans les cieux leurs cimes argentées ; une glace continue recouvre leurs épaulements ; il faut suivre la base des Alpes jusqu'aux gorges du Simplon pour retrouver un passage. Le *passage du Simplon* est le plus célèbre de la chaîne, mais il a cessé d'en être le plus merveilleux.

Vient ensuite le *Saint-Gothard*, nu, sévère, monotone, où la route s'élève graduellement avec la vallée, court en ligne droite sur le plateau du sommet, puis se tourmente en mille replis sur les parois d'un abîme au fond duquel elle se perd dans l'ombre pour déboucher sur les riantes prairies d'Airolo. C'est Bonaparte qui a ouvert la route du Simplon. C'est le petit canton d'Uri qui a ouvert celle du Saint-Gothard. Non loin du Saint-Gothard, le Saint-Bernardin ouvre au voyageur une route que le voyageur délaisse ; c'est que, sans être aussi intéressante que les autres, elle n'offre aucun avantage en compensation. Le Splügen l'a tué.

Comme passage à grande route, le *Splügen* lutte à tous égards avec le Simplon et il l'emporte sur lui peut-être par les magnifiques abords et par ses immenses galeries ; c'est, ce nous semble, le passage des artistes.

Au delà il faut encore citer le col de la *Malouïa*, où passe une route de Coire à Milan ; le col du *Stelvio*, passage très-fréquenté pour aller du Tyrol à la Valteline, le col du *Brenner* qui mène de la vallée de l'Inn à celle de l'Adige, puis dans les Alpes carniques le col de *Tarvis*, dans les Alpes noriques la gorge de *Newmark*.

En résumé, on compte dans les Alpes douze routes

carrossables dont quelques-unes offrent une série de travaux admirables, et les chemins de fer maintenant remplacent les routes là comme ailleurs. Les Alpes styriennes sont traversées par le chemin de fer de *Gratz* à *Vienne* par le col du *Sœmmering* ; dans les Alpes noriques le col de *Newmark* est traversé par le chemin de fer de *Klagenfurt* à *Leoben*. Au col du *Brenner* passe le chemin de fer d'*Insprück à Trente* : une autre voie ferrée met en communication *Coire et Bellinzona* par le col du *Luckmanier* ; le Saint-Gothard lui-même va s'ouvrir aux locomotives qui ne connaissent plus d'obstacles depuis qu'on a creusé pour elles les montagnes comme on a fait au tunnel du mont Cenis.

Les glaciers.

Les neiges qui couronnent les cimes des Alpes et projettent tant d'éclat quand les frappe la lumière du soleil, se renouvellent sans cesse : tantôt elles s'éboulent par masses et descendent, sous la forme d'*avalanches*, avec la rapidité d'une tempête sur les vallées où elles causent de terribles désastres; tantôt elles fondent sous l'influence des vents chauds du midi, surtout du vent que les Suisses désignent sous le nom de *fœhn*, grossissent les torrents qui eux-mêmes vont grossir les rivières et les fleuves. La neige le plus souvent commence à fondre, puis le froid revenant se gèle de nouveau et forme de vastes champs de glaces, merveilles des Alpes. Les neiges transformées en glace s'étendent en masses énormes sur les pans des montagnes et remplissent des vallées entières. Et ces glaciers ne sont pas immobiles : ils marchent, lentement, il est vrai, mais ils marchent : ce sont de véritables fleuves. « Chaque variation de température se fait sentir sur la marche du glacier, et, bien que les expériences ne concordent pas toutes sur ce point, il est probable qu'au coucher du soleil, le glacier ralentit son cours pour l'accélérer de nouveau quand l'astre reparaît au-dessus de la crête des montagnes : dans les profondeurs la vie serait active comme à la surface. A peine le jour a-t-il éclairé le glacier, que la nature y est tout autre. De même que la forêt voisine, le champ de glace retentit de mille petits bruits joyeux ; les gouttelettes qui tombent sur les saillies des crevasses s'y brisent en pétillant, les ruisselets qui se forment poussent en murmurant les sables devant eux, les talus de gravier s'écoulent dans les crevasses, çà et là quelque bloc descellé de son piédestal de glace roule en grondant sur les pentes. Toutes ces voix du glacier s'accroissent en volume à mesure que le soleil s'élève sur l'horizon ; mais qu'un nuage épais intercepte soudain les rayons solaires, le silence se rétablit peu à peu, et le glacier attend le retour de la lumière pour reprendre son chant, l'énorme fleuve semble doué de vie, en sorte que des savants enthousiastes, comme Tschudi, se sont demandé sérieusement si le monstre n'avait pas une âme. Nombre de montagnards le croient en toute simplicité. »

On n'a pu encore évaluer exactement le degré de vitesse des glaciers, mais quelques faits en donnent une idée : une échelle que de Saussure, le premier explorateur des Alpes, avait laissée en 1788 au pied de l'Aiguille Noire, lors de son ascension au mont Blanc, fut retrouvée en 1832 à la distance de 4,350 mètres en aval : elle était donc descendue de 99 mètres par an. De 1861 à 1865 le glacier des Bossons a rendu les restes de trois guides tombés en 1820 dans la première crevasse qui s'ouvre à la base du mont Blanc. Les cadavres avaient parcouru en 40 ans un espace de 6 kilomètres, c'est-à-dire 140 à 150 mètres par année.

C'est dans les Alpes que se rencontrent les conditions

les plus favorables à la formation des glaciers : aussi est-ce là que se voient les plus célèbres étudiés par d'intrépides voyageurs qui nous ont fait connaître au péril de leur vie ces merveilleux phénomènes : les de Saussure, les Charpentier, les Agassiz, les Rendu, les Forbu, les Tyndall. Une foule de touristes marchent aujourd'hui sur leurs traces et même une société, le *club alpin*, s'est organisée pour faire de nouvelles explorations dans ce monde infini des montagnes et des glaciers.

Les glaciers du mont Blanc sont une des curiosités les plus étonnantes de ces montagnes si pleines de curiosités. Le principal est la *Mer de glace,* « golfe étroit de neige ou large fleuve de cristal qui, étranglé entre les roches pyramidales de l'aiguille du Dru et les bases plus énormes encore des aiguilles de Charmoz, poursuit son cours dans une longue projection blanche, continuée jusqu'aux pentes inférieures du mont Blanc. Bien que cette vallée semble presque horizontale, parce que la pente en est répartie sur une étendue de près de 16 kilomètres, elle est assez forte en réalité, car, de Montauvert jusqu'au Jardin, la différence d'altitude est de 918 mètres. Ce dernier point est à gauche de la Mer de glace, presqu'au sommet de l'un des deux glaciers qui y aboutissent du même côté, formant avec elle, sous le versant nord du mont Blanc, un des plus hauts et des plus vastes carrefours de vallons que l'on puisse rencontrer dans la région des neiges. L'un de ces glaciers est celui de Léchaud, au pied des Jorasses ; l'autre est le glacier du Talèfre, cirque énorme de roches vêtues de blanc jusqu'à leur pied, où leur robe vient flotter sur une nappe de glace. Cette robe n'a d'autre parure qu'un petit bouquet de fleurs fixé sur le haut du corsage, à près de 9,000 pieds au-dessus du niveau de la mer. C'est ce bouquet isolé qu'on nomme le Jardin.

« La traversée de la Mer de glace est singulière, avec un très-long bâton ferré pour gouvernail et un guide pour pilote. Si l'on perdait l'un ou l'autre, on risquerait de ne pas revoir le port. L'usage de l'*alpen-stock* décrit à peu près cette navigation pédestre. On le fixe devant soi pour sauter par dessus les crevasses ou pour enjamber les ruisseaux ; derrière soi comme un crampon, pour vous enrayer en dégringolant une pente en verre de Bohême ; quand la voûte est trop sonore pour être bien épaisse, on le tient transversalement des deux mains, avec une certaine force, afin qu'il vous retienne sur l'abîme si le corps vient à s'engloutir. Faut-il grimper tout droit sur un talus glissant, le bâton devient un perchoir ; il sert aussi de sonde, d'éclaireur, et plus souvent de point d'appui. »

On évalue à 3,030 kilomètres carrés la superficie des champs de neige et des glaces dans les Alpes où l'on compte près de 1,100 glaciers distincts. En dehors de la Mer de glace il faut citer le mont Blanc. Le glacier d'*Aletsch*, en Suisse, dans les Alpes Bernoises (au Finsteraarhon), se déroule en une large nappe sur une longueur totale de 21,710 mètres. Moins importants mais plus nombreux sont les glaciers du Tyrol. Les Alpes du Dauphiné, moins majestueux que les Alpes de Savoie, mais non moins pittoresques, contiennent beaucoup de glaciers, et c'est même là, dans les monts de l'Oisans, le Pelvoux, les Ecrins, l'aiguille Medje, qu'on peut le mieux observer ces grands fleuves de glaces qui étonnent l'imagination.

La végétation et la vie dans les Alpes.

A mesure qu'on s'élève sur le flanc des montagnes, tout prend un aspect nouveau. Les céréales de la plaine, les vignes des coteaux disparaissent, les vergers et leurs fruits disparaissent dès qu'on atteint une altitude de 700 mètres. Et chaque espèce s'éclipse selon qu'elle résiste moins au froid : dans les Alpes du Valais la vigne disparaît vers 600 mètres, le noyer et le prunier vers 800 mètres; le pommier, l'oignon, le sarrasin à 1000 mètres, le cerisier et le froment à 1200 mètres. On atteint alors la région des forêts majestueuses et solitaires. « La forêt, écrit Tschudi dans son livre le *Monde des Alpes*, est surtout pittoresque dans les endroits où la montagne se précipite hardiment, par dessus de gigantesques murailles de rochers, pour descendre vers la plaine en gorges profondes. Là, jusqu'à sa lisière supérieure, la forêt couronne de taillis plus clairs le sommet des rochers; elle jette ses arceaux sur les encaissements étroits et profonds des ruisseaux; elle encadre de ses broussailles les éboulis de cailloux, et étend ses longs et vastes bras au travers des verts pâturages, jusqu'aux lignes grisâtres des crêtes de la montagne. — Des sapins et des mélèzes énormes dressent par milliers leurs troncs desséchés; les lianes les enlacent comme dans les forêts primitives des tropiques; les ronces, les rosiers, les clématites, y forment d'impénétrables fourrés que jamais n'entama la hache du bûcheron; les fraisiers poussent des jets d'un pied et demi sur le riche humus de ces débris décomposés; de jeunes tiges s'élancent partout avec vigueur de ces cadavres vermoulus d'arbres cinq ou six fois centenaires et les lichens suspendent leur longue chevelure verte à ces branchages confus. »

Montons encore. La forêt s'éclaircit, les arbres se rapetissent, on arrive enfin à des régions découvertes et riantes cependant : « c'est la région, dit Tschudi, de ces admirables pâturages, de ces prairies alpines, rases, serrées, d'un vert foncé, émaillées de fleurs, dans lesquelles des milliers de troupeaux passent leur été; de ces pentes gazonnées exposées à un brillant soleil, où retentissent les *jodel* des bergers et le bruit des sonnailles, où le chamois se rencontre avec la chèvre, où la marmotte dans ses ébats fait partir la perdrix des neiges, où le lœmmergeier enlève le lièvre des Alpes de ses redoutables serres. Mais à côté de ces pâturages aromatiques s'étendent de vastes éboulis et d'immenses lapiaz; au-dessus et au-dessous se dressent des parois de rochers de plusieurs milliers de pieds de hauteur, dont les hardies terrasses atteignent jusqu'aux grands sommets. Des courants d'une eau glacée descendent avec bruit dans leurs lits profondément ravinés, et les glaciers, avec une puissance infernale, poussent leurs froides masses jusqu'au milieu des plus verts plateaux. Nulle part la nature n'a dessiné de plus vigoureux contrastes; nulle part elle ne s'enveloppe de plus gracieux ornements et de plus sombres horreurs; nulle part l'homme ne passe aussi rapidement du sentiment d'une douce paix à celui d'un soudain effroi; nulle part il ne tourne ses regards avec autant d'humilité vers la main du Dieu créateur. »

Les touristes agiles et intrépides aiment à atteindre des régions encore plus élevées, celles des neiges perpétuelles. « Au-dessus des dernières terrasses de gazon utilisées, dit encore Tschudi dans son langage fortement imagé, se dressent éternellement majestueuses et libres, les cimes des hautes Alpes, inaccessible retraite d'une puissance étrangère, primitive et indomptable. Froides et fières, elles se refusent au service de l'homme. Le maître intelligent de la terre se trouve étranger au milieu d'elles. L'esprit, malgré toute sa vigueur, voit sa fragile enveloppe se briser contre le colossal obstacle de la matière; la chaude haleine de la vie lutte péniblement contre le froid, contre la tempête, contre les forces écrasantes de la nature ; territoire libre, étrange, merveilleux, au milieu de pays florissants et peuplés. »

Parfois cependant lorsque la neige disparaît, sous l'influence des rayons du soleil, des mousses et des fleurs se montrent et Tschudi trouve encore des expressions charmantes pour peindre ce dernier éveil de la vie dans les solitudes les plus mornes et les plus terribles :
« N'est-ce pas, dit-il, un charmant tableau que celui de ce tapis verdoyant formé de plantes basses, mais couvertes de fleurs du plus brillant éclat, qui se déroule le long des pentes éclairées du soleil? Au-dessus des rochers nus dont les sommets, parsemés de taches légères de neige, semblent défier les cieux ; au-dessous des gorges profondes et des déserts de ruines ; d'un côté, des champs sans fin de névés qui montent jusqu'aux plus hautes cimes ; de l'autre, d'immenses mers de glace aux reflets bleuâtres, d'une épaisseur de plusieurs centaines de pieds, qui transportent leurs débris et leurs blocs jusqu'au bas de la vallée. La neige couvre cette oasis, le rocher lui lance ses débris détachés par le dégel, le névé lui envoie ses avalanches et ses torrents ; le glacier qui ouvre en grondant ses puissantes crevasses, les éclairs et la foudre du ciel, les puissances de l'air et celles de la terre qui semblent se donner la main pour la détruire, tout conspire contre sa paix ; mais, inébranlable dans sa fidélité, pleine d'espoir et de confiance, la plante alpine élève paisiblement sa tige dans l'air embaumé, à la rencontre de la lumière et du soleil, comme un cœur brisé cherche au fort de sa détresse le regard de son Dieu. »

On remarque la même décroissance dans le règne animal que dans le règne végétal, à mesure qu'on approche des cimes nues et désolées. Sauf dans les airs où, au contraire, dominent les plus fortes espèces, les gypaètes ou lœmmergeiers, et les aigles qui atteignent d'énormes dimensions, les animaux vont, le long des pentes, en diminuant de taille et de puissance. Les régions inférieures nourrissent une quantité prodigieuse de bétail ; les troupeaux, ressource et orgueil des montagnards, ne s'élèvent qu'en été dans les régions un peu hautes. Les bergers suisses passent l'été dispersés dans les chalets des montagnes, occupés à garder leur nombreux bétail, à le soigner et à fabriquer les différents produits du laitage : l'hiver ils redescendent dans la plaine. Les montagnes possèdent aussi d'excellentes races de chevaux, lents mais solides et ayant le pied extrêmement sûr, sobres, laborieux, et rendant d'inappréciables services pour la montée des rampes difficiles. Une race célèbre de chiens, les chiens du Saint-Bernard, affrontent les neiges et parcourent les environs de l'hospice pour rechercher les voyageurs égarés ou engloutis par les avalanches. On sait que ces animaux intelligents portent attaché au cou un petit panier de provisions qui raniment le voyageur épuisé de faiblesse : si le voyageur engourdi ne peut bouger, les chiens retournent à l'hospice et guident les moines qui vont relever le malheureux. L'homme cependant ne rencontre pas que des animaux aussi amis : les loups, les ours abondent encore dans les Alpes malgré les primes données aux chasseurs qui font la guerre à ces carnassiers. La chasse à l'ours est un des exercices les plus périlleux des montagnes, mais les habitants des Alpes courent bien d'autres dangers en poursuivant à travers les rochers le gibier de montagnes, surtout les chamois qui gravissent partout et dont on retrouve des traces même dans les régions perdues des neiges éternelles. Les animaux les plus nombreux sont naturellement les plus petits : martes, fouines, hermines, belettes, blaireaux, renard, lièvre des Alpes, blanc en hiver et gris en été, le loir dormeur, et enfin, près des neiges, la marmotte si célèbre que nous avons tous pu voir promener dans nos rues par les petits Savoyards.

La montagne influe sur l'homme qui l'aime et ne la quitte que pour y revenir. Elle donne aux peuples la solidité et le courage. « Leur vaste poitrine, enfermant des poumons à cellules plus larges et plus nombreuses que les poumons des habitants des plaines, s'emplit d'un air à la fois plus pur et plus léger ; leurs yeux, habitués à regarder du haut des promontoires dans les vallées profondes, à discerner de loin l'animal qui se blottit dans le creux des rochers, sont fiers et brillent d'un éclat perçant ; leurs traits sont hardis, leur tête est noblement posée ; d'une allure égale et tranquille, d'un pas assuré, ils gravissent les rochers abruptes et, bondissant sur les glaciers, poursuivent les chamois. Leur labeur est des plus pénibles, et c'est par un courage, une persévérance à toute épreuve qu'ils peuvent conquérir la nourriture nécessaire à la vie. En beaucoup d'endroits, le sol est tellement escarpé qu'il ne leur est même pas possible de se servir d'animaux de labour ; ce sont eux qui, de leurs mains, creusent le sillon, eux qui déposent l'engrais pour recouvrir la semence ; souvent ils sont obligés aussi de porter sur leurs épaules jusqu'à la terre nourricière que les torrents ou les avalanches avaient entraînée dans les bas-fonds. En hiver, ils sont assiégés par les neiges, bloqués dans leurs demeures et fréquemment ils ne peuvent se rendre de village en village qu'au péril de leur vie. Aussi n'est-il pas étonnant qu'à l'approche des froids, ils songent à s'expatrier pour descendre vers ces plaines dont ils disent avec admiration qu'elles sont « unies comme des planchers ». Toutefois, si les montagnards émigrent par bandes, aux approches du froid, c'est presque toujours comme les hirondelles et les cigognes, avec l'intention de revenir. Les villages, presque déserts pencant les mois de neige, se repeuplent au printemps, et le petit marchand de la plaine se remet courageusement au dur travail de la culture sur le maigre sol qui recouvre les rochers. Les hautes cimes sont trop belles, elles lui semblent trop vivantes pour qu'il ne les aime pas, même à son insu, et que, loin d'elles, il ne soit pas toujours désireux de les revoir. Dans les campagnes unies qu'il admirait tant à cause de l'horizontalité du terrain, il se rappelle avec émotion les champs inclinés et pierreux du pays natal, les étroites prairies penchées au bord des précipices, les neiges blanches entassées sur les assises des rocs, les sommets lumineux qui, le matin, lui envoyaient le premier reflet de l'aube, et le soir s'éclairaient pour lui du dernier rayon lancé par le soleil. Tandis que l'habitant des plateaux uniformes retrouve dans ses migrations une nature semblable à celle qu'il a vue tout enfant, et se plaît à parcourir des espaces illimités, sans songer aux steppes où il est né, le montagnard ne peut oublier sa vallée, unique entre toutes ; et lorsqu'il la quitte à jamais, ce n'est que forcé par la dure nécessité (1). »

Il y a une limite cependant pour l'homme qui ne peut vivre habituellement dans l'air raréfié et froid des hautes régions. Le village le plus haut situé de France est Saint-Véran, dans les Hautes-Alpes (arrondissement de Briançon), à une altitude de 2,009 mètres. L'hospice du Saint-Bernard est bâti plus haut encore, à 2,472 mètres.

Les Apennins et les Alpes helléniques.

A chaque extrémité de la courbe qu'ils dessinent, les Alpes projettent des chaînes de montagnes dont l'une

---

1. E. Reclus. *La Terre, Les Continents.*

forme la longue péninsule italique, dont l'autre se ramifie dans la large péninsule hellénique. Les *Apennins*, de beaucoup inférieurs aux Alpes, traversent l'Italie e^t séparent les eaux qui se jettent dans l'Adriatique de celles qui se jettent dans la Méditerranée. Ils commencent où finissent les Alpes, aux collines de Saint-Jacques, près du mont Ariol, le dernier des Alpes. Saint-Jacques et le col de Cadibone, près de Savone, sont plus bas encore ; de sorte que ce point est à la fois la partie la plus basse des Alpes et la partie la plus basse des Apennins. Depuis le premier col, celui de Cadibone, les Apennins vont toujours en s'élevant par un mouvement inverse à celui des Alpes, jusqu'au centre de l'Italie. Ils se divisent en Apennins liguriens, Apennins étrusques ou toscans, Apennins romains et Apennins napolitains.

Les Apennins liguriens restent voisins de la Méditerranée et abritent une côte riante et fertile. Les Apennins étrusques se rapprochent au contraire de l'Adriatique. Les Apennins romains partagent la péninsule par le milieu entre les deux mers. Leur distance n'en est jamais de plus de douze à quinze lieues, la presqu'île en ayant alors trente de large. Le mont Vellino, couvert de neige tout l'été, est le point le plus élevé des Apennins : arrivés à ce point, ceux-ci vont en baissant jusqu'à l'extrémité du royaume de Naples. Les Apennins napolitains ou du Vésuve courent soixante-dix lieues entre l'Adriatique et la Méditerranée et partagent presque également la presqu'île depuis le mont Vellino jusqu'au mont Caruso. Depuis le mont Caruso les Apennins se divisent en deux branches : l'une entre en Calabre et les eaux de leurs sommets coulent d'un côté dans la Méditerranée et de l'autre dans le golfe de Tarente. L'extrémité de cette chaîne s'approche de la Méditerranée et vient mourir près de Reggio, après avoir parcouru un espace de cinquante lieues. L'autre branche entre dans le pays de Bari et d'Otrante, elle sépare les eaux qui coulent dans l'Adriatique de celles qui coulent dans le golfe de Tarente et parcourt trente lieues. Toutes ces montagnes suivent la loi constante et vont toujours en s'abaissant.

L'autre chaîne qui prolonge l'extrémité orientale des Alpes et se soude aux Alpes dinariques, n'a point le même aspect que les Apennins : elle est large, a des ramifications dont une, les *Balkans*, qui vont aboutir à la mer Noire, constituent eux-mêmes une chaîne remarquable, et soutient une vaste péninsule (ancienne Épire, ancienne Macédoine et Thrace), à laquelle se rattache une autre péninsule plus petite : la Grèce. La chaîne porte dans toute sa longueur jusqu'au cap Matapan, qui la termine au sud, le nom d'*Alpes helléniques*, mais les noms varient aussi suivant les pays dont elle forme la charpente. Elle a porté les noms les plus célèbres dans la poésie antique : entre l'Épire et la Thessalie c'était le *Pinde*; un de ses rameaux, en Thessalie, s'appelait l'*Olympe*; un autre massif, c'était *Ossa* et *Pélion*; plus bas après le défilé des Thermopyles, venaient le mont *Œta*, le *Parnasse*, l'*Hélicon*, le *Cithéron*. Le plateau qui s'arrondit au centre de la Morée, c'était l'heureuse Arcadie, dont la vie aujourd'hui s'est retirée comme elle s'est retirée de l'Attique et de la Thessalie. A l'ouest des Alpes helléniques, le long de la côte de la mer Adriatique, s'étend une chaîne parallèle, épaisse, sauvage, qui abrite les rudes populations de l'Herzégovine, du Montenegro et de l'Albanie. Ce pays, dont les habitants gardent un vif sentiment de l'indépendance, est un entassement de montagnes où les principaux sommets gardent leur neige toute l'année. Ces longues chaînes, quand on les voit de la mer, forment une série d'étages d'un gris sombre et s'élèvent en terrasses gigantesques semées de pics, de dômes qui se détachent sur des lignes très-simples : c'est déjà la beauté de la Grèce, la même netteté de forme, la même harmonie de proportions.

Montagnes de la Bohême et du centre de l'Europe.

Au nord du demi-cercle des Alpes, ce qui frappe quand on examine une carte d'Europe, c'est le quadrilatère des monts de Bohême. Quatre massifs distincts se rejoignant et ne laissant guère d'issue qu'aux angles enveloppent

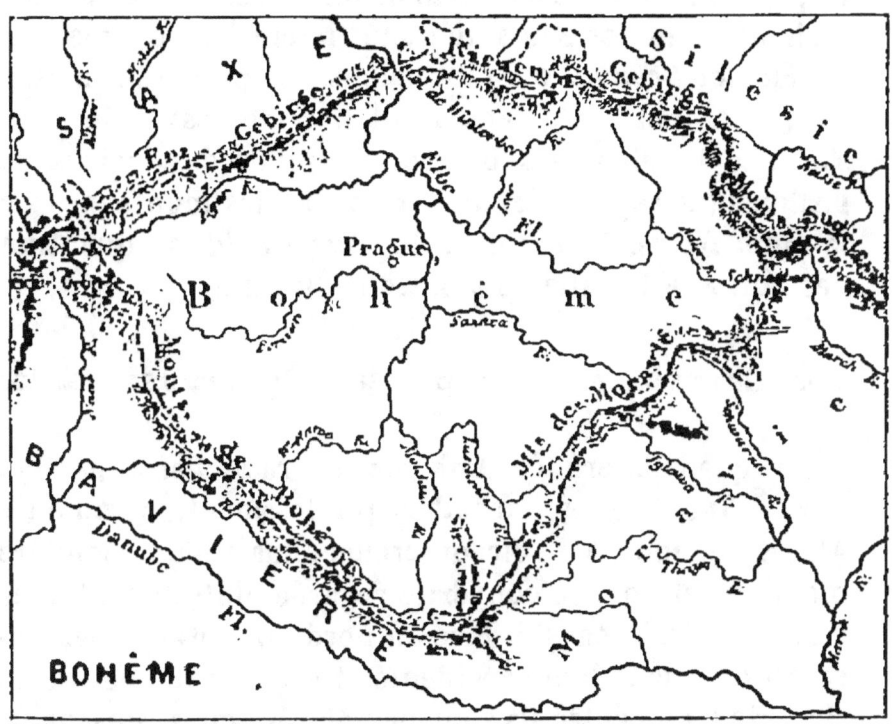

le bassin supérieur de l'Elbe, et de son principal affluent la Moldau : au nord-ouest, l'*Erz-Gebirge* ou monts des Mines, entre la Saxe et la Bohême ; le *Bœhmerwald* ou forêt de Bohême, au sud-ouest, entre la Bohême et la Bavière ; les deux autres qui leur sont opposés, séparent :

les *monts de Moravie*, la Bohême et la Moravie (côté sud-est), les montagnes des Géants ou *Riesen-Gebirge* (côté nord-est), séparent la Bohême et la Silésie prussienne. Cette dernière chaîne est la plus élevée et la plus épaisse: cependant l'Erz Gebirge présente des sites plus pittoresques ; les eaux y ont creusé des gorges sauvages et la région, connue sous le nom de Suisse saxonne, est très-visitée par les touristes.

En dehors de cette citadelle de montagnes qui forment la limite de la haute Europe, on ne remarque plus en Allemagne que la région des monts de Thuringe (Thuringerwald), encore couverte de forêts ; ces monts se rattachent à un des coins du quadrilatère de Bohême par les *Fichtel-Gebirge* ou montagnes des pins. Le massif du *Harz* (entre le Hanovre et la Saxe) est celui qui s'avance le plus vers le nord, au milieu des plaines de l'Allemagne septentrionale. A l'ouest, les montagnes de la *Forêt-Noire*, le *Taunus*, le *Westerwald* marquent un des côtés de la vallée pittoresque du Rhin.

Les Carpathes. — Le plateau de Transylvanie.

Au quadrilatère de Bohême se rattachent, par les *monts Sudètes*, les Karpathes qui dessinent, comme les Alpes, une moitié de circonférence, mais d'un diamètre moindre, et dont la convexité regarde plutôt l'est tandis que celle des Alpes fait face au nord. Les Karpathes enserrent de leur ligne accidentée les vastes plaines de la Hongrie : au centre ils sont peu élevés, mais plus hauts vers les deux extrémités, ils deviennent également très-larges à cause de leurs nombreux contreforts. C'est dans les *monts Tatra* que se rencontrent les principaux sommets: le pic de *Gerfsdorf* (2,618 m.) et le pic de *Lomnitz* (2,600 m.). Ce sont les Karpathes du sud qui

RELIEF DU SOL. LES MONTAGNES. 83

offrent l'aspect le plus pittoresque, le plus de rochers, de gorges profondes, de forêts de pins, de pâturages alpestres : par leurs contreforts ils soutiennent le plateau de la Transylvanie, vraie citadelle, véritable enceinte arrondie et défendue par de redoutables escarpements que les eaux du plateau coupent au sud, à l'ouest et au nord.

« La largeur du massif des Karpathes est de 250 kilo-

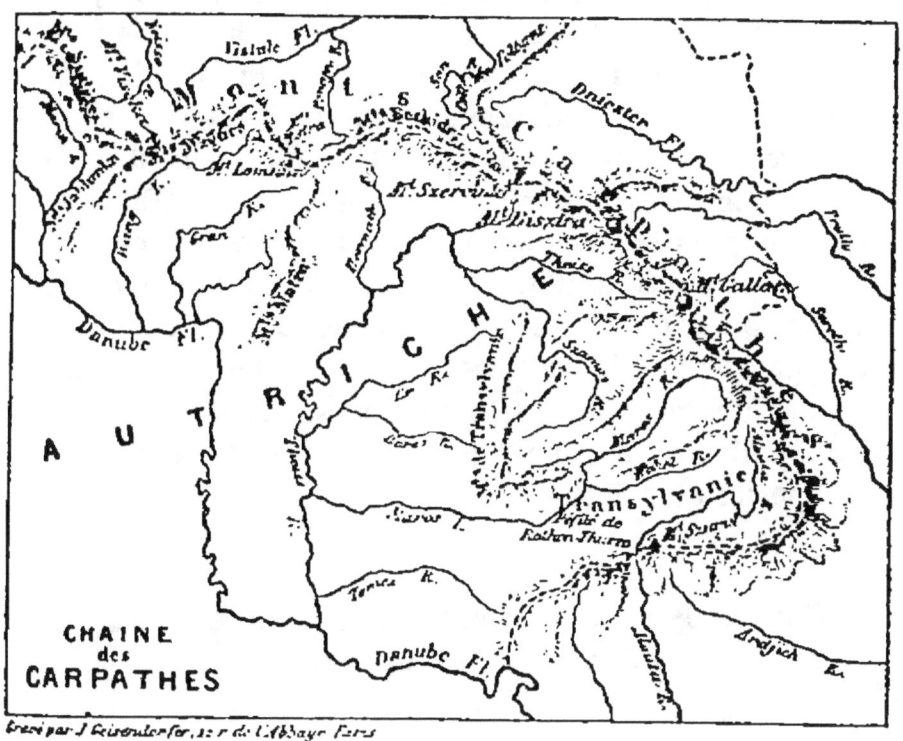

mètres, à l'ouest entre Waitzen, sur le Danube et Cracovie sur la Vistule ; de 125 au centre ; de 450 au sud, depuis le Banat jusqu'en Moldavie.

Les routes principales qui traversent la chaîne sont: celle de Kremnitz à Teschen, par le col de *Jablunka* ; la grande route d'Eperies à Lemberg, par le col de Barwinck ; la route de Munkacs à Stry, par le col de Jawaruczi ; la route de Bistritz à Sutschawa, en Bukowine, par le col de Borgo ; la route de Cronstadt à Jassy, par le col d'Œjtoez ; la route de Cronstadt à Bukarest, par le défilé de Tœmœs ; la route d'Hermansdat à Rimnik et de là à Bukarest, par le défilé de la Tour Rouge, grande route commerciale et militaire entre la Transylvanie et la Valachie ; la route de Temeswar à Orsowa, par le col de Teregova.

« Les Karpathes sont couverts de forêts de pins jusqu'à 12 et 14,000 mètres ; au-dessus, le rocher est nu ou couvert de lichens. Dans les Alpes de Transylvanie, les parties élevées des montagnes sont revêtues de beaux pâturages alpestres. Les Karpathes renferment des richesses minérales importantes, surtout dans l'Erz-Gebirge hongrois et dans la Transylvanie. Les mines d'or et d'argent de Kremnitz, de Schemnitz et de Nagy-Ag, sont les plus considérables ; on exploite aussi dans ces montagnes le fer, le cuivre et le plomb. Le sel gemme s'y rencontre en dépôts très-étendus sur les deux revers des Karpathes du nord, à Wieliczka et à Bochnia au nord et à Eperies au sud (1). »

Les Cévennes et le plateau central de la France ; le Jura et les Vosges.

Entièrement distinct du massif des Alpes, le plateau central de la France, formé par les *Cévennes*, les *monts d'Auvergne* et *du Limousin*, les *montagnes du Forez*, n'en semble pas moins leur prolongation de même que le *Jura*, chaîne droite, de composition toute différente et se dessine en un rigoureux relief entre la France, la Suisse et l'Allemagne. Les Cévennes offrent quelques

---

1. Dussieux, *Géographie générale*, p. 411.

points assez élevés : l'*Aigoual* (1,570 mètres) le mont *Lozère* (1,718 m.). Les monts d'Auvergne, sans avoir la majesté des Alpes, n'en ont pas moins une grandeur imposante ; les monts du Cantal et leur principal sommet le *Plomb du Cantal*, les *monts Dore* et leur point culminant le *puy de Sancy*, les *monts Dôme* et leur plus haute cime le *puy de Dôme*, présentent une masse considérable qui atteste par ses basaltes et ses pierres noires son origine volcanique. La hauteur est moyenne et on ne saurait comparer le puy de Sancy (1,800 mètres) et le puy de Dôme (1,400) aux aiguilles élancées des Alpes. Mais les monts d'Auvergne ne sont couverts de neige qu'en hiver et leur altitude modérée permet à la végétation de les recouvrir de la base au sommet ; rien de charmant comme ces prairies suspendues dans les montagnes ou d'imposant comme leurs forêts. Le puy de Dôme est d'une ascension facile aujourd'hui car on y monte en voiture, on a construit sur son sommet un observatoire et on vient d'y découvrir les ruines d'un temple romain !

Le *Jura* moins haut encore a cependant des sommets qui vont jusqu'à 1,700 mètres : (Chasseral, 1,609 m. ; mont Tendre, 1,682 m. ; la Dôle, 1,681, m. ; le Reculet, 1,720 m. ; le Crête de la Neige, 1724 m. ; le Credo, 1,690 m.). Cette chaîne a un aspect particulier : au lieu de groupes, de massifs, elle ne présente que de longs cordons parallèles : on l'a comparée à une immense chenille. Le Jura couvre l'est de la France du Rhône au Rhin, une partie du nord de la Suisse et se prolonge en Allemagne sous le nom de Jura franconien et de Jura de Souabe. Ce dernier chaînon porte aussi cependant le nom d'Alpes de Souabe et de Franconie. On admire dans le Jura, à défaut de glaciers, des forêts splendides, de magnifiques vallées, comme la vallée de Travers, que descend le chemin de fer de Pontarlier à Neuchâtel, la plus belle entrée de la

Suisse ; comme celle de *Joux*, avec ses lacs pittoresques. On y rencontre des *cluses* ou gorges latérales qui coupent les chaînes parallèles et établissent ainsi des communications tout en offrant des escarpements d'un effet grandiose. On y visite aussi des grottes curieuses, des cirques de rochers, comme le Creux-du-Vent (1,465 mètres) comparables à ceux des Pyrénées.

Sans la trouée de Belfort, les Vosges seraient une continuation du Jura ; mais cette chaîne est entièrement différente et se rattache plutôt par la courbe des monts Faucilles et le plateau de Langres aux ramifications du plateau central de la France. « Montagnes charmantes, dit avec raison M. Albert Dupaigne, montagnes aimées de tous ceux qui les ont une fois visitées. On y trouve sur une moindre échelle, avec moins de fatigues et de dangers, tout ce qu'on va chercher en Suisse : les verts pâturages, les sombres forêts, les eaux limpides, les torrents sauvages, les cascades écumantes, les lacs tranquilles, les populations intelligentes, patriotiques, braves, honnêtes et hospitalières. » Les sommets des Vosges arrondis portent le nom de ballons ; mais ils ne méritent d'être comparés aux hautes montagnes que sur une longueur de 110 kilomètres. La partie réellement remarquable ne va que du ballon d'Alsace au col de Saverne. Avec le ballon d'Alsace, il faut citer le *Bærenkopf* et le ballon de *Servance*, le ballon de *Soultz*, ou de *Guebviller* (1,426), le *Rothenbach* et le *Rheinkopf*, qui entourent la pittoresque vallée de Munster, le *Honeck*, le *Kruppenfels*, le *Tanet*, le *Gazon de fête*.

Les Vosges septentrionales que nous possédions avant 1870 jusqu'à la vallée de la Lauter, tout en conservant un bel aspect, n'égalent point les Vosges méridionales, dont elles sont séparées par la profonde dépression de Saverne, où passent le chemin de fer de Strasbourg et le canal de la Marne au Rhin. Plus au nord, dans la vallée de la Moselle et du Rhin, on ne saurait oublier la chaîne moindre mais pittoresque du *Hundsruck*.

Les Pyrénées ; le plateau espagnol.

La chaîne des Pyrénées qui sert de frontière à la France et à l'Espagne, forme une masse isolée et distincte du côté de la France, et ne se rattache point aux Alpes par les Cévennes, comme plusieurs auteurs le prétendent. Elle est, en effet, limitée au nord par la grande plaine de Toulouse, que suit le canal du Midi ; le point culminant de ce canal, aux Pierres-de-Naurouse, n'atteint pas 190 mètres de hauteur au-dessus du niveau de la mer.

Peu de chaînes de montagnes offrent une disposition aussi régulière : on peut la comparer à une branche d'arbre, ou mieux encore à une feuille de fougère ; chaque *nœud* de la crête donne naissance, de côté et d'autre, à une chaîne transversale plus courte. Les arêtes transversales sont parallèles entre elles, et séparées les unes des autres par de profondes vallées où circulent des sentiers.

A son extrémité occidentale, la chaîne des Pyrénées proprement dite est assez basse (800 à 1,000 mètres), graduellement elle exhausse ses pics en s'avançant vers l'est ; mais elle n'a le caractère d'une chaîne alpestre qu'au *pic d'Anie* (2,584 mètres), ce pic lui-même n'atteint pas la limite des neiges éternelles, et le premier sommet qui dépasse cette limite est le *pic du midi d'Ossau*. C'est là que la chaîne atteint son élévation la plus grande ; jusqu'au delà du val d'Andorre, elle se maintient à 2,600 mètres de hauteur moyenne ; au delà du col de la Perche, elle s'abaisse graduellement, après avoir toutefois projeté au nord l'énorme contrefort qui se termine par la masse du *Canigou* ; elle se termine à l'est par le chaînon, comparativement insignifiant, des *Albères*, la chaîne vient s'enfoncer sous la mer, au cap *Creus*, et se continue sous les flots de la Méditerranée.

Les points les plus culminants se dressent dans la partie française, justement appelée les Hautes-Pyrénées. Ainsi, autour de la petite vallée où se trouvent les villes de Lourdes, les bains renommés de Cauterets, de Luz, de Barèges, on remarque les cimes du *Vignemale* (3,290 mètres), point culminant des Pyrénées françaises, le mont Perdu (3,351 m.), le *Cylindre* (3,327 m.), la crête de *Marboré*, la brèche de Roland et le célèbre cirque de *Gavarnie*.

Après ce groupe de sommets superbes, viennent les *pics d'Estaubé* et de *Troumouse* qui dominent les cirques du même nom, les glaciers de *Néouvieille*, tout cela formant un vaste demi-cercle au centre duquel s'élève le magnifique belvédère du *pic de Bergonz*. Tous les touristes font l'ascension du Bergonz comme ils vont voir le cirque de Gavarnie.

Les murailles qui forment le fond des vallées de Bagnères-de-Luchon et de la Neste offrent comme curiosités les *glaciers de Clarabide*, les *lacs étagés de la vallée d'Oo*, les *pics de Maupas* (3,110 m.) et de *Crabioules* (3,219 m.) ; « enfin, au delà du *port de Vénasque*, les hautes cimes espagnoles du pic Posets (3,367 m.), de la Maladetta (3,354 m.), dont un sommet postérieur, le Néthou, élevé de 3,404 m., est le point culminant de toute la chaîne des Pyrénées.

« De l'autre côté du val d'Aran, la hauteur moyenne de la chaîne n'est pas moindre; les pics de *Maubermé* (2,800 m.), de *Monvallier* (2,839 m.), d'*Estats* (2,073 m.) et le superbe *mont Calm* (3,080 m.), le pic de *Fontar-*

gente (2,988 m.) et bien d'autres, se maintiennent aux altitudes neigeuses. Au delà du pic de *Carlitte* (2,931 m.), la chaîne s'abaisse brusquement au col de la Perche (1,621 m.) donnant entrée dans la vallée de la Sègre, pour se relever immédiatement au *Puigmal* (2,909 m.) par une ligne de hauts sommets neigeux projetant en avant le gigantesque Canigou (2,787 m.) ; le pic Costabona (2,465 m.) termine réellement la grande chaîne, en s'abaissant sur le chaînon des Albères.

La constitution des Pyrénées est beaucoup plus régulière du côté de la France que du côté de l'Espagne. Du côté de la France, les sommets et les vallées s'abaissent vers les plaines d'une manière graduelle, tandis qu'au sud des excavations s'ouvrent immédiatement à la base de la chaîne centrale, creusées comme d'énormes abîmes... Les Pyrénées, autrefois admirablement boisées, ont perdu la plupart de leurs forêts et présentent de vastes surfaces dénudées ; de là les désastres de 1875 dans la vallée de la Garonne où l'inondation arrivant, avec la rapidité de l'ouragan, laissa à peine aux habitants surpris pendant la nuit, le temps de s'enfuir, et fit de nombreuses victimes.

Parmi les *cols* ou *ports* comme on les appelle dans les Pyrénées, et qui sont généralement très-élevés, nous ne citerons : que ceux de *Perthus*, entre Bellegarde et Figuières ; de la *Perche*, de *Vénasque*, d'*Oo* et la fameuse *Brèche de Roland*, le port de *Gavarnie*, celui de *Cauterets*, et plus à l'ouest, celui de *Saint-Jean-Pied-de-Port*, ceux d'*Ibagnetta* et de *Roncevaux*, et enfin celui de *Belate* où se terminent les Pyrénées et commencent les monts Cantabres.

Les Pyrénées, en effet, envoient dans toute la péninsule ibérique, de puissants rameaux qui divisent cette région en provinces tellement distinctes que si l'unité s'est faite, la diversité de mœurs, de caractère, subsiste très-profonde.

Une chaîne longitudinale traverse l'Espagne dans le sens de sa longueur, et détermine le partage des eaux. Cette chaîne connue, en général, sous le nom de *Monts Ibériques*, porte aussi à cause de ses sommets dentelés en forme de scie les noms particuliers de *Sierra d'Occa*, de *Sierra de Cuença*; de *Sierra Nevada*, au sud; c'est là qu'elle est le plus élevée; elle va finir ou plutôt s'engouffrer dans la mer, au détroit de Gibraltar.

L'espace compris entre cette chaîne et la Méditerranée est relativement restreint; il va toutefois en s'élargissant vers le nord, où se trouve le grand bassin de l'*Ebre*, l'un des principaux fleuves de l'Espagne, bassin encaissé au nord par les Pyrénées mêmes, qui alimentent ses rivières.

C'est du côté de l'Atlantique que s'étend la plus grande partie de l'Espagne, et quatre chaînes principales, plus remarquables que la chaîne longitudinale, soutiennent et traversent ce vaste plateau dans le sens de sa largeur : au nord, les monts *des Asturies* et de la *Galicie* qui vont se terminer au cap Finisterre; puis une autre chaîne parallèle qui porte successivement les noms de *Sierra de Guadarrama*, de *Sierra de Gredos*, de *Sierra da Estrella* et va aboutir, en Portugal, au cap de Roca; la troisième porte les noms des monts *de Tolède*, de *Sierra de Guadalupa*, de *Sierra d'Estramadure* et se termine au cap Saint-Vincent (Portugal); la quatrième enfin, parallèle aux autres et la plus méridionale, est la *Sierra Morena*.

Ce n'est pas qu'au premier aspect la péninsule espagnole présente cette régularité géométrique qu'on est obligé de figurer pour se reconnaître au milieu de ce chaos de montagnes. A chaque pas, en effet, ce sont des éboulements, des crevasses, des défilés profonds, puis des plateaux couverts de genêts et de bruyères, vastes solitudes qui contrastent avec les riches vallées. En somme l'Espagne n'est qu'un bloc montagneux sillonné par quelques arêtes qui détachent çà et là leurs cimes bizarrement découpées sur un ciel bleu et profondément raviné par les eaux s'échappant en torrents, les jours de pluie, des pentes déboisées. Nul pays ne présente plus dans son ensemble le caractère des pays des montagnes et nul peuple ne possède à un plus haut degré la fierté et le courage des montagnards.

Le Caucase.

Présentant une grande analogie avec les Pyrénées, le *Caucase*, isolé à l'autre extrémité méridionale de l'Europe, est une chaîne transversale, courte, mais épaisse et surtout élevée. Elle va de la mer Noire à la mer Caspienne comme les Pyrénées vont de l'océan Atlantique à la Méditerranée. Elle offre les passages les plus faciles, comme les Pyrénées, du côté des deux mers, et les Russes ont pu tourner cette chaîne, conquérir les pentes méridionales avant de conquérir les pentes septentrionales beaucoup plus abruptes. Elle est également pittoresque, couverte de forêts et de pâturages ; elle a ses cimes neigeuses, ses sommets qui dépassent la hauteur des plus hauts sommets des Pyrénées et même des Alpes : l'*Elbourz* (5,646 mètres), le *Kasbek* (5,045 mètres). La longueur du Caucase atteint onze cents kilomètres et sa largeur vers le centre, trois cents. Ses principaux passages s'ouvrent, comme nous l'avons dit, entre les montagnes et la mer : les Portes de *Derbend*, près de la mer Caspienne, le passage de *Gagra*, près de la mer Noire. Au centre on remarque le passage de la Croix (ou *Pyla Caucasia*) auquel on arrive par la vallée du Térck et où a été tracée la route militaire qui conduit à Tiflis. D'autres passages s'ouvrent par la vallée de l'Ingur, au pied de l'Elbourz, par la vallée du Rion et par le mont Marouk.

Le Caucase sépare l'Europe de l'Asie et c'est une vraie muraille quoiqu'elle n'ait pas arrêté les Russes : l'*Oural*, chaîne verticale, marque plutôt la limite de l'Europe sur une longueur de 2,000 kilomètres qu'elle ne la sépare de l'Asie. Peu élevée, aux cimes arrondies, descendant en pentes douces, l'Oural n'a d'importance qu'à cause de ses richesses minéralogiques.

Montagnes de l'Angleterre et de la Scandinavie ; les fjords de la Norwège.

On ne saurait rattacher non plus au système général des montagnes européennes, celles de l'Angleterre et de la Scandinavie. L'Angleterre est tout à fait détachée du continent et la Scandinavie ne s'y rattache que par un isthme peu considérable. La forme triangulaire de la Grande-Bretagne est déterminée par l'arête montagneuse qui la traverse du sud au nord et fait angle avec une chaîne horizontale. Les hauteurs de la chaîne horizontale et méridionale n'ont guère d'importance que dans la presqu'île de *Cornouailles* où elles vont aboutir aux caps *Lizard* et *Land's End*. La chaîne verticale, faible à son point de départ, s'élève à mesure qu'elle se dirige vers le nord sous le nom de monts *Peaks*, chaîne âpre et nue, puis de monts *Moorelands*. Cette chaîne projette à l'ouest le massif montagneux qui fait du pays de Galles un pays très-pittoresque et en même temps très-riche en mines de houille, de fer et de cuivre. C'est là que se trouve le Snowdon (montagne de la neige, 1088 mètres), que les Anglais admirent même après avoir visité les Alpes. L'arête principale détache encore à l'est les monts *Cheviots* qui séparent l'Ecosse de l'Angleterre et qui, selon l'expression du plus populaire des écrivains anglais, Walter Scott, présente une masse immense de rochers aux sommets arrondis et d'un aspect sombre. » Les monts *Grampians*, non moins âpres et sauvages, couvrent le centre de l'Ecosse, mais le cèdent au massif septentrional des highlands (hautes terres), « sorte de monde sauvage, dit Walter Scott, rempli de rochers, de cavernes, de bois, de lacs, de rivières et de montagnes élevées. Ce massif découpe profondément les côtes de l'Ecosse septentrionale et y forme des golfes longs et étroits des *firth*, comme les Alpes scandinaves forment sur les côtes norwégiennes des fjords.

En effet, les plateaux de la Scandinavie se terminant brusquement au-dessus de la mer du Nord, des pentes escarpées dominent les golfes longs, étroits et sinueux qui pénètrent assez avant dans les terres, formant des défilés maritimes, appelés *fjords*. Ces pentes se dressent en murailles perpendiculaires ou même surplombantes, servant de piédestal à de hautes montagnes. Ainsi le *Thorsnuten*, au sud de Bergen, atteint une élévation de plus de 1,600 mètres, à moins de quatre kilomètres du rivage. On voit quelquefois les cascades bondir du haut des falaises dans la mer. Au-dessous de l'eau les escarpements se continuent tellement qu'en certains défilés de rochers, dont la largeur de falaise à falaise est de 200 ou de 100 mètres seulement, il faut jeter la sonde jusqu'à 500 ou 600 mètres de profondeur avant de toucher le roc.

Le plateau scandinave est soutenu dans toute sa longueur par la chaîne des *monts Dofrines*, appelés successivement, du nord au sud, monts de la Laponie, monts

Kiœllen puis le *Dovrefield*, puissant rameau qui forme [la] charpente de la Norwège et se rapproche tellement [de] l'Atlantique qu'il se termine, comme nous venons de [le] dire, en falaises abruptes. Les monts Kiœlen, en Suè[de] vont aboutir au cap *Falsterbo* et le Dovrefield, en N[or]wège, au cap *Lindœsness*. Ces montagnes qui ont mér[ité] le nom d'Alpes scandinaves offrent quelques points c[ul]minants qui dépassent 2,000 mètres et de nombreu[ses] régions pittoresques : grâce à la sévérité du climat [la] neige couvre presque toujours leurs sommets.

Les volcans.

Chose singulière, les éruptions volcaniques, ces ph[é]nomènes curieux et terribles, ne se produisent pas [ou] plutôt ne se produisent plus dans les grands massifs d[e] montagnes d'Europe. Les volcans sont dispersés et vo[i]sins de la mer. D'abord les volcans groupés au nomb[re] de 29 dans l'île d'Islande, tout à fait au nord de l'Europ[e.] L'*Hécla* est celui de ces volcans qu'on cite ordinairemen[t] bien qu'il ne soit pas plus considérable que les autre[s.] A une autre extrémité du continent les volcans se trouvent dans les îles de la mer Égée et de la Méditerranée[.] Dans la mer Égée c'est l'île de *Santorin* qui possède l[e] volcan le plus actif. Dans la Méditerranée, à l'ouest d[e] l'Italie, au nord de la Sicile, le groupe des îles Lipari s[e] fait remarquer par le volcan de Stromboli. Une seul[e] montagne de 14 kilomètres de tour forme l'île et le volcan qui du reste a un caractère tout particulier : car se[s] éruptions sont continuelles tandis que celles des volcan[s] les plus célèbres ne se reproduisent qu'à des intervalle[s] plus ou moins longs. En Sicile le mont *Etna* avec ses quatre-vingts bouches d'éruption est un des plus fameux témoins de la force que conserve encore le feu souterrain.

La dernière éruption de l'Etna ne date que de 1865 et on en compte environ soixante-quinze dans les vingt derniers siècles : de vastes espaces ont été souvent ravagés par les coulées de laves ; mais la végétation et la culture n'en ont pas moins persisté à se maintenir sur les flancs du géant qui paraît sommeiller et dont les réveils sont terribles.

« De tous les volcans brûlant à la surface de notre planète, aucun n'est mieux connu, aucun n'est plus populaire que le Vésuve. Terrible dans sa colère, fécond et magnifique dans son calme, il est tour à tour le bienfaiteur et le fléau des populations qui vivent doucement à l'ombre de sa puissance. La terre qu'il abrite donne plusieurs récoltes dans la même année ; sous le feuillage de ses arbres croissent les moissons, qui, sans ce dôme de verdure, seraient dévorées par les feux d'un soleil trop ardent ; autour de ses flancs s'enroulent en guirlandes des vignes qu'il nourrit du feu de ses entrailles. Nulle part dans la riche Italie on ne cueille des fruits plus savoureux, on ne fait de plus belles vendanges qu'au pied du Vésuve. Le volcan s'élève solitaire sur la plaine qu'il domine, et lorsqu'il est en repos, son aspect n'a rien qui inspire la terreur. Il couronne de fleurs et de verdure son front embrasé, et, comme pour présenter un symbole de sa double nature, il porte et l'olivier qui est l'emblème de la paix, et le laurier qui rappelle la lutte et le tumulte. Souvent il entre en fureur ; alors il mugit, il vomit des flammes, il couvre de ténèbres la contrée, et dans sa subite colère, il désole le pays que durant une longue suite d'années il avait comblé de bienfaits. Dans le golfe de Naples, du cap de Misène au promontoire de Minerve, ce n'est point le roi d'Italie qui règne, c'est le Vésuve, lui, qui, au gré de son caprice, répand sur la contrée ou le deuil ou la joie(1). »

---

1. A. Boscowitz. *Les Volcans*. Librairie Ducrocq.

Les éruptions du Vésuve sont malheureusement t[rop] célèbres, surtout celle de l'an 79 après Jésus-Christ. N[euf] villes ou bourgs furent englouties sous les torrents d'[une] pluie de boue. Deux de ces villes, Pompéi et Herculanu[m], riches de temples, de palais, de théâtres, disparur[ent] même complétement et ce n'est que dans notre siè[cle] qu'on les a retrouvées. Parfaitement conservées sous l[a] couche épaisse de terre, elles nous donnent le curi[eux] spectacle de villes romaines, de maisons romaines où l[on] retrouve jusqu'aux objets mobiliers, jusqu'aux peintur[es]. Cette terrible éruption a fait reculer d'un kilomètre le [ri]vage de la mer et projeté des cendres jusqu'en Afriq[ue]. Moins désastreuses, les éruptions du Vésuve ont conti[nué] à des intervalles assez rapprochés, et, il y a quelq[ues] années, en 1872, le volcan a fait beaucoup de victi[mes] parmi les curieux et les touristes qui avaient vou[lu] comme autrefois Pline l'Ancien, contempler de trop p[rès] le dangereux phénomène. Une fissure se déclara dans [la] montagne à un endroit où on ne soupçonnait aucun p[é]ril, et la lave brûlante descendant avec la rapidité d'[un] torrent, ensevelit une centaine de victimes.

Les pays volcaniques sont remplis de dépôts de sou[fre] ou de solfatares que forment les jets de vapeur d'eau br[û]lante et chargée de produits chimiques. On y voit au[ssi] des *geysers*, sources jaillissantes et intermittentes d'e[au] bouillante. L'Islande qui contient tant de volcans possè[de] aussi de nombreux *geysers* dont un s'élève jusqu'à u[ne] hauteur de 30 mètres. Ces phénomènes sont produits p[ar] les jets de vapeur ou fumarolles qui échauffent l'eau d[es] sources ou des puits naturels et les mettent en ébul[li]tion.

Au centre de l'Europe il n'y a plus de volcans actif[s] mais beaucoup de montagnes de trachyte et de basa[lte] conservent encore en Allemagne et en France leurs c[...]

ères et leurs coulées. La plus célèbre est celle qui, sous le nom d'Eifel et de *Siebengebirge* (sept montagnes), s'étend entre la Moselle et le Rhin, entre Trèves, Coblentz et Bonn. Il y a encore sur les bords du Rhin, en face de Colmar, un curieux petit volcan éteint, qu'on nomme *Kaiserstuhl*, montagne isolée, s'élevant à 400 mètres au-dessus de Vieux-Brisach.

On cite encore dans l'Allemagne centrale : le Meissnerr dans la Hesse, le Vogelsberg et le Rhœne, au nord de la Bavière, le Wintesberg dans la Suisse saxonne.

Mais la France possède des massifs volcaniques plus remarquables : les pays d'Auvergne, les monts du Cantal, les monts du Velay et du Vivarais, qui ne sont autre chose que des volcans éteints ; on voit encore les traces des coulées et l'emplacement des cratères qu'occupent parfois des lacs comme le lac Pavin.

Plateaux et pays de plaines.

D'après la description que nous venons de donner des montagnes, on voit qu'elles sont surtout accumulées au centre et au midi. A leurs pieds s'élargissent sans doute de riches plaines, mais il faut aller sur le versant nord de l'Europe pour rencontrer les véritables plaines.

Au midi et au centre, ce qu'on remarque surtout ce sont les vastes plateaux soutenus par les montagnes : le plateau espagnol, le plateau de la Turquie soutenu par les Balkans, le plateau de la Souabe et celui de la Bavière s'appuyant aux Alpes. Grâce aux contours variés du relief européen, les plateaux ne sont point isolés et les eaux ne s'y arrêtent pas, en général, en nappes stagnantes.

Au delà des Pyrénées, des Cévennes, des monts d'Auvergne, des Alpes, des monts de Bohême et des Carpathes, l'Europe, malgré quelques massifs montagneux, peut

n'être considérée que comme une succession de plain[es]
s'abaissant par degrés jusqu'à la mer. Plus on avance ve[rs]
le nord-est, plus le relief du sol diminue, si bien qu'[en]
Russie il n'y a point, à vrai dire, de montagnes, mais d[es]
collines, des plis de terrain. Cependant il ne faudra[it]
point oublier les vastes plaines de la Hongrie encadrée[s],
au centre de l'Europe, par les Carpathes, immenses prai[-]
ries qu'on croit n'être que le fond d'un ancien lac. Là o[n]
peut admirer de vastes étendues laissées en prairies natu[-]
relles, où l'herbe ondule comme les vagues de la mer [et]
où paissent librement des bœufs à demi sauvages et de[s]
chevaux fougueux.

« Les steppes herbeux de la Russie centrale n'ont pas,
comme la puzta hongroise, l'admirable encadrement de[s]
hautes cimes des Carpathes, mais ils n'en offrent pa[s]
moins un charme singulier par la beauté de leurs fleur[s]
et la grâce de leurs épis qui se balancent au vent. L[a]
vaste région du *Tchernosjom* (terres noires), ainsi nom[-]
mée à cause de la couleur du sol, est encore en grand[e]
partie une mer d'herbes, interrompue seulement de dis[-]
tance en distance par des villages, des champs cultivé[s]
et des rivières coulant avec lenteur entre des berges pro[-]
fondes. Le Tchernosjom, s'étendant à la fois dans les bas[-]
sins du Don, du Dnieper et du Volga, comprend une su[-]
perficie de plus de 80 millions d'hectares, plus d'une fois
et demie la grandeur de la France, et sur cet immense
espace, la terre végétale offre partout une profondeur
considérable variant de 1 à 5 mètres et même à 10 et
20 mètres. Ainsi que le prouve la nature du sol, cette
plaine n'est point d'origine océanique : nulle part on n'y
trouve de débris marins ni de blocs de granit apportés
par les glaces des montagnes de la Scandinavie. Les
« terres noires » étaient un continent de forme irrégu-
lière entouré de tous les côtés par les eaux ; incessam-

ment fertilisées par les détritus de gazons, elles se refusaient pourtant à nourrir les racines des arbres ; il n'y existait point de forêts, et, grâce au drainage naturel, il ne s'y formait aucune flaque d'eau stagnante. Ces terrains, préparés à la culture par une végétation herbeuse de plusieurs milliers de siècles, sont parmi les meilleurs du monde pour la production des céréales, et tôt ou tard deviendront un vaste champ de blé (1). »

Mais à mesure qu'on s'avance du côté de la mer d'Azof et de la mer Caspienne, les steppes deviennent marécageux et n'offrent qu'un aspect désolé qui fait pressentir les déserts du Turkestan. Nous ne parlerons pas des régions désolées du nord où la neige et la glace couvrent six mois de l'année la terre d'un manteau uniforme et où les vents froids ne rencontrent aucun obstacle qui les arrête.

CHAPITRE VI

LES EAUX.

La chaîne de partage des eaux.

Les montagnes ne jouent pas toujours dans la direction des eaux le rôle que paraîtrait leur assigner leur masse ou leur hauteur. Ce qu'on est convenu d'appeler la ligne de faîte ou de partage général des eaux passe souvent par des chaînes plus que médiocres. C'est que la

---

1. Élisée Reclus. *La terre : les continents.*

direction des eaux se détermine plutôt par l'altitude générale du pays que par les accidents montagneux si beaux et si majestueux qu'ils soient. En Europe, la ligne idéale qui marque la séparation des deux grands versants du nord et du midi va du sud-ouest au nord-est, du détroit de Gibraltar au cap Waigatz dans la mer de Kara. Elle commence par les *sierras* d'Espagne, se continue par les *Pyrénées*, traverse la France sous le nom de *Cévennes* et va, par le *Jura*, se souder au massif des *Alpes*. Dans les Alpes, la ligne de partage suit les *Alpes centrales*, puis les montagnes de la *Forêt-Noire*, les *Alpes de Souabe* ; puis se rattache au massif montagneux de Bohême, en suivant le *Fichtel Gebirge* (montagnes de Pins) et le *Bœhmer-Wald* ; se continue par les monts *Moraves*, les *Sudètes*, les *Carpathes* ; remonte au nord avec les *collines de Pologne* et le plateau de *Valdaï* pour se rattacher aux monts *Ourals*.

Au nord de cette ligne toutes les eaux vont tomber dans l'océan Atlantique, la mer du Nord, la mer Baltique et la mer Glaciale. Au sud elles se dirigent vers la Méditerranée et les mers secondaires qui en dérivent.

Versants et Bassins.

Il n'y a donc que deux grands *versants*. Mais il y a autant de *bassins* qu'il y a de grandes vallées et de fleuves descendant soit à l'océan, soit aux mers secondaires.

Toutefois, en envisageant l'ensemble de l'Europe comme nous devons le faire pour cette étude générale et préliminaire, on peut distinguer autant de versants qu'il y a de mers secondaires : versant de l'*océan Atlantique*, versant de la *Manche*, versant de la *mer du Nord*, de la *mer Baltique*, de la *mer Blanche*, voilà pour le nord. Au midi, outre le grand versant de la *Méditerranée*, versant de l'*Adriatique*, de l'*Archipel*, de la *mer Noire*, de la *mer Caspienne*. Ce sont les rameaux secondaires que nous avons indiqués comme se détachant de la chaîne générale qui séparent les différents versants et en forment les cloisons. Dans chaque versant, on doit ensuite distinguer autant de bassins ou vallées qu'il y a de principaux fleuves, comme la *vallée du Rhin* qui aboutit à la mer du Nord ; la *vallée du Rhône* qui va en sens contraire aboutir à la Méditerranée, la *vallée du Danube* plus large et plus longue qui aboutit à la mer Noire.

Fleuves du versant de l'Atlantique.

Les fleuves qui coulent vers l'océan Atlantique, ont entre eux une direction presque parallèle: en Espagne, le *Guadalquivir*, la *Guadiana*, le *Tage*, le *Douro*, le *Minho* ; en France : la *Garonne*, la *Loire*, la *Seine* ; en Belgique et en Hollande cependant la *Meuse*, l'*Escaut* et le *Rhin*, finissent par confondre leurs bouches, tout en venant des points les plus divers; mais en Allemagne : le *Weser*, l'*Elbe*, l'*Oder*, la *Vistule* ont une direction remarquablement parallèle du sud-est au nord-ouest et vont se jeter, les deux premiers dans la mer du Nord, les deux autres dans la mer Baltique. En Russie, le Niémen et la Dwina du sud, également parallèles, se jettent dans la mer Baltique. La *Newa*, qui écoule dans le golfe de Finlande les eaux du lac Ladoga, est trop courte pour qu'on puisse la comparer aux autres fleuves. L'*Onéga*, la *Dwina* du nord, le *Mézen*, qui se jettent dans la mer Blanche; la *Petchora* et la *Kara*, qui parcourent les steppes glacés du nord de la Russie et se jettent dans l'océan Glacial quand ils ne sont pas enchaînés par les glaces, ont tou**s** la même direction générale sur le **versant septentrional** de l'Europe : du sud-est au nord-ouest.

Fleuves du versant de la Méditerranée.

Sur le versant méridional où la direction devrait être du nord-ouest au sud-est, la même régularité n'existe pas. La mer Méditerranée forme comme un cercle et les fleuves aboutissent sur tous les côtés de ce cercle, de sorte que les bouches de l'Èbre en Espagne font face à celles de l'*Arno* et du *Tibre* en Italie. Le Rhône, dont le cours supérieur est incliné vers l'ouest, se précipite ensuite vers le midi et vient tomber perpendiculairement dans la Méditerranée. Le *Danube* a, au contraire, un cours horizontal et, allant de l'ouest à l'est, ouvre une route vers la mer Noire où il se jette. Le Pô traverse horizontalement les plaines du nord de l'Italie et va porter à l'Adriatique les eaux abondantes que lui envoie le cirque des Alpes dont il paraît être le diamètre. Nous passons sous silence les autres petits fleuves des péninsules italique et hellénique qui se jettent dans la mer Ionienne et la mer Égée. Quant aux fleuves de la Russie méridionale qui se jettent dans la mer Noire et la mer d'Azof, ils ont, comme ceux du nord, une direction semblable : le *Dnieper*, le *Dniester*, le *Don*, et ces deux derniers poussent la ressemblance jusqu'à dessiner un coude pareil. Le *Volga* prononce un coude opposé à celui du Don et va tomber dans la mer Caspienne : on le considère presque comme un fleuve asiatique.

Ces directions divergentes ou parallèles répondent parfaitement au relief du sol et à la distribution des plaines et des montagnes : dans les plaines de l'Europe septentrionale les fleuves ne rencontrant point d'obstacles sérieux, gardent la même direction et s'avancent d'un cours tranquille et lent vers la mer, où ils se perdent plutôt qu'ils ne se jettent. Au midi, au contraire, les mille sinuosités d'un pays montagneux forcent les fleuves à changer souvent de direction et les envoient souvent à d'autres mers qu'à celles auxquelles ils paraissaient primitivement destinés.

Les grands fleuves. Le Rhin. Le Rhône.

Ainsi deux des principaux fleuves de l'Europe, le *Rhône* et le *Rhin*, naissent presque ensemble dans le massif du Saint-Gothard et vont finir aux deux extrémités opposées, l'un dans la mer du Nord, l'autre dans la Méditerranée. Le Rhin est formé de deux cours d'eau principaux : le *Rhin supérieur* qui sort du mont Adule, et le *Rhin inférieur* du mont Baduz; une foule de torrents le grossissent à mesure qu'il s'avance dans l'étroite vallée de *Coire*, il passe près de cette ville, quitte sa direction première vers l'est, tourne au nord, et va contribuer à former le lac de Constance. A la sortie du lac de Constance, il se dirige vers l'ouest, c'est-à-dire du côté opposé à son cours supérieur : il rencontre des montagnes à *Schaffouse*, il les franchit par une cascade de 22 mètres et fait encore, à *Lauffenbourg*, une chute remarquable. A Bâle il tourne décidément au nord, et grossi de toutes les eaux de la Suisse, d'une partie des eaux de l'Allemagne, il s'avance rapide et majestueux dans une vallée fertile qu'encadrent, sur la rive gauche, les Vosges, et sur la rive droite les montagnes parallèles de la Forêt-Noire. Il s'engage ensuite, à *Bingen*, dans un défilé étroit et profond formé par les escarpements du Taunus, du Westerwald et du

Sieben-Gebirge à droite; de l'Hundsrück et du massif volcanique de l'Eifel à gauche. Rien n'égale la grandeur et la beauté pittoresque de cette partie de son cours, où les sites les plus charmants et les ruines historiques se mirent dans ses eaux d un vert si limpide. Dès ce défilé le Rhin incline au nord-ouest; la courbe se prononce quand il entre en Hollande, où ses eaux trop abondantes se divisent, se dispersent si bien qu'on distingue à peine le lit même du fleuve; il forme : le *Wahal,* qui passe à Nimègue et à Thiel, puis l'*Yssel,* puis le *Lech* et le *Petit-Yssel,* qui vont se confondre avec les embouchures de la Meuse. De telle sorte que le courant principal n'est plus qu'un faible cours d'eau qui, sous le nom de *Vieux-Rhin,* va se jeter, ou plutôt se perdre dans la mer du Nord, à Katwyk. L'Yssel se jette dans le Zuiderzée.

Le Rhin doit l'abondance de ses eaux aux glaciers de la Suisse, qui alimentent son cours supérieur; il reçoit la plus grande partie des eaux de la Suisse par deux affluents principaux : la *Thur* et surtout l'*Aar.* Plus important que le Rhin dans son cours supérieur, l'Aar tombe des glaciers du Finster-Aarhorn et dessine à travers la Suisse un arc de cercle de 400 kilomètres de développement : il forme les deux lacs de *Brienz* et de *Thun,* fait plusieurs chutes et reçoit un grand nombre d'affluents dont plusieurs sont remarquables, entre autres : la *Reuss,* qui remplit un des plus grands lacs de la Suisse, le lac de *Lucerne* ou des *Quatre-Cantons;* la *Limmat* par laquelle s'écoulent les eaux du lac de *Zurich.* L'Aar reçoit, de plus, sur sa rive gauche, les eaux des lacs de *Bienne,* de *Neufchâtel* et de *Morat,* que lui apporte la Thielle.

Le Rhin reçoit toutes ces eaux par sa rive gauche; il n'a que des affluents insignifiants sur sa rive droite; mais dans son cours moyen jusqu'à Coblentz, c'est la rive

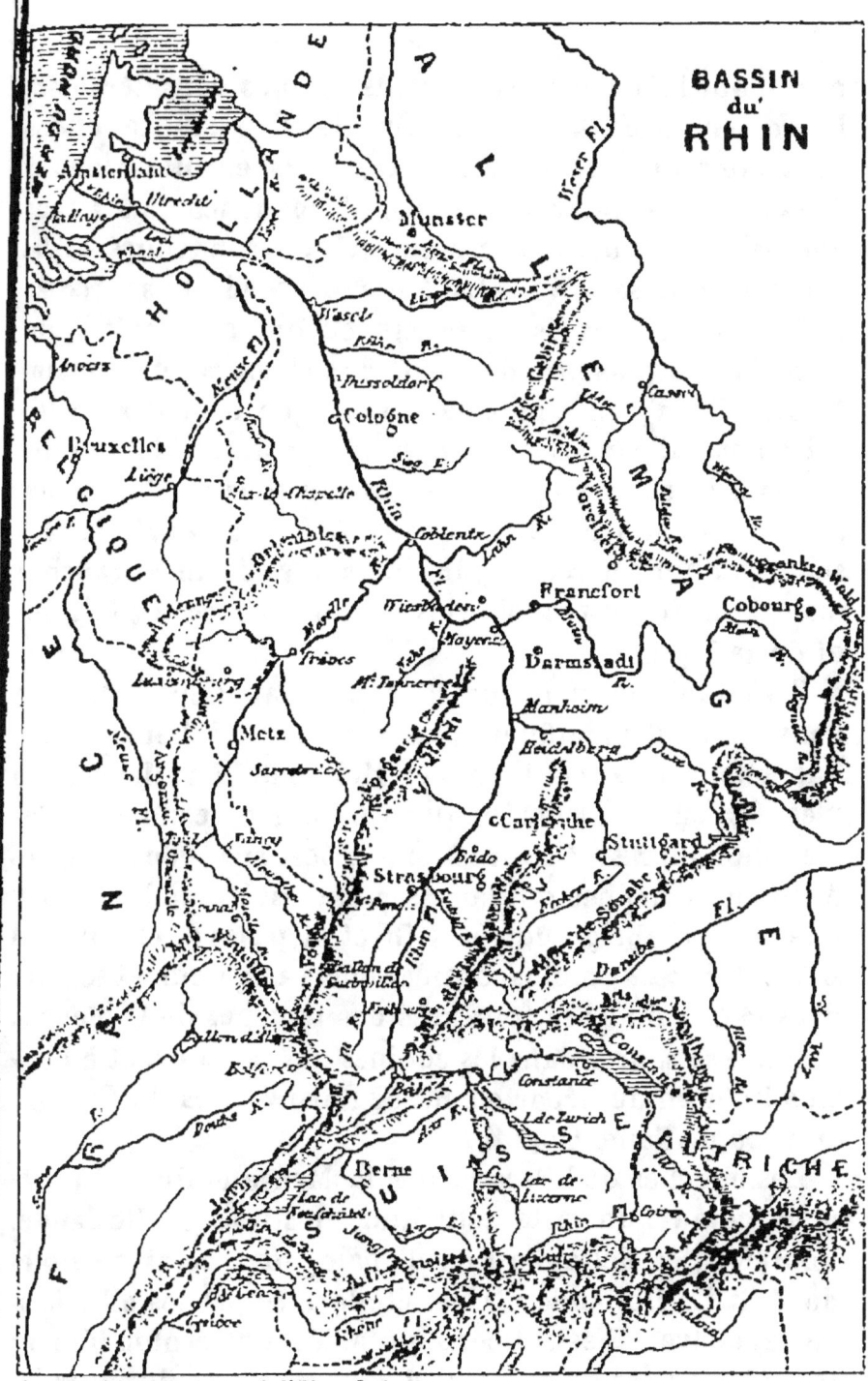

droite qui lui envoie les affluents les plus considérables, le *Necker,* le *Mein,* la *Lahn.* Sur la **rive gauche** on ne peut citer que l'*Ill* et la *Lauter,* mais ensuite vient la *Moselle,* moins remarquable par l'abondance de ses eaux que par la longueur et la sinuosité de son cours et les agréments de ses rives. La Moselle prend sa source au plus épais des Vosges : naguère encore elle était française dans la plus grande partie de son cours, mais maintenant elle n'arrose plus en France que les villes de *Remiremont,* d'*Épinal* et de *Pont-à-Mousson.* Elle ne quittait la France, avant 1870, qu'au-dessous de Thionville. Son confluent avec le Rhin est à *Coblentz.* Après la Moselle, le Rhin ne reçoit plus de cours d'eau à gauche; mais, à droite, il recueille les eaux de la Sieg, de la Ruhr et de la Lippe.

Il s'en faut de peu que la Meuse, au lieu d'être un fleuve, ne soit un affluent du Rhin, avec les bouches duquel elle vient se confondre en Hollande. La Meuse, qui n'est également française qu'en partie, descend du plateau de Langres. Sa direction, grâce aux deux chaînes Argonne-Ardennes qui la resserrent, est du sud au nord: elle entre en Belgique après Givet et passe à Namur et à Liége. L'*Escaut,* moins considérable, va également se jeter dans la mer du Nord tout près des bouches de la Meuse : il prend sa source dans les collines qui se trouvent à l'extrémité nord du département de l'Aisne, près du Catelet, au nord de Saint-Quentin.

Les bouches de l'Escaut, de la Meuse et du Rhin forment comme un vaste delta qui constitue la Hollande. Toutefois, ce delta n'a rien d'analogue à celui du Pô et du Nil. La Hollande n'a pas été formée par les alluvions de ces fleuves. C'est l'Océan qui a découpé profondément les côtes basses de ce pays et ouvert ainsi plusieurs issues aux fleuves ; c'est l'Océan qui menace sans cesse d'envahir cette contrée, défendue par un admirable système de digues.

Le Rhône.

Le bassin du Rhône est tourné dans un sens diamétralement opposé à celui du Rhin. D'abord incliné vers l'ouest, dans la région suisse, il ne tarde pas à s'incliner vers le midi. Entièrement différent du bassin du Rhin, il ne s'épanouit pas, comme ce dernier, à certains endroits, en larges vallées : il reste profondément encaissé. Le fleuve descend des glaciers du mont Furca : ce n'est alors qu'un torrent qui se fraye avec fracas un passage à travers les rochers. Dans le canton du Valais c'est à peine si sa vallée atteint une lieue de largeur et encore cette vallée est-elle maintes fois étranglée. Le Rhône arrive ensuite à l'abîme du lac de Genève, où il se perd dans une immense nappe d'eau, véritable mer intérieure que lui-même a sans doute formée par ses eaux longtemps accumulées dans une vallée sans issue.

Au fort de l'Écluse, limite de la France, le Rhône, réduit à une largeur de 9 à 10 mètres, coupe transversalement un chaînon du Jura. Dans toute la longueur de cette *cluse* ou gorge le fleuve, encaissé à 100 mètres de profondeur entre des rochers verticaux, les ronge, les perce, les excave et souvent l'ouverture supérieure n'est que de quelques mètres. Depuis *Seyssel* la vallée s'élargit. Une plaine marécageuse lui laisse tout l'espace nécessaire pour déposer ses nombreuses îles, provenant des débris entraînés par l'Usse, le Fier et le Seran. A la hauteur de son dernier lac latéral, le Bourget, le Rhône se dirige brusquement à l'ouest, et par une cluse ouverte jusqu'à Pierre-Châtel, coupe la seconde chaîne du Jura. Puis le Rhône tourne vers le nord-ouest et coupe encore plusieurs petits chaînons du Jura : le passage du *Saut* est un des plus remarquables. Là s'arrête ce qu'on peut appeler le cours supérieur du Rhône, dans lequel on observe au moins neuf étranglements.

Dans le cours moyen, la vallée s'élargit. Bientôt le Rhône reçoit la rivière d'*Ain*, le premier affluent assez important après l'Arve pour exercer quelque influence sur le régime du fleuve ; puis il se subdivise entre des îles toujours plus nombreuses jusqu'à Miribel, où sa largeur atteint 3 à 4,000 mètres, pour se réduire à 209 mètres sous le pont Moran à Lyon.

A partir du confluent célèbre de la Saône, emplacement désigné par la nature pour la capitale de la contrée, *Lyon*, le lit du fleuve est l'axe même de la vallée dirigée au sud ; il ne s'en écarte plus jusqu'à la mer. Jusqu'à Beaucaire, le lit est toujours très-rapproché de la chaîne droite, dont le versant ne fournit que des affluents de peu d'importance. Au contraire, du versant gauche arrivent les principaux cours d'eau. Le fleuve est souvent resserré par les montagnes. Au-dessous de Viviers le fleuve redevient libre. A Beaucaire, se manifeste la dernière tendance à un étranglement, mais il est incomplet. Après ce point, les collines sont à de grandes distances et cessent d'exercer quelque influence sur le cours du fleuve. Dans tout ce trajet, si on en excepte les défilés, le fleuve est souvent divisé par des îles très-nombreuses, surtout depuis Montélimart jusqu'à Caderousse.

« A Beaucaire, le fleuve est complet ; il roule toutes ses eaux dans un seul canal où apparaissent quelques îles moins grandes que les précédentes. Déjà on y rencontre de petits bâtiments à voile. Entre Trinquetaille et Fourques, il se divise en deux branches inégales qui embrassent son delta. Il se dirige sans aucune forte courbure jusqu'à la mer, où il se jette par trois bouches : le *Graou du levant*, le *Graou au ponent* (du couchant) et le *Graou du midi*. La branche qui se détache en amont d'Arles, appelée *petit Rhône*, décrit des courbes très-prononcées en se dirigeant d'abord vers le sud-ouest ; elle tourne ensuite brusquement au sud près des Saintes-Maries, elle atteint la mer à 39 kilomètres de la première branche, qu'on appelle le *grand Rhône*. A sa courbure vers le sud, un bras se détache du petit Rhône, sous le nom de *Rhône mort*, desséché au xve siècle, et aboutit à la mer à 15 kilomètres à l'ouest de la précédente (1). » C'est entre ces branches que se trouvent les terres basses de la Camargue.

Quand les eaux sont basses, il se forme au-devant des bouches des *barres* ou bancs de sable qui arrêtent les bâtiments. Ces bancs résultent de l'opposition du courant du Rhône avec le mouvement imprimé à la mer par les vents du sud, qui sont ordinaires sur la côte dans les temps de chaleur.

Le Rhône, lorsqu'il entre en France, ne baigne pas de ville importante avant *Lyon*, la seconde ville de France. Après Lyon on rencontre les villes de *Vienne*, de *Tournon*, de *Valence*, de *Pont-Saint-Esprit*, d'*Avignon*, de *Beaucaire* et de *Tarascon*, situées en face l'une de l'autre, et enfin d'*Arles*.

Outre le lac célèbre de Genève, le bassin du Rhône comprend encore les lacs d'*Annecy*, du *Bourget*, qui s'écoulent dans le fleuve ; les lacs de *Nantua*, de *Saint-Point* et de *Paladru*, qui s'écoulent dans ses affluents. Dans la description des côtes, nous avons parlé des étangs et lagunes formés le long de la Méditerranée.

1. Lortet, *Annales de la société d'agriculture de Lyon*, 1840.

Le Rhône reçoit, en France, sur sa rive gauche, la *Dranse*, torrent savoisien qui se jette dans le lac de Genève ; l'*Arve*, torrent fougueux qui descend des glaciers du mont Blanc, passe à *Bonneville* et vient, près de Genève, troubler la limpidité du Rhône par une masse considérable d'eaux boueuses ; l'*Isère*, grossie de l'*Arc* et du *Drac*. Cette rivière, sortie de la Savoie, est une de celles qui roulent la plus grande quantité d'eau : elle passe à *Moutiers*, ravage des vallées superbes qu'on essaye de protéger par des digues, passe à *Grenoble*, à *Romans*, et se joint au Rhône, à quelques kilomètres au-dessus de Valence. La *Drôme*, autre torrent qui donne son nom, comme l'*Isère*, à un département, passe à *Die* et à *Crest* ; la *Sorgues*, qui s'échappe de la fontaine de Vaucluse, se jette dans le Rhône au-dessus d'Avignon : la *Durance*, un peu au-dessous de cette ville. La Durance passe à *Briançon* et à *Embrun*. On la divise en nombreux canaux pour les irrigations.

Sur la rive droite, le Rhône reçoit, en France, l'*Ain* qui naît dans le département du Jura, traverse le département auquel il donne son nom, et se jette dans le Rhône en face d'Authon (Isère). La *Saône*, qui descend du nord, est le plus important, sinon le plus considérable par la masse des eaux, des affluents du Rhône. La Saône, dans son cours de 430 kilomètres, visite plusieurs villes dignes d'être citées : *Gray, Châlon, Mâcon, Villefranche, Trévoux*. Un de ses affluents, l'*Ouche*, passe à *Dijon* ; un autre, le *Doubs*, passe à *Pontarlier, Baume-les-Dames, Besançon* et *Dôle*.

Après Lyon, le Rhône, serré de près par les montagnes, ne reçoit pas, sur sa rive droite, de longs affluents, mais les torrents qui lui arrivent des Cévennes lui apportent, après les pluies, d'énormes quantités d'eau ; on ne peut citer que l'*Ardèche* et le *Gard*.

Le *delta* du Rhône est un des plus remarquables de l'Europe ; la péninsule, que le courant du fleuve a déposée en pleine mer, fait une saillie beaucoup plus marquée que celle du Nil. Au IV° siècle, la ville d'Arles était à 26 kilomètres seulement de la mer, tandis qu'elle en est aujourd'hui distante de 48 kilomètres : le Rhône a souvent déplacé ses bouches en les ouvrant d'un côté et d'autre à travers les bancs de limon qu'il dépose, et de cette manière le delta s'accroît successivement sur plusieurs points.

Le Pô.

Le Pô, appelé Eridan par les Latins, est une mer par le grand nombre de rivières dont il reçoit les eaux. Sur la rive gauche, toutes celles qui tombent de la crête des Alpes rhétiennes, pennines et cottiennes ; sur la rive droite, toutes celles qui coulent des Alpes maritimes et des Apennins liguriens ; à Turin, la *Doria* qui prend sa source au mont Genèvre ; à Chivasso, la *Dora Baltea* qui descend du mont Saint-Bernard ; entre Cazal et Valenza, la *Sesia* qui descend du Simplon ; à Pavie, le *Tésin* qui sort du Saint-Gothard ; entre Plaisance et Crémone, l'*Adda*, qui descend du Brenner ; près de Borgo-Forto, l'*Oglio* ; un peu plus loin le *Mincio*. Sur la rive droite, il reçoit le *Tanaro*, qui prend sa source au col de Tende, et qui a reçu lui-même la Stura et la Bormida ; il reçoit au-dessus de Castel-Novo, la *Scrivia* ; près de Plaisance, la *Trébia*, à trois lieues de Gênes ; près de Colorno, le *Taro* ; près de Guastalla, le *Crostolo* ; près de la Mirandole, le *Panaro* ; vis-à-vis Mantoue, la *Secchia* ; près de Ferrare, le *Reno*.

Le Pô se jette dans l'Adriatique par sept bouches, à deux lieues des bouches de l'Adige ; il a cent trente à cent trente-cinq lieues de cours. Élevé au-dessus du sol, il est encaissé par des digues qui, à certains endroits, ont jusqu'à trente pieds d'élévation ; cette belle plaine qu'il traverse, est menacée comme la Hollande d'être submergée par ses eaux. Les rivières qui entrent dans le Pô, par la rive droite, surtout depuis le Taro, causent de fréquentes innondations et occasionnent nombre d'accidents et de désordres, ce qui donne lieu à de grandes questions d'hydraulique et a rendu les ingénieurs italiens plus experts dans cette science que tous les autres savants de l'Europe. Les affluents des deux rives du Pô diffèrent en ce que ceux de la rive gauche sont des rivières, et ceux de la rive droite des torrents, parce que ceux de la rive gauche descendent des Alpes, où il y a des glaciers et dès lors qu'ils ne tarissent jamais, et que ceux de la rive droite descendent des Apennins, montagnes du second ordre, très-inclinées, d'où les eaux coulent rapidement pendant la saison des pluies.

Le Pô est un des fleuves « travailleurs » les plus remarquables du monde entier : il empiète sans relâche sur le domaine de la mer. « Ravenne, qui jadis, comme une autre Venise, était bâtie au milieu de lagunes, et dont l'Adriatique baignait les murailles extérieures, est aujourd'hui située loin du golfe, dans une plaine comblée par les alluvions du Pô. On sait aussi que la ville d'Adria, antique *emporium* de la mer Adriatique, et qui lui a même donné son nom, est maintenant à 35 kilomètres de la pointe extrême du rivage. C'est là une preuve qu'en 2,000 années, le progrès annuel du delta a été de 17 mètres en moyenne ; mais de nos jours, la marche des alluvions est beaucoup plus rapide. Ainsi que l'ont établi les patientes recherches de Lombardini, le fleuve apporte annuellement 42,760,000 mètres cubes de limon, soit 1 m. 36 par seconde, et prolonge le littoral de son delta de 70 mètres! une chaîne de dunes, délaissées dans l'intérieur des terres par les alluvions envahissantes, indique encore la direction de l'ancien littoral. Cet énorme travail accompli par un fleuve de troisième ordre s'explique par les endiguements qui forcent le Pô à transporter toutes les alluvions à la mer, tandis que le Nil et le Gange se répandent lors de chaque inondation sur une grande étendue de terrains dont ils exhaussent le niveau.

« En Europe, le Pô est le fleuve qu'on peut le mieux comparer au Nil des anciens par le soin avec lequel sont utilisées ses eaux pour la fertilisation du sol. En 1863 déjà, les agriculteurs lombards demandaient pour l'arrosement de leurs cultures 45 millions de mètres cubes d'eau, soit plus de 250 mètres par seconde, masse liquide égale au débit moyen de la Seine. Depuis cette époque, on a encore ouvert le grand canal Cavour, véritable fleuve artificiel qui prend à lui seul 110 mètres cubes d'eau par seconde. Partant de Chivasso, en aval de Turin, cette rivière, qui n'a pas moins de 50 mètres de largeur à l'origine, épanche à droite et à gauche ses eaux fertilisantes dans les plaines déjà si fertiles de la Lomellina, reçoit en passant de nombreuses rivières, l'Elvo, la Sesia, l'Agogna, puis à Turbigo verse au Tessin ce qui lui reste de sa masse liquide, après avoir servi, dans son cours de 85 kilomètres, à l'irrigation de plus de 200,000 hectares. Il n'est pas douteux qu'à la fin, le Pô, si redoutable jadis à cause de ses crues soudaines ou furies, ne devienne, ainsi que les autres cours d'eau de la Lombardie, un ensemble savamment agencé de canaux agricoles (1). »

1. E. Reclus. *La terre. Le continent.*

Le Danube.

Plus considérable que le Pô, le Rhône et le Rhin, le Danube ne descend pas cependant comme eux des plus hautes montagnes de l'Europe. Il naît comme une humble rivière dans la Forêt-Noire, et il n'atteindrait pas l'énorme volume d'eaux qu'il roule dans son lit sans cesse élargi s'il ne recevait pas sur sa rive droite le Lech, l'Isar et surtout l'*Inn* qui lui apportent à lui aussi une notable partie des eaux des Alpes.

Le Danube (en allemand Donau), se forme de la réunion de deux cours d'eau, le *Brigach* et la *Brege*, qui se joignent à Donaueschingen (grand-duché de Bade). Son bassin supérieur est fort encaissé bien qu'il ne soit pas dominé par de hautes montagnes et le fleuve jusqu'à *Ulm* court dans un défilé. Il décrit ensuite jusqu'à *Ratisbonne* une courbe remarquable dont la convexité est tournée vers nord. Des montagnes le pressant sur sa rive gauche, il redescend au sud et reprend sa direction orientale : entre Passau et Vienne il traverse encore un défilé. A Vienne il s'élargit et forme de vastes îles dont une est devenue célèbre dans les annales militaires, l'île Lobau. Après avoir passé au pied des rochers qui terminent le petit Karpathe, il ne tarde pas à tourner au sud et à traverser perpendiculairement les immenses plaines de la Hongrie ; son lit s'encombre de bancs de sables et d'îles. Puis il reprend sa direction première vers l'est ; l'extrémité des Carpathes sur la rive gauche, les montagnes de Serbie, rameau des Balkans, sur la rive droite, se rapprochent de lui, le resserrent, l'étranglent si bien qu'il lui faut toute sa puissance pour franchir le fameux défilé des *Portes de Fer*, autrefois presque impraticable à la navigation mais que ne redoutent plus, grâce aux

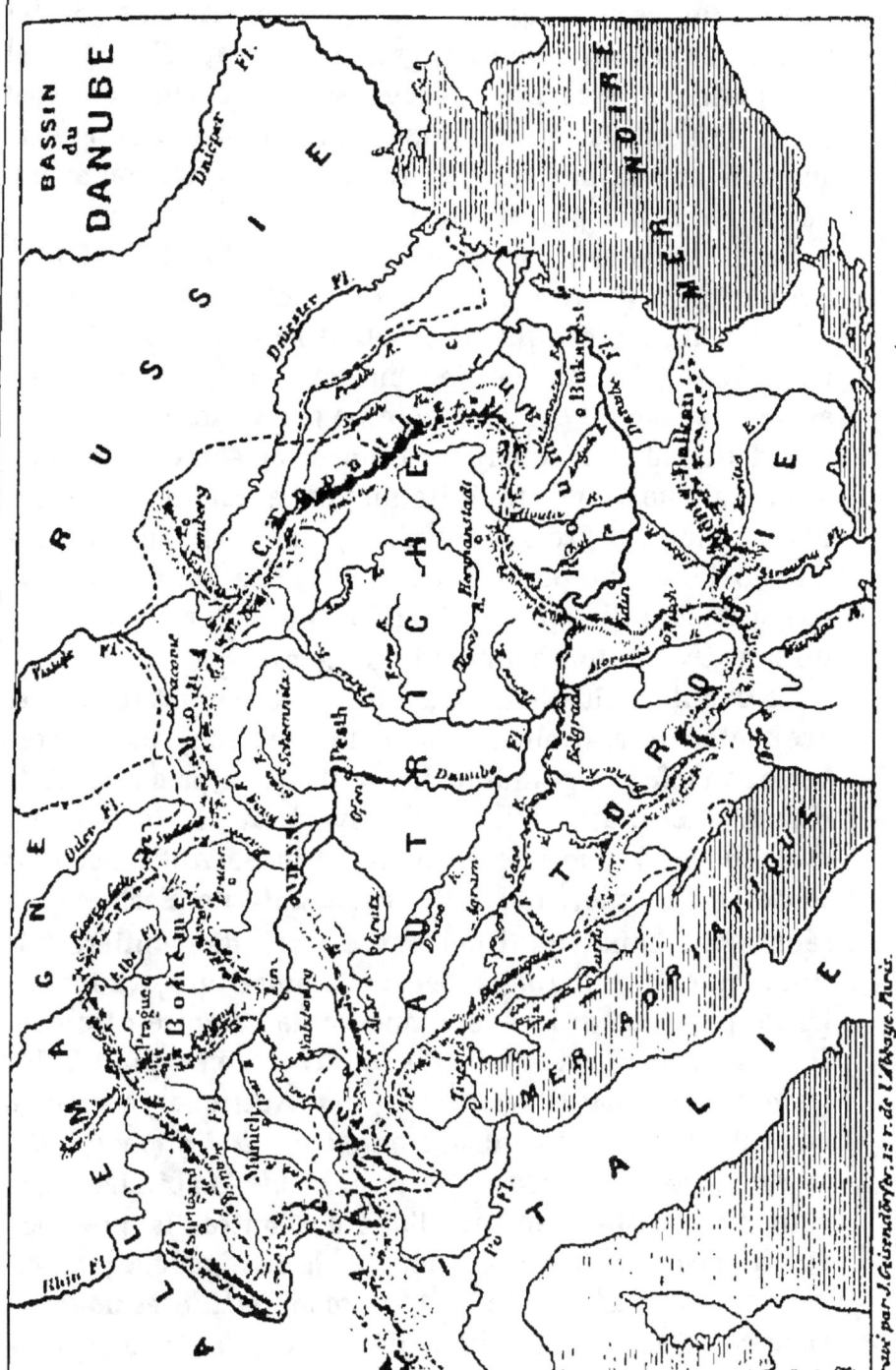

travaux modernes, les bateaux à vapeur. Après ce défilé, le Danube, comme tous les grands fleuves, s'élargit dans des plaines basses et marécageuses jusqu'à la mer Noire où il se perd par trois bouches principales, qui ne sont accessibles aux navires que grâce à un endiguement et à une surveillance perpétuelle.

Le Danube est, après le Volga, le plus long fleuve d'Europe : son cours est de 2,800 kilomètres, tandis que celui du Rhin n'est que de 1,350. Il ne tombe pas de très-haut comme le Rhône et le Rhin, mais sa pente générale est très-rapide : il descend, comme par étages, les 600 mètres d'altitude qui séparent sa source de son embouchure et on calcule que sa rapidité moyenne est de 2 mètres par seconde : sa profondeur n'est point aussi considérable que le ferait supposer l'étendue de son cours, mais sa largeur atteint jusqu'à 1,300 mètres à Belgrade et deux mille entre la Roumanie et la Bulgarie.

Le Danube naît allemand ; il finit roumain et turc après avoir été successivement autrichien et hongrois. Il traverse, en effet, le grand-duché de Bade, la principauté de Hohenzollern, arrose les deux royaumes de Wurtemberg et de Bavière, traverse la haute et basse Autriche, puis toute la Hongrie, limite la principauté de Serbie qu'il sépare du banat de Temesvar et sert de frontière à la Roumanie, presque détachée de l'empire turc, et à la Bulgarie, province qui dépend encore de l'empire ottoman. Il passe, nous l'avons dit, à *Ulm* (Wurtemberg) et à *Ratisbonne*, *Passau* (Bavière), à *Linz* (Autriche), à Vienne, capitale de l'empire austro-hongrois, à *Presbourg, Comorn, Gran, Waitzen,* à *Pesth* et *Bude,* capitales de la Hongrie et situées en face l'une de l'autre, la première sur la rive droite, la seconde sur la rive gauche; à *Belgrade, Semendria* (Serbie), *Orsova* (vieille et nouvelle Orsova, appartenant l'une à l'Autriche, l'autre à la Turquie); à *Vidin*, *Nicopoli*, *Routschouck*, *Silistrie* (Bulgarie), Giurgewo (rive gauche, Valachie), *Galatz*, *Ismaïl*, *Kilia* (Moldavie).

Les affluents du Danube sont nombreux, car on lui en compte jusqu'à cent vingt, et nous ne pouvons les énumérer tous ici; ils sont plus nombreux et plus importants sur la rive droite que sur la rive gauche, car, de ce côté, le fleuve est moins éloigné des montagnes.

Sur la rive gauche, ces affluents sont l'*Athmühl*, la *Regen*, la *March* ou *Morava*. Mais le principal est la *Theiss*, qui naît en dehors de la région germanique, et qui coule à l'aise dans la partie où le Danube s'écarte le plus des montagnes : elle coule même quelque temps parallèlement à ce fleuve, lorsqu'il prend en Hongrie la direction du nord au sud. La Theiss reçoit elle-même beaucoup d'affluents. Les rivières qui se jettent ensuite dans le Danube sur la rive gauche sont: l'*Aluta*, le *Sereth* et le *Pruth* qui appartiennent aux Principautés danubiennes

Sur la rive droite, les eaux des Alpes, du Tyrol, de la Styrie, de la Carinthie vont grossir le Danube : le *Lech*, l'*Isar*, l'*Inn* surtout qui a un cours de 400 kilomètres, reçoit lui-même de nombreuses rivières et apporte au Danube un volume d'eau égal à celui du fleuve lui-même. Puis, c'est la *Traun*, la *Leitha* et les deux longues rivières de la *Drave* et de la *Save* qui coulent, comme le Danube, de l'ouest à l'est et qui ouvrent comme deux autres routes parallèles vers l'Orient. Puis viennent d'autres affluents appartenant : la *Morawa* à la Serbie, l'*Iskhar*, le *Wid*, la *Jantra* et le *Seresgu* à la Bulgarie.

Dans le nord de l'Allemagne, les cours d'eau n'ont plus ce caractère de rapidité qui distingue le Danube, le Rhône, le Rhin. L'*Oder* est le premier cours d'eau, en sortant de l'est, qui arrose au nord-est la basse Allemagne. Sorti de la forêt de Liebau, au pied des Sudètes, dont il déracine les chênes, il arrive en désordre dans les basses plaines, change souvent de lit, se répand au travers des marais, des lacs de tourbe, des sables où croît le pin commun, se grossit de la Wartha, qui vient de pays tout slaves, et finit, par plusieurs bouches, dans un delta de bassins d'eau douce et de lagunes mouvantes séparés de la Baltique par les îles d'Usedom et de Wollin. Il sert à peu près de limite orientale à l'Allemagne du Nord, quoique la race allemande domine le cours inférieur de la Vistule, en s'étendant le plus qu'elle peut sur les rives orientales de la Baltique, vers les deltas que forment la Vistule et le Niémen, au Frische-Haff et au Kurische-Haff.

L'*Elbe*, qui s'échappe du défilé de l'Erz et des montagnes des Géants pour se diriger vers la mer du Nord, reçoit, à travers les plaines monotones et marécageuses de la rive droite, le Havel, grossi de la Sprée, qui communique, à travers des terrains bas, avec l'Oder. Sur sa rive gauche, beaucoup plus variée, il recueille les nombreux cours d'eau qui tombent des ramifications boisées de l'Erz-Gebirge et de la forêt de Thuringe et se réunissent dans la Mulda et le lit à couche de sel de la Saale grossie de l'Unsrutt, pour former un pays boisé, montueux, riche et plantureux, qui a donné à la vieille Saxe la réputation d'une Suisse allemande. Alors, grossi de toutes ces eaux, il incline vers le nord-ouest, à travers de longues landes et de la terre de bruyère, et, en arrivant à la mer du Nord sur des bas-fonds, prend une largeur immense qui ressent le flux à plus de 22 milles dans les terres.

La *Fulda* et la *Werra*, qu'encadrent au midi la forêt de Thuringe, le plateau de Geischberg et le Vogelsgebirge, forment le troisième grand fleuve de l'Allemagne du Nord, le *Weser*. Bordé à droite par de petites collines chargées de pins, mais sans nom, à gauche par les hauteurs plus considérables, et célèbres de bonne heure de Teutoburg, il s'échappe tout à coup de cette double chaîne de collines qui l'enserre étroitement, par une sorte de défilé très-pittoresque, pour finir, après avoir reçu l'Aller, grossi de la Leine, mais en se traînant paresseusement au milieu d'un pays plat et détrempé d'alluvions, dans la mer, au milieu de bas-fonds qui en rendent la navigation très-difficile. L'Ems est un autre Weser, en petit, qui, traversant un pays de vastes tourbières, finit, dans une embouchure plus imposante, au golfe de Dollart (1).

Le Volga et l'Oural; les fleuves russes.

La chaîne de partage des eaux remontant vers le nord-est, il s'ensuit que les fleuves européens diminuent de longueur sur le versant nord, à mesure qu'on s'avance en Russie. Les cours d'eau qui se jettent dans la Baltique et la mer Blanche n'ont point l'importance même des fleuves secondaires de l'Allemagne et de la France. En revanche, le versant méridional est beaucoup plus considérable quoique par l'inclinaison on le distingue à peine du versant septentrional et que le plateau du Valdaï, limite de ces deux versants, soit très-peu élevé. Là se déroulent en de vastes plaines des fleuves longs, paresseux, et cependant bien utiles pour les communications entre les divers pays qu'ils arrosent et pour les communications entre l'Europe et l'Asie.

L'*Oural* qu'on a pris pour limite de l'Europe et de l'Asie, quoiqu'à vrai dire, il n'y ait pas de limite réelle (et la Russie l'a bien prouvé en étendant sa domination très-loin au delà du fleuve et des monts Ourals), l'Oural, di-

1. Zeller, *Histoire d'Allemagne*, t. Ier.

sons-nous, est un des plus longs fleuves européens, car il compte 3,000 kilomètres de cours du nord au sud ; descendu du mont Kolghan dans la chaîne de l'Oural, il passe à Orembourg et à Ouralsk et se jette dans la mer Caspienne à Gouriew : fleuve très-poissonneux, il est très-utile aux populations généralement nomades qui vivent sur ses bords.

Le Volga, plus célèbre que l'Oural, a un cours bien plus étendu encore : 3,800 kilomètres. Il descend du plateau du Valdaï et n'est d'abord qu'un cours d'eau servant d'écoulement à une série de petits lacs comme il s'en forme beaucoup dans les steppes de la Russie. Coulant d'abord de l'ouest à l'est, il passe à *Kasan*, à *Tver*, à *Mologa*, *Ribinsk*, un des ports les plus importants du Volga, à *Iaroslaw*, *Kostroma* et *Nijni-Novgorod*, la ville la plus commerçante de la Russie. A Kazan, le fleuve a changé de direction et s'est tourné vers le sud. Il semble même vouloir aller se confondre avec le Don et se jeter avec lui dans la mer d'Azof, mais bientôt les deux fleuves s'écartent, prononçant un coude dans un sens tout opposé. Il va finir, au nord de la mer Caspienne où son delta de soixante-douze branches gagne sans cesse du terrain. *Astrakan*, ancienne ville de commerce considérable, est sur une des branches de ce delta presque impraticable et se trouve maintenant à 80 kilomètres de la mer.

Le Volga, quoiqu'il soit une artère commerciale importante, est d'une navigation difficile et dangereuse à cause de la quantité d'angles, de coudes, de bas-fonds, d'eaux mortes, d'îles et de bancs de sable qu'il présente. Ce n'est que dans les mois de mai et de juin que les rivières, considérablement grossies par la fonte des neiges, faisant monter les eaux du Volga beaucoup au-dessus de leur niveau ordinaire, en rendent la navigation sûre et facile aux gros bâtiments. L'accroissement des eaux est tel que toutes les terres basses qui bordent les deux côtés du fleuve sont inondées au point qu'il n'y a que la cime des plus grands arbres qui paraisse au-dessus de la superficie de l'eau. Ainsi le Volga offre à cet égard un rapport sensible avec le Nil en Égypte ; et cette analogie devient encore plus frappante, par la grande fertilité que ces inondations répandent sur les terres qui les ont éprouvées et dont les prairies ressentent le plus particulièrement les effets.

Parmi les affluents du Volga il faut citer : l'*Oka* qui fait de grands détours dans les plaines les plus fertiles de la Russie centrale et qui reçoit une rivière à jamais fameuse dans les annales militaires, la Moskowa. Au-dessous de Kazan le Volga reçoit la *Kama* grossie elle-même des torrents venus des monts Ourals et de la Viatka.

Les fleuves russes qui vont se jeter dans la mer Noire, sans atteindre aux proportions du Volga, offrent encore un cours supérieur pour l'étendue à celui du Rhin. Le *Dnieper* a un cours de 1,650 k., le *Dniester* de 1,550, le *Don* de 1,450. Le Dnieper (le Borysthène des anciens) arrose la Grande-Russie, la Lithuanie, la Petite et la Nouvelle-Russie : il passe à *Smolensk, Mohilev, Kiew* et *Jékatérinoslav*. Traversant des pays très-productifs il rend de grands services pour le transport des grains et des bois. Parmi ses affluents nous nommerons la *Bérézina*, si tristement célèbre, le Pripet qui traverse les immenses marais de Pinsk, le *Bug*, plutôt fleuve secondaire qu'affluent du Dnieper avec les bouches duquel il vient se confondre.

Le *Don* (le Tanaïs des anciens) ne traverse pas un pays aussi riche que le Dnieper. Il coule à travers des steppes marécageux et habités en partie par les Cosaques qu'on appelle pour cela Cosaques du Don : il se jette dans la mer d'Azof, simple golfe de la mer Noire et qui, elle aussi, se comble peu à peu par les alluvions.

Fleuves de l'Angleterre et cours d'eau secondaire.

Les fleuves de l'Angleterre sont en dehors du système général des fleuves européens, puisque l'Angleterre est détachée du continent. Le peu d'étendue relative de cette contrée ne permet pas aux fleuves de prendre un développement remarquable, bien que les fleuves abondants ne manquent pas. Les eaux tombées de ce ciel brumeux se rassemblent aisément et nulle part en Europe, les rivières avec un cours si peu développé, n'apportent une aussi grande masse d'eau : les fleuves anglais se déversent soit dans la mer du Nord, soit dans la mer d'Irlande par de vastes estuaires dignes des plus célèbres cours d'eau. Ainsi la *Tamise* qui passe à Londres, devient à partir de cette ville une mer qui va à la rencontre de la mer : les vaisseaux de tout rang remontent aisément jusqu'à la capitale de la Grande-Bretagne et c'est là ce qui a fait la prospérité commerciale de cette ville, entrepôt du monde entier. Sur le versant de la mer du Nord il faut citer encore l'*Ouse* et le *Nenn* qui tombent dans le golfe de Wash ; l'Humber formé du *Trent* et de la *Petite-Ouse* et qui se jette également dans la mer par un large estuaire ; la *Tweed* à la limite de l'Angleterre et de l'Écosse ; enfin le *Forth* et le *Tay* qui se jettent chacun dans le golfe qui porte leur nom.

Sur le versant opposé tombent dans l'océan Atlantique et la mer d'Irlande, la Clyde, rivière d'Écosse, et les fleuves anglais la *Mersey*, la *Severn* un des fleuves les plus longs et les plus remarquables de la Grande-Bretagne : la Severn finit dans le canal de Bristol par un vaste estuaire plus long et plus vaste que celui de la Tamise. Au midi, la chaîne horizontale des montagnes n'étant pas éloignée, les cours d'eau ont peu d'espace pour se dérouler et le principal est l'*Avon* qui se jette dans la Manche à l'ouest de l'île de Wight. En Irlande, pays généralement plat et marécageux, il faut cependant nommer le *Shannon*, qui, après avoir dans son cours sinueux formé beaucoup de lacs, va se jeter dans l'Atlantique par une large embouchure.

Les lacs de l'Europe.

L'Irlande, dont nous venons de parler, un des pays où les pluies sont le plus abondantes et où les eaux trouvent l'écoulement le moins rapide, est le pays des *lacs* et malheureusement aussi des marécages. Il serait long et fastidieux d'énumérer tous ces lacs et nous ne nommerons que les lacs *Neagh*, *Foyle*, *Erne*. Au sud-ouest les lacs de *Killarney* présentent un ensemble très-curieux et très-pittoresque. L'Écosse, pays de hautes montagnes, est également un pays de lacs, car ces vastes étendues d'eau en trouvent ou dans les pays trop plats ou dans les pays très-accidentés, les montagnes dans leur enchevêtrement formant quelquefois des bassins, des réservoirs sans issue qui reçoivent, sans les rendre, les eaux de toute une région. Les lacs de l'Écosse sont fort admirés des touristes, entre autres les lacs *Lomond*, *Tay* et *Ness*.

Les lacs, de même que les mers, sont en général d'autant plus profonds qu'ils sont dominés par des promontoires plus escarpés ; car les cavités que remplissent les eaux doivent répondre par leurs dimensions à la puissance des masses soulevées. Ainsi, les plus profonds de ces bassins se trouvent en Italie, à la base méridionale des Alpes, qui, de ce côté, dressent leurs pentes les plus abruptes. Le lac *Majeur*, dont le niveau est à 199 mètres au-dessus de l'Adriatique, n'a pas moins de 854 mètres de profondeur ; le lac de *Côme* a 604 mètres dans la partie la plus creuse de son bassin ; les lacs de *Garde* et d'*Iseo* sont moins profonds, mais descendent beaucoup au-dessous de la surface de la mer.

Au pied du versant septentrional, on trouve les lacs du *Bourget* et d'*Annecy* en Savoie ; les lacs de *Genève*, de *Thun*, de *Brienz*, de *Lucerne*, de *Zug*, de *Zurich* et de *Constance* en Suisse ; les lacs *Neusiedel* et *Balaton* en Hongrie. Cependant le lac Neusiedel, peu profond, a presque disparu depuis 1866, et, desséché, est livré maintenant à la culture.

La Suède, la Finlande, la Russie septentrionale, ont des lacs d'un caractère opposé à celui des lacs alpins et plus semblables aux lacs d'Irlande. En Suède, les lacs ont plus d'importance que les fleuves : sur le versant de la Baltique, le lac *Mœlar* et le grand lac *Wetter*, sur le versant de la mer du Nord, au sud de la Scandinavie, l'immense lac *Wener* qui s'écoule par la Gotha. Les Suédois ont utilisé leurs beaux lacs du midi pour la navigation. Par le canal de Gotha, les navires venant de la mer du Nord entrent dans le lac Wener, puis, de ce lac, grâce au canal, passent dans le lac Wetter qui est assez voisin, et enfin, par le canal, sortent de la mer Baltique sans avoir à contourner l'extrémité méridionale de la presqu'île, et à passer par les détroits. Le lac Mœlar est semé d'un véritable archipel d'îles et d'îlots, car on n'en compte pas moins de douze cent soixante. De l'autre côté du golfe de Bothnie, les plaines de la Finlande sont parsemées de lacs dans une proportion plus forte encore que la Suède : on dirait même que le pays n'est qu'une vaste nappe d'eau, coupée par des isthmes sans nombre. En Russie, il faut citer parmi les lacs importants : le lac *Ladoga* qui reçoit les eaux de trois autres lacs ; les lacs *Onéga*, *Saïma*, *Ilmen* ; puis le lac

Peïpous, et le lac Bulo. Dans le nord de la Russie comme en Suède, les lacs sont plus considérables que les fleuves qui ne servent qu'à déverser leur trop-plein dans la mer.

Facilité des relations commerciales.

En remontant, à partir de la mer, l'une des trois principales vallées du milieu de l'Europe, on arrive tout près de l'endroit où commencent les deux autres. On conçoit quelles facilités offre au commerce ce voisinage des trois vallées principales, grâce auxquelles on peut descendre dans les vallées secondaires. De l'Orient, la vallée du Danube nous amène au centre de l'Europe, et là on peut, soit par la vallée du Rhin remonter vers le nord, soit par la vallée du Rhône descendre vers le midi. La vallée du Volga, bien qu'excentrique par rapport au reste de l'Europe, est aussi d'une grande utilité, car elle est tournée vers l'Asie, et pour les populations du nord de l'Europe, c'est la route naturelle qui conduit à cette autre partie du monde.

Si, à l'intérieur, grâce à ces grandes et belles vallées qui ont été les étapes des peuples et du commerce, les communications sont en général aisées, et s'il ne faut faire exception que pour certains pays où se ramifient les Alpes, la mer qui de trois côtés enveloppe l'Europe est encore, ne l'oublions pas, un lien entre les diverses contrées. La mer, pénétrant profondément au milieu des terres européennes, les rapproche souvent plutôt qu'elle ne les sépare, et facilite les relations commerciales.

Aussi l'Europe, qui de beaucoup est la plus petite des cinq parties du monde, et qui n'est pas la plus riche sous le rapport du sol, des mines et du climat, est-elle devenue la première par le développement de la civilisation. Elle doit ce développement à cette facilité de relations commerciales qui vient de sa bonne configuration géographique. Les peuples se sont mêlés en Europe plus qu'en aucune autre partie du monde, et ils ont déployé une activité que favorise la nature tempérée du climat.

LIVRE III.

L'EUROPE — GÉOGRAPHIE GÉNÉRALE.

CHAPITRE VII

RÉGION DU NORD-OUEST. — LES ILES BRITANNIQUES.

Limites, étendue et côtes.

Le groupe des ILES BRITANNIQUES, dans la région nord-ouest de l'Europe, touche presque au continent : il n'en est séparé sur un point, au sud-est, que par la MANCHE et le détroit du PAS-DE-CALAIS, lequel détroit peut se franchir en quelques heures.

Les deux îles principales qui le composent sont : la GRANDE-BRETAGNE, de beaucoup la plus importante, ou autrement dite l'Angleterre ; puis l'IRLANDE. Celle-ci touche presque en deux endroits à la première, à l'ouest de laquelle elle se trouve placée, et n'en est séparée que par deux détroits ou canaux : les canaux du *Nord* et de *Saint-Georges*. Entre ces deux canaux, l'espace est plus grand et on lui donne le nom de MER D'IRLANDE.

La première île a la forme d'un triangle, dont on aurait

fort découpé un des côtés, celui qui regarde l'Irlande. Ce triangle, enveloppé par les flots, se termine par le cap de Duncansby au nord, et à la base par les deux pointes de Foreland, à l'est, et par celles de Lizard et de Land's End ou Finistère, à l'ouest.

Les côtes occidentales de la Grande-Bretagne sont, comme nous venons de le dire, fort découpées : aussi comprennent-elles de nombreuses et importantes presqu'îles, auxquelles correspondent des golfes non moins nombreux.

Le golfe ou canal de Bristol, en pénétrant dans les terres, sépare la péninsule de Cornouailles de la péninsule qu'on appelle le pays de Galles, et cette péninsule est elle-même creusée à son centre par la baie de Cardigan. Au nord de la presqu'île du pays de Galles, la mer d'Irlande s'avance considérablement dans les terres et resserre singulièrement à cet endroit la Grande-Bretagne ; elle recule ensuite vers le canal du Nord, mais le continent britannique ne cesse plus d'être assez étroit jusqu'à son extrémité. Il n'en est pas moins encore, malgré son peu de largeur, découpé depuis la mer d'Irlande par la baie de Morecambe, le golfe de Solway et le golfe de Clyde.

A l'est, les côtes de la Grande-Bretagne sont généralement basses et unies, toutefois, à l'embouchure des fleuves, la mer s'enfonce encore dans les terres et forme l'estuaire (ou embouchure) de la Tamise, le golfe de Wash, l'estuaire de l'Humber, le golfe de Forth, le golfe de Tay et le golfe de Murray, le plus profond.

Du nord au sud, l'Angleterre compte 900 kilomètres ; de l'est à l'ouest elle compte, dans sa plus grande largeur, c'est-à dire au midi, 490 kilomètres.

L'Irlande, de beaucoup moins considérable que l'Angleterre, semble une barque attachée au flanc d'un vaisseau. Les Irlandais, qui appellent leur pays *Érin* (l'île verte), voudraient bien détacher cette barque et ne plus être écrasés par l'ombre du grand vaisseau qui les domine. Cette île, bien différente, sous tous les rapports, de sa superbe voisine et maîtresse, s'allonge du nord-nord-est au sud-sud-ouest sur une longueur de 450 kilom. et n'a de large que 270 kilom. Sa forme n'est pas bien déterminée ; ce n'est ni un cercle, ni un ovale. Elle ne lance ni au nord ni au sud de pointe hardie : la plus septentrionale est le cap *Malin*, la plus méridionale, le cap *Clear*. Distinguons cependant le majestueux cap de *Bengore*, au nord-est, et qui s'élève à plus de 100 mètres au-dessus des flots.

Autour de ces deux grandes îles, il se trouve d'autres îles ou groupes d'îles plus petits : les îles *Shetland* et les *Orcades* au nord de la Grande-Bretagne ; les *Hébrides* au nord-ouest ; les îles de *Man* et d'*Anglesey* dans la mer d'Irlande ; puis dans la Manche l'île de *Wight*, les îles *Sorlingnes* et le groupe des îles, *Jersey*, *Guernesey*, *Aurigny*, dites normandes parce qu'elles dépendent géographiquement de la région française plutôt que des îles Britanniques.

Montagnes et Fleuves.

La forme triangulaire de la Grande-Bretagne permet tout de suite de comprendre quelle sera la direction de ses montagnes et par suite de ses eaux. Une longue arête verticale partant du milieu d'une chaîne horizontale qui forme la base du triangle, voilà tout le système montagneux de l'Angleterre.

Les hauteurs de la chaîne horizontale et méridionale n'ont guère d'importance que dans la presqu'île de Cornouailles, où elles renferment de nombreuses richesses minérales. La chaîne verticale, faible à son point de départ, s'élève à mesure qu'elle monte vers le nord, sous le nom de MONTS PEAKS, chaîne âpre et nue; puis de monts MOORELANDS. Cette chaîne projette à l'ouest le groupe des montagnes du PAYS DE GALLES et plus au nord projette à l'est les monts CHEVIOTS qui séparent l'Angleterre de l'Écosse. En Écosse la chaîne qui vient de l'Angleterre et monte au nord s'élève de plus en plus et se termine par deux massifs : les monts Ross et les monts GRAMPIANTS, qui couvrent de leurs ramifications le nord de l'Écosse et font donner à cette extrémité de l'île le nom de HIGHLANDS (hautes terres).

Ce système montagneux divise naturellement les eaux en trois versants : ceux de l'ouest et de l'est, celui du midi. D'une part, les eaux tombent dans la mer d'Irlande, de l'autre, dans l'océan Atlantique et au midi, dans la Manche.

« Les cours d'eau de la Grande-Bretagne, surtout ceux de la partie méridionale, sont une des causes de sa prospérité et de sa grandeur. Aucune contrée de l'Europe, étant donné le peu de largeur et d'étendue de l'île, n'est mieux disposée pour l'écoulement des eaux. Sa constitution géologique est telle, son sol perméable sans être spongieux est si heureusement accidenté, les hauteurs qui ceignent les bassins composent un relief si avantageusement combiné, que, pour ainsi dire, pas une goutte d'eau utile n'est perdue. Les eaux tombées de ce ciel brumeux se rassemblent aisément et sans former d'inondations, dans des réservoirs naturels qui alimentent sans cesse d'innombrables petites rivières dont le réseau très compliqué ne laisse pas un coin du territoire qui ne soit arrosé. Celles-ci se creusent facilement des lits profonds, sinueux, bordés de hautes berges, où le niveau des eaux reste constant presque en toute saison et elles s'écoulent dans la mer, sans bas-fonds, sans atterrissements, par des embouchures larges et profondes. Nulle part, en Europe, les rivières, avec un cours si peu développé, n'apportent une si grande masse d'eau, n'ont plus d'affluents, ne causent moins de ravages ; nulle part, l'agriculture et le commerce n'en tirent un plus grand profit. Cet admirable réseau est complété par un système de canalisation qui comprend plus de 100 canaux (1). »

Dans l'océan Atlantique ou plutôt la mer du Nord, tombe la Tamise, dont la vaste embouchure donne accès aux vaisseaux qui peuvent remonter jusqu'à Londres; puis l'Ouse et le Nenn qui tombent dans le golfe de Wash ; l'Humber formé du Trent et de la Petite Ouse, ce fleuve est court, mais très-large ; puis la Tweed à la limite de l'Angleterre et de l'Écosse ; enfin le Forth et le Tay qui se jettent chacun dans le golfe qui porte leur nom.

Sur le versant opposé, tombent dans l'océan Atlantique et la mer d'Irlande, la Clyde, en Écosse, et, en Angleterre, la Mersey, la Severn, un des fleuves les plus longs et les plus remarquables de ce pays : par une large embouchure, ce fleuve se jette dans le canal de Bristol.

Au midi, la chaîne horizontale des montagnes n'étant pas éloignée, les cours d'eau ont peu d'espace pour se dérouler et le principal est l'Avon qui se jette dans la Manche à l'ouest de l'île de Wight.

L'Écosse a beaucoup de lacs dont quelques-uns sont très-considérables et très-beaux, entre autres les lacs Lomond, Tay et Ness.

Mais c'est l'Irlande surtout qui a beaucoup de lacs et malheureusement aussi de marécages. Le système montagneux n'y est pas nettement dessiné : il enveloppe à

---

1. Malte-Brun et Lavallée, *Géographie universelle*.

peu près toute l'île d'une manière confuse. Toutefois, on distingue deux versants, celui de l'Atlantique à l'ouest et celui de la mer d'Irlande à l'est. Le fleuve principal du premier versant et le plus important de l'île est le **Shannon** qui, après avoir, dans son cours sinueux, formé beaucoup de lacs, va se jeter dans l'Atlantique par une large embouchure.

Il serait long et fastidieux d'énumérer les lacs de l'Irlande dont les eaux trouvent en général une issue vers l'Atlantique ; citons les lacs Neagh, Foyle, Erne. Au sud-ouest, les lacs de Killarney présentent un ensemble très-curieux et très-pittoresque.

Divisions principales.

La nature a nettement marqué les différentes divisions des îles Britanniques : la verte Irlande avec ses lacs, ses marais, ses fondrières, son sol humide et verdoyant mais peu fertile ; la Grande-Bretagne, bloc de fer et de houille recouverte de grasses prairies et d'abondants pâturages ; l'Écosse, avec ses montagnes âpres, ses lacs magnifiques, son aspect pittoresque ; et dans l'Angleterre proprement dite, le pays de Galles, qui ressemble jusqu'à un certain point à une petite Écosse.

L'histoire avait respecté ces différences géographiques ; il y avait eu autrefois des peuples indépendants, en Angleterre ; dans le pays de Galles ; en Écosse ; en Irlande. Mais partout nous tendons à l'unité et les durs Gallois, les fiers Écossais, les malheureux et courageux Irlandais ont tous été fondus en une seule nation ; les Irlandais seuls protestent encore. La politique a passé son niveau inflexible sur toutes ces races et sur toutes les différences géographiques. Il n'y a plus maintenant que le Royaume-Uni de Grande-Bretagne et d'Irlande.

L'Angleterre proprement dite est divisée en 40 *comtés*, le pays de Galles *en* 12, l'Écosse *en* 33, l'Irlande *en* 32.

Les Anglais sont plus brefs et plus précis que nous dans leur langage. Il nous faut trois mots au moins pour désigner un département. Les Anglais réunissent le plus souvent le mot qui signifie comté (*shire*) à la ville capitale et on a ainsi le nom du comté. Ainsi *Yorkshire* veut dire le comté d'York.

Grandes villes. — Londres.

Les villes importantes et riches sont nombreuses en Angleterre. La capitale est LONDRES, sur la Tamise qui divise cette ville immense en deux parties. Londres est à la fois la capitale politique et commerciale de l'Angleterre. Elle réunit les avantages d'une ville continentale et d'un grand port maritime, puisque les vaisseaux remontent jusqu'au milieu de ses maisons. Elle contient une population de trois millions d'habitants et couvre une surface bien plus grande que celle de Paris.

Il y a dans Londres non point des quartiers, mais des villes différentes. Le centre est la *Cité* où se traitent toutes les affaires commerciales et industrielles. C'est une ville tumultueuse, la plus agitée qui soit au monde pendant le jour et qui le soir devient déserte ; ses commerçants retournent dans les quartiers du luxe, de la richesse, du confortable, comme on dit en Angleterre. Il y a aussi la ville du grand commerce, des grandes expéditions maritimes, des vastes magasins ou docks. Puis il y a la ville des fabriques et des manufactures, où il se consomme une telle quantité de houille que la fumée s'en étend sur toute la ville de Londres et s'aperçoit, dit-on, à douze lieues de distance.

« Ce qui frappe tout d'abord en arrivant à Londres, c'est cette foule énorme et cette immense cité, dont le Parisien qui n'a pas franchi la Manche ne saurait se faire une idée. A la première vue, on est dans l'admiration pour la toute-puissance de l'homme ; puis on reste comme accablé sous le poids de cette grandeur ; ces innombrables vaisseaux qui couvrent la surface du fleuve, réduit à l'étroite largeur d'un canal ; ces bateaux à vapeur qui volent dans tous les sens ; le grandiose de ces arches, de ces ponts ; les docks, ces immenses entrepôts qui occupent plus de mille hectares de superficie ; les dômes, les clochers, les édifices auxquels la vapeur donne des formes bizarres ; ces cheminées monumentales, qui lancent au ciel leur noire fumée et annoncent l'existence des grandes usines ; toute cette confusion de tableaux vous trouble et vous anéantit. La beauté des trottoirs, larges comme des rues, le nombre et l'élégance des squares, les grilles d'un style sévère qui isolent la foule du foyer domestique ; l'étendue immense des parcs, les courbes heureuses qui les dessinent, la beauté des arbres, la multitude des équipages attelés de chevaux magnifiques, toutes ces splendides réalisations semblent appartenir au monde de la féerie, excitent l'esprit et l'enivrent (1). »

Les principaux monuments de Londres sont : la cathédrale de *Saint-Paul*, bâtie sur le modèle de Saint-Pierre de Rome ; l'*abbaye de Westminster*, magnifique édifice gothique ; le palais du *Parlement* ou le nouveau *Westminster*, l'un des plus beaux édifices de l'Europe. Londres possède, dans le *British-Muséum*, l'un des plus riches musées qui soient au monde et l'une des plus belles bibliothèques.

1. E. Texier, *Lettres sur l'Angleterre*.

RÉGION DU NORD-OUEST. — LES ILES BRITANNIQUES. 135

Ajoutons toutefois que cette ville splendide cache plus de misères et de dépravation qu'aucune autre ville de l'Europe. Il y a des quartiers qu'on ne décrit pas et surtout qu'on ne visite pas.

Grandes villes. — Les Ports et les centres industriels.

En dehors de Londres, il y a en Angleterre une foule de ports actifs et remarquables, de centres industriels, tels qu'on n'en voit qu'en ce pays. Les villes de cent mille âmes sont nombreuses et il y en a plusieurs qui dépassent trois et quatre fois ce chiffre.

Liverpool, à l'embouchure de la Mersey, est la seconde ville de l'Angleterre, compte 600,000 habitants et fait à elle seule presque le quart de tout le commerce du Royaume-Uni.

Cette ville doit sa prospérité à celle des nombreux et actifs centres industriels du comté de Lancastre, le plus manufacturier de l'Angleterre (région du nord-ouest). Dans ce comté, en effet, on trouve accumulées des villes telles que Manchester (460,000 habitants), centre d'une immense fabrication d'étoffes ; Salford (100,00 habitants), Bolton (70,000), Preston (85,000), Oldham (75,000), Blacgburn (63,000).

Le comté de Warwick (au centre) est encore l'un des plus remarquables par sa grande industrie. C'est là que se trouve la ville importante de Birmingham (340,000 habitants) avec sa célèbre manufacture d'armes et la ville plus petite, mais très-industrieuse de *Coventry*. Plus au nord, on cite Notthingham (75,000 habitants), dans le comté de ce nom.

A l'ouest, dans le pays de Galles, la ville de Martyr-Tydvil (comté de Glamorgan) (110,000 habitants) : c'est la plus importante de tout le pays de Galles et elle doit sa fortune à ses mines de fer et de houille.

Ce sont également les mines de fer et de houille qui font la richesse du comté le plus septentrional de l'Angleterre proprement dite, le Northumberland, dont la capitale est New-Castle, ville très-commerçante, sur la Tyne (110,000 habitants).

Le comté d'York, le plus vaste de tous les comtés anglais, est également, surtout dans sa région occidentale, un des centres les plus remarquables de l'industrie. C'est dans cette région qu'on trouve les villes de Sheffield (158,000 habitants), aciers et coutellerie très-renommés; Leeds (200,000 habitants), manufactures d'étoffes de laine; Bradford (100,000 habitants).

Citons encore les villes de Norwich (comté de Norfolk) et de Wolwich (Kent) où se trouvent un arsenal de la marine royale et une magnifique fonderie de canons.

Outre Liverpool et Londres, qui sont des ports exceptionnels, il y a le long de toutes les côtes d'Angleterre des villes maritimes et commerçantes, qui pour la plupart sont très-importantes. Sur la mer du Nord, il y a de nombreuses villes qui servent à l'exportation de la houille et du fer. Dans le comté de Kent, sur le golfe de la Tamise, se trouvent les ports très-anciens et célèbres de Rochester, de Chatam, de Douvres, de Folkestone. Ces deux derniers, placés en face des côtes de France, entretiennent des relations quotidiennes avec notre pays.

Au midi, sur la Manche, les ports sont nombreux et remarquables, parce que les côtes sont admirablement creusées. Citons la belle ville maritime de Brighton (Sussex), qui comte 80,000 âmes, le port de *New-Haven*, le célèbre port militaire de Portsmouth (95,000 hab.)

(comté de Southampton); à côté de l'île de Wight et de la rade spacieuse de Spithead, le port de *Southampton* (45,000 hab.); celui de Plymouth (Devonshire) (100,000 hab.).

A l'ouest, sur le canal de Bristol, à l'embouchure de la *Severn*, Bristol (comté de Somerset) est encore une des grandes villes commerçantes de l'Angleterre.

L'industrie et le commerce, malgré leur importance, ne doivent pas nous faire oublier les villes savantes et historiques d'York (comté du même nom), célèbre par son antique archevêché et sa cathédrale; de Cantorbery (comté de Kent), siège du primat d'Angleterre; Greenwich (Kent), célèbre par son observatoire, et les villes de Cambridge, d'Oxford, dans les comtés qui portent leur noms, villes où se trouvent des universités fameuses de nombreux étudiants et de magnifiques établissements d'instruction.

Villes d'Écosse.

La capitale de l'ancien royaume d'Écosse, Édimbourg, est une ville de 170,000 habitants, mais surtout une ville antique et savante où abondent les sociétés et les établissements littéraires. Une ville, elle-même remarquable, sert de port à Édimbourg, c'est la ville de *Leith*, sur le golfe du Forth.

Édimbourg est la capitale politique et intellectuelle de l'Écosse. Glascow en est la capitale industrielle et commerciale, quoiqu'elle ait aussi une université. Glascow peut rivaliser avec les plus populeuses et les plus riches villes de l'Angleterre; elle compte 450,000 habitants. Située dans l'intérieur des terres, mais sur la *Clyde* que remontent des bateaux de mille tonneaux; reliée par des canaux aux deux mers, et à toutes les parties de l'Angleterre par des chemins de fer, elle est à la fois un centre d'activité manufacturière et commerciale. La ville de *Paisley* (50,000 habitants) est aussi une ville importante par ses fabriques.

Les principaux ports de l'Écosse, outre celui de *Leith*, sont ceux des DUNDEE (90,000 habitants), à l'embouchure du Tay ; d'ABERDEEN (75,000 habitants), plus au nord et également sur la mer du nord.

Villes d'Irlande.

La capitale de l'Irlande, DUBLIN, située au fond d'une baie magnifique, est à la fois une cité industrielle, maritime et savante. Elle compte 318,000 habitants. Elle possède une université renommée.

Les principales villes commerçantes de ce pays, qui est en général pauvre et, chaque année, abandonné par un grand nombre de ses habitants, sont situées au sud. La ville de CORK (dans le comté du même nom) est peuplée de 80,000 âmes. La ville de WATERFORD (comté du même nom) est un port florissant. LIMERICK (dans le comté du même nom) est situé sur la grande artère fluviale de l'Irlande, le Shannon, que les navires remontent, et doit à cette situation un commerce assez actif. Elle compte 45,000 habitants.

Population. — Religion. — Gouvernement.

La population des îles Britanniques s'élève à 32 millions d'habitants. La différence des races s'y accuse très nettement : il y a la race *anglaise* ou *saxonne*, la race *galloise*, la race *écossaise*, la race *irlandaise*.

La séparation de la population n'est pas égale. L'Angleterre, proprement dite, a plus de 20 millions d'habitants, l'Écosse n'en a que 3 millions et demi. L'Irlande voit sa population décroître par l'effet de la misère et de l'émigration. Cette île, qui contenait autrefois plus de 8 millions d'habitants, n'en a plus que 5 et demi.

La différence que nous avons remarquée dans la nature de l'*Angleterre*, de l'*Écosse* et de l'*Irlande*, et qui se perpétue dans les races, se perpétue aussi dans la religion et dans les mœurs. La religion de l'Angleterre et de l'Écosse est le protestantisme; celle de l'Irlande, le catholicisme. Le protestantisme de l'Angleterre et celui de l'Écosse diffèrent. Le premier, qui est la religion officielle, est ce qu'on appelle la religion anglicane ; c'est un protestantisme qui a conservé la hiérarchie et l'organisation de l'Église catholique. Le protestantisme de l'Écosse est le *presbytérianisme*, qui n'admet point de hiérarchie et se rapproche du calvinisme.

Le fond de la langue anglaise est l'ancienne langue saxonne mêlée à un grand nombre de mots français importés par les Normands. Dans le pays de Galles, en Écosse, on retrouve encore des restes de l'ancienne langue celtique. En Irlande, c'est également l'ancien celtique qui forme le fond de la langue irlandaise.

Le gouvernement de l'Angleterre est un gouvernement constitutionnel et parlementaire : il réside tout entier dans le parlement qui se compose de deux chambres, la *Chambre des lords* et la *Chambre des communes*. Le souverain règne et ne gouverne pas. L'aristocratie domine dans le parlement et forme un corps puissant qui dirige les affaires de la Grande-Bretagne.

C'est un pays libre politiquement que l'Angleterre, mais où, à chaque pas, on est trop porté à l'oublier, on se heurte à des entraves féodales. Les formes et les institutions du moyen âge subsistent partout.

Principales richesses de l'Angleterre.

En résumé, « les îles Britanniques, très-découpées, fortement accidentées, bien arrosées, mais nébuleuses, froides, humides, abondantes seulement en métaux et en pâturages, sont le pays où l'activité humaine se déploie sur la plus vaste échelle, où les plus grandes richesses artificielles ont été accumulées. L'homme y a tout créé : il a bouleversé le sol par des cultures perfectionnées, des canaux, des routes, des ports ; essentiellement industriel et commerçant par la nature du sol et la position géographique de sa patrie, profitant de son existence insulaire qui, en le resserrant chez lui, le forçait à répandre à l'extérieur son activité, il s'est créé une puissance tout artificielle, celle de ses vaisseaux, avec laquelle il remue le monde. Entrepôt de toutes les productions du globe, ce pays les distribue à tous les autres, après que l'industrie a centuplé leur valeur ; puissance la plus colonisante qui fut jamais, il a porté sa langue et son pavillon sur tous les points de la terre ; maître de l'océan Atlantique par sa position sur le flanc occidental de l'Europe, il menace les trois régions les plus redoutables par leur force continentale : la Russie, l'Allemagne, la France, et tranquille derrière son grand fossé maritime et sa ceinture mouvante de navires, il n'a rien à craindre de leurs armées ; il tient la Méditerranée par les rochers de Gibraltar, et de Malte l'Afrique par le cap de Bonne-Espérance, l'Amérique par les Antilles, le Canada et ses immenses possessions de la Nouvelle-Bretagne ; dans l'océan Indien il domine sans rival et s'est fait un empire merveilleux de 100 millions d'Asiatiques ; enfin, il tient aux abords de tous les continents des postes avancés qui, selon sa fortune, sont à tour des points d'appui pour la conquête, des centres de refuge pour la retraite et toujours des foyers d'entreprise pour son commerce qui brave tous les périls et ne connaît aucun repos (1). »

CHAPITRE VIII.

RÉGION DU NORD-OUEST. — LA BELGIQUE ET LA HOLLANDE.

I.

LA BELGIQUE.

Limites et géographie physique.

La BELGIQUE n'est qu'une expression politique. Géographiquement ce pays est la continuation de la région française. Il est formé par le prolongement de deux des grandes vallées du nord, la vallée de la *Meuse* et celle de l'*Escaut*.

C'est un pays qui n'a de limites naturelles que d'un côté, l'ouest, la *mer du Nord*.

De tous les autres côtés, les limites sont conventionelles et la Belgique est bornée au nord par la *Hollande*; l'est, par la *Prusse rhénane*, le *Limbourg* et le *Luxemburg* hollandais; au midi, par les départements français de la *Moselle*, de la *Meuse*, des *Ardennes* et du *Nord*.

1. Th. Lavallée, *Géographie militaire*.

Le système montagneux de la Belgique se rédu[it à]
quelques chaînes de collines : les collines de *Belg[ique,]*
prolongement des *Ardennes occidentales*, qui sépare[nt le]
bassin de la Meuse du bassin de l'Escaut, et les *Arde[nnes]*
orientales qui dans le sud-est de la Belgique contin[uent]
la séparation du bassin de la Meuse de celui de la [Mo-]
selle.

La MEUSE et l'ESCAUT traversent la Belgique, mais [n']ont ni leur source ni leur embouchure. Ces deux fle[uves] coulent presque dans une direction parallèle, du su[d au] nord.

Les principaux affluents de la Meuse sont : à dr[oite,] l'*Ourthe*, et à gauche, la *Sambre*. Ceux de l'Escaut so[nt,] à gauche, la *Lys*, et à droite, la *Dender*, puis le *Rup[pel]* qui lui-même se forme de trois cours d'eau : les [deux] *Nèthes*, la *Dyle*, la *Senne*.

« Ce pays, qui présente peu d'aspects pittoresques[,] où les prairies succèdent aux champs de blé, est t[rès] fertile, bien cultivé, riche, peuplé, sillonné en tous [sens] de routes et de chemins de fer (1). Il présente donc [les] plus grandes facilités pour faire vivre et marcher [une] armée. C'est le théâtre obligé des invasions françai[ses,] c'est le champ clos que la nature semble avoir prép[aré] à la France et à ses ennemis pour y vider leurs querell[es;] c'est enfin une région dont la disposition est telle qu'[elle] semble appeler la guerre et avoir été créée exprès p[our] les batailles. Il n'y a pas là un coin de terre qui n'ait [été] arrosé du sang français : la moitié de notre histoire [mi-]litaire s'est passée là; c'est là que sont tous ces no[ms] glorieux qui nous font tressaillir, victoires ou défa[ites,] qui composent notre couronne guerrière : Fonten[oy,]

1. C'est le pays qui, relativement à son étendue, a le plus gr[and] nombre de kilomètres de chemins de fer : 3,000.

mmapes, Steinkerque, Senef, Fleurus, Neerwinde, Lucoux, Lawfeld, Malplaquet, Oudenarde, Ramillies, Waterloo (1). »

Divisions et Villes principales.

La Belgique est divisée en neuf provinces qui correspondent à d'anciens États ou plutôt à d'anciennes seigneuries, tantôt réunies, tantôt séparées : les deux *Flandres* (Flandre orientale et occidentale); la *province d'Anvers* et le *Limbourg belge*, au nord; le *Brabant méridional*, au centre; le *Hainaut* et la *province de Namur*, au sud; enfin, à l'est, la *province de Liége* et le *Luxembourg belge*.

La capitale de la Belgique est Bruxelles, située sur la rivière la Senne. Cette ville est en même temps la capitale de la province du Brabant. Elle est grande et belle, généralement bien bâtie : elle compte 178,000 habitants. On remarque surtout parmi les édifices l'*Hôtel de Ville*, admirable monument du moyen âge et dont la flèche s'élance avec hardiesse jusqu'à 106 mètres de hauteur. Bruxelles est une ville de richesse et de commerce. C'est aussi une ville d'industrie, et ses dentelles sont renommées.

Les diverses provinces de la Belgique ont joui longtemps d'une autonomie et vécu d'une vie propre qui ont favorisé l'essor de plusieurs grandes cités, autrefois capitales. Dès le moyen âge, d'ailleurs, l'industrie y était très-développée, et même les grandes villes d'aujourd'hui, Gand, Bruges, Namur, Liége, ne peuvent guère donner une idée de ce qu'elles étaient autrefois avec leur population active, leurs corporations puissantes,

1. Th. Lavallée, *Géographie militaire*.

jalouses de leurs priviléges, obstinées à les défe[ndre] contre les princes, et capables de mettre sur pied [de] grandes armées.

Bruges (Flandre occidentale) fait pourtant encor[e un] commerce considérable, grâce aux canaux qui le re[lient] à la mer. Gand (Flandre orientale) (120,000 habita[nts]) sur l'*Escaut*, est toujours célèbre par son industrie [des] draps. Namur (province du même nom) est une [ville] très-forte, située au confluent de la Sambre et d[e la] Meuse; c'est un des centres de l'industrie métallurgi[que.] Liége (province du même nom), sur la Meuse, est [en]core une grande ville de 100,000 habitants et le ce[ntre] de l'industrie des fers et des aciers.

Le plus beau port de la Belgique et un des plus re[mar]quables de l'Europe est celui d'Anvers (province [du] même nom), sur l'Escaut. Anvers est une ville de 130,[000] habitants.

Il faut citer encore parmi les villes importantes, e[t il] y en a beaucoup dans ce pays très-peuplé, *Malines*, [cé]lèbre par ses dentelles (province d'Anvers), *Mons, Ch[ar]leroi* (Hainaut), centres d'une immense exploitation [de] houille; *Louvain* (Brabant), célèbre par son univer[sité.]

Population. — Religion. — Gouvernement.

Relativement à son étendue, la Belgique est le pay[s le] plus peuplé de l'Europe; elle a près de 5,000,000 d'h[abi]tants, ce qui fait 158 habitants par hectare. On peut [dis]tinguer dans cette population deux races différentes : [au] nord, la race flamande (germanique); au sud, la [race] wallonne (française). Mais la langue est la même pour [les] deux populations, c'est la langue française qui est [du] reste adoptée officiellement. On ne parle le patois flam[and] que dans les campagnes.

La religion est la religion catholique. La Belgique compte, toutefois, un certain nombre de protestants.

Le gouvernement de la Belgique, qui date de 1830, est fondé sur les principes de toute monarchie constitutionnelle : un roi et deux chambres, la Chambre des députés et le Sénat, toutes deux électives. La Belgique, qui, sous la République et l'Empire, a été réunie à la France, a gardé nos lois et la plupart de nos institutions.

II.

LA HOLLANDE.

Aspect physique.

La HOLLANDE, à vrai dire, n'est qu'un rivage. C'est un pays plat, et c'est à peine si quelques collines des pays voisins viennent y expirer. Le sol même est souvent au-dessous du niveau de la mer, et la mer recouvrirait en partie cette région, une des plus intéressantes de l'Europe, sans la ténacité et l'industrie des habitants.

La Hollande n'a de limites naturelles que de deux côtés, à l'ouest et au nord : c'est la *mer du Nord*; limites peu sûres, puisqu'il faut toujours lutter contre les flots et les arrêter par les digues. La mer du Nord forme le vaste golfe du *Zuyderzée*. A l'est, la Hollande était bornée naguère par la Prusse rhénane et le royaume de Hanovre; mais aujourd'hui elle l'est par la *Prusse* seule, et là encore, il y a un danger. Au midi, la Hollande confine à la *Belgique*.

La Hollande reçoit, au moment où ils ont atteint leur plus grand volume d'eau, trois fleuves : l'ESCAUT, la

Meuse, le Rhin, qui, nés très-loin les uns des autres, viennent presque ensemble se jeter dans la mer du Nord. Ils forment tous trois une longue série de bouches qui découpent en îles nombreuses la côte occidentale du pays.

L'Escaut se partage en deux branches, qui elles-mêmes se subdivisent et dont l'une va rejoindre les bouches de la Meuse. Celle-ci se divise également en *deux* grandes masses d'eau qui embrassent de grandes îles.

Le Rhin se partage en *deux branches* qui s'écartent bien davantage. La branche la plus méridionale est la Wahal, qui va se confondre à son embouchure avec la Meuse. Puis, l'autre branche, gardant le nom de *Rhin* projette l'Yssel, qui s'en va au nord se jeter dans le golfe du Zuyderzée. Le Rhin affaibli garde sa direction vers l'ouest, puis envoie à la mer la plus grande masse de l'eau qui lui reste, par une autre branche, le Lech, et s'en va enfin, affaibli, languissant, bourbeux, finir aussi sur la côte orientale sans plus d'apparence qu'une médiocre rivière.

La Hollande est donc en tous sens sillonnée par des rivières qui se relient entre elles, et que relient encore des canaux. Sur ces canaux, c'est un mouvement perpétuel de barques. Dans tout le pays, grâce à cette abondance, même exagérée, de l'eau, ce ne sont que gras pâturages bordés d'arbres bien verts.

En Hollande on voit se manifester, à côté de la puissance et de la fécondité de la nature, le génie et la force de l'humanité. Les digues construites avec un soin extrême et réparées avec une persévérance infatigable, sont un travail admirable. La mer, chaque jour, renouvelle contre elles sa lutte acharnée, et de temps à autre les renverse. Malgré le danger incessant d'une inondation, les Hollandais semblent aussi à l'aise dans leurs villes que les peuples les plus éloignés de la mer. En dépit d'une énorme masse d'eau suspendue quelquefois à dix pieds au-dessus de leur pays et pouvant, d'un jour à l'autre, faire irruption, ils se livrent à l'industrie, au commerce surtout, avec un calme étonnant.

Divisions et villes principales.

La Hollande se divise en douze provinces, et, sauf une grande partie du *Brabant,* sauf le *Luxembourg,* qui est, pour ainsi dire, une possession étrangère, ces provinces sont toutes maritimes. L'une d'elles, la *Zélande,* ne comprend même que des îles formées par les bouches de l'Escaut, de la Meuse et du Rhin. Aussi les villes les plus importantes sont-elles des villes maritimes.

La Haye (Hollande méridionale), située non loin de la mer du Nord, mais ville continentale, n'est que la capitale politique et nominale du royaume des Pays-Bas. C'est une belle ville de 80,000 âmes où résident le roi et les Chambres, mais le centre de la vie est à Amsterdam.

Amsterdam (Hollande septentrionale) (268,000 habitants), sur la côte méridionale du Zuyderzée et à l'embouchure de la rivière l'Amstel, est une des grandes places de commerce de l'Europe. Ses rues sont formées par des canaux, et c'est la Venise du Nord. Rotterdam (Hollande méridionale) est le second port du royaume (120,000 habitants); elle est située sur la branche septentrionale de la Meuse.

Les autres villes sont moins peuplées, mais Middelbourg, Flessingue (dans la Zélande) sont remarquables. Flessingue a un beau port et de vastes chantiers de construction : c'est la patrie du célèbre amiral Ruyter. Leyde (dans la Hollande méridionale), située sur le vieux Rhin, est fameuse par son industrie et son université, ainsi que la ville d'Utrecht, capitale de la province de ce nom[...] Groningue, placée à l'extrémité nord de la Hollande [...] chef-lieu de la province de ce nom, est un des plus grand[s] chantiers de construction.

Les provinces d'Over-Yssel, de Drenthe, de Frise, so[nt] les plus pauvres et ne contiennent guère de villes im[-]portantes, sauf Leeuwarden, capitale de la Frise et pla[ce] militaire.

Dans le Brabant, au sud de la Hollande, le chef-lie[u] Bois-le-Duc, est une place très-forte. Dans le Limbou[rg] hollandais, Maestricht, sur la Meuse, est encore u[ne] place de guerre. Du reste, les noms historiques abonde[nt] dans tous les Pays-Bas, théâtre de grandes guerres [et] d'importants événements.

La province de Luxembourg ne fait pas, à vrai dir[e,] partie de la Hollande. C'est un duché appartenant au r[oi] comme possession personnelle. Pays de montagnes ou [de] forêts, il a pour capitale la place forte de Luxembour[g,] en partie démantelée depuis 1867. Le Luxembourg a é[té] neutralisé pour qu'il ne devînt pas français comme [il] demandait à l'être.

Population. — Religion. — Gouvernement.

La population de la Hollande est de 3,618,000 ha[bi-]tants. C'est une population flegmatique, persévérant[e,] laborieuse ; qualités qu'elle doit en partie au caractè[re] du pays, puisque, nous l'avons dit, il a fallu conquér[ir] le sol et les moyens d'existence. Les Hollandais ont é[té] par la nécessité des choses, amenés à faire leur occup[a-]tion presque exclusive de la marine et du commerce. L[a] Hollande est, comme l'Angleterre, un immense entrep[ôt] de marchandises, et sa force est dans son empire colo[-]nial.

Comme dans les pays du nord, la vie de famille est en honneur en Hollande, et la lecture de la Bible est le délassement des travaux. C'est dire que la religion du pays est le protestantisme, religion tout à fait nationale, car son établissement fut intimement lié à la conquête de l'indépendance politique.

Le gouvernement de la Hollande est une monarchie constitutionnelle. Les États Généraux se composent de deux Chambres, l'une nommée par le roi, l'autre élective. Chaque province a en outre sa législation particulière et ses États provinciaux.

CHAPITRE IX.

RÉGION SEPTENTRIONALE. — ÉTATS SCANDINAVES.

I.

LE DANEMARK.

Aspect. — Divisions politiques et villes principales.

De la Hollande remontons vers la côte du nord; nous rencontrerons un pays analogue, une longue bande de terre, qui est comme un appendice des plaines de l'Allemagne. Cette péninsule est le DANEMARK ; avec un groupe d'îles voisines, elle forme la monarchie danoise.

La péninsule danoise n'est séparée de la péninsule scandinave au nord et à l'est que par des détroits: le

Skager-Rack, le Cattégat. Toute la presqu'île n'appartient plus maintenant au royaume de Danemark, qui, depuis les traités de 1864 et 1866, a perdu les duchés de *Sleswig* et de *Holstein*. Ces duchés appartiennent aujourd'hui à la Prusse qui forme maintenant la limite du midi.

La partie péninsulaire du Danemark est donc réduite au *Jutland*, pays bas où la mer pénètre en baies profondes appelées *fiords*. Les îles sont celle de Seeland, la plus grande et la plus importante ; elle n'est séparée de la Suède que par le détroit, peu large et d'une navigation difficile, le Sund. Entre la péninsule danoise et l'île de *Seeland*, se trouve l'île de Fionie (en danois, joli pays) ; elle est séparée de ces deux pays par les détroits du grand Belt et du petit Belt. Au sud de Seeland, se trouvent les îles de Langeland, de Laland, de Moen, de Falster ; à l'ouest et bien plus loin dans la Baltique, l'île de Bornholm.

C'est un pays peu étendu que le Danemark, brumeux, pluvieux et froid, assez fertile cependant. Il n'a plus qu'une population de 1,600,000 habitants. Mais ce royaume, bien qu'il ait été diminué en 1864, conserve encore une grande importance au point de vue politique et commercial. Placé à l'entrée de la Baltique, il en commande les passages, et sa marine est développée.

Le pays est divisé politiquement en cinq provinces. Les villes importantes sont dans l'île de *Seeland*. C'est là qu'est située Copenhague, la capitale de la monarchie danoise, sur le Sund ; c'est un port magnifique et qui, de la mer, offre le plus bel aspect. Cette ville, réellement remarquable, compte 155,000 habitants. Dans la même île, Elseneur commande l'endroit le plus resserré du Sund et est bien placée pour le commerce.

Citons encore Odensee, capitale de l'île de Fionie, et,

dans le Jutland, les villes de Viborg et de Fredericia place forte.

Le Danemark est une monarchie constitutionnelle, dont le système a été encore amélioré dans les dernières années. Le pouvoir législatif est exercé par deux Chambres : le *landsthing*, chambre des grands propriétaires fonciers ; le *folketing*, chambre populaire et élective. Les deux Chambres réunies forment ce qu'on appelle le *rigsdad*. La religion du royaume est le protestantisme luthérien, mais la liberté religieuse est reconnue.

II.

LE ROYAUME DE SUÈDE ET NORWÉGE.

Géographie physique.

L'océan Atlantique, en faisant irruption dans les terres et en formant la mer Baltique, a découpé une autre péninsule qui a une direction opposée au Danemark : c'est la péninsule scandinave. Celle-ci, en effet, comme la généralité des presqu'îles, va du nord au sud, tandis que la péninsule danoise va du sud au nord. Chose remarquable, la pointe de cette dernière correspond juste à une profonde échancrure de la première, et il semble qu'en les rapprochant on les souderait facilement l'une à l'autre.

La péninsule scandinave est enveloppée au nord par l'océan Glacial ; à l'ouest par l'océan *Atlantique* ; au sud par les détroits du *Skager-Rack*, du *Cattégat*, du *Sund* ; à l'est par la mer *Baltique*. Au nord-est seulement elle confine à la *Russie*.

La péninsule scandinave comprenait autrefois deux

royaumes, mais la Norvége a été réunie à la Suède. D'ailleurs, ces deux royaumes n'étaient évidemment que les deux versants d'un même pays que coupe, dans le sens de sa longueur, une chaîne de montagnes importantes appelée les Alpes scandinaves ou monts Dofrines.

Cette chaîne, arrivée au milieu du pays, se bifurque et envoie deux branches inégales finir, l'une au cap Lindesness, sur la mer du Nord, l'autre au cap Falsterbo, sur la mer Baltique. Cette chaîne présente ainsi l'image d'une fourche renversée, et, on peut le dire, ébréchée ; car la branche qui court à la Baltique est beaucoup plus longue. En revanche, l'autre est beaucoup plus forte.

Grâce à ce système montagneux, la Scandinavie est divisée en trois versants : le versant de l'*océan Atlantique*, peu étendu, car la chaîne de partage serre de près la côte ; le versant opposé, ou de la *mer Baltique*, qui est le plus vaste et le plus considérable ; enfin, le versant compris entre les deux branches des Alpes scandinaves, et qui s'ouvre sur la *mer du Nord* et les détroits qu'elle a formés.

Dans l'océan Atlantique ne tombent que des torrents et d'insignifiants cours d'eau ; cette partie de la Suède a été déchirée dans toute sa longueur par la mer, qui la creuse et la découpe en baies et en îles innombrables. On a désigné ces îles par groupes ; l'archipel de Bergen, au sud ; puis, en remontant, celui de Drontheim ; puis les îles Loffoden et Tromsen, qui se trouvent dans l'océan Glacial.

Dans la mer Baltique et le golfe de Bothnie, son prolongement, tombent, et avec des directions parallèles entre elles, la Tornéa, la Luléa, la Pitéa, le Dal. Chacune de ces rivières, remarque importante à signaler, écoule dans la mer les eaux des lacs formés aux pieds des montagnes. Les lacs sont nombreux et importants, en effet, dans la Scandinavie ; sur le versant de la Baltique, le lac Mœlar, et le grand lac Wetter qui s'écoule par la rivière de Motala.

Dans la mer du Nord et ses détroits, tombe également une assez grande quantité d'eau. Au sud, l'immense lac Wener s'écoule par la Gotha. Le plus grand cours d'eau est le Glommen, qui naît de la bifurcation des Alpes scandinaves et s'en va finir au *golfe de Christiania*, formé par le Skager-Rack.

Les Suédois ont utilisé leurs beaux lacs du midi pour la navigation. Par le canal de Gotha, les navires venant de la mer du Nord entrent dans le lac Wener, puis, de ce lac, grâce au canal, passent dans le lac Wetter qui est assez voisin, et enfin, par le canal, sortent dans la mer Baltique sans avoir à contourner l'extrémité méridionale de la presqu'île et à passer par les détroits.

Climat. — La Laponie.

En ce pays, l'hiver règne neuf mois de l'année, les chaleurs de l'été succèdent tout à coup à un froid excessif, et il y gèle dès le mois d'octobre, sans aucune de ces gradations insensibles qui amènent ailleurs les saisons et en rendent le changement plus doux. La nature, en récompense, a donné à ce climat rude un ciel serein, un air pur. L'été, presque toujours échauffé par le soleil, y produit les fleurs et les fruits en peu de temps. Les longues nuits d'hiver y sont adoucies par des aurores et des crépuscules, qui durent à proportion que le soleil s'éloigne moins de la Suède ; et la lumière de la lune, qui n'y est obscurcie par aucun nuage, augmente encore par le reflet de la neige qui couvre la terre, et très-souvent, par des feux semblables à la lumière zodiacale, fait qu'on voyage en Suède la nuit comme le jour.

Les bestiaux y sont plus petits que dans les pays méridionaux de l'Europe, faute de pâturages. « Les hommes y sont grands : la sérénité du ciel les rend sains, la rigueur du climat les fortifie ; ils vivent longtemps quand ils ne s'affaiblissent pas par l'usage immodéré des liqueurs fortes et des vins, que les nations septentrionales semblent aimer d'autant plus que la nature les leur a refusés (1). »

La région du nord de la péninsule scandinave est occupée par une contrée froide, âpre et désolée, la *Laponie*, qui s'étend aussi dans le nord de la Russie. La Laponie a une population tout à fait particulière et originale.

« Nous avons dans les Lapons un exemple qui prouve qu'un peuple peut vivre sans agriculture, sans semer ni planter, sans filer ni faire de la toile, sans cuire de pain et sans brasser de bière, sans avoir ni maisons, ni métairie. Ils sont encore bornés à la plus ancienne et la plus innocente ressource des hommes, qui est le bétail. Mais comme ils habitent un pays où règne, pour ainsi dire, un hiver continuel, et où il leur serait impossible d'amasser assez de foin et d'autre fourrage pour entretenir autant de bestiaux qu'il leur en faudrait pour subsister toute l'année, la Providence leur a donné des animaux qui n'exigent aucun soin. Ce sont les *rennes*, qui de tous les animaux domestiques, sont les moins chargé et en même temps les plus utiles. Ils se nourrissent et se soignent eux-mêmes, car en été ils broutent

---

1. Voltaire. *Histoire de Charles XII.*

de la mousse, des feuilles et de l'herbe, qu'ils trouvent dans les montages ; et en hiver, une espèce de mousse que l'on trouve par toute la Laponie, et qu'ils déterrent sous la neige sans jamais se tromper sur l'endroit où il faut fouiller pour la trouver. Le renne a beaucoup de ressemblance avec le cerf, à la différence qu'il baisse la tête et porte ses cornes en avant. Sur son front, près de la naissance de la tige principale, il sort encore de petites cornes qui lui donnent l'air d'en avoir quatre. Il y en a de sauvages et de privés ; ceux-ci sont d'un grand avantage : ils tiennent lieu au Lapon de champs, de prés, de chevaux et de vaches ; il les emploie en hiver pour voyager, ainsi que nous le dirons plus bas ; leur chair, qu'il mange ou fraîche ou séchée, fait sa principale nourriture ; leur peau lui sert de vêtement en hiver de la tête aux pieds, et en été il l'échange pour d'autres habits et pour des tentes qui lui tiennent lieu de maison. Ces animaux lui fournissent, tant en hiver qu'en été, du lait gras et du fromage de bon goût ; leur poil lui sert de fil, et de leurs os et de leurs cornes il fait des offrandes à ses idoles. »

« La vie errante qu'ils mènent, oblige les Lapons à se contenter de maisons qu'ils puissent transporter avec eux, c'est-à-dire de tentes. Ils élèvent plusieurs perches sur un espace circulaire et les joignent par en haut, de manière qu'elles forment une pyramide tronquée. Ces perches se recouvrent d'une grosse toile appelée en suédois *walmar*, ou avec des branches de pins. Dans chaque tente il y a place pour environ vingt personnes. L'âtre du feu, qui est placé au centre de la tente, est entouré d'un tas de pierres, afin que le feu ne puisse point trop s'étendre. La fumée passe par une ouverture pratiquée à l'endroit où les perches se joignent, laquelle sert en même temps de fenêtre. On y accroche aussi plusieurs chaînes de fer ou crémaillères, auxquelles on suspend les marmites pour cuire la viande ou pour fondre la glace qui donne l'eau à boire. Dans l'intérieur de la tente, les Lapons étendent leurs habits pour empêcher le vent de pénétrer. Autour de l'âtre, ils étendent des peaux de rennes pour s'asseoir; il n'ont d'ailleurs ni chaises ni bancs, et aiment mieux s'asseoir par terre.

« Pour voyager et transporter leurs effets, les Lapons se servent d'une espèce de traîneaux arrondis et presque semblables à des nacelles dont la quille serait fort large et dont la structure est si solide que l'eau ne saurait y pénétrer. On y a toujours le dos appuyé étant assis, d'ailleurs, on s'y attache ferme avec des cordons, et l'on y est soigneusement garanti contre le froid. Ces traîneaux sont conduits avec tant de vitesse par des rennes, surtout par des rennes sauvages, que l'on vole, pour ainsi dire, à travers les forêts, les montagnes et les vallées (1). »

Divisions et villes de la Suède et de la Norwége.

La péninsule scandinave, nous l'avons dit, comprend deux royaumes réunis, la *Suède* et la *Norwége*.

La Suède se divise en trois parties, le *Nordland* ou pays du nord; le *Swealand* ou la *Suède moyenne*, le *Gœtland* ou la *Gothie* au midi.

Le Nordland comprend 4 préfectures, la Suède moyenne 8, la Gothie 12. La division en préfectures va en augmentant, à mesure qu'on descend vers le sud, parce que c'est dans la Suède moyenne, et surtout dans la Gothie, que se trouve la plus grande partie de la popu-

1. Büsching, *Géographie universelle* (traduit de l'allemand.

lation. Le Nordland est immense, mais sauvage et peu peuplé.

C'est dans la Suède moyenne que se trouve la capitale Stockholm, ville peu considérable, mais très-remarquable. « La nature, dit Maltebrun, a réuni avec tant de prodigalité aux environs de Stockholm les sites les plus variés, que cette ville semble placée au milieu d'un grand jardin. La capitale de la Suède occupe deux presqu'îles et sept îles baignées par le lac Mœlar, au fond du golfe où il se décharge dans la mer Baltique ; aussi, l'a-t-on, sous ce rapport, comparée à Venise. Mais les canaux qui, dans la cité italienne, sont l'ouvrage des hommes, sont formés ici par des bras de mer incessamment sillonnés par des bateaux à vapeur, ils introduisent les navires jusqu'au cœur de la ville. La beauté de sa situation, et même quelques-uns de ses monuments la placent au rang des plus agréables villes de l'Europe. » Stockolm est une ville de 134,000 habitants.

La ville d'Upsal, sur le lac Mœlar, est la capitale intellectuelle et religieuse de la Suède. Elle est le siége d'un antique archevêché et d'une célèbre université.

Au centre, on remarque Fahlun, principal foyer de l'industrie métallurgique.

Gothembourg, sur les bords du détroit le Cattégat, Malmoe, sur le Sund, sont des ports actifs.

Calscrona, Calmar, Norkhœping sont les principaux ports du côté de la Baltique.

La Norwége est un pays plus âpre que la Suède et, dans sa plus grande partie, généralement plus froid. Comme en Suède, c'est au midi que se trouvent les villes.

La capitale est Christiania, au fond du golfe du même nom ; ville de 40,000 habitants, belle et majestueuse, qui se déroule en cercle autour de son port et s'appuie à un amphithéâtre de rochers. CHRISTIANSAND est encore un port qui s'ouvre à la navigation de la mer du Nord.

BERGEN et DRONTHEIM, sur les bords de l'Atlantique, doivent leur importance commerciale à la pêche qui est très-abondante sur les côtes de cette partie de la Suède. Les baies et détroits innombrables, formés par la mer sur les côtes, sont très-favorables à la pêche, et chaque année, une armée de matelots se répand le long de ces côtes. Le poisson se vend aux marchands de Drontheim et de Bergen. A l'extrémité nord, la pêche fait encore l'importance du port de HAMMERFEST, la ville la plus septentrionale de l'Europe.

Population. — Religion. — Gouvernement.

La Péninsule scandinave compte une population de 5,680,000 habitants, dont 1,600,000 seulement pour la Norwége.

La religion dominante et officielle est la religion luthérienne, qui pourtant a conservé en partie les formes et la hiérarchie catholiques.

Les Suédois parlent, comme les Danois, une langue qui a la même origine que l'allemand et qui s'en rapproche.

Le mouvement constitutionnel qui s'est, dans notre siècle, peu à peu étendu à toute l'Europe, a aussi transformé le gouvernement de la Suède, où la constitution a encore été améliorée en 1866. La diète suédoise était divisée entre les quatre Ordres, clergé, noblesse, bourgeoisie, paysans. Depuis 1866, il n'y a plus que deux chambres : la chambre haute et la chambre basse. La

Norwége, bien que soumise au roi de Suède, a pourtant son organisation distincte et sa constitution particulière. Elle a également ses deux Chambres.

CHAPITRE X.

RÉGION CENTRALE. — LA SUISSE.

Les Alpes.

La région centrale de l'Europe comprend la France, la Suisse et l'Allemagne, qui, elle-même, se divise en plusieurs États. Nous connaissons la France. Concentrons notre étude sur les autres pays.

C'est par la Suisse qu'il convient de commencer cette étude de la région centrale. Là, en effet, est le nœud du système montagneux de l'Europe; là s'étend le massif majestueux des Alpes qui détermine la direction des différentes vallées et des fleuves de l'Europe. Nous n'aurons qu'à descendre de ce massif dans tous les sens pour entrer dans les autres régions.

Les Alpes couvrent la Suisse, mais ne couvrent pas que ce pays. Elles décrivent un immense arc de cercle entre l'Italie et la mer Adriatique d'une part, et de l'autre : la France, la Suisse, l'Allemagne, l'Autriche. Elles ne se rattachent à la ligne de partage des eaux que dans leur région centrale, mais dans cette région, elles sont réellement le vrai point de partage des eaux européennes.

C'est en Suisse que se trouvent les parties les plus épaisses, les chaînes les plus âpres, et aussi les plus riantes de ce chaos de montagnes. C'est en Suisse que naissent les vallées qui sont les clefs de tous les pays de l'Europe centrale.

La Suisse. — Ses limites; ses montagnes; ses glaciers; fleuves.

La SUISSE est la partie des Alpes comprise entre la France, à l'ouest; l'Allemagne, au nord, l'Autriche, à l'est; au sud, l'Italie. Du côté de la France, elle est limitée par la chaîne du *Jura* et le *Doubs;* au sud, elle s'appuie à la muraille même des *Alpes;* à l'ouest et au nord elle a pour limite le *Rhin.*

La base des montagnes de la Suisse est la partie convexe du demi-cercle que forment les Alpes, sous le nom d'ALPES PENNINES et ALPES CENTRALES.

Le SAINT-GOTHARD est le nœud principal de cette partie de la chaîne, bien que ce ne soit pas la plus haute montagne (3,100 mètres). A ce nœud se rattache une des branches les plus remarquables des Alpes, les ALPES BERNOISES, qui remontent vers le nord-ouest et, par le Jura, vont se rattacher au système général du partage des eaux.

Du Saint-Gothard, si nous nous dirigeons à l'ouest, vers la France, nous remarquons parmi les massifs ou monts principaux, dans les ALPES PENNINES, le mont *Furca;* le mont *Rosa* (4,636 mètres); le mont *Cervin* (4,600); le grand *Saint-Bernard* (3,600), célèbre par le passage des troupes françaises en 1800 et par son hospice où des religieux reçoivent les voyageurs.

A l'est du Saint-Gothard, dans les Alpes centrales, il faut citer le mont *Spülgen,* le *Septimer,* le mont *Maloïa.* Là commencent les ALPES RHÉTIQUES qui vont continuer le cercle des Alpes à travers l'Autriche. De là se détache le rameau des *Alpes algaviennes,* qui remontent vers le nord et séparent le bassin du Rhin du bassin du Danube.

En Suisse, les Alpes sont remplies de glaciers. Ces glaciers se forment surtout lorsque plusieurs hautes montagnes se trouvent très-rapprochées. Alors les plateaux et les vallées intermédiaires se recouvrent de glaces. De vastes plateaux qui ont dix, vingt et même trente lieues carrées, ne présentent ainsi qu'une surface continue de glace. Ce sont ces vastes étendues de glaciers auxquelles on donne le nom de *mers de glace*. Ces mers de glace en détachent d'autres qui descendent par les gorges des montagnes : ce sont les glaciers proprement dits. De là, comme de réservoirs intarissables, découlent les plus grands et les principaux fleuves de l'Europe.

Du Saint-Gothard tombe le Rhin, qui s'en va à la mer du Nord; le Tésin, qui va rejoindre le Pô et se jeter dans la mer Adriatique; dans son voisinage, au mont Furca, naît le Rhône, qui s'en va à la Méditerranée; près du mont Maloïa naît l'Inn, un des grands affluents du Danube qui va porter ses eaux à la mer Noire.

On voit tout de suite les quatre versants de la Suisse et qui sont en même temps les principaux versants de l'Europe, puisque la Suisse n'occupe que des têtes de vallées.

La vallée supérieure du *Rhin*, avec ses nombreuses vallées secondaires, forme la plus grande partie de la Suisse (19 cantons sur 22). Ensuite vient la vallée du *Rhône*, très-étroite, encaissée entre les Alpes pennines et les Alpes bernoises. Puis vient la vallée du *Tésin* et ensuite la moins étendue, la vallée de l'*Inn*.

Étudier la Suisse, c'est donc surtout étudier le pays compris dans le bassin supérieur du Rhin.

Bassin supérieur du Rhin.

Le bassin supérieur du Rhin est très-évasé. Il s'appuie aux Alpes centrales et aux Alpes bernoises qui, par les collines du pays de Vaud, se rattachent au Jura. Le Jura l'encadre à l'ouest ; les Alpes algaviennes à l'est.

Le RHIN est formé de trois cours d'eau qui tombent du massif des Alpes centrales. Il coule d'abord du sud au nord, puis s'infléchit à l'ouest jusqu'à Bâle, où il remonte au nord, au moment où il quitte la Suisse. Il limite la Suisse plutôt qu'il ne l'arrose. Au nord il forme le grand lac de CONSTANCE, à la sortie duquel, rencontrant des montagnes à SCHAFFOUSE, il les franchit par une cascade de 22 mètres. A LAUFFENBOURG, il fait encore une chute remarquable.

En dehors des torrents, les eaux de la Suisse sont portées au Rhin par deux affluents principaux : la THUR, et surtout l'AAR. Ces affluents se trouvent sur la rive gauche. Sur la rive droite, le Rhin reçoit les eaux de l'Allemagne.

L'AAR tombe des glaciers du Finster-Aarhorn, dans les Alpes bernoises, et dessine, à travers la Suisse, un *arc de cercle* de 400 kilomètres de développement ; il est plus important que le Rhin lui-même, forme les deux lacs de BRIENZ et de THUN, fait plusieurs chutes et reçoit un grand nombre d'affluents.

Parmi ces affluents, les plus remarquables sont : la REUSS, qui remplit un des plus grands lacs de la Suisse, le lac de LUCERNE ou, autrement dit, des *Quatre-Cantons* ; la LIMMAT, par laquelle s'écoulent les eaux du lac de *Zurich*. Ces eaux lui viennent par la rive droite. A gauche la THIÈLE ou *Zihl* lui apporte les eaux des lacs de *Bienne*, de *Neufchâtel* et de *Morat*.

La Suisse est en effet le pays des grands et beaux lacs,

non point des lacs brumeux comme ceux d'Écosse et d'Irlande, mais des lacs à la fois pittoresques, utiles et navigables. Le Rhône, au sortir de l'étroite vallée dans laquelle il commence sa course rapide et torrentueuse, s'arrête, s'étend, se repose, pour ainsi dire, dans le magnifique lac LÉMAN ou lac de GENÈVE, l'un des plus beaux de l'Europe.

Aspect de la Suisse.

Pays extrêmement varié et accidenté, la Suisse se divise en plusieurs zones, suivant les altitudes des lieux : la zone des cultures au bord des lacs et sur les rives des nombreux cours d'eau ; puis, celle des forêts, puis, au-dessus, celle des magnifiques pâturages, dont l'herbe courte et forte est si favorable au bétail ; enfin, celle des neiges, des rochers et des glaciers. Les vallées sont fertiles, les lacs poissonneux ; partout les bestiaux sont admirables et forment une des principales richesses du pays. Mais, à vrai dire, la Suisse ne se décrit pas, elle se visite, tant les diverses localités ont leur caractère propre ; tant ce pays offre de variétés dans les sites, les uns sauvages, les autres riants, tous pittoresques, dans les climats, dans les cultures, dans les souvenirs historiques, dans les mœurs, les usages, et jusque dans le costume des habitants.

Divisions et villes principales.

Un pays aussi divisé par la nature que la Suisse ne pouvait former une monarchie. Aussi, n'est-elle qu'une réunion de vingt-deux cantons, ayant chacun leur constitution propre et reliés entre eux par une Confédération.

La Suisse ne compte pas de grandes agglomérations d'habitants, mais a beaucoup de petites villes et de riches villages. Les plus grandes villes se trouvent naturellement au bord des lacs ou sur les principaux cours d'eau.

Ainsi, la vallée du Rhône comprend trois cantons : le VALAIS, âpre et pauvre, le joli canton de VAUD et le petit canton de GENÈVE. La ville principale de cette vallée, la plus remarquable même de la Suisse, est GENÈVE, à l'extrémité occidentale du beau lac de ce nom, et située à l'endroit où le Rhône s'en échappe pour se diriger vers la France. Genève (45,000 habitants) est une ville où affluent les étrangers qui viennent, soit s'y réfugier, soit s'y préparer à visiter la Suisse. C'est, dans la belle saison, le rendez-vous des voyageurs de toutes les parties du monde. C'est pourtant aussi une ville d'industrie et célèbre par son horlogerie. Foyer d'activité intellectuelle, Genève a joué un rôle dans l'histoire des lettres, et surtout dans l'histoire religieuse. Elle a été la capitale du calvinisme.

LAUSANNE, dans le canton de Vaud et près du lac de Genève, est une ville d'étude, et dont les établissements littéraires sont renommés.

Dans le bassin du Rhin et de ses affluents, la ville principale est BERNE, chef-lieu du vaste et important canton de ce nom, et capitale politique de la Confédération helvétique. Berne, située sur l'Aar, est une ville de 30,000 habitants, belle, animée, possédant de remarquables édifices.

Le canton et la ville de ZURICH viennent après, dans l'ordre de l'importance et de la richesse. Zurich est une ville de plus de 20,000 habitants, située à l'endroit où la Limmat sort du lac dit de Zurich. Elle a de nombreuses fabriques de soieries ; c'est aussi une ville d'étude et de science.

Le canton de BALE, à l'extrémité nord-ouest de la Suisse, confine à la France et à l'Allemagne. Il doit son importance à cette situation. Il est distribué en deux républiques : Bâle-Ville et Bâle-Campagne. Le chef-lieu de la première, BALE, est situé sur le Rhin et fait un commerce actif ; il contient 38,000 habitants.

Dans les cantons qui bordent le Rhin depuis Bâle jusqu'à sa source (ARGOVIE, ZURICH, SCHAFFOUSE, THURGOVIE, SAINT-GALL, APPENZELL, canton des GRISONS), il y a peu de villes dignes d'être mentionnées. Ce sont les montagnes, les vallées, les lacs qui méritent d'être visités dans ces pays.

Au centre abondent les sites pittoresques dans les cantons de SCHWITZ (qui a donné son nom à la Suisse), d'URI et d'UNTERWALDEN ; ces trois cantons ont été le premier noyau de la République helvétique et les fondateurs de la liberté suisse. Puis, les cantons de ZUG et de LUCERNE se font remarquer par les beaux lacs qui portent le même nom.

Pour achever la liste des cantons helvétiques, il faut ajouter, à l'ouest, les cantons de SOLEURE, de FRIBOURG et de NEUFCHATEL, pays moins âpres et très-riants.

Population. — Religion. — Gouvernement.

La population totale de la Suisse est de 2,600,000 habitants, qui n'appartiennent pas tous à la même race et ne parlent pas la même langue. La Suisse française, à l'ouest, parle notre langue ; l'allemand règne dans le centre et au nord ; l'italien au midi.

La religion aussi est différente : le nord et l'ouest sont protestants ; le centre et le midi sont catholiques ; plusieurs cantons sont partagés entre les deux religions.

Chaque canton, nous l'avons dit, possède sa constitution propre. Les intérêts généraux sont réglés d'un commun accord par une diète. Cette diète est partagée en deux sections ou conseils : un *conseil national* et un *conseil des États*. Le conseil national se compose des députés du peuple suisse ; le conseil des États se compose de deux députés par canton. Les deux conseils nomment le *conseil fédéral*, chargé du pouvoir exécutif.

CHAPITRE XI.

L'EMPIRE D'ALLEMAGNE.

Limites et géographie physique.

En général, lorsqu'on parle de l'Allemagne (*Deutschland*), on ne comprend sous ce nom qu'une partie de la *vallée du Rhin*, la *partie supérieure du bassin du Danube* et les plaines arrosées par les *fleuves parallèles au Rhin*. C'est un pays sans limites précises, et ses peuples s'en autorisent pour reculer le plus possible, par la force, leurs frontières, que maintenant ils ont placées, à l'ouest, aux Vosges et à la Moselle.

Mais toute cette région n'entend point être l'Allemagne ; de sorte que ce nom n'est guère qu'une expression politique désignant un pays sans limites naturelles, sans unité, malgré la résurrection de l'ancien empire allemand, et divisé en plusieurs États.

On veut qu'il n'y ait qu'une Allemagne, et, en réalité, toute cette région se divise en deux parties bien distinctes. Considérez une carte. Le système des montagnes vous paraîtra confus ; mais vous verrez que presque toutes les montagnes sont dans le midi et que les plus grandes plaines sont dans le nord. Vous verrez deux directions générales des eaux, les unes s'en allant à la mer du Nord, les autres à la mer Noire. Vous remarquerez que les vallées du nord, parallèles entre elles et à peine séparées entre elles, sont perpendiculaires à la grande vallée du Danube, et en sont séparées par une chaîne assez importante. Au nord, les vents froids ; de l'autre côté des montagnes, des pays abrités des vents du nord et de ceux du midi, ouverts du côté de l'est.

Il y a donc géographiquement deux Allemagnes : l'Allemagne du Nord, ou des collines et des plaines sablonneuses ; l'Allemagne du midi, ou des montagnes et des fécondes vallées, différence qui a influé considérablement sur le caractère des populations.

Regardons au centre de cette région. Un rectangle de montagnes nous frappe : ce sont les montagnes qui enveloppent la Bohême et forment comme un bastion construit par la nature. Ce bastion se rattache, d'un côté, aux Alpes par une chaîne aux courbes variées, et de l'autre à la chaîne des Carpathes.

C'est là le grand système montagneux qui coupe cette région en deux parties et dessine les deux Allemagnes. Cette chaîne sert d'appui aux bassins qui s'ouvrent sur le nord, et forme en même temps la muraille longitudinale de la vallée du Danube, dont l'autre muraille, au midi, est formée par les Alpes et leurs rameaux.

La ligne de partage des eaux, qui coupe l'Allemagne en deux, commence à l'est, au-dessus du lac de Constance, s'élève, vers le nord, sous le nom de MONTAGNES DE LA FORÊT NOIRE ou SCHWARZWALD, d'ALPES DE SOUABE, de MONTAGNES DE FRANCONIE ; puis, tournant brusquement au sud et se relevant après, elle forme deux des côtés méridionaux du carré de Bohême, sous le nom de

Bœhmer-Wald (forêt de Bohême), des monts de Moravie et, prenant enfin une direction vers l'est, se rattache, p[ar] les monts Sudètes, aux Carpathes.

Les ramifications de cette chaîne sont peu nombreus[es]. A l'ouest, les monts de Thuringe et le Hartz sont l[a] branche principale : ils servent à marquer, de ce côt[é] sans la prononcer toutefois par une vive arête, la limi[te] du bassin du Rhin. L'autre ramification, au lieu de se d[i]riger vers la mer, se rabat sur elle-même : ce sont l[es] monts des Géants et l'Erz-Gebirge, qui forment les de[ux] côtés nord du quadrilatère de Bohême.

Ce quadrilatère appartient, par la direction général[e] des eaux, à la région du nord, dans laquelle il s'avan[ce] comme un coin ; par son aspect et son caractère, à l[a] région du midi. Aussi, politiquement, a-t-il, jusqu'à a[u]jourd'hui, appartenu à la puissance qui régnait dans l[e] midi.

Les fleuves qui traversent l'Allemagne du Nord, et qu[i] tous ont, nous l'avons dit, une direction parallèle, sont le Rhin, le Weser, l'Elbe, l'Oder, la Vistule.

Le *Rhin*, au sortir de la Suisse, remonte vers le nord en séparant la France de l'Allemagne ; il est encadré, su[r] sa rive gauche (France), par les Vosges, qui se prolongent hors de France et forment la chaîne de l'Hundsruck ; sur sa rive droite (Allemagne), il est encaissé pa[r] les montagnes de la forêt Noire.

Ces deux chaînes limitent sa vallée proprement dite, mais non son bassin. Sur la rive gauche, derrière le[s] Vosges, il y a les Ardlanes orientales, qui enferment le bassin de la Moselle. Sur cette même rive, le Rhin reçoit les eaux de l'Ill, de la Lauter, de la Nahe et de la Moselle, l'affluent le plus important.

Sur la rive droite, du côté de l'Allemagne, les monts de la forêt Noire ne limitent que dans un court espace la vallée du Rhin. Le bassin du fleuve a pour base la ligne générale de partage des eaux, depuis les Alpes de Constance jusqu'au quadrilatère de la Bohême. Cette fraction de la ligne de partage a pour nom les ALPES DE SOUABE. Il s'en détache, remontant vers le nord, les MONTS DE FRANCONIE, que continuent le RHONE-GEBIRGE, le VOGEL-GEBIRGE, le RHOTAAR-GEBIRGE. A mesure qu'on s'avance vers la mer, les collines disparaissent, et le Rhin va finir dans un pays très-bas, la Hollande, ainsi que nous l'avons dit.

Sur cette rive, c'est-à-dire en Allemagne, de nombreuses et importantes vallées s'ouvrent, arrosées par les affluents du Rhin : vallée du NECKER, vallée du MEIN, rivière au cours très-sinueux ; vallées de la LAHN, de la SIEG, de la RUHR, de la LIPPE.

Les autres fleuves de l'Allemagne septentrionale, et qui ont tous même direction, sont : l'EMS, le WESER, dont les eaux viennent, soit directement, soit par affluents, du pâté montagneux de la Thuringe et des montagnes du HARZ ; puis l'ELBE, puis l'ODER. La VISTULE, dont la direction est la même, n'appartient pas tout entière à l'Allemagne.

De ces fleuves, l'*Elbe* et l'*Oder* sont les principaux ; l'un se jette dans la mer du Nord, l'autre dans la Baltique. Le bassin de l'*Elbe* est enveloppé, dans sa partie supérieure, par les *monts de Bohême*, les *monts Moraves*, les *Riesen Gebirge*, ou monts des Géants, l'*Erz-Gebirge*. Ces montagnes sont celles qui composent le quadrilatère de Bohême et semblent vouloir enfermer l'Elbe ; mais ce fleuve, après avoir reçu la Moldau, qui lui apporte la plus grande partie des eaux de ce vaste plateau, se fraye un passage à travers l'Erz-Gebirge, descend en plaine et s'en va, du sud-est au nord-ouest, finir en des pays si bas qu'on a dû contenir ses eaux par des digues.

Les affluents de l'Elbe sont, à gauche : la Moldau, l'Eger, la Mulda, la Saal, le principal affluent par l'étendue de son cours, le volume de ses eaux, le nombre de ses affluennts. Son cours est parallèle à celui de l'Elbe.

A droite, l'Elbe ne reçoit guère dans son bassin supérieur que des rivières torrentueuses ; dans son bassin inférieure, le principal affluent est le Havel, déversoir de plusieurs amas d'eaux dormantes situées dans les plaines du nord. Le Havel a lui-même pour affluent la Sprée.

L'Oder, l'autre grand fleuve allemand ou plutôt prussien, prend sa source dans les monts Sudètes, qui se détachent du bastion montagneux de la Bohême et vont se rattacher aux Carpathes, pour former la ligne générale de partage des eaux de l'Allemagne et de l'Europe. Il coule d'abord dans une vallée peu profonde, mais belle et riche ; incline ensuite au nord-ouest et ne coule plus qu'entre des rives plates et sablonneuses, qu'il inonde, mine et change presque partout. Sa pente est presque nulle ; de là une multitude de canaux, d'îles. Il se partage ensuite en deux branches et va finir dans une sorte de lac immense, séparé de la mer par deux grandes îles, les îles d'Usedom et de Wollin.

Les affluents de gauche de l'Oder sont la Neiss et le Bober. A droite, l'Oder a pour principal affluent la Wartha, qui lui apporte une plus grande masse d'eau que la sienne. La Wartha vient de la Pologne.

C'est aussi de la Pologne que vient la Vistule, l'un des principaux fleuves de la région centrale de l'Europe. Autrefois la Vistule était, dans tout son cours, un fleuve polonais : c'est maintenant, à sa source, un fleuve autrichien ; au milieu, russe ; à son embouchure, prussien. Elle finit en plusieurs branches qui aboutissent au golfe de *Dantzig* et à un autre golfe plus intérieur, le *Frische-Haff*.

Ajoutons enfin, sur la limite de la Prusse et de la Russie, le fleuve du *Niémen*.

Le royaume de Prusse.

L'Allemagne est depuis 1871 un empire gouverné par le roi de Prusse et qui comprend 26 États rattachés entre eux par les députés qu'ils envoient au Parlement général.

Le royaume de Prusse n'a fait que grandir et il embrasse maintenant la plus grande partie de l'Allemagne du Nord. Les États secondaires qui subsistent encore et qui survivent à l'ancienne confédération germanique se trouvent même étroitement subordonnés à la Prusse.

Le royaume de Prusse est limité au nord par la mer du Nord, le Danemark, la mer Baltique; à l'est, par l'empire de Russie; au sud, par l'Autriche, le petit royaume de Saxe, le royaume de Bavière et le grand duché de Hesse-Darmstadt; à l'ouest par la France, la Belgique et les Pays-Bas.

C'est donc une immense bande de terrrain, qui va du Rhin au Niémen, et qui est beaucoup plus longue que large. Tous les fleuves que nous venons de décrire sont prussiens dans la plus grande partie ou dans la totalité de leur cours : *Rhin, Ems, Weser, Elbe, Oder, Vistule*.

Les provinces peuvent se diviser en trois groupes distincts, non-seulement par leur situation géographique, mais par leur caractère : 1° les provinces de l'est, d'où est venu le nom de Prusse, et, à ces provinces, une grande iniquité a ajouté une province polonaise; 2° les provinces du centre, berceau de la monarchie et noyau autour duquel ont été réunis des États allemands devenus des provinces prussiennes ; 3° le groupe de l'ouest ou les provinces de la vallée du Rhin.

Il est difficile de trouver le centre de cette longue bande de terrain. BERLIN, la capitale du royaume et de la province de Brandebourg, n'est pas une capitale géographique, mais un centre politique. Bien que placée dans un terrain marécageux, sur les bords de la Sprée, cette ville a grandi d'une manière étonnante. Il y a deux siècles, c'était une petite ville de 6,000 habitants. Aujourd'hui c'est une cité de 550,000 habitants ; bien bâtie, ornée d'édifices somptueux et remarquables ; en un mot, une des grandes villes d'Europe. Elle renferme de nombreux établissements scientifiques, et, si c'est un foyer d'activité militaire, c'est aussi un foyer d'activité intellectuelle.

A côté de Berlin se trouve l'agréable ville de POSTDAM, célèbre par son château et ses jardins : c'est le Versailles de la Prusse.

Les plus grandes et les plus belles villes sont dans l'admirable et historique vallée du Rhin : COBLENTZ, au confluent de la Moselle et du Rhin, chef-lieu de la province *du Rhin* ; COLOGNE (113,000 hab.), sur le Rhin, ville ancienne et remarquable par sa cathédrale, on y fabrique une eau spiritueuse très-renommée ; AIX-LA-CHAPELLE (59,000 hab.), ville qui fut la capitale de l'empire de Charlemagne ; puis les villes de DUSSELDORF (38,000 habitants) ; CREVELT (50,000 hab.) ; ELBERFELD (56,000 hab.). La province polonaise du *duché de Posen* ou *Poznanie* a pour chef-lieu POSEN ou POSNAN sur la Wartha et pour ville principale DANTZICK, sur le golfe du même nom et sur un des bras de la Vistule, la plus forte place maritime du royaume. La ville de THORN a un pont immense sur la Vistule.

A ces anciennes provinces, le roi de Prusse a ajouté, depuis 1866, par le droit du plus fort, l'ancien *royaume de Hanovre*, qui compte près de deux millions d'habitants, qui occupait la rive gauche de l'Elbe, les deux rives du Weser et la plus grande partie de la côte renfermée entre l'embouchure de l'Elbe et celle de l'Ems. L'ancienne capitale de cet Etat qui a de la peine à devenir prussien était Hanovre (70,000 hab.), ville d'activité et d'étude. Stade est un port important sur l'Elbe. Le royaume de Hanovre possédait une des plus célèbres universités de l'Allemagne, celle de Goettingue.

Au nord-est du Hanovre, la Prusse a encore pris des duchés qui dépendaient naguère encore du Danemark ; les duchés de Lauenbourg, Holstein et Sleswig. Elle y a gagné les villes de Kiel, place maritime importante, sur un golfe de la Baltique, à l'extrémité du canal dit le *Sleswig-Holstein*, et Altona, ville très-commerçante de 40,000 habitants, sur l'Elbe. Cela a été encore l'accroissement d'un million d'habitants, et surtout l'acquisition de très-bonnes positions maritimes.

L'annexion du Hanovre donnait à la Prusse la vallée du Weser ; celle de l'ancien *Electorat de Hesse* lui donnait le bassin supérieur de ce fleuve. L'Électorat de Hesse touche même au *Mein* par son extrémité méridionale. La capitale est Cassel (40,000 habitants).

Ajoutons enfin l'ancienne ville libre de Francfort-sur-le-Mein, naguère encore capitale de la confédération germanique et la ville de Wiesbaden dans l'ancien duché de Nassau.

Population. — Religion. — Gouvernement.

Ces acquisitions récentes qui ont renouvelé, en plein dix-neuvième siècle, les spoliations violentes du moyen âge, ont fait de la Prusse un des plus grands États de l'Europe, car elle s'étend du Rhin au Niémen. Elles ont porté la population de ce royaume à 25 millions d'habitants.

La langue de tout le royaume est l'allemand, mais le caractère et la race des diverses populations sont loin d'être semblables. Dans le duché de Posen, la population est polonaise, et on y remarque beaucoup de juifs qui tiennent le commerce.

La religion est le *protestantisme* selon Luther, ou luthéranisme ; il y a, toutefois, de nombreux catholiques dans les provinces du Rhin et dans la province polonaise.

Le gouvernement de la Prusse est maintenant, comme celui des autres États, constitutionnel. Il y a deux Chambres, l'une héréditaire, qui représente l'aristocratie féodale, l'autre élective. Mais le roi de Prusse est encore très-imbu des idées du droit divin.

États du Nord. — Royaume de Saxe.

Les États qui forment, avec la Prusse, l'empire allemand, peuvent se distinguer en *États du Nord* et en *États du Sud* ; les premiers, déjà rattachés politiquement à la Prusse depuis 1866, composaient avec elle la ligue du Mein. Les autres ne sont entrés dans l'union que depuis la guerre avec la France, en 1870.

Les États du Nord sont : le ROYAUME DE SAXE, les quatre DUCHÉS DE SAXE, les deux principautés de SCHWARZBOURG, les principautés de REUSS, le DUCHÉ D'ANHALT, le DUCHÉ DE BRUNSWICK, les deux principautés de LIPPE, celle de WALDECK, le GRAND-DUCHÉ D'OLDEMBOURG et les deux GRANDS-DUCHÉS DE MECKLEMBOURG, les seuls qui restent encore en dehors du Zollverein avec les villes hanséatiques dont nous parlerons à la fin du chapitre.

Le plus important de ces Etats est le royaume de Saxe, situé à l'est, enveloppé par la Prusse au nord, les duchés de Saxe à l'ouest, la Bohême au sud, où l'Erzgebirge lui sert de limite, arrosé par l'Elbe et la Mulde, pays fertile, riche en mines et en industries, peuplé de plus de deux millions d'habitants.

Dresde, capitale du royaume de Saxe et sur l'Elbe (130,000 habitants), est surtout remarquable par ses musées d'art et ses monuments. Elle devient cependant de plus en plus industrielle et commerçante.

Leipzig est la ville la plus commerçante de la Saxe et l'une des plus riches de l'Allemagne (80,000 habitants). Elle est située au confluent de l'Elster, de la Parthe et de la Pleisse. Elle communique par chemins de fer avec les capitales et les plus grandes villes d'Allemagne. Ses foires sont les plus célèbres, et encore aujourd'hui les plus fréquentées de l'Europe. Il s'en tient trois chaque année : au nouvel an, à Pâques, à la Saint-Michel, et il y vient plus de 25,000 étrangers.

Leipzig est le centre d'un important commerce de librairie. C'est aussi une ville célèbre dans l'histoire militaire, par la bataille gigantesque soutenue par l'armée de Napoléon en 1813 contre la coalition. Chemnitz est une ville industrieuse et compte 45,000 habitants.

Les grands-duchés de Mecklembourg.

Ces duchés, qui sont le grand-duché de Mecklembourg-Schwerin et de Mecklembourg-Strélitz, sont situés sur la mer Baltique : ils sont plats, sablonneux, couverts de pâturages et de forêts. Les villes principales sont Rostock et Wismar, villes maritimes.

Le grand-duché d'Oldembourg.

Ce grand-duché était enclavé dans le royaume de Hanovre et se trouve maintenant enfermé dans la Prusse. Il a pour capitale la petite ville d'OLDENBOURG.

Les villes hanséatiques.

Dans cette partie du nord de l'Allemagne se trouvent trois villes maritimes importantes : BRÊME sur le Weser, HAMBOURG sur l'Elbe, LUBECK sur la Trave, non loin de la Baltique. Ces trois villes sont appelées *hanséatiques*, parce qu'elles étaient à la tête de nombreuses villes, unies pour le commerce et formant une association ou *hanse*. Elles sont restées isolées et libres. Hambourg est la plus grande et la plus commerçante : elle renferme 175,000 habitants. Brême et Lubeck viennent après. Hambourg est en réalité la première place de commerce de l'Allemagne.

Au sud de la Saxe prussienne et à l'ouest du royaume de Saxe se trouvent des États qui font partie de la même région géographique et qui sont divisés en plusieurs duchés.

Duchés de Saxe.

Le grand-duché de SAXE-WEIMAR a pour capitale WEIMAR. Dans ce pays se trouve le célèbre village d'Iéna, fameux par la victoire de Napoléon Ier en 1806.

Puis viennent les duchés de SAXE-COBOURG-GOTHA, SAXE-MEININGEN, SAXE-ALTENBOURG.

WEIMAR et GOTHA sont les villes les plus importantes et jouissent d'une grande renommée scientifique et littéraire.

Duchés enclavés dans la Prusse.

Plusieurs duchés sont tout à fait enclavés dans la Prusse. Ce sont ceux :

D'ANHALT, dans la Saxe prussienne ;

De BRUNSWICK, entre le Hanovre et la Saxe prussienne.

Enfin viennent cinq principautés sans grande importance : deux principautés de LIPPE, deux de REUSS, deux de SCHWARZBOURG.

Le groupe des États du Sud, outre l'ALSACE-LORRAINE, que l'exactitude historique nous force, pour le moment, à mentionner, outre la partie méridionale de la HESSE-DARMSTADT, ne se compose que d'États relativement vastes et riches : GRAND-DUCHÉ DE BADE, ROYAUME DE WURTEMBERG ET BAVIÈRE.

Le grand-duché de Bade.

Ce qui fait le caractère indécis, au point de vue politique des États du Sud de l'Allemagne, c'est précisément le caractère mixte de leur situation géographique. Ils appartiennent, en effet, à la fois, aux deux bassins du Rhin et du Danube. Toutefois, l'aspect général de ces pays, leurs productions, leur population montrent bien que ce sont plutôt des États du Midi. Ils occupent d'abord des pays assez montagneux, car ils comprennent la partie supérieure des bassins du Rhin et du Danube, et de leurs premiers affluents. Ils ne ressemblent point aux régions plates de l'Allemagne du Nord.

Le grand duché de BADE, bien qu'en deçà de la ligne du Mein, est le pays dont le caractère est le plus indécis : il est presque tout entier dans le bassin du Rhin et sur les rives mêmes de ce fleuve qu'il borde sur la droite dans tout l'espace que la France le bordait naguère à gauche. Cependant ce même pays contient les sources du Danube, et possède la clef de tous les défilés qui conduisent dans l'Allemagne du sud. A vrai dire, c'est un État de l'Ouest qui n'appartient ni au Nord, ni au Sud, et c'est plutôt une suite de la région française.

Le grand-duché de Bade est resserré entre la France à l'ouest, le Wurtemberg à l'est, la Suisse au sud ; au nord, il confine à la Bavière et à la Hesse. Il est arrosé par plusieurs affluents du Rhin, mais le plus important est le *Necker*.

Sa capitale est la jolie ville de CARLSRUHE (30,000 hab.), qui est remarquable par sa régularité, car toutes les rues sont les branches d'un éventail qui viennent aboutir au château ducal. La ville commerçante est à MANHEIM, au confluent du Necker et du Rhin ; la ville savante à HEIDELBERG, sur le Necker ; cette ville possède une université renommée. Le duché a, en outre, une ville de plaisirs, BADE, rendez-vous de la société européenne, à la saison des eaux.

La population totale du grand-duché de Bade est de 1,400,000 habitants.

Wurtemberg.

Le royaume de WURTEMBERG à l'est du duché de Bade et à l'ouest du royaume de Bavière, compte 1,820,000 hab. Il comprend une partie du bassin supérieur du Danube et de la vallée du Necker, affluent du Rhin. Il est traversé par les Alpes de Souabe qui forment la ligne générale de partage, et se trouve ainsi également tiré entre le nord et le sud.

La capitale est STUTTGART, près du Necker, ville assez remarquable de 56,000 âmes. TUBINGEN est une ville savante, renommée pour son université. Mais la ville militaire est dans le bassin du Danube : c'est ULM, célèbre par ses fortifications, et qui est la clef de la vallée supérieure du grand fleuve autrichien.

Bavière.

Le royaume de Bavière, de beaucoup l'État le plus considérable des États secondaires de l'Allemagne, contient 4,800,000 hab.

Il est traversé par les Alpes de Souabe et a deux versants : celui du Rhin et celui du Danube. Il contient presque toute la vallée du *Mein,* un des principaux affluents du Rhin. Il occupe une grande partie de la vallée du Danube, et est arrosé par plusieurs affluents de ce fleuve : l'*Athmül* et la *Naab* sur la rive gauche ; le *Lech*, l'*Iser*, et l'*Inn* sur la rive droite.

La capitale est à MUNICH, sur l'Iser. C'est une ville qui ne doit, en réalité, son importance et sa grandeur, tout artificielle, qu'à la volonté persévérante du roi Louis Ier de Bavière. Ce prince y a multiplié les édifices imités des monuments de l'antiquité grecque, et a voulu faire une copie d'Athènes. Munich n'en est pas moins devenu un centre artistique et scientifique. C'est une ville de 148,000 hab.

Il y a beaucoup de villes remarquables et de noms historiques dans la vallée du Danube. Nous ne citerons, parmi les villes, que les antiques cités d'AUGSBOURG et de RATISBONNE ; dans cette dernière ville a longtemps siégé la diète de l'ancien empire germanique.

Dans le bassin du Rhin, il faut surtout nommer NUREMBERG, ville de 63,000 hab., célèbre par son industrie des intruments de précision et de jouets d'enfants, puis les villes d'ANSPACH, de BAMBERG, de WURZBOURG.

Au royaume de Bavière se rattache, mais seulement par un lien politique, la *Bavière rhénane* ou cercle du Palatinat, pays situé sur la rive gauche du Rhin, et continuation naturelle de l'Alsace. C'est un pays fertile, riche et pittoresque. Le chef-lieu est Spire, près du Rhin : la ville militaire, fortifiée contre nous, est Landau.

Religion et gouvernement.

La religion du midi de l'Allemagne est la religion catholique et c'est là un des grands obstacles à la réunion avec le nord protestant, quoique cette réunion ait été accomplie politiquement. Dans le grand-duché de Bade, la religion catholique et le protestantisme se partagent la population ; dans le Wurtemberg, le protestantisme domine ; en Bavière, c'est la religion catholique qui règne ; néanmoins on y compte aussi, dans le nord, un certain nombre de protestants.

Chacun de ces États forme une monarchie constitutionnelle avec le luxe gouvernemental et administratif des grandes monarchies.

CHAPITRE XII

EMPIRE D'AUTRICHE ET ROYAUME DE HONGRIE.

Géographie physique. — Région du Danube.

L'Allemagne du Sud ne comprend guère qu'une immense vallée, la vallée du Danube.

Cette vallée, adossée à la Suisse, est tournée vers l'orient.

Elle est encaissée au nord par la ligne générale de partage des eaux : *Alpes de Souabe, Bœhmer Wald*, monts *de la Moravie*, monts *Sudètes*, monts *Carpathes* ; à l'est, par les *Alpes algaviennes*, qui la séparent de la vallée supérieure du Rhin ; au sud, par les Alpes *rhétiques, juliennes, carniques, illyriennes*.

Au fond de ce grand et fertile bassin, coule le Danube, qui prend naissance dans la Forêt-Noire :

Le Danube est un fleuve européen. Il naît à deux pas de la France, et finit en face de l'Asie, entre Odessa et Constantinople. Il traverse deux duchés, Bade et Hohenzollern ; deux royaumes, Wurtemberg et Bavière ; deux empires, Autriche et Turquie ; trois principautés, Serbie, Valachie et Moldavie.

Au sortir de la Bavière, à Passau, le Danube entre en Autriche, l'un des États les plus considérables de l'Europe, un des plus fertiles et des mieux cultivés. Cet État comprend l'*empire d'Autriche* et le *royaume de Hongrie*, qui a son administration distincte, mais qui lui est étroitement uni. Il est borné au nord par la *Prusse* ; à l'ouest par la *Bavière*, la Suisse et l'Italie ; au sud par l'Italie, la mer Adriatique et la Turquie.

Il ne comprend en général que le bassin du Danube et est enveloppé par les montagnes qui le forment, mais il fait une pointe au nord par la Bohême, et possède ainsi le bassin supérieur de l'Elbe ; par la Galicie, ancienne province polonaise, il contient une partie des bassins de la *Vistule*, qui va à la Baltique, et du *Dniester*, fleuve russe qui va à la mer Noire. Au sud, par le Tyrol, il a la vallée supérieure de l'*Adige*, fleuve italien qui va à l'Adriatique. Naguère il allait bien plus loin de ce côté ; mais, depuis 1859 et 1866, il a perdu les provinces de

Lombardie et de Vénétie, c'est-à-dire le bassin du grand fleuve italien, le *Pô*.

Le Danube traverse l'Autriche et la Hongrie : il entre à Passau et sort à Orsowa ; mais à Belgrade il n'est plus qu'une limite entre la Hongrie et la Turquie. Les affluents autrichiens du Danube sont principalement sur la rive droite : l'*Inn*, l'*Ens*, le *Raab*, la *Save* et la *Drave*, qui, dans la plus grande partie de son cours, sert de frontière entre l'Autriche et la Turquie. Sur la rive gauche, le Danube reçoit, comme affluent autrichien, la *March* ou *Morawa*. La grande rivière la *Theiss* est une rivière hongroise. Le lac *Balaton*, un des plus considérables de l'Europe et qui s'écoule dans le Danube, est un lac hongrois.

Divisions et villes principales.

L'empire austro-hongrois se divise en deux parties distinctes : les pays *cisleithans* (en deçà de la *Leitha*, petit affluent du Danube), les pays *transleithans* (au delà de la Leitha). C'est une limitation bien arbitraire qu'il vaudrait mieux remplacer par pays relevant de la couronne d'Autriche et pays relevant de la couronne de Hongrie.

Les pays cisleithans sont : l'*archiduché d'Autriche*, les duchés de *Salzbourg*, de *Styrie*, de *Carinthie*, la *Carniole*, le *Tyrol*, l'*Istrie*, la *Dalmatie*, le royaume de *Bohême*, la *Moravie*, la *Silésie*, la *Galicie*, la *Bukowine*. Les pays transleithans sont la *Hongrie*, la *Transylvanie*, la *Croatie-Esclavonie*.

La capitale du premier groupe et de toute la monarchie autrichienne est Vienne, sur la rive droite du Danube, qui, à cet endroit, est très-large et forme plusieurs îles. Vienne est une grande et belle ville de 560,000 habitants. C'est une des villes remarquables de l'Europe et un centre d'activité industrielle et commerciale. Elle possède de beaux édifices, entre autres la cathédrale de Saint-Étienne et le palais impérial. A ses portes, s'étend une promenade magnifique, le *Prater*.

Après Vienne, les principales villes sont : PRAGUE, capitale de la Bohême, ville très-forte et en même temps manufacturière, 150,000 habitants. Elle possède une célèbre université et a joué un grand rôle historique.

La capitale de la Moravie, BRUNN, est aussi une ville importante, 60,000 habitants ; c'est près de là que se trouve la petite ville à jamais fameuse d'AUSTERLITZ (bataille de 1805). Du reste, les villes et les villages historiques abondent et la liste en serait longue.

Les centres industriels sont assez nombreux, surtout dans la Styrie et la Carinthie, mais il y a peu de grandes agglomérations. Quant aux villes commerciales, l'Autriche, ne touchant à la mer que par un point, n'a qu'un port : TRIESTE, en Istrie. Trieste, au fond de la mer Adriatique, est une ville remarquable et un port très-actif, dont l'importance grandit chaque jour : c'est une ville de 100,000 âmes.

Dans le Tyrol, TRENTE est une ville importante au point de vue historique (concile de Trente) et militaire car elle commande une des routes de l'Italie.

Royaume de Hongrie.

Le royaume de Hongrie, bien que lié à l'empire d'Autriche, a su maintenir son autonomie. C'est un pays d'ailleurs bien distinct quant à la population et à la langue. Le royaume de Hongrie est situé à l'est de l'archiduché d'Autriche et comprend une partie de la vallée du Danube et la grande vallée de la Theiss. Au nord ce pays est enveloppé par la chaîne des Carpathes qui décrit un demi-cercle; au sud il est traversé, comme le sud de l'Autriche, par les ramifications des Alpes *juliennes*. Au centre, c'est un pays de plaines et souvent de marécages; néanmoins il est très-fertile, surtout en céréales. Les montagnes contiennent des mines abondantes.

La population de ce pays est très-mêlée, mais la race conquérante, celle qui lui a donné son caractère, est le peuple hongrois ou *madgyar*. « Les Hongrois sont en général d'une taille moyenne, mais d'une constitution vigoureuse. Tous semblent avoir reçu en partage cet air de fierté qui annonce le sentiment de la force, cette valeur martiale qui se plaît aux fatigues de la guerre, cette vivacité un peu rude qui tient à des mœurs militaires, et cet enjouement qui caractérise les enfants de la nature. Spirituelle, bien élevée, quoique peu instruite, maîtresse d'immenses revenus, attachée par des mariages et des dignités à la cour de Vienne, la haute noblesse de Hongrie a pris dans les mœurs allemandes et même françaises, ce qu'elles offrent de plus saillant ; elle cherche à briller tour à tour par des fêtes magnifiques et par des établissements patriotiques. En général, les nobles Hongrois se distinguent par des manières franches et hospitalières, par une affabilité cordiale, par une conversation aimable et enjouée. Le grand seigneur, maître d'un revenu de plusieurs millions, et le gentilhomme cultivateur, sous son toit de chaume, accueillent avec la même bonté l'étranger qui se présente. Il y a peu de bourgeoisie dans la Hongrie, et, excepté dans les villes, elle se confond avec la petite noblesse. C'est le paysan qui forme la masse du peuple hongrois. Son costume est celui d'un climat froid et d'une vie de pasteur. Un large pantalon couvre le bas du corps, tandis que le haut est défendu, outre la veste, par une *gouba* ou tissu imitant parfaitement une peau de mouton. Il porte sur sa tête le bonnet de feutre ou le *kalpak*, de forme tartare ou finnoise. Les paysans hongrois, fidèles à leurs coutumes tartares, n'entrent presque jamais dans les auberges; ils passent les nuits au milieu de leurs troupeaux ou dans leurs charrettes, exposés aux injures de l'air. Le caractère enjoué de la nation se manifeste dans des réunions fréquentes et bruyantes. Les danses du peuple sont de plusieurs sortes : quelques unes très-fatigantes, d'autres mêlées d'une espèce d'action dramatique. La langue hongroise est très-positivement alliée à l'idiome lapon et finnois. Harmonieuse, riche, flexible, elle se prête à l'éloquence naturelle de la nation et a servi à des historiens, à des poètes (1). »

La capitale de la Hongrie est Pesth, sur la rive gauche du Danube (130,000 habitants). C'est la nouvelle ville, la ville du présent et de l'avenir. Elle se trouve en face de l'ancienne capitale, Bude, où réside la noblesse. Bude est sur la rive droite du fleuve, et les deux cités, réunies par un pont suspendu, ne font en réalité qu'une ville. Pesth contient de beaux quartiers et de beaux édifices.

Les autres villes principales sont : Presbourg (44,000 hab.), ville historique et ancienne capitale du royaume de Hongrie. Elle est située sur le Danube et sur la limite de la Hongrie et de l'archiduché d'Autriche. Gran est la patrie du roi saint Étienne et la métropole religieuse de la Hongrie. Comorn, sur le Danube, en est la citadelle. Il faut citer encore Szegedin, sur la Theiss, et Temesvar.

Provinces slaves.

Après le royaume de Hongrie, l'empire d'Autriche contient des provinces également jalouses de leur autonomie, que le royaume de Hongrie voudrait se rattacher, mais qui, différant par la population, ne veulent pas s'y laisser

1. Malte-Brun et Lavallée, *Géographie universelle*.

rattacher. Elles forment le groupe des *provinces slaves*, mais, en réalité, si la race slave est le fond de la population, on y remarque aussi des races bien différentes et, en général, ennemies les unes des autres.

La *Transylvanie*, par exemple, est très-mélangée ; elle contient des Roumains, des Hongrois, des Saxons et des Szeklers. La capitale est Klausembourg, mais la ville principale est Cronstadt, peuplée de 40,000 âmes, près de la frontière de la Turquie.

Puis, ce sont les provinces de l'Esclavonie et de la Croatie, limitrophes de la Turquie. La capitale de la première est Eszeck ; celle de la seconde Agram. Ces deux provinces, étant frontières et ayant été longtemps le théâtre des guerres avec les Turcs, furent, dans leur partie méridionale, organisées d'une manière particulière et formèrent, avec la Serbie militaire, ce qu'on appelait les *Confins*, longue bande de territoire dont les populations étaient il y a encore peu de temps organisées en armées.

Le long de l'Adriatique, sur la rive orientale, s'étend une longue et étroite province, différente aussi des autres ; c'est la *Dalmatie*, province montagneuse et, en même temps, maritime, car les prolongements des Alpes qui couvrent le pays ont fait que la côte offre un grand nombre de petits golfes. Les deux villes les plus importantes sont la capitale Zara et la ville de Raguse, toutes deux places maritimes.

Enfin, au nord de la Hongrie et en dehors des provinces slaves, s'étend, sur le versant septentrional de la chaîne des Carpathes, la province de Galicie, riche lambeau arraché à la Pologne.

La *Galicie* occupe le bassin supérieur de la Vistule et de plusieurs de ses affluents, ainsi que le bassin supérieur du Dniester. La capitale est Lemberg (70,000 hab.), mais, ce qu'il y a de plus important et de plus curieux, ce sont les mines de sel gemme de Bochnia et de Wielickza. On visite leurs souterrains comme une des plus grandes curiosités de l'Europe. Cracovie, ancienne capitale de la Pologne et indépendante jusqu'en 1846, siège d'un évêché et d'une université, fait partie de la Galicie.

Il faut nommer aussi la province de *Bukowine* détachée en 1791 de la Moldavie. Sa capitale est Czernowitz.

D'après le traité de Berlin du 13 juillet 1878, les Autrichiens occupent militairement la *Bosnie* et l'*Herzégowine*, provinces turques ; c'est presque une annexion de ces provinces à l'Autriche.

Population, religion, gouvernement.

On voit, par ce simple aperçu géographique, de combien d'éléments divers l'empire d'Autriche est composé. Cet empire n'a jamais su faire un tout, une nation, de ces races et de ces populations disparates. Il comprend dans son ensemble trente-cinq millions d'habitants, mais on y distingue le groupe des Allemands, le groupe des Italiens, moins considérable depuis 1859 et 1866, le groupe des Hongrois, le groupe des Polonais, le groupe des Slaves, et une infinité de petites populations trop peu puissantes pour former une nation, trop attachées à leur caractère primitif pour se fondre dans les populations voisines. On compte aussi beaucoup de juifs, surtout dans la province polonaise.

La religion dominante est la religion catholique, qui est celle d'au moins 25 millions d'habitants. En Transylvanie, dans l'Esclavonie, la Croatie, règne la religion grecque. En Hongrie, il y a des calvinistes et des luthériens dans les provinces allemandes.

Le gouvernement de l'Autriche, jusqu'à ces derniers

temps, a été une monarchie absolue ; mais il est entré, comme les autres, dans la voie constitutionnelle, beaucoup moins facile à suivre pour lui que pour les autres pays. Les différentes nationalités de l'empire veulent garder leur autonomie. La Hongrie a obtenu une constitution spéciale.

Il y a deux parlements, l'un à Vienne, l'autre à Pesth, il y a deux ministères, le ministère hongrois et le ministère autrichien ; deux budgets, deux armées ; il y a deux souverains dans l'empereur d'Autriche : l'empereur et le roi de Hongrie, sans parler de ses autres titres.

CHAPITRE XIII.

RÉGION MÉRIDIONALE. — PÉNINSULE HISPANIQUE.

Région méridionale de l'Europe.

La région méridionale de l'Europe ne comprend, nous l'avons dit, que des presqu'îles. Elle est très-profondément découpée par la mer Méditerranée et les mers qui en dérivent. Toutes ces presqu'îles sont dirigées dans le même sens, et parallèles entre elles. Ce sont : la *Péninsule hispanique* qui comprend les royaumes d'Espagne et de Portugal ; la *Péninsule italique* ; la *Péninsule hellénique*, au-dessus de laquelle se trouve le royaume de Turquie, qui forme lui-même une péninsule, mais beaucoup moins accentuée et beaucoup plus large.

Péninsule hispanique. — **Géographie physique.**

La *Péninsule hispanique* est bornée à l'ouest et au sud par l'océan Atlantique : au sud et à l'est par la Méditerranée ; elle est séparée de l'Afrique par le détroit de Gibraltar ; au nord, la chaîne des Pyrénées la sépare de la France. C'est l'Espagne qui en occupe la plus grande partie ; le Portugal, à l'ouest, s'étend sur la rive de l'Atlantique, mais en laissant à l'Espagne, au nord et au sud, de grands jours sur cet Océan.

Cette péninsule a la forme générale d'un rectangle : c'est comme un bloc montagneux qui s'élève de la mer et ne laisse pas celle-ci la pénétrer, la déchirer, comme certaines autres presqu'îles.

Les pointes de ce rectangle ou les caps principaux sont, au nord : le cap Finisterre, sur l'océan Atlantique ; le cap Creus, sur la Méditerranée ; au sud, le cap Saint-Vincent (Portugal), et les caps de Gata et de Palos (Espagne), le premier sur l'Atlantique, les autres sur la Méditerranée.

Dans l'intervalle compris entre ces caps, il en faut citer d'autres, non moins remarquables et formés par les prolongements des nombreuses chaînes de montagnes qui sillonnent l'Espagne : au nord, le cap Penas ; au nord nord-ouest, le cap Ortégal ; à l'ouest, le cap de Roca (Portugal) ; le cap Saint-Martin, à l'est.

La Péninsule hispanique est coupée par de nombreuses et fortes chaînes de montagnes qui la divisent en régions bien isolées les unes des autres, et qui ont rendu difficile la formation de l'unité de ce pays où les provinces ont gardé chacune leur caractère et leur physionomie.

Rien de plus confus, à première vue, que les montagnes d'Espagne. Cependant, il n'est pas difficile de remarquer qu'il n'y a que deux versants, le versant de l'océan Atlantique et le versant de la Méditerranée ; le premier de beaucoup plus étendu que le second. En effet, presque toutes les eaux de l'Espagne s'en vont à l'Océan, et c'est de ce côté que se dirigent les chaînes de montagnes. Ces chaînes, parallèles entre elles, et allant à l'ouest, partent d'une chaîne longitudinale qui, détachée des Pyrénées, court du nord au sud, mais bien plus près de la Méditerranée que de l'Océan, de sorte que les grandes vallées parallèles s'ouvrent toutes de ce côté, c'est-à-dire vers l'ouest.

La haute et massive chaîne des Pyrénées qui sépare l'Espagne de la France et forme de ce côté une redoutable barrière, est continuée, dans le même sens, c'est-à-dire vers l'ouest, par les monts CANTABRES. De ces monts se détache la chaîne longitudinale qui traverse l'Espagne dans le sens de sa longueur et détermine le partage des eaux Cette chaîne est connue, en général, sous le nom de *Monts ibériques* ; mais elle porte aussi les noms particuliers de SIERRA D'OCCA, de SIERRA DE CUENÇA, de SIERRA NEVADA, au sud ; c'est là qu'elle est le plus élevée. Cette chaîne va finir ou plutôt s'engouffrer dans la mer, au détroit de Gibraltar.

L'espace compris entre cette chaîne et la Méditerranée est relativement restreint ; il va toutefois en s'élargissant vers le nord, où se trouve le grand bassin de l'ÈBRE, l'un des principaux fleuves de l'Espagne, bassin encaissé au nord par les Pyrénées mêmes, qui alimentent ses rivières. Sur le versant de la Méditerranée, il n'y a d'autres fleuves dignes d'être cités que le XUCAR et la SEGURA.

C'est du côté de l'Atlantique que s'étend la plus grande

partie de l'Espagne ; quatre chaînes principales, plus remarquables que la chaîne longitudinale, traversent le pays dans le sens de sa largeur.

Au nord, la chaîne des monts DES ASTURIES et de la GALICE qui vont se terminer au cap Finisterre.

Puis vient une autre chaîne parallèle qui porte successivement les noms de SIERRA DE GUADARRAMA, de SIERRA DE GREDOS, de SIERRA DA ESTRELLA et va aboutir, en Portugal, au cap de Roca.

La troisième porte les noms des monts DE TOLÈDE, de SIERRA DE GUADALUPE, de SIERRA D'ESTRAMADURE et se termine au cap Saint-Vincent (Portugal).

La quatrième enfin, parallèle aux autres, est la SIERRA MORENA.

Ces chaînes encaissent les bassins du MINHO, du DOURO, du TAGE, de la GUADIANA, du GUADALQUIVIR. Le MINHO tire son nom du vermillon (minium), qui se recueille en effet sur ses bords. Le DOURO, dont le cours est très-étendu (710 kilomètres), roulait jadis assez de paillettes d'or pour enrichir de nombreux ouvriers. Le TAGE est le plus grand de ces fleuves : il arrose une très-large vallée, puis, au moment de finir en Portugal, il s'élargit considérablement et forme à son embouchure une baie profonde, une petite mer qu'on nomme *mer de la Paille*. La GUADIANA disparaît durant 22 kilomètres, reparaît ensuite, coupe une chaîne de montagnes, sépare à deux reprises le Portugal de l'Espagne et va brusquement finir dans l'Atlantique. Le GUADALQUIVIR arrose une magnifique vallée entre la Sierra Morena et la Sierra Nevada.

Aspect de la région hispanique.

Le versant le moins étendu, celui de la Méditerranée, est le plus chaud et le plus fertile de l'Espagne, surtout dans la partie méridionale où viennent toutes les productions des climats les plus favorisés. Le versant de l'Atlantique est riche également, mais tout le milieu, c'est-à-dire le centre de l'Espagne, est un pays âpre, nu, à cause de son élévation, plus froid qu'on ne s'y attendrait en considérant la latitude.

« L'Espagne, dans son ensemble, offre un aspect confus. C'est un chaos de montagnes où l'on rencontre à chaque pas des éboulements, des crevasses, des défilés profonds où trois cents hommes suffiraient pour arrêter une armée ; des plaines nues dont rien de vivant que le genêt et la bruyère ne coupe l'uniformité ; des pentes déboisées qui n'amassent plus les nuages, où les pluies glissent sur les rochers, et n'engendrent que des torrents; des ravins impraticables par leurs eaux en hiver, par leurs escarpements en été ; des ruisseaux encaissés dans une lisière de verdure, où l'on suit à la trace les plantations et les hameaux ; des rivières aux eaux rares, aux flancs décharnés, coupés de barres et de sauts multipliés, où la navigation est presque impossible, les gués dangereux, les ponts peu communs; des routes très-rares qui sont ou des défilés ou des fondrières ; des villes isolées, bâties sur des hauteurs ou concentrées dans des murs ; des villages très distants et à demi-sauvages ; des habitants fiers, sobres, courageux et farouches ; pays éminemment propre à la guerre défensive et d'une conquête presque impossible (1). »

Quant au Portugal, son climat est très-variable selon les lieux. « S'il n'est pas rare de voir de la neige entre Minho et Douro, et partout où les montagnes atteignent une assez grande élévation, dans les plaines, au contraire, et sur la côte où la brise de mer vient

---

1. Th. Lavallée, *Géographie militaire*.

tempérer l'ardeur du soleil, dans les Algarves surtout, règne un éternel printemps. La moyenne de la température est même un peu moins élevée à Lisbonne qu'à Toulon, et les médecins anglais y envoient leurs malades.

« A cette diversité d'aspects et de climats correspond une merveilleuse variété de productions. Sur le flanc des montagnes, le pin, le chêne, le châtaignier, des herbages magnifiques et toute la flore des lieux élevés ; partout ailleurs les céréales et les fruits de toute espèce, les raisins, les olives, les oranges, les grenades, les figues, les dattes. Il suffirait de quelques efforts pour y naturaliser toutes les plantes équinoxiales. Le Portugal nourrissait autrefois une partie des Espagnols ; César l'appelle la Sicile de l'Espagne (1). »

I

ESPAGNE.

Divisions et villes principales.

L'Espagne a été tellement divisée par la nature elle-même, qu'il y a eu autant de royaumes que de grandes vallées, et dans ces royaumes beaucoup d'États indépendants. Aussi les provinces d'Espagne ont-elles, malgré leur réunion, gardé une grande originalité et une grande diversité de lois, de mœurs, de langue même. Il serait trop long d'énumérer les quarante-sept provinces divisées en treize capitaineries générales. Nous ne nommerons que les principales, les plus célèbres.

1. A. Bouchot, *Histoire du Portugal.*

La capitale de l'Espagne est Madrid, dans la vallée centrale du Tage, dans la province de la *Nouvelle-Castille*. Madrid est une grande et belle cité de 280,000 habitants; elle est située sur un plateau très-élevé au-dessus du niveau de la mer. Aussi l'air y est-il pur et très-sec. Madrid renferme des édifices somptueux et de magnifiques promenades.

La plupart des autres grandes villes ont été des capitales, mais beaucoup sont déchues de leur ancienne splendeur.

Ainsi Tolède, sur le Tage, fut une des cités les plus célèbres, une capitale du royaume, et n'est plus maintenant qu'une médiocre ville de 16,000 habitants. Badajoz, capitale de l'Estrémadure (22,000 habitants), possède, sur la Guadiana, un des plus beaux ponts de l'Europe.

Dans l'ouest, la ville de Léon, ancienne capitale du royaume de ce nom, est une ville très-vieille, mais petite ; elle a une cathédrale qu'on regarde comme la plus belle de l'Espagne. Salamanque est célèbre par son université. Dans la Vieille-Castille, qui fut comme le noyau autour duquel vinrent se grouper les provinces de la monarchie espagnole, l'ancienne capitale était Burgos, patrie du Cid, ville qui n'a plus maintenant de remarquable que ses souvenirs et sa magnifique cathédrale. Valladolid, ville également célèbre, a encore 40,000 habitants, et Valencia possède une belle cathédrale.

Au nord, peu de grandes villes dans la province montagneuse de la Galice. Il faut citer cependant deux ports : la Corogne et le Ferrol, puis Saint-Jacques de Compostelle, célèbre par sa vaste cathédrale et les pèlerinages nombreux qu'on y fait.

Dans les provinces basques, où viennent finir les

Pyrénées, on remarque Bilbao et Saint-Sébastien, port fortifié. La Navarre, partie du pays compris entre les Pyrénées et l'Èbre, a pour chef-lieu Pampelune, son ancienne capitale: ville qui a eu à soutenir de nombreux siéges. Puis vient, dans cette même région, la capitainerie générale de l'Aragon, ancien et vaste royaume compris dans le bassin de l'Èbre. Sa capitale est sur ce fleuve, à Saragosse, ville également antique et célèbre, souvent assiégée, et célèbre surtout par le siége qu'elle a soutenu contre les Français en 1809 ; c'est une ville de 60,000 âmes.

L'extrémité inférieure du bassin de l'Ebre, la partie maritime, est occupée par la Catalogne et s'étend sur la côte de la Méditerranée ; c'est une des plus belles et des plus fières provinces de la fière Espagne. Sa capitale est Barcelonne, ville maritime, place forte, peuplée de 180,000 habitants, ville à la fois historique et moderne. Il faut citer encore Tarragone, dans l'antiquité une des plus grandes villes de l'Espagne, et aujourd'hui réduite à 18,000 habitants ; Reus, ville moderne qui contraste avec Tortose, une des plus anciennes ; Lérida et Urgel.

L'évêque d'Urgel a sous sa protection une petite vallée des Pyrénées, qui est également sous la protection de la France et qui forme une république indépendante, la république d'*Andorre*.

Au sud de la Catalogne, sur la côte de la Méditerranée, s'étendent les belles et riches provinces de Valence et de Murcie. La ville de Valence, capitale de l'ancien royaume de ce nom, est une des plus remarquables et des plus somptueuses de l'Espagne, ce qui ne l'empêche pas d'être une des plus industrieuses ; elle a 107,000 habitants.

Au midi de la péninsule, les deux provinces de l'Andalousie et de Grenade, bien que n'ayant plus leur a[n]tique éclat et leur vieille prospérité, offrent encore u[n] riant aspect. L'Andalousie a pour capitale SÉVILLE, s[ur] le Guadalquivir, grande et belle cité qui, toutefois, [ne] répond pas à sa réputation, sans doute à cause des exa[gé]rations que se permet la renommée, et dans lesquelle[s il] faut faire rentrer ce dicton populaire : *Qui n'a point v[u] Séville, n'a point vu de merveille.* Séville a 112,000 h[a]bitants. CORDOUE, qui autrefois l'éclipsait et qui fut u[ne] ville très-peuplée, très-industrieuse, n'a plus que 36,0[00] habitants. Mais les grandes et magnifiques cités abonde[nt] sous ce beau ciel. Ici, c'est GRENADE, ville fameu[se,] dernière capitale des rois maures, jadis la cité reine [de] l'Andalousie, admirablement située et présentant l'im[age] du fruit dont elle porte le nom, la ville des jardins et d[es] palais de marbre, la ville de l'*Alhambra*, le palais le pl[us] original et l'une des plus belles ruines qui soient [au] monde. Grenade n'a plus que 63,000 habitants. Puis c'[est] MALAGA, la ville aux vins fameux (93,000 habitants[);] CADIX, place forte, cité maritime et commerçante, situ[ée] sur la côte de l'Atlantique, tandis que Malaga est s[ur] la côte de la Méditerranée : XÉRÈS, qui rivalise avec M[a]laga pour la qualité des vins, etc.

N'oublions pas sur cette côte une ville perchée sur u[ne] roche, GIBRALTAR. Cette ville, qui commande le détr[oit] de ce nom et que l'on dit imprenable, à cause de sa situ[a]tion, appartient à l'Angleterre.

Sur les côtes de l'Espagne, dans la Méditerranée, [se] trouvent des îles importantes, les îles *Baléares*, qui fo[r]ment une province du royaume. Ces îles sont au nomb[re] de cinq : trois grandes, *Majorque, Minorque, Ivice*; de[ux] petites, *Formentera* et *Cabrera*. La capitale de la provin[ce] est dans la plus grande, l'île Majorque, c'est la ville [de] PALMA (43,000 habitants). Dans l'île de Minorque trouve Port-Mahon, célèbre par le siége qu'en firent les Français, en 1756, au début de la guerre de Sept ans.

Dans l'océan Atlantique se trouve aussi le groupe des îles *Canaries*, que l'on ne classe point parmi les colonies, mais parmi les provinces. Le chef lieu est Santa-Cruz, ou Sainte-Croix, dans l'île de Ténériffe.

Population, religion, gouvernement.

L'Espagne fut autrefois très-peuplée, mais elle a payé le fanatisme politique de ses rois, depuis Philippe II, par la décadence progressive de sa population, de son industrie et de son gouvernement. La décadence s'est arrêtée dans notre siècle et la population est remontée à seize millions d'habitants. C'est loin encore de ce que l'Espagne pourrait nourrir si elle était bien cultivée. Ces seize millions d'habitants appartiennent à la religion catholique, car les autres religions ont jusqu'ici été sévèrement proscrites.

On ne saurait rien dire du gouvernement, car l'Espagne est depuis trente ans en proie à une série de révolutions. La forme du gouvernement est une monarchie constitutionnelle, mais la constitution est sans cesse modifiée. Les chambres y portent le nom de *Cortès*.

II

LE PORTUGAL.

Divisions, villes, gouvernement.

Le Portugal, bien qu'uni par la nature à l'Espagne, n'en forme pas moins un royaume distinct, et un royaume qui a eu une longue vie historique, qui a ses souvenirs, son illustration. La population portugaise n'est point la même que la population espagnole. Nul ne peut dire si l'union ne se fera pas; mais elle ne semble pas vivement désirée.

La capitale du Portugal est LISBONNE, admirablement située sur la rive droite du Tage et près de son embouchure. C'est une ville beaucoup plus longue que large, qui se déroule sur les rives de son fleuve magnifique. Les vaisseaux y affluent. L'affreux tremblement de terre qui, en 1755, l'a bouleversée et désolée, a nécessité sa reconstruction : la nouvelle ville est régulière et majestueuse. Lisbonne, une des cités remarquables de l'Europe et fort commerçante, a 275,000 habitants.

Le Portugal est divisé administrativement en dix-sept districts, mais on ne suit généralement que l'ancienne division historique en provinces (Algarve, Alentijo, Estrémadure, Beïra, Tras-os-Montes).

Lisbonne est dans la province d'Estrémadure, où l'on doit citer encore SANTAREM, sur le Tage, et SÉTUVAL, un des bons ports du royaume.

Dans les autres provinces, on cite BRAGANCE, COÏMBRE, célèbre par son université, EVORA, et le port de LAGOS.

On rattache aussi au Portugal les îles *Açores* et l'île *Madère*, sur la côte d'Afrique; mais ces îles doivent plutôt être placées parmi les colonies. La population du Portugal seul est de 3,800,000 habitants, presque tous catholiques.

C'est une monarchie constitutionnelle avec deux Chambres : l'une élective, l'autre héréditaire ou à vie, et appelées, comme en Espagne, les *Cortès*.

CHAPITRE XIV.

RÉGION MÉRIDIONALE. — ITALIE.

Géographie physique.

« Entourée par la mer et par les plus hautes montagnes du continent européen, l'Italie forme, entre l'Adriatique et la mer Méditerranée, une longue presqu'île qui se divise au sud en deux pointes, tandis qu'au nord elle s'élargit en un demi-cercle dont la chaîne supérieure des Alpes trace la circonférence.

« Les Alpes ont conservé les noms que les Romains leur donnèrent; on les divise encore en Alpes *maritimes, cottiennes, grées, pennines, helvétiques* ou *lépontiennes, noriques, carniques* et *juliennes*. Au nord et au nord-ouest de cette grande chaîne, du côté de la Suisse et de la France, le sol s'élève lentement, par une suite de montagnes et de vallées transversales, jusqu'aux plus hautes cimes. Mais, sur le versant italien, la pente est rapide, escarpée, abrupte, et toutes les vallées tombent perpendiculairement dans le Pô ou l'Adriatique sans qu'il y ait ni montagnes, ni vallées parallèles.

« A leur extrémité sud-ouest, les Alpes se recourbent dans la direction de l'est, et diminuent progressivement de hauteur jusqu'au delà des sources de la Bormida, où elles se relèvent, près de Savone, pour commencer une chaîne nouvelle, les Apennins. Ces montagnes longent d'abord la côte occidentale, ferment presque entièrement par le sud la vallée du Pô, et vont mourir, partagées en deux rameaux, à l'extrémité des Calabres et dans la terre d'Otrante. La hauteur moyenne de cette chaîne n'est pas de 1,000 mètres; mais, à l'est de Rome, plusieurs monts atteignent 2,562 mètres et 2,978. Plus rapprochés de l'Adriatique que de la mer de Toscane, les Apennins couvrent la partie orientale de collines boisées et de pâturages que sillonnent de nombreux torrents. A l'ouest, s'étendent, entre la mer et le pied des monts, quelques grandes et fertiles campagnes arrosées par des fleuves plus tranquilles, mais brûlées par le vent du midi et rendues insalubres par des marais pestilentiels. Si l'on excepte ces plaines, peu nombreuses et peu étendues, l'Italie péninsulaire est, à vrai dire, partout hérissée de montagnes et coupée d'étroites vallées, au point que les Abruzzes et les Calabres, dans le royaume de Naples, sont à peu près inaccessibles pour une armée.

« Des bords du Pô jusqu'aux extrémités de l'Italie, on a reconnu comme une immense traînée de matières volcaniques; mais l'activité des feux souterrains semble s'être maintenant concentrée, au sud de cette ligne, dans le *Vésuve*, dans l'*Etna* et dans les îles *Lipari*. Au nord, on ne trouve que des cratères éteints dont plusieurs renferment des lacs, les collines volcaniques de Rome, les sources inflammables de la Toscane et les *Salses*, ou volcans d'air et de boue, des environs de Parme, de Reggio, de Modène et de Bologne.

« L'Apennin projetant vers l'ouest tous ses contreforts et venant lui-même mourir au sud, c'est à l'ouest et au sud que se trouvent les promontoires et les îles. Les côtes de la mer de Toscane et de la mer Ionienne sont en effet découpées par de vastes golfes et des ports naturels qui appellent le commerce et la navigation, comme les vastes plaines qui s'étendent par derrière invitent l'agriculture. Enfin, au large, s'étendent des îles qui sont comme placées en face de chaque grand promontoire (1). »

Des fleuves italiens, le plus grand est celui qui arrose la belle et large vallée située au pied des Alpes et s'ouvrant du côté de la mer Adriatique, c'est le Pô. Il naît au mont Viso, l'un des sommets remarquables des Alpes cottiennes. Son cours, presque toujours dirigé vers l'est, est très-long et n'a pas moins de 600 kilomètres. A mesure qu'il approche de la mer, il roule tant de limon que son lit s'est exhaussé et que ses rives dominent la plaine, les villes mêmes, qu'il a fallu protéger par des digues. Il se jette dans la mer Adriatique, comme tous les grands fleuves, par plusieurs embouchures et en formant des atterrissements.

Ses affluents sont très-nombreux.

Sur la rive gauche : la Doria Riparia, la Doria Baltea, la Sesia, le Tésin, qui forme le lac Majeur, l'Adda qui forme l'admirable lac de *Côme*, l'Oglio, le Mincio qui sort du lac de *Garde*.

Sur la rive droite : le Tanaro, la Trebbia, le Tanaro, le Panaro, et beaucoup d'autres rivières. Ces affluents, ainsi que ceux de la rive gauche, offrent ce caractère particulier qu'ils sont en général parallèles les uns aux autres et forment des lignes successives de défense qui ont beaucoup servi dans les guerres fréquentes dont ce pays a été le théâtre.

D'autres fleuves se jettent dans l'Adriatique au nord du Pô, ce sont : l'Adige, la Brenta, la Piave, le Tagliamento. Le plus important est l'Adige, dont les embouchures viennent se mêler à celles du Pô. Le versant de la mer Adriatique va sans cesse en se resserrant

---

1. V. Duruy, *Histoire romaine*, ch. i.

à mesure qu'on descend dans la Péninsule, car les Apennins, nous l'avons dit, se rapprochent beaucoup de la côte orientale. Les fleuves n'ont plus alors de cours bien long ni d'affluents; ce sont des torrents qui se hâtent d'aller à la mer : le Métaure, la Pescara, l'Ofanto, etc.

Sur le versant occidental, c'est-à-dire du côté de la Méditerranée, il y a deux grandes vallées, celle de l'Arno et celle du Tibre. Ces deux rivières sont loin d'égaler celles du nord de l'Italie, mais le Tibre est un fleuve assez long et nul n'est plus célèbre, car sa vallée fut le centre d'un empire qui embrassa tout le monde ancien. Au sud il faut citer le Garigliano et le Vulturne.

Le centre de l'Italie a des lacs comme le nord, moins grands toutefois : les lacs de Pérouse (ancien lac Trasimène), de Balsamo, de Bracciano ; le lac Fucin, le lac d'Albano. Au sud on cite : les lacs Fusaro (ancien Achéron), Averne, etc.

Nous n'insisterons pas sur l'aspect de l'Italie, très varié suivant qu'on parcourt les grasses vallées du nord, ou les âpres montagnes du centre, ou la riante vallée de l'Arno, ou la majestueuse et sévère campagne romaine, ou les bords enchanteurs du golfe de Naples, ou les tristes marais Pontins. Qui n'a entendu vanter le climat de l'Italie et surtout son beau ciel, d'un bleu si pur, si transparent! L'Italie a peut-être été trop exaltée par les poètes, mais elle est si poétique!

Divisions et villes principales.

L'Italie, comme l'Allemagne, a été longtemps très divisée. C'était à qui se taillerait sur cette riche terre des royaumes et des principautés. Avant 1859, elle se divisait encore en trois grands États : le royaume de Piémont, les États de l'Église, le royaume de Naples ou des Deux-Siciles. L'Autriche s'avançait au nord jusqu'au Tésin et, sur la rive droite du Pô, se trouvaient trois États indépendants mais en réalité inféodés à l'Autriche, le grand duché de Toscane, les duchés de Parme et de Modène. La guerre de 1859 a été le point de départ d'une révolution attendue depuis longtemps. La guerre d'Allemagne de 1866 a rendu plus stable le nouvel ordre de choses en éloignant tout à fait l'Autriche de l'Italie.

L'Italie forme maintenant un seul royaume divisé en 73 préfectures, mais les noms des anciennes provinces, royaumes, duchés ou républiques subsistent et sont les plus usités.

La capitale du royaume d'Italie est depuis 1870 Rome, sur le Tibre, une des villes les plus célèbres du monde. Son histoire, ses monuments, son importance religieuse, tout en fait une ville de premier ordre, bien qu'elle soit inférieure en population à beaucoup d'autres cités (170,000 habitants). Rome est une ville de religion et d'art. Son aspect est grave et même triste, car elle renferme beaucoup de ruines de monuments anciens. Parmi les monuments modernes, les principaux sont des églises, et le plus admirable, celui qui domine la ville antique, c'est l'église de Saint-Pierre, le plus vaste et le plus beau temple qui soit au monde. Puis viennent les églises de Sainte-Marie-Majeure, de Saint-Jean-de-Latran, le palais du Vatican, où réside le pape. Les musées offrent une foule de chefs-d'œuvre à contempler, et chaque église, pour ainsi dire, est un musée.

Autour de Rome s'étend une campagne presque déserte, triste, mais majestueuse et grande.

Les autres villes sont VITERBE, TIVOLI, FRASCATI, et leurs deux ports d'OSTIE et de CIVITTA-VECCHIA.

Florence, de 1865 à 1870, a été la capitale de l'Italie. Située sur l'Arno, ancienne capitale de la Toscane, elle est une des villes les plus remarquables par ses monuments et ses souvenirs; il faut citer : la cathédrale, le palais Pitti, le palais Vieux et le musée Médicis. Florence est la patrie du grand poète de l'Italie, Dante, et de l'un de ses plus grands architectes et sculpteurs, Michel-Ange. Elle compte 120,000 habitants.

Au nord, dans le Piémont, la ville principale est Turin, naguère capitale du royaume de Sardaigne et même un moment du royaume d'Italie. Ville de 180,000 habitants, centre de commerce et d'industrie, centre aussi d'activité intellectuelle, Turin possède une université renommée. Au reste, l'attention est attirée de tous côtés dans ce pays par une foule de villes intéressantes et dignes d'être visitées, même celles qui sont secondaires, car chacune a son caractère, son originalité, sa beauté propre et ses souvenirs. Sur la Méditerranée, c'est GÊNES, au fond du golfe du même nom (130,000 habitants). Gênes, longtemps capitale d'une célèbre république maritime, et aujourd'hui encore le premier port de commerce italien, est appelé, depuis la formation de l'unité, à une nouvelle prospérité. Près du Tésin, c'est l'importante ville de MILAN, l'antique capitale des rois lombards, le chef-lieu de la Lombardie, ville de 200,000 habitants, où l'on va surtout admirer la cathédrale. Et entre Gênes et Milan, que de localités pleines de souvenirs, que de noms historiques !

Puis, dans la Vénétie, c'est VENISE, la cité reine de l'Adriatique; Venise qui mire ses palais dans les eaux de ses nombreux canaux et de ses lagunes; Venise au beau ciel, aux splendides églises, aux places majestueuses. C'était au moyen âge le centre d'une grande puissance; mais c'est encore aujourd'hui, surtout depuis qu'elle est délivrée de la domination autrichienne, une cité opulente, artistique, recherchée et aimée de tous les étrangers. Son industrie avait décliné, elle se relève aujourd'hui. Venise compte 120,000 habitants.

Peut-on ne pas mentionner, dans la Lombardie, les villes de Brescia, Pavie, Crémone et les villages de *Marignan*, de *Lodi*, de *Solférino*, etc., et dans la Vénétie, les places fortes de Vérone, de Mantoue, les industrieuses et belles villes de Padoue, de Monza, de Trévise, les villages d'*Arcole* et de *Rivoli*, etc. !

Si l'on se rapproche du centre de l'Italie, l'attention est encore très-divisée par les villes de Bologne, de Ferrare, également anciennes capitales, et situées dans la province appelée l'Émilie ; par les villes de Plaisance, de Parme, de Modène. A l'est, c'est Ancône (dans les Marches), port militaire et commerçant sur l'Adriatique; puis Pérouse (dans l'Ombrie), et dans la Toscane, Livourne, sur la Méditerranée, second port de commerce de l'Italie ; les anciennes villes de Pise, de Lucques, et tant d'autres dont la liste serait trop longue.

Dans l'ancien royaume de Naples, beaucoup de villes anciennes, mais moins qu'au centre et au nord ; car au nord surtout florissaient les républiques et les principautés. Naples, qui était la capitale, est une des villes les plus renommées d'Europe, la plus grande et la plus peuplée de l'Italie (420,000 habitants). Admirablement située au fond d'un golfe délicieux qui porte son nom, sous un ciel pur et lumineux, elle est bâtie sur le penchant de collines d'où l'on jouit d'une vue magnifique et d'un immense horizon, puisqu'on a devant soi la Méditerranée. Il faut citer encore, parmi les villes de l'Italie méridionale, Gaete (province dite *Terre de Labour*), port et place de guerre sur la Méditerranée ; Reggio (Calabre), à la pointe extrême, au bout du pied de l'Italie, comme on pourrait dire, puisque cette péninsule a la forme d'une jambe; Tarente et Otrante au talon.

Du royaume d'Italie dépendent deux îles très-importantes : l'île de *Sardaigne* et surtout l'île de *Sicile*. La Sardaigne, située au sud de la Corse, qui est devenue française, est, comme elle, une île très-montagneuse, fertile cependant. Elle est partagée en deux provinces et a pour capitale CAGLIARI, ville de 30,000 habitants.

La Sicile est une véritable continuation de l'Italie, dont elle a été détachée par la mer, qui a formé le détroit de Messine. Présentant l'image d'un triangle, elle a trois pointes ou caps remarquables, les caps *Faro*, *Passaro*, *Boeo* ; la charpente montagneuse de l'île est certainement une continuation des Apennins. La Sicile jouit d'un climat chaud, et son sol est très-fertile.

Cette île, divisée en sept provinces, a renfermé beaucoup de villes célèbres, dont quelques-unes ont conservé de l'importance. La capitale est PALERME (187,000 habitants), dans une belle situation. La plus grande ville après Palerme est MESSINE (106,000 habitants), sur le détroit qui porte son nom. Il faut citer encore : CATANE, sur la côte orientale et auprès du volcan de l'Etna, dont elle a eu beaucoup à souffrir ; MARSALA, TRAPANI, etc.

Appartiennent encore à l'Italie : l'île d'*Elbe*, les îles volcaniques de *Lipari*. L'île de *Malte*, qui est dans la région italique, appartient à l'Angleterre.

La population du royaume d'Italie est de 26,000,000 d'habitants. Le gouvernement est une monarchie constitutionnelle, comme la plupart des grands États de l'Europe. Les deux Chambres sont le sénat et la chambre des députés. Le sénat est nommé à vie, la chambre des députés est élective.

La religion dominante est la religion catholique, et les protestants sont en petit nombre.

CHAPITRE XV.

RÉGION MÉRIDIONALE. — LA GRÈCE ET LA TURQUIE.

I

GRÈCE.

Géographie physique.

La Grèce et la Turquie forment la troisième des péninsules qui terminent l'Europe occidentale. Cette péninsule a cela de remarquable qu'elle se subdivise elle-même en d'autres péninsules. Très-large à sa partie supérieure, elle va en se rétrécissant et en laissant la mer pénétrer dans l'intérieur et découper au midi non-seulement des péninsules, mais de nombreux promontoires.

Le royaume de Grèce occupe précisément l'extrémité de la péninsule, c'est-à-dire celle qui est la plus déchirée. C'est le pays le plus petit de l'Europe, car sa superficie, les îles comprises, est loin d'égaler celle du Portugal ; mais ses rivages sont si bien découpés que leur étendue surpasse celle de tout le littoral espagnol.

Ce petit royaume, borné au nord par la Turquie, n'a sur tous les autres côtés d'autre limite que la mer : à l'ouest la mer Ionienne qui forme le golfe de *Corinthe* ou de *Lépante*, au sud la Méditerranée qui forme les golfes de *Coron* et de *Marathonisi* ; à l'est par l'archipel qui forme les golfes de *Nauplie* et d'*Égine*. Ces golfes, en pénétrant assez profondément dans les terres, forment de véritables presqu'îles.

Comme la péninsule italique, la grande péninsule partagée entre la Turquie et la Grèce est traversée par un long et épais rameau des Alpes. Ce rameau, qui parcourt le sud de l'Autriche sous des noms divers, empruntant le nom des pays qu'il traverse, prend, en entrant en Grèce, celui d'ALPES HELLÉNIQUES : il se dirige droit au sud, puis, arrivé dans la Grèce méridionale, s'épanouit en un vaste plateau et projette de tous côtés des rameaux qui vont se heurter à la mer et former les nombreuses pointes qui hérissent les côtes de la Grèce. La plus méridionale de ces pointes est le cap MATAPAN qui est en même temps le cap le plus méridional de l'Europe.

Physiquement, la Grèce est divisée en deux parties bien distinctes, non point par la chaîne de montagnes qui la traverse, mais par la mer qui la pénètre. Le golfe de Lépante sépare la Grèce septentrionale de la Grèce méridionale, l'HELLADE de la MORÉE, et ces deux contrées ne sont reliées que par l'ISTHME DE CORINTHE.

Dans aucune de ces contrées, les cours d'eau ne sont et ne peuvent être considérables ; les montagnes sont trop près de la mer. Citons seulement dans l'Hellade : l'ASPROPOTAMOS (ancien Acheloüs), qui se jette dans la mer Ionienne, le MAVRO-POTAMO, qui se jette dans le lac *Topolias*.

Dans la Morée, le plus grand cours d'eau est la ROUPHIA (l'ancien Alphée), qui se jette dans le golfe d'Arkadia, formé par la mer Ionienne, et le VASILI-POTAMOS, l'ancien Eurotas, qui court au sud se jeter dans le golfe de Marathonisi.

C'est un pays très-varié que la Grèce : c'est le pays du soleil et de la belle lumière. Dans les contrées où les montagnes sont couronnées de forêts et les vallées arrosées par des ruisseaux qui ont de l'eau, car ils n'en ont pas toujours dans ce pays brûlé par le soleil, la végétation est superbe. Néanmoins, même dans les contrées desséchées, les lignes de montagnes sont si nettement découpées et le ciel est si beau qu'on aime ce pays et que l'on comprend sa gloire passée et le génie artistique de ses anciens habitants.

Divisions et villes principales. — Les îles.

La Grèce évoque, comme l'Italie, les plus grands souvenirs de l'histoire. Mais, asservie durant des siècles, elle a bien décliné sous tous les rapports. Elle n'a plus son ancienne étendue, et lorsqu'on l'a constituée en royaume après sa délivrance, on ne lui a pas donné des provinces et des îles qui devaient lui appartenir, comme la Thessalie et l'île de Candie. Aussi ce petit royaume est-il à la fois travaillé par une ambition qu'excitent les souvenirs de l'antiquité et par des agitations intérieures dues à la disproportion qui règne entre les désirs et la capacité politique des populations actuelles, trop ambitieuses pour leur puissance et leur caractère, trop intelligentes pour ne pas être ambitieuses.

La Grèce se divise en dix *nomes* ou préfectures qui ont gardé les noms des anciennes provinces. Ces nomes se divisent en *éparchies* ou sous-préfectures.

La capitale est ATHÈNES, qui fut si longtemps la ville la plus puissante de la Grèce ancienne et qui a été le foyer le plus actif de la civilisation grecque. Athènes, déchue, n'a été, durant des siècles, qu'une pauvre bourgade; mais, de nos jours, elle se relève, elle s'embellit : c'est aujourd'hui une ville de 50,000 habitants, où il n'y a toutefois d'intéressant que les ruines, le Parthénon et les souvenirs de l'antiquité. Athènes est dans l'Attique et à quelques kilomètres de son port, le PIRÉE : ce port vient de lui être uni par un chemin de fer.

Dans la Grèce septentrionale ou l'Hellade, il faut citer THIVA, l'ancienne Thèbes : MISSOLONGHI, fameuse par le siége qu'elle soutint en 1826 contre les Turcs et qui émut toute l'Europe ; LÉPANTE, à l'entrée du golfe auquel il donne son nom.

Au fond de ce golfe est CORINTHE, près de l'isthme qui porte son nom. Corinthe, l'une des plus célèbres cités de la Grèce, a dû sa prospérité à sa situation maritime et le commerce fait encore son importance. Qui ne connaît aussi les raisins de Corinthe ? Le golfe de Lépante est précédé d'un autre golfe, appelé comme la ville qu'on rencontre sur ses bords, Patras. PATRAS est une ville importante de 20,000 âmes. Citons encore pour la Grèce méridionale ou Morée, le port de NAVARIN, célèbre par la bataille gagnée en 1827 par les flottes anglaise et russe sur la flotte turco-égyptienne, bataille qui eut une grande influence sur la délivrance de la Grèce. Cette contrée n'a de villes dignes d'être citées que sur les côtes : MODON et CORON au sud, ARGOS et NAUPLIE DE ROMANIE à l'est. A l'intérieur peu de villes, mais on va voir SPARTA, ville nouvelle bâtie sur l'emplacement de l'ancienne Sparte, cette célèbre ennemie d'Athènes.

La Grèce est de tous côtés entourée d'îles, qui, dans l'antiquité, participaient à sa vie active et glorieuse. Ces îles sont si voisines du continent et si voisines les unes des autres, qu'elles formaient vraiment avec la Grèce une seule et même contrée.

Le plus grand nombre se trouvent sur la côte orientale, dans l'archipel. La plus longue est l'île de *Négrepont*, ancienne île d'Eubée, et a pour capitale CHALCIS. Cette longue île n'est séparée du continent que par un canal ou détroit appelé l'*Euripe*. Puis viennent, dans le golfe d'Athènes, les îles de *Salamine* et d'*Egine* ; plus loin, l'île d'*Hydra* ; ensuite, c'est tout un petit monde d'îles, appelées les *Cyclades*, c'est-à-dire les îles rangées en cercle (*Santorin, Milo, Paros, Naxie, Andro, Syra*, etc.). Dans cette dernière se trouve la ville d'HERMOPOLIS, port très-fréquenté, peuplé de 35,000 habitants et chef-lieu du département des Cyclades.

De l'autre côté, à l'ouest, se trouvent les *îles Ioniennes* qui n'appartiennent à la Grèce moderne que depuis 1863. Elles sont au nombre de sept, mais quatre seulement ont une certaine étendue et une certaine importance : *Corfou, Sainte-Maure, Céphalonie, Zante*. La ville de CORFOU, chef-lieu de l'île de ce nom, a 25,000 habitants, et la ville de ZANTE, chef-lieu de l'île du même nom, en a 20,000.

Le gouvernement du petit royaume de Grèce est une monarchie constitutionnelle, avec deux Chambres. Jusqu'à ce jour, le roi a été pris dans une famille étrangère. Ce royaume demeure sous la protection des puissances qui ont concouru à sa délivrance.

La population de ce pays n'est guère que de 1 million 400,000 habitants, qui appartiennent presque tous à la religion grecque ou autrement dite orthodoxe.

II.

TURQUIE D'EUROPE.

Montagnes et fleuves.

Le pays situé au nord de la Grèce et qui le domine, forme encore une péninsule jusqu'à la vallée du Danube.

Cette péninsule, plus large que la Grèce et qui va sans cesse en s'élargissant vers le nord, appartient avec la vallée inférieure du Danube à la Turquie, dont l'empire s'étend également sur l'Asie. Seulement les provinces de la vallée du Danube ne sont que tributaires.

La Turquie d'Europe proprement dite est depuis 1878 bornée au nord par la Save, puis par les Balkans ; au midi, par la Grèce ; à l'ouest, par la mer Adriatique ; à l'est, par l'Archipel, la mer de Marmara et la mer Noire.

A l'est, sur deux points, la Turquie d'Europe n'est séparée de la Turquie d'Asie que par deux détroits : le détroit des Dardanelles, qui fait communiquer l'Archipel et la mer de Marmara ; le Bosphore, qui fait communiquer la mer de Marmara et la mer Noire. Les côtes orientales, surtout celles de l'Archipel, sont assez découpées ; on remarque principalement une petite péninsule qui s'avance dans l'Archipel en forme de main et qu'on nomme la Chalcidique, et une autre péninsule très-longue, la presqu'île de Gallipoli.

La charpente montagneuse du pays est la continuation des Alpes et formée par le rameau qui sous le nom d'Alpes Dinariques, puis d'Alpes Helléniques, va mourir en Grèce. Ce rameau, qui longtemps sert de clôture méridionale au bassin du Danube, projette à l'est un rameau très-important, les Balkans, qui continuent cette clôture méridionale et s'en vont finir sur la mer Noire.

La Turquie se trouve ainsi divisée en deux versants, de l'est et de l'ouest.

Le versant occidental tourné vers l'Adriatique est le moins large, car les Alpes dinariques et les Alpes helléniques ne s'éloignent pas beaucoup de la mer, et toute cette région offre l'aspect d'un pâté montagneux. De ce côté la rivière la plus importante est le *Drin*.

Le versant oriental, de beaucoup le plus large et faisant face à l'Asie, comprend le versant de la mer de Marmara et de l'Archipel.

Dans la mer de Marmara tombe la MARITZA. Dans l'Archipel se jettent le CARASOU ou STROUMA, le VARDAR et la SALEMBRIA (l'ancien Pénée) qui arrose la fertile Thessalie et la célèbre vallée de Tempé.

La Turquie jouit du climat des pays méridionaux, mais la chaleur y est modérée sur beaucoup de points, et le pays, grâce aux forêts et aux cours d'eau, offre, surtout au sud des Balkans, un riant aspect.

Divisions et villes principales. — Constantinople.

La Turquie d'Europe est divisée politiquement en *eyalets* ou départements, mais la géographie et les cartes ont conservé la division historique des provinces.

Après la guerre de 1877-78, la Turquie, par le traité de San-Stefano, modifié par le Congrès de Berlin (traité du 13 juillet 1878) a perdu son ancienne province de Bulgarie et la limite du Danube. Au sud des Balkans la province de *Roumélie* a été démembrée et la partie orientale a été constituée en province séparée ayant une milice indigène et un gouverneur chrétien.

La Turquie d'Europe comprend donc aujourd'hui, comme provinces : la *Roumélie orientale*, province chrétienne et quasi indépendante, la *Roumélie occidentale* (ancienne Thrace et Macédoine), la *Thessalie*, l'*Épire*, l'*Albanie*, la *Bosnie* et l'*Herzégovine*; mais ces deux dernières provinces sont occupées par les Autrichiens. La Turquie a gardé l'île de *Crète* ou *Candie* en Europe, mais elle a cédé aux Anglais par un traité du 4 juin 1878 l'île de *Chypre* sur les côtes d'Asie.

La capitale de la Turquie est CONSTANTINOPLE, ville dont

la situation est unique au monde. Constantinople est sur le *Bosphore*, en face de l'Asie.

« Un panorama merveilleux, a dit un habile écrivain racontant son arrivée dans cette ville, se déploie sous mes yeux comme une décoration d'opéra dans une pièce féerique. La Corne d'Or est un golfe dont le vieux sérail et l'échelle de Top-Hané forment les deux caps, et qui s'enfonce à travers la ville, bâtie en amphithéâtre sur ses deux rives. Son nom de Corne d'Or vient sans doute de ce qu'il représente pour la ville une véritable corne d'abondance, par la facilité qu'il donne aux navires, au commerce et aux constructions navales... A l'entrée de la Corne d'Or, à droite, Top-Hané s'avance avec son débarcadère, sa fonderie de canons, et sa mosquée au dôme hardi, aux sveltes minarets, bâtie par le sultan Mahmoud. Le palais de l'ambassade de Russie dresse au-dessus des toits de tuiles rouges et des touffes d'arbres sa façade orgueilleusement dominatrice qui force le regard et semble s'emparer de la ville par avance, tandis que les palais des autres ambassades se contentent d'une apparence plus modeste. La tour de Galata, quartier occupé par le commerce franc, s'élève du milieu des maisons, coiffée d'un bonnet pointu de cuivre et vert-de-gris, et domine les anciennes murailles génoises tombant en ruines à ses pieds. Péra, la résidence des Européens, étage, au sommet de la colline, ses cyprès et ses maisons de pierres, qui contrastent avec les baraques de bois turques, et s'étendent jusqu'au Grand Champ des Morts.

« La pointe du Sérail forme l'autre cap (à gauche de la Corne d'Or), et, sur cette rive, se déploie la ville de Constantinople proprement dite. Jamais ligne plus magnifiquement accidentée n'ondula entre le ciel et l'eau : le sol s'élève à partir de la mer et les constructions se présentent en amphithéâtre ; les mosquées, dépassant cet océan de verdure et de maisons de toutes couleurs, arrondissent leurs coupoles bleuâtres dardent leurs minarets blancs entourés de balcons et terminés par une pointe aiguë dans le ciel clair du matin, et donnent à la ville une physionomie orientale et féerique, à laquelle contribue beaucoup la lueur argentée qui baigne leurs contours vaporeux.

« Trois ponts de bateaux rejoignent les deux rives de la Corne d'Or, et permettent une communication incessante entre la ville turque et ses faubourgs aux populations bigarrées. Comme à Londres, il n'y a pas de quais à Constantinople, et la ville plonge partout ses pieds dans la mer; les navires de toutes nations s'approchent des maisons sans être tenus à distance respectueuse par un quai de granit.

« Quand on approche, le prestige s'évanouit. Les palais ne sont plus que des baraques vermoulues, les minarets que de gros piliers blanchis à la chaux ; les rues étroites, montueuses, infectes n'ont aucun caractère. Mais qu'importe, si cet assemblage incohérent de maisons, de mosquées et d'arbres colorés par la palette du soleil produit un effet admirable entre le ciel et la mer? L'aspect, quoique résultant d'illusions, n'en est pas moins vraiment beau (1). »

Constantinople est une ville de 1,080,000 habitants. C'est un port très-actif; c'est le nœud de l'Europe et de l'Asie; c'est le point de rencontre d'une foule de riches pays. Par sa situation, Constantinople a joué un rôle immense dans l'histoire du monde, et ce rôle est loin d'être terminé. Cette ville est ardemment convoitée par la Russie, car là se trouvent les clefs de la Méditerranée. Sans la possession du Bosphore, la domination de la

---

1. Théophile Gautier, *Constantinople*.

mer Noire n'est rien; car la mer Noire alors n'est plus qu'un lac. Mais nous avons intérêt à ce que la Russie ne dépasse point ce lac, et voilà pourquoi l'Europe veille avec sollicitude sur Constantinople.

Une autre ville très-célèbre et très-importante peut être considérée comme une seconde capitale : ANDRINOPLE (100,000 habitants). Sur la côte de la mer de Marmara, on cite les ports de RODOSTO, de GALLIPOLI. Sur la côte de l'Archipel, on remarque surtout SALONIQUE (70,000 habitants), située au fond du golfe du même nom et ville très-commerçante.

La Thessalie est la plus méridionale des provinces turques; c'est une des plus petites, mais aussi une des plus fertiles. Dans l'antiquité, la Thessalie était réunie à la Grèce, qu'elle domine géographiquement. Les villes principales sont LARISSE et TRICALA (1).

Sur le versant occidental, le long de la côte de la mer Adriatique, s'étend une province longue, étroite, montagneuse, généralement âpre, et habitée par de rudes et belliqueuses populations : c'est l'Albanie. Peu de grandes villes dans cette province, sauf le chef-lieu JANINA (40,000 habitants), SCUTARI et le port de DURAZZO.

Au nord-ouest de l'Albanie s'étend, partie sur le versant de l'Adriatique, partie dans le bassin du Danube, la province de Bosnie, également très-montagneuse. La partie qui regarde l'Adriatique s'appelle l'Herzégovine; l'autre est la Bosnie propre, et on y remarque la ville de BOSNA-SÉRAÏ (70,000 habitants). En exécution du traité de Berlin la Bosnie et l'Herzégovine sont occupées militai-

1. Le Congrès de Berlin a invité la Grèce et la Turquie à s'entendre pour une rectification de frontières en Thessalie. La Grèce devait recevoir plusieurs districts de l'Épire et de la Thessalie. Mais le Congrès a posé le principe sans ordonner son exécution et à l'heure où nous réimprimons ce livre, il n'y a rien de fait.

rement et administrées par l'Autriche. C'est une annexion déguisée de ces provinces à l'Autriche.

Entre l'Herzégovine et l'Albanie est enclavé le petit Etat du *Montenegro*, peuplé de 14,000 habitants, dont l'énergie et la vigueur sont célèbres. Ce petit Etat, qui a si longtemps lutté pour son indépendance, a vu cette indépendance reconnue par le Congrès de Berlin. Son territoire a été agrandi, et l'annexion d'*Antivari* et de son littoral donne au Montenegro un débouché sur la mer Adriatique.

Population, religion, gouvernement.

La superficie de la Turquie d'Europe (non compris les tributaires) était évaluée avant tous ces changements à 361,680 kilom. carr. et celle de l'Asie, y compris l'Arabie, à 1,723,916, ensemble 2,085,596 kilom. car. La population s'éleva au moins à 28 millions d'habitants, parmi lesquels en Europe 2 millions d'Ottomans; en Asie environ 11 millions.

Toutefois, le culte a, en Orient, une influence encore plus forte que la race; il importe donc de constater que somme toute, la population soumise à la Porte renferme 4 millions de musulmans en Europe et 13 millions en Asie. La population chrétienne se compose de diverses races, telles que Grecs, Serbes, Roumains, Bulgares, Arméniens, autrefois plus ou moins hostiles les uns aux autres, mais qui, actuellement, semblent disposés à s'unir dans une haine commune contre les Turcs.

Le gouvernement ottoman a toujours été un gouvernement absolu. Mais il cède de nos jours au mouvement européen et a fait un pas, sinon vers le système constitutionnel, du moins vers les réformes. En

1868, le sultan a institué un *Conseil d'État* où sont admis des représentants des diverses religions, grand point lorsqu'on connaît la différence qu'on a toujours maintenue entre les musulmans et les chrétiens. Le sultan n'est pas seulement le chef de toutes les populations, il est encore le chef religieux des musulmans.

CHAPITRE XVI.

PRINCIPAUTÉS DANUBIENNES.

La Bulgarie.

A la suite de la guerre de 1877-78, la Bulgarie, qui a été le principal théâtre de cette guerre, a été détachée de la Turquie d'Europe et constituée en *principauté vassale* et *tributaire*.

La Bulgarie a pour limites au nord le *Danube* dans son cours inférieur, mais n'a point les bouches du fleuve, car la Dobrutscha et le delta du fleuve appartiennent à la *Roumanie*. Au sud les limites sont marquées par la grande chaîne des *Balkans* qui sans doute n'est pas infranchissable, comme les succès des Russes à la passe de la Chipka l'ont prouvé, mais qui n'en offrent pas moins une masse compacte de forêts difficile à franchir. La Bulgarie, diminuée de la Dobrutscha et d'une partie de la province de Silistrie, a pour capitale Sophia près de l'Iskhar, ville importante de 30,000 habitants. Les villes situées sur le Danube sont Widin, Nicopolis, ville célèbre par le désastre de l'armée franco-hongroise de 1396, Sistowa, Roustchouck, Silistrie plusieurs fois assiégée par les Russes notamment en 1854, Tirnowa, au centre de la Bulgarie ; Plewna, à jamais célèbre par les nombreux combats livrés autour de cette ville en 1877. Le port de Varna ouvre à cette province la mer Noire.

La Serbie.

La chaîne des Balkans divisait l'ancienne Turquie d'Europe en deux parties distinctes : l'une péninsulaire et tournée vers le midi, c'est l'ancien empire grec; l'autre, regardant le nord, est enclavée entre les Balkans, les Carpathes et les collines du Pruth : elle est traversée par le Danube et fut autrefois le siège d'empires barbares qui cependant ne réussirent pas à étouffer la civilisation latine implantée dans le pays par les colons romains de Trajan. Cette partie du pays, qui a subi beaucoup de fluctuations et a été longtemps le grand chemin et le grand champ de bataille d'une foule de peuple barbares, tend à se régulariser, à s'organiser, et forme maintenant un groupe d'Etats indépendants. Ce sont, sur la rive droite du Danube, la principauté de *Serbie*, et sur la rive gauche, la *Moldavie* et la *Valachie*. Nous nous arrêterons sur ces principautés, car il faut bien connaître ces pays qui prennent une place de plus en plus grande dans le système européen.

La principauté de Serbie forme une enclave entre les possessions autrichiennes et turques, sauf une faible portion, au nord-est, par où elle communique à la Valachie. Séparée de cette province et de l'Autriche par le Danube et la Save, de la Bosnie par la Drina, elle a été agrandie à la suite de la guerre de 1877-78 et ne touche plus que par un point au sud, à la Turquie.

« Appuyée au sud à la grande chaîne qui prolonge les

Alpes dinariques, la Serbie forme un plan incliné, tout hérissé de montagnes et de forêts, qui s'abaisse graduellement au nord jusqu'aux bords du Danube. Elle se partage en deux régions distinctes, la Haute-Serbie dans le bassin des deux affluents de la Morava et qui portent le même nom, et la Basse-Serbie formée du bassin de la grande Morava. »

« La première région est composée de plusieurs étages successifs de montagnes, ici couronnées par d'étroits plateaux, là coupées par des vallées profondes et reliées entre elles par de nombreux contreforts. Dans la Basse-Serbie, les plus grandes hauteurs ne dépassent guère cinq à six cents mètres. Au centre se trouve une contrée fourrée et inextricable, connue sous le nom de *Choumadia*, région des forêts. Vue de la cime des monts qui dominent cette partie du pays, la Serbie apparaît comme une forêt immense, coupée çà et là par des éclaircies qui marquent l'emplacement des villes et des villages. L'intérieur abrite d'innombrables troupeaux de porcs qui fournissent au pays sa principale richesse. Au delà, dans la direction du Danube, la forêt se transforme en verger. Aux chênes et aux hêtres séculaires succèdent des arbres fruitiers de toute espèce et principalement des pruniers. Les coteaux qui bordent immédiatement le fleuve vers Semendria, les collines qui avoisinent Negotine, sont couverts de vignobles dont la tradition fait remonter la plantation à l'empereur Probus. Quelques plaines, entièrement découvertes et déboisés, sont parsemées de vastes prairies et de champs où croissent en abondance le froment et le maïs (1). »

Douée d'un climat doux et tempéré, qui rappelle celui de nos contrées du centre, la Serbie avec son panorama

1. Ubicini, *Les Serbes en Turquie*.

de montagnes qui varient à l'infini leurs formes et leurs couleurs, ses forêts « obscures et profondes », suivant l'expression des poètes nationaux, ses vallées verdoyantes, la multitude de cours d'eau qui l'arrosent et portent leur tribut à la Save et au Danube, récrée par la fraîcheur et le pittoresque de son aspect les regards du voyageur attristés par l'aridité morne des monts de la Croatie et de l'Herzégovine, ou fatigués de la monotonie des grandes plaines de la Hongrie et de la Valachie. La poétique description qu'en a tracée Lamartine dans son *Voyage en Orient* ne va pas au-delà de la réalité. « En traversant ces magnifiques solitudes, où, pendant tant de jours de marche, l'œil n'aperçoit, quelque loin qu'il se porte, que l'uniforme et sombre ondulation des feuilles des chênes qui couvrent les vallées et les montagnes, véritable océan de feuillage, que ne perce pas même la pointe aiguë d'un minaret ou d'un clocher ; en descendant de temps en temps dans des gorges profondes où mugissait une rivière, où la forêt s'écartait un peu pour laisser place à quelques champs bien cultivés, à quelques jolies maisons de bois neuves, à des scieries, à des moulins qu'on bâtissait sur le bord des eaux ; en voyant d'immenses troupeaux conduits par de jeunes et belles filles élégamment vêtues, sortir des colonnades des grands arbres et revenir le soir aux habitations, les enfants sortir de l'école, le pope assis sur un banc de bois à la porte de sa maison, les vieillards entrer dans la maison commune, ou dans l'église, pour délibérer, je me croyais au milieu des forêts de l'Amérique du Nord, au moment de la naissance d'un peuple ou de l'établissement d'une colonie nouvelle. »

Belgrade (*Beograd*, la ville blanche), capitale de la principauté depuis 1840 et résidence du métropolitain de Serbie, a été longtemps considéré comme l'une des premières places fortes de l'Europe. On sait quel rôle important elle a joué dans l'histoire des luttes entre l'Autriche et les Turcs. Ces derniers l'avaient surnommé la *Porte de la guerre sainte*. Lorsque les Serbes s'en emparèrent en 1806, Belgrade n'était, comme la plupart des villes turques, qu'une grande bourgade, entièrement construite en bois et totalement dénuée d'industrie et de négoce. Il renferme, d'après le dernier recensement (1863), une population de 18,860 âmes et est devenu le centre d'un commerce important. Sa position, au confluent de la Save et du Danube, en fait le principal entrepôt des marchandises à destination, non-seulement de la Serbie, mais de toutes les provinces turques limitrophes.

Les villes les plus importantes après Belgrade sont: PASSAROWITZ, SEMENDRIA, sur le Danube; CHABATZ et NEGOTINE, évêchés; KRAGOUÏEWATZ, au centre du pays, où se trouve le grand arsenal militaire de la principauté; IAGODINA sur la Morava, etc.

Toutefois la population de ces villes, qui ne sont, à proprement parler, que de gros bourgs, n'excède guère, en moyenne, 4,000 habitants.

« La principauté tout entière compte, d'après le dernier recensement (1863), 1,108,568 habitants indigènes. Cette population se décompose en Serbes et Valaques du rite grec ou orthodoxe, israélites, tsiganes ou bohémiens domiciliés (1). »

Roumanie.

Les deux provinces, situées sur la rive gauche et à l'embouchure du Danube, sont: la MOLDAVIE et la VALA-

---

1. Ubicini. *Les Serbes de Turquie.*

CUIE qui sont réunies sous le nom de *principauté de Roumanie*.

Ces principautés ont été le chemin de toutes les invasions d'Orient en Occident, du nord au midi : leur histoire n'est qu'un long martyre, et de nos jours encore elles ont eu à souffrir des occupations prolongées de la Russie qui voudrait bien les incorporer à sa masse immense. La possession de ces principautés lui livrerait le bassin du Danube, lui ouvrirait le chemin de Vienne, en même temps qu'elle la rapprocherait de la chaîne des Balkans, la seule barrière qu'elle aurait ensuite à franchir pour se précipiter ensuite sur Constantinople.

Ces principautés ont pour limites, au nord et au nord-ouest, les Carpathes orientales qui les séparent de la Transylvanie; à l'est et au sud-est, le Pruth (1) et le Yalpouch qui les séparent de la Bessarabie, province russe ; au sud-ouest et au sud le Danube, qui les sépare de la Bulgarie et de la Serbie. Elles ont une superficie de 125,000 kilomètres carrés et presque partout n'offrent qu'une succession de plaines. Bien que placées sous une latitude méridionale, elles sont exposées à un rigoureux hiver de cinq mois, l'été en a sept, dont deux d'extrêmes chaleurs. Peu de contrées offrent une aussi grande variété de productions, mais les habitants n'en tirent pas le parti qu'ils pourraient en tirer. De vastes forêts fournissent des bois magnifiques. La vigne y réussit; les arbres fruitiers de ses rives s'abaissent et le fleuve coule paisible à travers de vastes plaines: de la rive droite c'est à peine, tant il se répand à son aise, si on aperçoit la rive gauche. Il forme même de grandes dérivations qui vont inonder le pays à 15 ou 20 kilomètres de dis-

1. Depuis le traité de Berlin, le Pruth est redevenu dans son cours inférieur la limite entre la Roumanie et la Russie qui a recouvré la partie de la Bessarabie autrefois cédée à la Roumanie.

tance. Après Silistrie, il incline fortement vers le nordest. Après Rassova, il traîne ses eaux dans un pays plat où ses divers bras forment des marais : la rive gauche, en Moldavie, est inhabitable. Enfin il se perd dans la mer par un vaste delta qui, avant la guerre d'Orient, appartenait presque tout entier à la Russie. Aujourd'hui les bouches du fleuve appartiennent à la Moldavie. Le traité de Berlin a donné à la Roumanie, en échange d'une partie de la Bessarabie rendue à la Russie, la *Dobrutscha*, pays marécageux et malsain enfermé entre le Danube et la mer. Mais il lui a donné aussi une portion de l'ancienne province turque de Silistrie et les *ports* (ce qui est un grand avantage pour les Roumains) de *Kustendjé* et de *Mangalia*.

Les habitants de la Moldavie et de la Valachie, qui s'honorent du titre de Roumains, rappellent bien les types qu'on voit à Rome sur la colonne Trajane, types de Romains et de Daces. Ces descendants des barbares se font reconnaître par leur chevelure blonde et les descendants des Romains par leur figure italienne. L'organisation du pays est encore féodale et les paysans dépendent en grande partie des boyards ou seigneurs.

La capitale de la Valachie est Bucharest.

« L'aspect de cette ville, dit un voyageur, me semble étrange, tant la ville offre de contrastes. On y voit des palais ou au moins de beaux hôtels et des masures affreuses, des équipages conduits par des cochers en grande livrée, puis d'énormes charrettes transylvaines renfermant un monde comme l'arche de Noé, et traînées par huit, dix, vingt chevaux ou juments avec leurs poulains courant librement autour de l'attelage ; — des chevaux de race russe ou hongroise pleins de feu et de grands buffles à l'œil rouge : des élégants et des élégantes vêtus à la dernière mode de Paris et des paysans habillés comme

RÉGION ORIENTALE. — RUSSIE ET POLOGNE.

les Daces il y a deux mille ans ; la vie orientale, qui s'en va, et la vie européenne qui la remplace, se coudoient, se succèdent comme dans un panorama. »

Bucharest est une ville de 130,000 habitants. Il faut citer encore la place forte de GIURGEWO, sur le Danube.

La capitale de la Moldavie est JASSY, ville de 80,000 habitants ; on remarque en outre la ville de GALATZ, port fréquenté sur le Danube. La principauté de Roumanie a maintenant jour sur la mer Noire par les deux ports de KUSTENDJÉ et de MANGALIA.

Cette dernière province contient beaucoup de Juifs qui s'y rendent maîtres de toutes les affaires et qui le seraient de la terre si on leur permettait de posséder des biens. Trente mille israélites sont réunis à Jassy.

La population totale des principautés s'élève à 4 millions d'habitants ; la religion est la religion grecque et là est le lien par lequel la Russie peut se les attacher.

Depuis 1858 et 1859, les deux principautés n'ont qu'un même gouvernement : elles sont gouvernées par un hospodar et par deux assemblées : un Sénat et une Chambre de députés.

CHAPITRE XVI.

RÉGION ORIENTALE. — RUSSIE ET POLOGNE.

Limites, montagnes et fleuves.

Voici maintenant un empire qui, à lui seul, couvre toute la partie orientale de l'Europe ; un empire dont la tête touche aux glaces du nord, et qui s'étend jusqu'aux régions méridionales ; un empire qui, par la Pologne, s'avance vers l'occident et pénètre en Allemagne ; un empire, enfin, qui se prolonge au nord jusqu'à l'extrémité orientale de l'Asie et qui, des rives de la Baltique, va jusqu'à l'embouchure du fleuve Amour. C'est l'empire Russe, moitié asiatique, moitié européen, qui réunit les climats les plus divers et les nations les plus variées et qui serait très-menaçant, s'il n'était pas appelé fatalement à se briser, à cause de son étendue même.

La Russie d'Europe seule va depuis le 41º degré de latitude nord jusqu'au 76º et depuis le 15º degré de longitude est jusqu'au 63º, ce qui fait une longueur de 3,800 kilomètres du nord-ouest au sud-est, sur une longueur de 2,700 kilom. La superficie totale est de 5,870,000 kilom. carrés, c'est-à-dire plus grande que le reste de l'Europe.

Au nord, la Russie touche à la mer *Glaciale*, qui forme sur les côtes la mer *Blanche* et la mer de *Kara*.

Au nord-ouest, elle confine à la péninsule Scandinave, dans la partie la plus froide et la plus désolée ; à l'ouest, elle est formée par la mer *Baltique*, qui forme sur ses côtes des golfes nombreux parmi lesquels il faut citer les golfes de *Finlande* et de *Livonie* ou de *Riga*. Puis la limite redevient continentale et souvent conventionnelle ; elle suit la frontière du royaume de Prusse et de l'empire d'Autriche.

Au sud-ouest, le Pruth la sépare de la principauté de *Roumanie*.

Au sud, les limites de la Russie sont naturelles, et cependant elle fait tous ses efforts pour les dépasser. Ce sont la mer *Noire*, qui forme sur ses côtes la mer d'Azof, et la chaîne épaisse, âpre, sauvage du *Caucase*, que les Russes ont beaucoup dépassée et au delà de laquelle ils viennent encore d'acquérir (traité de Berlin 1878) le territoire de *Batoum*, de *Kars* et d'*Ardahan* en Asie-Mineure.

A l'est, du côté de l'Asie, les limites de la Russie d'Europe sont : la mer *Caspienne*, qui ressemble plutôt à un vaste lac, le fleuve *Oural*, les monts *Ourals* et la rivière de *Kara*.

La Russie, on le voit, est baignée par des mers qui ont peu d'issue. Au nord, c'est un océan de glaces ; à l'ouest la mer Baltique, fermée une partie de l'année par les glaces et n'ayant de débouchés que par des détroits qui appartiennent à d'autres puissances ; au midi, la mer Noire, qui n'a d'issue qu'à Constantinople ; à l'est, la mer Caspienne, qui n'en a nulle part. Voilà pourquoi elle tend avec une patience et une énergie sans égale à se faire jour sur les mers plus libres et plus ouvertes. Mais alors elle ajouterait à sa force continentale, déjà si grande, une force maritime qui serait un péril pour les autres nations.

Parmi les mers qui baignent la Russie, deux seulement ont des îles qui lui appartiennent. L'océan Glacial a l'île désolée et inhabitable de la *Nouvelle-Zemble* ; la mer Baltique a les îles de *Dago*, d'*OEsel*, d'*Aland* et d'*Abo*, qui lui assurent la prépondérance dans ces parages. Au sud, une presqu'île célèbre s'avance dans la mer Noire, la *Crimée*, qui se rattache au continent par l'isthme étroit de *Pérékop*.

Cette immense contrée n'est pas très-accidentée et n'est divisée qu'en deux grands versants : celui du nord, dont les eaux vont à l'océan Glacial et à la mer Baltique ; celui du midi, dont les eaux vont à la mer Noire et à la mer Caspienne.

La chaîne qui détermine le partage des eaux est celle

qui traverse l'Europe et va, comme celle-ci, du sud-ouest au nord-est. Ainsi, les deux versants de la Russie sont inclinés comme ceux de l'Europe entière, celui du nord vers l'ouest, celui du midi vers l'est.

Cette chaîne n'est pas composée de montagnes élevées : elle va des *Collines de Pologne* aux *Monts Ourals*, par une série d'ondulations et de plateaux ; les monts *Valdaï* ont seuls quelque importance.

Dans chacun des versants le bassin des mers différentes est dessiné par des chaînes secondaires qui se détachent de la chaîne principale. Les monts *Olonetz* et les monts *Dofrines* séparent le bassin de la Baltique de celui de l'océan Glacial. Les montagnes du *Volga* séparent le bassin de la mer Noire de celui de la mer Caspienne et vont se rattacher au Caucase.

C'est la chaîne du *Caucase* qui, à vrai dire, est seule remarquable dans la Russie d'Europe. C'est une des plus grandes chaînes, quoiqu'elle soit courte, de l'ancien continent. Elle renferme les sites les plus pittoresques, les gorges les plus profondes, les pics les plus élevés, dont l'un a plus de 5,600 mètres. Les sommets sont couverts de glaces et de neiges éternelles. La chaîne des monts *Ourals*, qui sépare l'Europe de l'Asie, est, au contraire, beaucoup plus longue que large, mais renferme quelques sommets élevés.

Nous avons donc en Russie deux grands versants, et sur chacun de ces versants, deux bassins : la géographie physique de cette vaste région est donc des plus simples.

Dans la mer Glaciale vont se jeter la *Kara*, la *Petchora*, le *Mézen*, la *Dwina du nord*, l'*Onéga* : les trois derniers vont à la mer Blanche.

Dans la mer Baltique se jettent : la *Tornéa*, qui tombe au fond du golfe de Bothnie ; la *Néva*, qui va déverser dans le golfe de Finlande les eaux d'un grand lac, le lac

Ladoga ; la *Dwina du sud* ou Duna, qui se jette dans le golfe de Livonie ; le *Niémen* et la *Vistule*, qui ne sont pas russes jusqu'à leur embouchure.

Les lacs sont nombreux dans cette partie de la Russie : le lac *Ladoga*, qui reçoit les eaux de trois autres lacs, à savoir, les lacs *Onéga, Saïma, Ilmen*; puis le lac *Peïpous* et le lac *Biélo*, etc.

C'est le versant méridional de la Russie qui a le plus grand nombre de cours d'eau et les plus importants ; ces fleuves ont, en outre, l'avantage de ne point être arrêtés par les glaces comme ceux du versant septentrional.

Dans la mer Noire tombent : le *Dniester*, le *Dniéper*, fleuve très-long et très-considérable, et qui a un certain nombre d'affluents, parmi lesquels la *Bérézina*, le *Pripet*, le *Boug* ; celui-ci se joint au fleuve près de son embouchure et semble presque un fleuve ; le *Don*, ancien Tanaïs, se jette dans la mer d'Azov.

Il faut citer encore, sur ce versant, le Pruth, affluent du Danube.

Dans la mer Caspienne tombe le plus grand fleuve de la Russie et même de l'Europe, le *Volga*.

Ce fleuve reçoit les eaux d'une infinité de grosses et de petites rivières ; il est d'une dangereuse navigation, par la quantité d'angles, de coudes, de bas-fonds, d'eaux mortes, d'îles et de bancs de sable qu'il présente. Ce n'est que dans les mois de mai et juin que les rivières, considérablement grossies par la fonte des neiges, faisant monter les eaux du Volga beaucoup au-dessus de leur niveau ordinaire, en rendent la navigation sûre et facile aux gros bâtiments. L'accroissement de ses eaux est tel, que toutes les terres basses qui bordent les deux côtés du fleuve sont inondées au point qu'il n'y a que la cime des plus grands arbres qui paraisse au-dessus de la superficie de l'eau. Ainsi, le Volga offre déjà, à cet égard, un rapport sensible avec le Nil, en Égypte ; et cette analogie devient encore plus frappante, par la grande fertilité que ces inondations répandent sur les terres qui les ont éprouvées et dont les prairies ressentent le plus particulièrement les effets.

Le Volga forme une étrange quantité d'îles ; c'est surtout aux environs d'Astrakhan qu'elles sont en plus grand nombre ; et plus ce fleuve s'approche de son embouchure, plus ces îles se multiplient, parce que le Volga se partage, dans son cours, en plus de bras qu'aucun autre fleuve connu... Tous ces différents bras se partagent encore en d'autres plus petits ; souvent ils rentrent ensuite les uns dans les autres, et le Volga se décharge dans la mer Caspienne par plus de 70 embouchures.

Ce grand cours d'eau a beaucoup d'affluents dont quelques-uns seuls dignes d'être cités : l'*Oka*, qui se grossit elle-même de la *Moskowa* ; la *Kama*, grossie de la *Viatka*.

D'autres fleuves tombent encore dans la mer Caspienne: le *Térek*, la *Kouma*, l'*Oural*.

Comme les versants de la Russie ne sont point séparés par de hautes montagnes, il n'a pas été difficile de les faire communiquer entre eux et de grands canaux joignent entre elles les diverses voies fluviales de l'empire russe.

Aspect général et climat.

L'aspect général de la Russie change à mesure qu'on change de latitude, car ce pays si vaste réunit tous les climats, les régions désolées et couvertes de neiges, les régions tempérées, les régions chaudes. Au nord les longs hivers ténébreux et les étés courts, mais sans cesse éclairés par le soleil qui se couche à peine : au centre des hivers moins longs, mais très-rudes encore; au midi, des étés très-chauds. Nulle part donc on ne peut mieux suivre, comme par degrés, l'influence bienfaisante du soleil qui répand partout où l'on se rapproche de lui la joie et la vie.

Le nord est à peine peuplé et cultivé et des gouvernements grands comme la France n'offrent que la solitude et la tristesse. Au centre et à l'ouest, au contraire, la population est nombreuse, la terre bien cultivée; des lacs, des montagnes donnent à certaines parties du pays un aspect pittoresque qui lui manque partout ailleurs. Le nom de la Russie, en effet, évoque toujours l'idée des plaines immenses, se déroulant à perte de vue, se succédant avec la plus morne uniformité. Mais ces plaines, surtout au midi, sont de vastes océans de blé et deviennent parfois, dans les années de disette, le grenier de l'occident. A l'est on rencontre d'immenses forêts et on trouve d'abondantes richesses minérales. Enfin la région du Caucase offre, avec un aspect plus sauvage, toutes les grandeurs des Alpes et des Pyrénées.

Divisions politiques.

La Russie d'Europe comprend plusieurs parties très-distinctes : 1° la *Russie* proprement dite, dans laquelle on pourrait, si l'on voulait, distinguer plusieurs Etats indépendants, et qui est aujourd'hui divisée en cinquante gouvernements proprement dits ; 2° la république militaire des *Cosaques du Don* ; 3° le grand-duché de *Finlande* qui appartenait autrefois à la Suède ; 4° le *royaume de Pologne* que la Russie ne peut arriver à s'assimiler ; 5° les territoires caucasiens.

Russie. — Villes principales.

La capitale de l'Empire russe tout entier est SAINT-PÉTERSBOURG, dans le gouvernement de ce nom. Cette ville est admirablement située sur la *Néva*, l'un des plus courts, mais des plus beaux et des plus majestueux fleuves qui existent.

La Néva sort du lac de Ladoga, et, presque à sa source même, porte de gros navires. Pareil à la grande cité qu'il arrose, il surgit et se déroule au loin tout d'un coup ; comme elle, il a été longtemps ignoré, et, comme elle, il a aujourd'hui un nom européen.

Ce fleuve si pur, si vénéré est pourtant une cause perpétuelle d'effroi, au printemps, par le charriage de ses glaces ; en automne, par ses inondations. En 1726, 1752, 1777, il bondit sur ses rives et entraîna dans son débordement impétueux tout ce qui se trouvait sur son passage. En 1824, il menaçait la ville d'une dévastation entière.

« Saint-Pétersbourg, dit un voyageur, est sans contredit la ville la plus splendidement bâtie qui existe en Europe : des rues larges comme les *squares* de Londres, dessinées symétriquement comme les allées d'un jardin du xvii⁰ siècle ; des édifices qui ont un demi-quart de lieue d'étendue, et qui renferment à eux seuls une population plus nombreuse que celle d'un grand nombre de petites villes de Suède, voire même d'Allemagne. Point de ruelles étroites et grossièrement construites, point de carrefours sombres ; partout le même nivellement, partout de l'air et de l'espace. Cet ensemble de riches constructions, dominé par des toitures vastes, par des coupoles arrondies et dorées, par des flèches étincelantes qui s'élancent dans l'air comme des aiguilles, produit au premier abord un merveilleux effet. Bientôt à cet étonnement succède je ne sais quelle fatigue d'esprit qui est comme un désenchantement. Dans ces rues si larges, si droites, à travers ces places bordées de tant de vastes édifices, il n'y a rien qui fixe l'œil et qui attire la pensée. L'histoire n'a pas encore donné à ces monuments splendides son auguste consécration, l'art ne leur a pas imprimé l'immortel caractère de sa perfection, la poésie ne les couvre pas de ses ailes. L'histoire de Pétersbourg ne date que d'un siècle, et quand on a vu la chaloupe, la cabane, la première habitation de Pierre le Grand, quel est celui de ces édifices qui rappelle quelque glorieux souvenir? Pétersbourg est une ville toute jeune qui se développe avec l'ardeur de la jeunesse et marche à pas de géants (1). »

Saint-Pétersbourg est une ville de 550,000 âmes. En avant de cette cité, capitale politique et administrative de l'empire russe, est *Cronstadt*, qui lui sert de cuirasse du côté de la mer. Cronstadt, dans une île du golfe de Finlande, est une des plus redoutables forteresses du monde parce qu'on ne peut guère en approcher.

Saint-Pétersbourg est la capitale moderne, la capitale destinée à mettre en communication plus directe la Russie et l'Europe par la mer Baltique. Mais la Russie conserve toujours un grand respect pour sa vieille capitale, située dans l'intérieur des terres, pour Moscou, la ville historique, la ville sainte, la ville russe par excellence. Moscou, dans le gouvernement de ce nom, est située sur la rivière de la *Moskowa*, affluent d'un affluent du Volga. Elle compte 450,000 habitants, mais la plus grande par-

1. X. Marmier, *Lettres sur la Russie.*

tie de la noblesse va passer l'été dans ses terres. On sait le terrible incendie, qui, allumé par les Russes eux-mêmes, dévora cette magnifique cité au moment où les Français venaient s'y établir. La ville a été rebâtie depuis avec magnificence. Moscou est une ville qui offre à la fois un aspect européen et asiatique. C'est un lien entre l'Europe et l'Asie. La partie la plus remarquable est le Kremlin, vaste enceinte fortifiée dans laquelle se pressent les palais et les églises aux dômes multiples et dorés. C'est à quelques lieues de cette ville que se trouve BORODINO, où se livra la célèbre bataille dite de la *Moskowa*, un des chocs d'armée les plus terribles des temps modernes.

La Russie possède encore un grand nombre de villes considérables. Mais il n'y en a aucune au nord, et cela se conçoit. La ville la plus septentrionale est ARKANGEL (20,000 habit.), sur la Dvina : elle n'a d'importance qu'à cause du commerce de la mer Blanche, pendant l'été. Les villes se pressent, au contraire, au nord-ouest. Sur la mer Baltique on cite le port de REVEL, celui de RIGA, un des plus actifs de la Russie. Riga est le chef-lieu d'une vieille province, la Livonie. La Courlande a pour chef-lieu l'agréable ville de MITAU. Puis on cite, quoique bien déchue de son antique splendeur, NOVGOROD, au nord du lac Ilmen, autrefois siége d'une république marchande très-florissante, aujourd'hui simple et obscur chef-lieu du gouvernement du même nom. VILNA, encore considérable, fut aussi une capitale et le centre d'une province très-importante longtemps unie à la Pologne, la Lithuanie, qui résiste aussi le plus possible à l'invasion de la langue et des mœurs russes. La Lithuanie a formé plusieurs gouvernements, et on y cite encore la ville importante de VITEBSK (30,000 hab.).

KIEW, chef-lieu du gouvernement du même nom, est

une ville importante : ce fut la première capitale des souverains de la Russie : bien que déchue, elle possède encore 60,000 habitants. BERDITCHEV, moins connue, a cependant 50,000 habitants. SMOLENSK, sur la route de Moscou, est une ville fortifiée, prise par les Français en 1812, après un combat acharné.

A l'est, il faut nommer ASTRAKAN, sur le Volga, très-près de son embouchure ; cette cité doit son importance à sa situation qui en fait l'entrepôt du commerce du Volga ; TVER, JAROSLAW, NIJNI-NOVGOROD, tous trois sur le Volga. Cette dernière ville est célèbre par ses foires très-fréquentes où se rencontrent les populations les plus diverses et où s'échangent contre les produits de l'Europe les produits de l'Asie. KAZAN, non loin du Volga, possède une université renommée et des fabriques du cuir dit de Russie. TOULA fabrique des armes ; KALOUGA prépare un mets très-recherché des Russes, le caviar, fait avec des œufs d'esturgeon.

Au midi, sur le versant de la mer Noire et de la mer d'Azof, nous citerons, dans la Bessarabie que la Russie possède maintenant tout entière : KICHÉNEF (80,000 âmes). Dans le gouvernement de Kherson : ODESSA (100,000 habitants), une des places maritimes de l'Europe les plus importantes et centre d'un commerce actif de blés entre la Russie et les autres pays. Dans la Crimée, tout le monde connaît maintenant la ville de SÉBASTOPOL, prise en 1855 par les Français et les Anglais, après un siège unique dans l'histoire. La ville a été presqu'entièrement détruite, et la Russie a été privée d'un de ses ports les plus fortifiés et où elle ne peut plus, d'après le traité de 1856, entretenir ni armer de grands vaisseaux de guerre, ni élever de nouvelles fortifications. La capitale de la Crimée, moins connue, est SIMPHÉROPOL (25,000 hab.). Les montagnes du sud de la Crimée sont riantes et pittoresques et habitées en général par des Tartares. Cette presqu'île a longtemps appartenu aux Turcs.

Finlande.

Le grand-duché de Finlande, qui a été enlevé à la Suède, possède encore une certaine autonomie. Les côtes, le long de la mer Baltique, sont très-découpées, l'intérieur est rempli de lacs et de marécages. Les villes principales sont Helsingfors, capitale du grand-duché, Sweaborg, Abo et dans les îles d'*Alan*, Bomarsund, qui fut prise en 1854 par les troupes anglo-françaises.

Royaume de Pologne.

La Pologne, partagée d'une manière si inique à la fin du siècle dernier, a vu la plus grande partie de ses provinces rattachées à la Russie. Malgré d'énergiques insurrections, les Polonais n'ont pu secouer le joug de la Russie, mais continuent à défendre, autant qu'il est possible, leur religion, leurs mœurs et leur langue : ils ne veulent pas cesser d'être un peuple.

Ce pays, en général très-uni, est traversé par la ligne du partage des eaux européennes, mais elle ne s'y dessine que par des collines. En dehors de quelques contrées marécageuses, le pays est fertile et couvert de magnifiques forêts. Il est arrosé par la *Vistule* qui se jette dans la mer Baltique et par un affluent de l'Oder, la *Wartha*.

La capitale est Varsovie, sur la rive gauche de la Vistule, grande et belle ville, remarquable par ses larges rues, ses palais, ses établissements scientifiques et littéraires. Elle compte 170,000 habitants. Sur la rive droite de la Vistule s'étend une autre ville, Praga, qu'on nomme le faubourg de Varsovie.

La ville la plus industrielle du royaume de Pologne est Lotz (32,000 habitants). Les autres villes intéressantes sont celles de Plock et de Lublin. Modlin est une forteresse très-importante.

Cracovie appartenait autrefois à la Pologne et fut ensuite le centre d'une petite république, mais cette ville où se faisait jadis le couronnement des souverains polonais fut donnée à l'Autriche en 1846.

Pays des Cosaques.

C'est sur les rives du Don que s'étend surtout le pays habité par les tribus belliqueuses qui portent le nom de *Cosaques*. Toutefois, ces tribus sont répandues dans un grand nombre d'autres régions. Ces peuples soumis à la Russie en ont pris la langue, mais non les institutions, et les Cosaques du Don forment une sorte de république militaire qui a ses lois propres. Peu de villes d'ailleurs dans les vastes plaines habitées par les tribus des Cosaques qui vivent surtout de l'élève des bestiaux et du cheval.

Population. — Religion. — Gouvernement.

« Le territoire qui appartient à la Russie a une superficie de 20,402,369 kilomètres carrés, avec une population évaluée officiellement à 77,008,453 habitants, dont environ 68 millions en Europe. Dans cette dernière partie, certains gouvernements ont un, deux, trois habitants par kilomètre carré, d'autres plus de 40, mais, en somme, il y a encore de la marge pour l'accroissement, d'ailleurs assez rapide, de la Russie.

« Ce qu'il importe de constater, en parlant de la population russe, c'est qu'elle se compose de plusieurs races. M. de Buschez, membre du comité de statistique de Saint-Pétersbourg, évalue, dans un document officiel, les populations slaves à 58,400,000 âmes, ou 16 pour 100 de la population, et les autres races à 18,620,000 âmes, savoir : Finnois, Tatars (Turcs), Lithuaniens, Juifs, Allemands, Géorgiens, Tcherkesses, Roumains, Arméniens, Mongols.

« Toutefois tous les Slaves ne sont pas des Russes. Il y a notamment les Polonais qu'on évalue officiellement à 5 millions. Mais les Polonais n'acceptent pas ce chiffre ; ils évaluent leur nombre à plus du double de ce chiffre et revendiquent en outre, comme leur appartenant, les Allemands de la Baltique, les Lithuaniens, les Ruthènes, populations qu'on travaille avec ardeur à russifier. En tout cas, les Russes atténuent et les Polonais exagèrent, voilà ce qui paraît certain.

« On sait que la Russie est un pays gouverné autocratiquement, le tzar réunissant dans sa main tous les pouvoirs gouvernementaux. L'immensité du pouvoir est limitée par l'impossibilité même de l'exercer. Aussi l'empereur y a-t-il délégué, en fait, et dans une certaine mesure, en droit, une bonne partie soit à des autorités collectives, comme le *Conseil intime*, le *Sénat*, le *Saint-Synode*, soit à des individus, connus des ministres. Bien qu'aucune représentation nationale ne contrôle le gouvernement, un budget est publié tous les ans ; c'est un hommage rendu à l'opinion publique, c'est aussi une mesure prise dans l'intérêt du crédit public.

« C'est le culte grec-oriental qui domine en Russie ; sur 76 ou 77 millions d'habitants, 56 millions appartiennent, dit-on, à l'Église orthodoxe. On évalue officiellement le nombre des catholiques à 6,800,000, celui des protestants à 4,132,000, des israélites à 2,297,000, des mahométans à 5,700,000, dont 2 millions en Europe, les autres cultes, les « idolâtres », comprenant les boudhistes, sont au nombre de 4 à 500,000. On sait que le tzar est en même temps le chef suprême de l'Église orthodoxe en Russie, bien qu'il ne se croie pas autorisé à créer des dogmes. Il est assisté, dans l'administration du culte grec, par le *très-saint synode dirigeant*, sorte de Conseil d'Etat ecclésiastique qui se compose des principaux prélats de l'empire, et d'un haut procureur laïque (souvent c'est un général), assisté de deux fonctionnaires civils (1). »

1. Maurice Block, *L'Europe politique et sociale*.

LIVRE IV.

L'ASIE. — GÉOGRAPHIE PHYSIQUE.

CHAPITRE XVII.

GÉOGRAPHIE GÉNÉRALE.

Limites, mers et golfes.

L'Asie est la plus vaste des parties de l'ancien continent. Plus grande que l'Europe et l'Afrique réunies, elle confine surtout à l'Europe à laquelle elle est soudée à l'ouest dans toute sa longueur et avec laquelle elle semble même ne faire qu'un corps. Elle ne tient à l'Afrique que par l'isthme de Suez.

En réalité, l'Asie et l'Europe sont tellement soudées ensemble qu'on pourrait n'en faire qu'une même partie du monde si son aspect général, son sol, son climat, ses populations ne la rendaient entièrement différente de l'Europe. L'Afrique ne tient à l'Europe et à l'Asie que par une langue de terre, un isthme, l'isthme de Suez, et encore l'homme a-t-il, de notre temps, réussi à le couper.

C'est du côté de l'ouest que l'Asie tient à l'Europe. La

limite n'est formée que par une chaîne de montagnes peu élevées, les monts *Ourals*, et la mer Caspienne qui n'est qu'un lac. La chaîne du *Caucase*, rempart redoutable, sert aussi de limite, mais l'espace qu'elle remplit entre la mer Caspienne et la mer Noire est relativement très-court.

Les autres limites de l'Asie à l'ouest sont des mers : la mer *Noire*, la mer de Marmara, l'Archipel, la Méditerranée. Mais ces mers secondaires, loin d'être une barrière entre l'Europe et l'Asie, ont été au contraire les routes les plus faciles de communication. Du côté de l'Oural le pays est trop désolé et les rapprochements entre l'Europe et l'Asie se sont toujours faits par la mer de Marmara, l'Archipel et la Méditerranée.

Des autres côtés, au sud, à l'est, au nord, l'Asie est enveloppée par l'eau et de vastes océans : au nord l'océan Glacial, à l'est l'océan Pacifique, au sud l'océan Indien et les mers qui en dérivent.

Ces mers qui en dérivent sont plutôt des golfes : la *mer Rouge* entre l'Arabie et l'Afrique, le *golfe Persique* entre l'Arabie et la Perse ; la *mer d'Oman*, dont le golfe Persique n'est que le prolongement, le *golfe du Bengale* entre l'Hindoustan et l'Indo-Chine.

L'océan Pacifique, qui s'étend sur un immense espace entre l'Asie et l'Amérique, creuse les côtes de l'Asie par les golfes de *Siam* et du Tonkin, forme les *mers de Chine*, du *Japon*, de *Corée* ou *mer Jaune*, d'*Okotsk*, de *Behring*.

La mer de Behring et le détroit de ce nom séparent l'extrémité nord-est de l'Asie de l'extrémité nord-ouest de l'Amérique. A cet endroit l'Asie se rapproche sensiblement de l'Amérique, et tout porte à croire que dans les âges les plus reculés l'ancien continent tenait par là au nouveau.

Le *détroit de Behring*, au nord-est, est donc un des principaux détroits de l'Asie, avec celui de *Bab-el-Mandeb* au sud-ouest, entre l'extrémité de l'Arabie et la côte d'Afrique : ils marquent les deux points où l'Asie se rapproche le plus de l'Amérique d'un côté et de l'Afrique de l'autre.

Les détroits de *Gallipoli* et du *Bosphore* (ou de Constantinople) séparent à peine l'Asie de l'Europe.

Le détroit de *Malacca* sépare à peine l'Asie de la grande île de Sumatra, une des principales îles de l'Océanie.

L'Asie tient donc à l'Europe, à l'Afrique, et de simples détroits la séparent des autres parties du monde. On peut même dire qu'elle tient à toutes et elle est certainement la plus centrale de même qu'elle est la plus massive.

La mer, en effet, n'a pu arriver à pénétrer dans l'intérieur : elle a simplement creusé les golfes que nous avons nommés où elle pénètre le plus avant. La mer d'Oman, s'ouvrant un passage au détroit d'Ormutz, a formé le golfe Persique, qui est presque une mer intérieure.

Le nombre des golfes et des mers secondaires indique suffisamment qu'il y a en Asie plusieurs presqu'îles. Les plus importantes sont au sud : l'*Arabie*, l'*Hindoustan*, l'*Indo-Chine*. A l'est on remarque surtout les presqu'îles de *Corée* et du *Kamchatka*; au sud il n'y a d'îles importantes que l'île de *Ceylan*, au-dessous de l'Hindoustan. On cite encore dans le golfe du Bengale les îles Andaman et Nicobar ; dans la mer d'Oman, les îles *Laquedives* et *Maldives*.

Mais à l'est, dans l'océan Pacifique, les îles abondent: chaîne des *îles Kouriles*, îles de *Sakhalian*, de *Yéso*, de *Nippon* (Niphon ou Japon) de *Kiou-Siou*, de *Sikok*, de *Liou-Kiou* qui composent l'archipel du Japon ; les îles *Formose* et *Haï-Nan*.

Montagnes et fleuves. — Plateaux et dépressions du centre et de l'ouest.

C'est un immense plateau que l'Asie, enveloppé par de hautes montagnes qui envoient surtout au sud et à l'ouest des rameaux assez forts pour servir de charpente à des presqu'îles considérables.

Les montagnes qui enveloppent le plateau central sont au nord les monts *Altaï* et *Sayansk* ; à l'ouest les monts *Célestes* et les monts *Bolor* ; à l'est les monts *Ching-Kan* ; au sud le massif du *Kou-Kou-Noor* et les monts du *Thibet*.

Ce plateau, sillonné par des vallées dont les eaux n'ont pas d'écoulement, marque la division des versants de l'Asie : le versant du nord ou de la *mer Glaciale*, le versant de l'ouest ou de la *mer Caspienne*, de la *mer Noire* et de la *Méditerranée*, le versant du sud ou de l'*océan Indien* et des mers qui en dérivent ; le versant de l'est ou de l'*océan Pacifique*.

La chaîne qui enveloppe au nord le plateau, c'est-à-dire l'*Altaï*, continue la ligne générale de partage des eaux de l'ancien continent en se rattachant aux monts Ourals : elle se dirige vers le *nord-est*, se prolonge, sous le nom de monts *Stanovoï*, jusqu'au détroit de Behring.

Le versant qu'elle dessine est le moins accidenté et le plus froid : les cours d'eau qui le traversent vont se jeter, tous très-longs et presque parallèles, dans l'océan Glacial : l'*Obi*, le *Iénissei*, la *Léna*.

A l'ouest, le plateau central semble continué par le plateau de la *Perse* qui y touche, et par le plateau de l'*Asie Mineure*. Au nord du plateau de la Perse se trouve au contraire une dépression considérable, dont le fond est occupé par la *mer Caspienne* et le lac d'*Aral*.

Le plateau de la Perse est formé au nord par les monts

Elbourz, du *Khorassan,* et de l'*Indou-Kouch ;* à l'est par les monts *Soliman ;* au sud par les monts du *Béloutchistan* et du *Farsistan,* à l'ouest par les monts *Elvend.* Les eaux de ce plateau ne s'écoulent pas vers la mer, mais tombent dans des lacs, entre autres les lacs *Zerrah, Baghteghan,* etc.

Quant au plateau de l'Asie Mineure, il est le plus occidental et ses eaux tombent, d'une part dans la mer Noire, de l'autre, dans la Méditerranée ; il est formé par les chaînes de l'*Anti-Taurus* et du *Taurus.* C'est moins un plateau qu'un massif montagneux et ses cours d'eau ne sont pas considérables : on ne peut guère citer que le *Kisil-Ermack* (l'ancien Halys) qui traverse l'Asie Mineure et se jette dans la mer Noire. Les côtes de l'Asie Mineure sont bien découpées, parce que les chaînes de montagnes vont droit se heurter contre la mer. Au nord-est de ce plateau, dans les montagnes d'Arménie, on remarque les lacs volcaniques de *Van* et d'*Ourmiah.*

Au sud des monts d'Arménie, dans la direction du midi, s'ouvre une vallée célèbre, arrosée par des fleuves bien connus, le *Tigre* et l'*Euphrate.*

Au nord c'est le bassin de la mer Caspienne, formé par le Caucase, le plateau de la Perse, les monts Ourals et les monts Bolor ; c'est un bassin tout intérieur, sans écoulement vers les grandes mers : c'est comme un vaste fond de cuve qui contraste avec le plateau central de l'Asie élevé de deux à trois mille mètres au-dessus du niveau de la mer. Le fond du bassin de la Caspienne descend même au-dessous du niveau de la mer. La Caspienne n'est qu'un lac, comme nous l'avons dit déjà, mais un lac de 250 lieues de longueur, et alimenté par le *Volga* qui vient d'Europe. Au même bassin appartient le grand lac, dit aussi *mer d'Aral,* dans lequel se jettent deux fleuves : le *Syr-Daria* et l'*Amou-Daria.*

Montagnes et fleuves du sud et de l'est. — L'Hymalaya. — Le Gange.

Au centre et à l'ouest de l'Asie, le sol n'offre pas, sauf en quelques points, de grandes lignes, et présente un ensemble assez confus de montagnes, de plateaux, de dépressions et de vallées. Au sud et à l'est la géographie physique devient plus nette et l'aspect plus grandiose.

Du plateau central se détache la chaîne de l'*Hymalaya* qui court parallèlement à sa muraille méridionale et qui en est la première, la vraie et la plus colossale muraille.

« Ce qu'il y a de plus grand dans ces montagnes, a dit un voyageur, ce qu'il y a d'imposant, c'est moins leur hauteur apparente que l'espace qu'elles occupent. Voilà ce dont les Alpes ne peuvent donner aucune idée : le diamètre de la bande occupée par leurs cimes est comparativement fort étroit; leurs vallées sont si ouvertes que les regards s'y promènent comme dans des plaines. Dans l'Himalaya, au contraire, c'est toujours à des sommets que la vue s'arrête ; et, quand on s'élève davantage, on ne fait que découvrir des cimes nouvelles, plus éloignées. C'est un labyrinthe sans fin de pics noirs, d'abîmes béants, de neiges éternelles, entrecroisés de mille façons. Les eaux suivent les routes tortueuses et divergentes que le caprice de la direction des montagnes leur impose, et, avant d'arriver des neiges de l'Himalaya à l'entrée des plaines de l'Hindoustan, il est peu de torrents qui n'aient coulé vers tous les points du compas. »

Derrière cette chaîne gigantesque, dans les profondes vallées qu'elle laisse entre elle et le plateau central, naissent deux des principaux fleuves de l'Asie méridionale, le *Sind* ou l'*Indus* et le *Brahmapoutre*. Ils contournent tous les deux l'Himalaya, mais en sens opposé, et sortent le premier par l'ouest, le second par l'est : le *Sind* se jette dans la mer d'Oman, le *Brahmapoutre* dans le golfe du Bengale.

De l'Himalaya même sort un fleuve plus important encore et plus célèbre, le *Gange*, dont la splendide vallée s'appuie dans toute sa longueur à la chaîne de l'Himalaya et aux massifs qui s'en détachent.

Dans le golfe du Bengale, outre les cours d'eau de la presqu'île du Dekan, tombe encore un fleuve important qui descend aussi du plateau central de l'Asie, l'*Irraouaddy*.

La vallée de ce dernier fleuve est fermée à l'est par la chaîne des monts de *Siam*, qui, partant du plateau central, va droit au sud, forme la charpente de la presqu'île de l'Indo-Chine et sépare, au midi, le versant de l'ouest et celui de l'est.

Au delà de cette chaîne, du midi au nord, s'étend un pays généralement découvert, appuyé au plateau central et tourné vers l'océan Pacifique : c'est la région chinoise.

Sur ce versant, on remarque les fleuves du *Cambodge*, qui se jette dans le golfe de Siam ; le *Yang-tse-Kiang*, ou fleuve Bleu ; le *Hohang-ho* ou fleuve Jaune, et le fleuve *Amour* ou Saghalieh. C'est l'un des versants les plus importants de l'Asie par l'abondance de ses eaux ; il renferme aussi la plus nombreuse population.

Principales races de l'Asie et religions.

Cet immense territoire de l'Asie, sillonné et quelquefois déchiré par de fortes chaînes de montagnes, arrosé par de nombreux et de magnifiques cours d'eau, jouissant d'un climat très-inégal, mais en général plus chaud que celui de l'Europe, et, en certaines contrées, tropical, est le continent le plus anciennement peuplé et aussi le plus peuplé. Il compte 700 millions d'habitants, qui sont loin d'appartenir à la même race.

En Europe, c'est à la diversité des traits et des caractères qu'on peut juger de la diversité des familles de peuples. En Asie, on en peut juger à la couleur. Il y a deux races principales : la race *blanche* ou caucasique ; la race *jaune* ou mongolique.

Ces deux races se divisent presque également l'Asie : la première domine à l'ouest, la seconde à l'est. A cette différence de race correspond aussi une différence de religion. La race blanche est mahométane, la race jaune païenne. Quant aux détails, nous les donnerons à mesure que nous passerons en revue chaque pays.

CHAPITRE XVIII.

RÉGION OCCIDENTALE.

I.

TURQUIE D'ASIE.

Description physique.

L'empire ottoman est à cheval sur l'Europe et sur l'Asie ; il est toutefois plus asiatique qu'européen. La Turquie d'Asie, en effet, présente une superficie de 1,250,000 kilomètres carrés, c'est-à-dire plus du double de celle de la France. Mais ce vaste espace n'est point peuplé en raison de son étendue et compte seulement 15 millions d'habitants.

La Turquie d'Asie comprend la partie occidentale de l'Asie qui rattache l'Europe et l'Afrique. C'est en quelque sorte une contrée intermédiaire entre les trois parties de l'ancien continent, et ses possesseurs ont presque toujours, grâce à cette situation, empiété à la fois sur l'Europe et sur l'Afrique.

La Turquie d'Asie est bornée au nord par la mer Noire. Elle projette vers l'Europe une presqu'île remarquable, et dès longtemps célèbre, qu'on appelle l'*Asie Mineure*. Cette presqu'île, montagneuse, fertile, riante, est baignée par la mer Noire, les détroits, l'Archipel, la Méditerranée ; ses côtes sont très-découpées et accompagnées d'îles importantes, les îles de *Métélin*, de *Chio*, de *Samos*, de *Rhodes* ; au sud se trouve la grande île de *Chypre* cédée à l'Angleterre en 1878.

La charpente montagneuse de cette presqu'île est formée par les deux chaînes du *Taurus* et de l'*Anti-Taurus* parallèles aux côtes septentrionale et méridionale. De l'Anti-Taurus descend dans la mer Noire, le cours d'eau le plus remarquable de la contrée, le *Kisil-Irmack*.

Du Taurus se détache, courant droit au midi, hors de l'Asie Mineure, et longeant la Méditerranée, la chaîne magnifique du *Liban*, aux sommets couronnés de forêts et ornés des beaux arbres qu'on appelle les cèdres du Liban. Cette chaîne serre de trop près la côte méditerranéenne pour que des vallées aient pu se développer ; au delà de cette région, en s'avançant vers l'est, on rencontre un plateau désert jusqu'à la fameuse vallée du Tigre et de l'Euphrate.

La région du Taurus et du Liban, c'est-à-dire l'Asie Mineure et la Syrie, regardent l'Europe et la Méditerranée,

La vallée de l'Euphrate et du Tigre regarde l'Asie, le golfe Persique, c'est-à-dire l'océan Indien.

Cette vallée, siége des plus anciens empires et peut-être berceau du genre humain, s'appuie au nord au plateau d'Arménie qui continue vers l'est le plateau de l'Asie Mineure. Deux fleuves frères et presque toujours réunis sous les mêmes lois, l'arrosent en se dirigeant, par un cours parallèle, du nord-ouest au sud-est : le Tigre et l'Euphrate. Tous deux tombent des monts d'Arménie. L'*Euphrate* est celui qui vient des montagnes les plus lointaines et son cours généralement lent est de 1,750 kilomètres. Le *Tigre* bondit au contraire et se dirige plus droit vers la mer. Tous deux cependant, malgré la diversité de leurs allures, s'unissent à la fin et forment un vaste cours d'eau, le *Chat-el-Arab*, avant de se jeter dans le golfe Persique.

L'histoire a laissé de si fortes empreintes dans la Turquie d'Asie, bien déchue de son antique splendeur, qu'on ne suit guère les divisions administratives, ou *vilayets*, mais qu'on garde dans l'usage les divisions historiques d'Asie Mineure (*Anatolie* ou *Anadoli* des Turcs, et *Karamanie, Roum-Ili*, etc.), de Syrie, d'Arménie, de Kurdistan (ancienne Assyrie), de Mésopotamie (*Djézireh*), de Babylonie (*Irak-Arabi*).

L'Asie Mineure ou région du Taurus est celle qui renferme le plus grand nombre de villes : au nord, c'est Sinope, port sur la mer Noire ; puis Scutari, en face de Constantinople ; au nord-ouest, Brousse, ville de 60,000 habitants, une des anciennes capitales de l'empire ottoman ; à l'ouest, sur l'Archipel, la riche et commerçante ville de Smyrne (120,000 hab.) ; à l'est, et dans l'intérieur des terres, Angora (50,000 hab.), l'*Ancyre* des anciens et où l'on voit encore un célèbre temple d'Auguste ; Kutahieh.

Dans l'Arménie, fort entamée par les Russes, il faut

citer la grande ville d'ERZEROUM (80,000 habitants), où se fabriquent d'excellentes armes blanches. La Turquie a perdu de ce côté, par la guerre 1877-78, les territoires de BATOUM, de KARS et d'ARDAHAN. Kars est une place forte qui avait souvent arrêté les Russes. Batoum est un port actif qui du reste a été déclaré port franc et exclusivement commercial. Dans le Kurdistan, on cite DIARBEKIR, sur le Tigre ; MOSSOUL, également sur le Tigre, et près des ruines de la fameuse Ninive.

La Mésopotamie et l'Irak-Arabi s'étendent entre l'Euphrate et le Tigre. La ville principale de cette contrée qui fut longtemps le centre de l'empire des Arabes, c'est BAGDAD, sur le Tigre. Bien que déchue de sa splendeur, cette ville commerçante compte encore 100,000 âmes. Sur les bords de l'Euphrate, près de la petite ville de HILLAH, on remarque les ruines de la célèbre BABYLONE dont le nom éveille tant de souvenirs.

En se rapprochant de la Méditerranée, dans la région du Liban ou Syrie, on ne trouve guère de villes que sur la côte. Mais sur cette côte prospérèrent jadis les opulentes cités phéniciennes, et on y voit encore les villes commerçantes de BEYROUTH, SAÏDA, l'antique Sidon ; SOUR, autrefois la célèbre ville de Tyr ; SAINT-JEAN-D'ACRE ou Ptolémaïs, qui a joué un grand rôle dans l'histoire des Croisades. Dans l'intérieur des terres c'est la ville d'ALEP, autrefois très-riche, aujourd'hui à moitié ruinée, et la riante ville de DAMAS, capitale de la Syrie, curieuse et splendide cité de 200,000 habitants, admirablement située, enveloppée de jardins, de verdure, d'ombre, de fraîcheur, sous un ciel d'une éclatante beauté.

Puis, au sud de la Syrie, dans les montagnes, c'est la cité, célèbre entre toutes les cités, la ville sainte des Juifs et des Chrétiens, JÉRUSALEM, qui n'a rien d'imposant ni de remarquable, mais qui remue profondément tous les voyageurs par les souvenirs religieux empreints, pour ainsi dire, sur chacune de ses pierres.

Non loin de Jérusalem s'étend la *mer Morte*, ou lac Asphaltite, cette mer étrange et maudite aux eaux lourdes et malsaines, dans laquelle se jette le fleuve de la Palestine, le *Jourdain*.

Dans les montagnes du Liban habitent des populations de race et de religion différentes dont la rivalité devient quelquefois très-sanglante. Les DRUSES, peuple à la religion bizarre, et dont les instincts pillards sont encore excités par le fanatisme, sont toujours un danger pour les MARONITES, populations plus paisibles et chrétiennes.. Il a fallu, notamment en 1860, une intervention européenne et les soldats de la France pour protéger les Maronites.

L'Angleterre, en retour de la cession qui lui a été faite de l'île de CHYPRE, a déclaré garantir aux Turcs leurs possessions d'Asie.

II.

ARABIE.

L'Arabie est une péninsule qui tient à l'Asie Mineure et en même temps à l'Afrique : elle est enveloppée par la mer Rouge, la mer d'Oman et le golfe Persique. Elle a la forme d'un rectangle, et tient si bien à l'Afrique et à l'Asie, offre si bien quelques-uns des caractères de ces deux parties du monde, qu'on pourrait en réalité se demander à laquelle elle devrait appartenir. Moitié désert, moitié oasis, c'est un pays de communication et de passage, sauf à l'intérieur, dont les sables rendent l'accès difficile.

Toutefois, d'après la relation d'un Anglais, M. Palgrave, qui a récemment, au prix de grands dangers, parcouru ce pays, le centre de l'Arabie n'est point ce que nous pensions jusqu'ici. Quand on a franchi les espaces désolés où s'agitent les sables et le simoun, on retrouve le sol cultivable, les plaines fertiles, une population compacte, des villes, de nombreux villages, des États, malheureusement fermés aux étrangers, et où dominent des sectes religieuses jusqu'au fanatisme.

L'Arabie a souvent changé de maîtres; aucune domination toutefois ne s'y établit solidement, et les tribus indigènes sont restées en général libres et forment des groupes indépendants. Une partie seulement de la côte occidentale dépend de l'empire ottoman, parce que c'est de cette région que sortit la religion musulmane.

L'Arabie est un vaste plateau; les chaînes de montagnes suivent les côtes, et c'est là surtout que s'est portée la vie, parce que là surtout est la fertilité du sol et l'eau. La chaîne occidentale fait une pointe dans la mer Rouge et, dans la presqu'île qu'elle dessine, on remarque le mont Sinaï, célèbre dans la Bible.

La *côte occidentale* qui appartient à la *Turquie* a pour villes principales Médine et la Mecque. La Mecque, où est né Mahomet, est la sainte cité des Mulsumans; là se trouve le temple célèbre où tous les Musulmans doivent se rendre au moins une fois en pèlerinage.

Les possessions de la Turquie ne s'étendent point sur la côte occidentale jusqu'au détroit de Bab-el-Mandeb. L'extrémité méridionale de cette partie appartient à des princes indépendants, et s'appelle l'*Yémen*; c'est une des plus fertiles et des plus riches contrées de l'Arabie. Là se trouve la ville de Moka, jadis très-importante par son commerce, qui est aujourd'hui transporté à Aden, ville dont les Anglais se sont rendus maîtres. Les Anglais se sont également rendus maîtres de l'île *Périm*, à l'entrée du détroit de Bab-el-Mandeb.

L'*Hadramaout*, qui s'étend le long de la mer d'Oman, ne contient guère que des déserts.

Au sud-est s'étendent les États du sultan de *Mascate*

dont la capitale est Nezveh. Mais la ville la plus importante est MASCATE, située à l'entrée du détroit d'*Ormuz* et sur la mer d'Oman.

Au centre se trouve, dans le *Nedjeh*, le royaume des

Wahabites, mahométans fanatiques, dont la capitale est El-Riad.

III.

PERSE.

Aspect du pays et villes principales.

La Perse ou *Iran* forme un empire gouverné par un souverain qui porte le titre de *shah*. Elle comprend un vaste plateau enveloppé au nord par les monts *Elbour* et les monts du *Khorassan*, à l'ouest par les monts *Elvend*, et qui s'étend à l'est jusqu'à la vallée du Sind, bien que la Perse n'aille pas aussi loin.

Ce pays, en effet, n'a point partout les limites naturelles qui lui semblaient assignées. Au nord ces limites étaient le Caucase et la mer Caspienne. Les Russes ont tourné le Caucase, et des provinces russes limitent de ce côté la Perse. Les autres limites de la Perse sont, au nord le *Turkestan*, à l'est les États du *Hérat*, de l'*Afghanistan*, du *Béloutchistan*, et ces derniers ont été taillés dans le plateau même de l'Iran ou de la Perse. Au sud, la limite est le golfe Persique, à l'orient la Turquie d'Asie.

L'air de la Perse est remarquable par sa sécheresse, sa pureté, mais le climat est très-chaud et l'eau manque.

« Sur les bords de la mer Caspienne, qui occupe comme le fond d'un vaste entonnoir, les chaleurs sont aussi fortes que dans les Indes occidentales ; l'hiver y est très-doux, mais l'air y est chargé toute l'année d'une grande humidité. Dans les provinces du plateau central, depuis Kandahar jusqu'à Ispahan, le froid et la chaleur sont également excessifs. Les montagnes environnantes sont chargées de neiges perpétuelles ; les grands vents règnent du mois de mars à la fin de mai ; du mois de juin à septembre, l'air est pur et rafraîchi par les brises des nuits, qui sont assez sereines pour qu'on y puisse lire à la seule clarté des étoiles. L'air est généralement sec ; le tonnerre et les éclairs y sont rares, mais la grêle y est fréquente et fait de grands ravages pendant le printemps. Plus au sud-est, dans le Farsistan (la Perse proprement dite), les saisons sont plus tempérées ; plus au nord-ouest, les montagnes et les forêts entretiennent une température plus humide et plus égale.

« Dans les provinces du sud, sur le golfe Persique, les vents brûlants suffoquent le voyageur.

« Les anciens rapportent qu'à Suse, l'ancienne capitale de la Susiane ou Kousistan, les habitants périssaient dans les rues lorsqu'ils s'exposaient à la violence de la chaleur (1). »

La capitale de la Perse est la ville de Téhéran, au pied des monts Elbourz, grande cité de 130,000 habitants, dont le séjour est toutefois désagréable en été, car la population tombe alors à 40,000 habitants. Le palais du roi (ou *shah*) répond à tout ce que la renommée a publié de la richesse et du faste des souverains orientaux.

Ispahan était autrefois la capitale de la Perse, et une capitale renommée qui eut jusqu'à un million d'habitants : il n'en reste plus que 180,000. Ispahan se trouve dans une plaine d'une admirable fertilité.

Citons encore parmi les villes les plus remarquables : Tauris, au nord, près du lac *Ourmiah*, ville très-grande et surtout très-commerçante, peuplée de 160,000 habitants : c'est l'entrepôt du commerce avec l'Occident ; Schiraz, dans le midi de la Perse et dans une délicieuse

1. *La Perse,* Champollion-Figeac.

vallée, qui est une des villes les plus agréables et l'un des *quatre paradis terrestres des Orientaux.*

La Perse possède quelques ports sur le golfe qui baigne le midi. Les principaux sont ceux de Bouschir, en face duquel est l'île de *Karak*, et Bender-Abassi. En face de cette dernière ville est l'île d'*Ormuz.*

Comme dans tous les États de l'Asie, le gouvernement est une monarchie absolue. La religion musulmane domine, mais les Persans sont de la secte d'Ali ou *schiites* et sont ennemis religieux des Turcs ou *sunnites*. L'influence européenne se fait de plus en plus sentir en Perse. Le shah est venu visiter les principaux pays de l'Europe en 1873, et a fait en France un séjour qui lui a inspiré le désir de revenir en 1878 pour visiter l'Exposition universelle.

IV.

LES PROVINCES RUSSES DU CAUCASE. — LE TURKESTAN.

Les provinces du Caucase.

La Russie menace de plus en plus la Perse, et déjà la tourne par deux côtés, par le Caucase et le Turkestan.

La chaîne du Caucase, muraille presque infranchissable, s'abaisse vers ses deux extrémités, du côté de la mer Noire et du côté de la mer Caspienne. C'est par ces extrémités que les Russes ont passé pour soumettre le pays qui s'étend sur le revers méridional du Caucase, comme ils avaient soumis le pays qui s'étend sur le revers septentrional.

Sur le revers septentrional, c'est-à-dire en Europe, la limite des provinces caucasiques est formée par le *Kouban*, qui se jette dans la mer Noire, et par le *Térek*, qui se jette dans la mer Caspienne ; cette région renferme le gouvernement de *Stavropol* et les territoires du *Kouban*, du *Térek* et du *Daghestan*. Le Térek porte aussi le nom de Circassie, et ses tribus sont célèbres par la beauté de leur type comme par leur énergie et leur courage. Il a fallu bien des guerres pour les amener à reconnaître l'autorité de la Russie.

Au delà du Caucase s'étendent les provinces russes asiatiques, arrosées par le *Kour*, qui se jette dans la mer Caspienne, et divisées en quatre gouvernements. La ville principale est Tiflis, capitale de l'ancien royaume de Géorgie, ville commerçante de 30,000 habitants. Il faut citer aussi : Erivan, dans l'Arménie Russe, Nakhtchivan, Bakou, port sur la mer Caspienne.

Il faut ajouter maintenant les territoires enlevés à la Turquie, le port de Batoum sur la mer Noire, les districts d'Ardahan et de Kars.

Les populations de ces provinces ou plutôt les tribus diffèrent entre elles d'origine et de caractère. La principale, la nation des Géorgiens, la plus remarquable par la beauté physique, a mérité d'être considérée comme le type de la race blanche. La religion la plus répandue est la religion grecque.

Turkestan. — Les Kirghizes.

Les Russes ont tourné la mer Caspienne par le nord comme ils la tournaient par le sud en dépassant le Caucase. Ils se sont avancés dans le bassin de la mer Caspienne, qui est occupé par de vastes steppes où erraient des tribus indépendantes. On désigne ce bassin de la mer Caspienne sous le nom de Turkestan.

Les Russes commencèrent par nouer des relations avec les tribus qui parcouraient les steppes du nord et qui, une fois domptées, leur ont facilité l'invasion du midi du Turkestan, partie plus fertile, plus riche, et occupée depuis longtemps par les royaumes de Khokand et de Boukharie.

Les Kirghzes ont joué un très-grand rôle dans l'histoire des conquêtes de la Russie, et ces tribus méritent d'être connues.

« Leurs peuplades, dit un voyageur, limitées par l'Oural, côtoient les bords septentrionaux de la mer Caspienne, enveloppent la mer d'Aral et s'avancent vers l'orient. La partie qui obéit au gouvernement d'Orenbourg, située sur l'Oural, comprend un territoire trois fois plus grand que la France. C'est de là que partit jadis la célèbre horde d'Or qui s'empara de la Russie et pilla Moscou. Ce vaste pays, c'est le steppe. Ni villes, ni villages, ni maisons, ni chaumières; çà et là la tente isolée d'un pasteur errant : parfois quelques tentes réunies, qui forment un *aoul* (village); les chameaux, les chevaux, les moutons, vont au hasard à travers l'étendue, cherchant pâture, flairant l'eau de loin et se réunissant au coup de sifflet de leur conducteur. Quand la terre est épuisée, que les troupeaux ne trouvent plus à se nourrir, on lève les demeures mobiles, on les charge sur les dromadaires, et toute la tribu, guidée par un ancien, s'en va à la recherche d'un pâturage nouveau et d'une source suffisante. Là où la peuplade a vécu l'herbe croîtra, et toute trace disparaîtra qui pourrait indiquer le séjour des hommes.

Les peuplades errantes qui forment les Kirghizes se nomment elles-mêmes *kaisaks*, c'est-à-dire les hommes libres. Issues de la fusion de différentes tribus de l'Asie centrale, parlant la langue tartare, ces peuplades ne sont point de purs Mongols, mais possèdent cependant les traits caractéristiques de cette race, et appartiennent indubitablement à cette famille. Pillards, voleurs, vantards, ils sont fort dégénérés de leur ancienne bravoure, et Gengis-Kan ne les reconnaîtrait guère; leurs arcs, leurs flèches, leurs lances, leurs longs fusils à mèche, sont plutôt des objets d'ornement pour eux que des instruments de défense. Leur religion paraît être un islamisme fort mitigé par les coutumes locales et traditionnelles (1). »

Par le pays des Kirghizes, les Russes pénétrèrent dans les vallées de l'Amou-Daria et du Syr-Daria, cours d'eau qui alimentent la mer d'Aral. En 1854 ils s'emparèrent de KHIVA et de l'oasis importante dont elle est le centre. Depuis ce temps ils n'ont cessé d'entamer les autres États du Turkestan, le royaume de *Khokand* au nord, sur le Syr-Daria, le royaume de *Boukarie*, au centre.

Le royaume de Khokand, qui a pour capitale une ville du même nom, dépendait de la Boukharie. Les Russes l'ont aidé à s'en affranchir, mais pour le soumettre ensuite à leur influence.

Le royaume de Boukharie occupe la plus belle partie du Turkestan. Le souverain qui le gouverne porte le titre de *khan* et réside à BOUKHARA, ville qui compte de nombreux colléges et 150,000 habitants. La ville la plus remarquable est ensuite SAMARKANDE, autrefois l'une des plus riches et des plus célèbres cités de l'Asie, et dont le farouche conquérant Tamerlan avait fait sa capitale.

Les Russes ont soumis à leur domination le royaume de Boukhara et se frayent ainsi une route directe vers l'Inde.

V

AFGHANISTAN ET BÉLOUTCHISTAN.

L'Afghanistan et le Béloutchistan deviennent, par suite de ces progrès des Russes, des pays dont la position est très-importante. Ils servent de protection aux Anglais,

1. M. Maxime Du Camp. *Souvenirs de voyages et de lectures.*

qui ont réussi à soumettre à leur influence le Béloutchistan et plusieurs districts de l'Afghanistan.

L'Afghanistan occupe la partie orientale et en même temps la plus élevée du plateau de l'Iran ou de la Perse, l'autre côté de ce bassin est tourné vers l'Indus. On comprend dès lors l'importance de ce pays.

L'Afghanistan est divisé en trois royaumes principaux ou sultanats: celui de *Kaboul* à l'est ; de *Kandahar*, au sud ; de *Hérat*, au nord et à l'ouest, c'est-à-dire dans le voisinage de la Perse.

La ville de HÉRAT, déjà célèbre dans l'antiquité, est la cité la plus commerçante ; son importance militaire aussi bien que sa richesse et sa situation sur la route de l'Inde en ont fait un objet de convoitise entre les Persans et les Afghans, derrière lesquels il faut toujours voir les Russes et les Anglais. Ce sont les Afghans qui récemment l'ont emporté, et c'est un prince ami de l'Angleterre qui a soumis Hérat.

KABOUL, capitale du pays du même nom, est une cité de 60,000 habitants, mais la plus grande ville de l'Afghanistan est encore, comme autrefois, KANDAHAR, ancienne capitale de ce royaume : elle compte 100,000 habitants.

Les Afghans sont un peuple brave, énergique, mais indiscipliné et souvent cruel.

Le Béloutchistan est encore mal connu : borné au nord par l'Afghanistan et à l'est par la Perse, il descend vers la mer d'Oman, qui le limite au sud. C'est un pays de plaines stériles parsemées de quelques oasis ; on y rencontre aussi des vallées fertiles. La capitale est KHÉLAT, résidence du *khan*, qui domine les tribus de ce pays.

Le Béloutchistan ne contient d'ailleurs que 500,000 habitants, à l'état encore sauvage pour ainsi dire : ils sont, comme les Persans, mahométans schiites. Le khan de Khélat reconnaît la suprématie de l'Angleterre.

La Sibérie.

Nous venons de voir les progrès des Russes au centre de l'Asie. Il y a longtemps qu'ils occupent tout le nord et que leur puissance s'étend sans interruption de la mer Baltique à l'océan Pacifique. La Russie d'Asie est plus grande même que la Russie d'Europe, mais elle ne renferme que quelques millions d'habitants.

La Sibérie, ou Russie d'Asie, occupe tout le nord de l'Asie : elle est limitée par l'océan Glacial au nord, par le détroit de Behring, la mer de Behring, la mer d'Okostk et le grand Océan à l'est ; par l'empire chinois au sud et par le Turkestan, dans lequel, depuis les récentes conquêtes des Russes, elle pénètre profondément ; à l'ouest par les monts Ourals, qui la séparent de la Russie d'Europe.

Peu de montagnes dans l'intérieur de ce vaste pays. Les chaînes sont à l'extérieur, pour ainsi dire, ou plutôt sur les limites : à l'ouest la chaîne de l'*Oural*, au sud le *Petit-Altaï* et les *monts Sayansk*, qui séparent la Sibérie du plateau central de l'Asie. Les monts *Sayansk* cependant se relèvent vers le nord-est, se prolongent sous le nom de monts *de la Daourie*, de monts *Stanovoï*, et vont, en traversant la partie orientale de la Sibérie, se terminer à l'extrémité nord-est, sur le détroit de Behring, au cap Oriental. Un rameau qui se détache de cette chaîne forme la presqu'île du Kamstchatka et se continue sous la mer, comme on le voit en suivant la ligne dessinée par l'archipel des îles *Kouriles*.

L'inclinaison générale de la Sibérie étant vers le nord, les eaux se rendent dans l'océan Glacial. Les principaux fleuves sont : l'*Obi*, l'*Iénisseï*, la *Léna*. Le cours de ces fleuves est en général lent, mais large et majestueux :

dans la vallée de l'Iénisseï on remarque le lac *Baïkal*, presque aussi grand qu'une mer.

Il y a toutefois d'autres versants que celui de l'océan Glacial. Le fleuve *Oural* se jette dans la mer Caspienne, et le fleuve *Amour*, dont le cours inférieur appartient maintenant à la Russie, se jette dans l'océan Pacifique.

La plus grande richesse de ce pays presque sauvage, et dont le climat est d'une extrême rigueur en hiver, ce sont les forêts et les mines ; la chasse y donne aussi des produits importants pour le commerce des fourrures.

Il est très-intéressant d'observer, à l'extrémité nord-est de ce pays, sur les bords de la Kolima, le caractère des saisons. On touche presque au pôle : « Le soleil reste constamment sur l'horizon, à Nijné-Kolymsk, pendant 52 jours, du 15 mai au 6 juillet, c'est-à-dire pendant la majeure partie d'un été qui ne dure que trois mois ; il s'élève à une si petite hauteur, qu'à peine on en ressent l'influence ; il éclaire, mais ne chauffe point. Si près de la terre, ses rayons manquent de force ; la forme de son disque s'altère et devient elliptique, et ce disque a si peu d'éclat, que l'on peut le fixer sans qu'il blesse la vue. Quoique le soleil, en été, ne se couche pas, le passage du jour à la nuit est néanmoins appréciable : on voit l'astre s'abaisser vers l'horizon, ce qui annonce l'approche de la nuit, et que la nature va se livrer au repos ; puis deux heures après, il s'élance de nouveau, et tout se ranime.

« S'il n'y a point de crépuscule du matin et du soir, il n'y a pas non plus de printemps ni d'automne ; l'été et l'hiver alternent entre eux ; les habitants du pays n'en conviennent pas, et, suivant eux, le printemps commence à la mi-mars, quand le soleil laisse percer quelques rayons vers le milieu du jour, ce qui n'empêche pas qu'alors le thermomètre n'indique souvent 31 degrés de froid ; l'automne au mois de septembre, à l'époque où les rivières gèlent : c'est là un automne par 35 degrés de froid ! Quant à l'été, il commence avec le mois de juin ; c'est seulement alors que le saule nain laisse pousser de petites feuilles, et que les bords de la Kolima, dans les endroits exposés au midi, se couvrent d'une herbe d'un vert pâle : dans le courant de ce même mois, où la température est douce et atteint 18 degrés de chaleur, les buissons à fruit fleurissent et les prés s'émaillent de fleurs ; mais malheur à eux si le vent de la mer s'élève : oh ! alors cette verdure si frêle jaunit, et les fleurs se fanent et tombent.

« En juillet l'air s'épure, et l'on s'apprête à jouir de l'été ; mais ce soi-disant été n'en a que l'apparence, et l'on dirait que la nature prend à tâche de dégoûter les habitants de ces lieux des charmes de la belle saison, et de leur faire désirer le retour de l'hiver, car à peine est-on en juillet qu'apparaissent des myriades de moustiques dont les épaisses phalanges, sous forme de nuages, obscurcissent le ciel.

« Le mois d'octobre, qui est un mois d'hiver, n'est pas très-froid ; les brouillards qui s'élèvent de la mer, à l'époque où elle gèle, adoucissent la température. C'est en novembre que le froid devient rigoureux ; il s'accroît de plus en plus, et atteint quelquefois 40 degrés dans le mois de janvier. Un froid pareil coupe la respiration, et le renne sauvage, quoique né dans les régions polaires, ne pouvant y résister, se retire en hâte dans la partie la plus touffue des forêts, où il demeure dans un état d'immobilité léthargique. A l'expiration d'un jour qui a duré deux mois, commence, le 22 novembre, une nuit de 38 jours, qui, malgré sa longueur, est supportable, grâce à la force de la réfraction, à l'éclatante blancheur de la neige et à la fréquence des aurores boréales. Arrive le 28 décembre, et l'on voit apparaître une lueur à l'horizon, pareille au crépuscule du matin, mais si faible que l'éclat des étoiles n'en est pas affaibli. Le soleil en reparaissant, rend le froid plus vif, et c'est surtout en février et en mars que les gelées du matin sont pénétrantes. Le ciel est rarement serein en hiver, à cause des vents du nord, qui amènent des brouillards très-épais ; on les nomme *moroks*. Les plus beaux jours d'hiver sont en septembre (1). »

VII.

AGRANDISSEMENTS DES RUSSES.

Le fleuve Amour.

Pour les peuples qui occupent des contrées aussi désolées, il y a un mouvement presque irrésistible : c'est de descendre vers le midi, vers le soleil. Les Russes, dont le caractère est la persévérance, n'ont pas cessé de s'étendre vers le midi. Il ne leur suffit pas d'avoir atteint les bords du fleuve Amour et noué d'actives relations commerciales avec la Chine ; ils réussirent à s'emparer de la vallée inférieure de ce grand fleuve.

L'*Amour* est un des plus grands fleuves de l'Asie orientale ; son bassin, qui ne le cède qu'aux grands systèmes des Amazones, de la Plata, de l'Obi, du Saint-Laurent, du Mississipi et de l'Iénisseï, a une superficie évaluée par Teichmann (*Physique de la terre*) à 38,000 milles carrés. Il naît dans le massif neigeux des monts Kentaï ou Kingan qui domine au sud le lac Baïkal ; il se dirige à l'orient et, après de grands détours, il vient

1. De Wrangel. *Le nord de la Sibérie.*

tomber dans la mer d'Okhotsk, en ensablant le détroit appelé Manche de Tartarie, que, d'après les relations de La Pérouse, on crut longtemps innavigable.

« La facilité que donnait la vapeur aux petits bâtiments de pénétrer dans toutes les sinuosités des rivages, et d'explorer telle partie des côtes dont les navires à voiles n'auraient pu s'approcher sans danger, avait permis à la marine russe de mieux reconnaître les côtes sibériennes de l'océan Pacifique ; la Manche de Tartarie et l'embouchure de l'Amour avaient été explorées, et on les reconnaissait pour la première fois praticables à certains navires. Ce fut même à cette circonstance que la flottille russe de l'océan Pacifique dut son salut pendant la guerre d'Orient. Comprenant toute l'importance que pouvait présenter à l'avenir commercial de la Sibérie la possession d'un grand fleuve qui allait mettre ses grandes villes et ses établissements de la région baïkalienne à quelques journées de navigation seulement de l'océan Pacifique, du Japon et de la Californie, le gouvernement russe eut l'heureuse et sage idée de faire reconnaître le cours du fleuve Amour, et d'établir à son embouchure une ville qui servît de tête de ligne et d'opérations à la nouvelle voie commerciale; c'est ainsi que, dès 1850, Nikolaïefsk était fondée et acquérait en peu d'années une certaine importance. Profitant des embarras que les révoltes intérieures, sans cesse renaissantes, suscitaient à la cour de Pékin, le gouvernement russe avait obtenu de quelques tribus riveraines de l'Amour la cession de leur territoire ; des postes furent établis le long du fleuve de Nikolaïefsk, à Out-Strelka, au confluent de l'Argoun et de la Schilka. Quelque temps après, la Russie eut l'habileté de faire confirmer par le souverain du Céleste Empire cette extension de territoire, et, le 20 mai (9 juin) 1858, intervint, à Aïgoun, entre les plénipotentiaires russes et chinois, un traité par lequel toute la partie de la Mandchourie située au nord de l'Amour était cédée à la Russie, avec une bande de territoire sur la rive droite du fleuve comprise entre le lac Kisi et la baie de Castries ; l'île de Saghalien paraît même avoir été implicitement comprise dans ce traité de cession (1). »

Villes principales.

Nikolaïefsk, fondée, comme nous l'avons dit, près de l'embouchure du fleuve, a pris rapidement une importance considérable. Pourtant, le grand entrepôt du commerce de l'Amour doit être probablement, s'il ne l'est déjà, transporté à 50 lieues plus au midi, sur un magnifique bassin de la mer du Japon, que La Pérouse, qui le découvrit en 1787, nomma baie de *Castries* ; les cartes russes de 1857 nous y montrent déjà un fort, Alexandrowsk. Tout le commerce extérieur de la Sibérie va prendre cette voie, qui fera nécessairement abandonner les ports du Kamtchatka, où la navigation est entravée par un climat arctique, et dont les communications avec *Irkoutsk*, centre général du commerce sibérien, sont infiniment plus longues et plus pénibles que par la voie nouvelle.

Les villes de l'intérieur ont aussi leur importance comme étapes du commerce et centres d'exploitation : Tobolsk, dans le gouvernement du même nom, ville de 30,000 habitants ; Tomsk, assez belle ville ; Irkoutsk, dans la partie méridionale de la Sibérie, ville très-peuplée. Kiakhta au sud-est de cette dernière ville et sur la limite de l'empire chinois, à côté de la ville chinoise de Maïmatchin, est le grand entrepôt du commerce de la Russie et de la

---

(1) Malte-Brun. *Annales des Voyages.*

Chine, surtout du commerce de thé. PÉTROPAVLOSK est le chef-lieu du Kamtchatka.

La nouvelle voie de communication ouverte entre les côtes orientales et l'intérieur de l'Asie intéresse le commerce du monde. De plus, la colonisation se porte déjà sur une large échelle de la Sibérie vers la nouvelle province russe. Nous occuper des questions coloniales, avoir l'œil sur toutes les parties du globe, devient chaque jour pour nous une nécessité.

CHAPITRE XIX.

RÉGION MÉRIDIONALE. — LES INDES.

I.

L'HINDOUSTAN.

Géographie physique. — Montagnes et fleuves.

La région méridionale de l'Asie ne comprend guère que des presqu'îles : la presqu'île de l'Arabie, dont nous avons parlé, et les presqu'îles bien plus remarquables de l'Hindoustan et de l'Indo-Chine.

L'Hindoustan est une vaste presqu'île triangulaire dont la base s'appuie à la haute chaîne de l'Himalaya. Elle est limitée au nord par l'empire chinois; à l'ouest par le Turkestan, l'Afghanistan, le Béloutchistan; à l'est par l'Indo-Chine, et de tous les autres côtés elle est enveloppée par l'Océan Indien, qui prend, sur la côte occidentale, le nom de *mer d'Oman*, et sur la côte orientale, celui de golfe *du Bengale*. Sur la côte occidentale, dans la mer d'Oman, on remarque les golfes de *Kotch* et de *Cambay*, qui forment la petite presqu'île de Guzzerate, terminée par le cap *Diu*.

La pointe extrême de l'Hindoustan forme le cap *Comorin*. Au sud se trouve la grande île de *Ceylan*.

L'Hindoustan se divise en deux parties bien distinctes : la partie continentale et la partie vraiment péninsulaire.

La partie continentale, qui s'appuie à l'Hymalaya, comprend trois grandes vallées qui, malgré la diversité de leur direction, communiquent assez bien entre elles et forment bien un même pays. Ces trois vallées sont celles du *Sindh*, du *Brahmapoutre* et du *Gange* : les deux premières, situées chacune à l'extrémité et allant du nord au sud, de l'Hymalaya à la mer, sont liées par la vallée du Gange, parallèle à l'Hymalaya.

L'Hymalaya, nous l'avons dit, est la chaîne de montagnes qui offre les plus hauts sommets du globe. Le pic *Everest* ou *Gaourisankar* a 8,840 mètres d'altitude ; le *Kintchindjunga*, 8,588, le *Dhavalaghiri*, 8,187, et plusieurs autres encore atteignent le chiffre de 8,000 mètres.

Des profondes vallées encaissées par l'Hymalaya sortent, nous l'avons dit, en sens contraire, le *Sindh* et le *Brahmapoutre*, qui tous deux prennent leur source en dehors des limites de l'Hindoustan, dans les pays appelés le Thibet et le petit Thibet. Le *Sindh*, l'ancien Indus, coule de l'est à l'ouest, se fraye un passage entre l'Hymalaya et la chaîne de l'Hindou-Kouch, tourne au sud et va, à travers de vastes plaines qu'il inonde périodiquement et fertilise, se jeter dans la mer d'Oman par plusieurs embouchures. Bien que son cours soit très-long (3,000 kilomètres) et son volume d'eau énorme, il ne reçoit pas beaucoup d'affluents. Les principaux se trouvent sur la rive gauche, dans le *Pendjab* ou *pays des cinq rivières*. Ces cinq rivières servent, avec d'autres, à former le principal affluent du Sindh, le *Tchinnaou*.

A l'autre extrémité de la partie continentale de l'Hindoustan, le *Brahmapoutre* tombe avec rapidité des montagnes à la mer, non sans faire des détours, serré de près qu'il est par les montagnes. Il se jette dans le golfe du Bengale par plusieurs embouchures.

Ces embouchures sont voisines de celles du Gange et communiquent même avec elles. Le *Gange*, en effet, dessine en se jetant dans le golfe du Bengale un vaste delta. Dans son cours inférieur, il a formé une plaine de riches alluvions qui est devenue le Bengale. Malgré l'ardeur d'un soleil tropical, cette plaine rivalise avec la riche verdure des comtés anglais pendant le mois d'avril. Les rizières y donnent des produits d'une abondance partout ailleurs inconnue. Les épices, le sucre, les essences végétales, s'y multiplient avec une exubérance merveilleuse.

Le Gange d'ailleurs répand par ses crues périodiques la fertilité sur tous les pays qu'il traverse. Aussi est-il le fleuve sacré pour les Hindous, qui croient se purifier en s'y baignant. De plus, il est la voie principale que suit le commerce d'Orient; sur ses bords et sur ceux de ses tributaires se trouvent les plus riches marchés, les capitales les plus opulentes, les temples les plus vénérés de l'Inde.

Le Gange, en effet, qui prend sa source sur la pente méridionale de l'Hymalaya, offre par sa direction générale de l'ouest à l'est la voie la plus naturelle à ceux qui, du centre de l'Asie, veulent descendre à la mer, ou, de la mer, remonter à l'intérieur de l'Asie. De plus, il traverse les pays qui par leurs riches produits peuvent le mieux alimenter le commerce. Remonter la vallée du

Gange, c'est parcourir la plus opulente contrée sur une longueur de plus de 2,500 kilomètres.

Le Gange a des affluents très-importants : à droite la *Djemmah,* la *Sone*; à gauche le *Goumty,* la *Gograh,* le *Gondok.*

Le reste de l'Hindoustan est la partie péninsulaire, qui porte le nom de *Dekan* et qui offre l'aspect d'un plateau triangulaire. Une chaîne détachée de l'Hymalaya s'épanouit en un vaste plateau, se relève sous le nom de *monts Vindhya,* puis se dirige droit au sud, le long de la côte de la mer d'Oman, devient de plus en plus forte sous le nom de *Ghattes occidentales,* et va aboutir au cap Comorin. Le long du golfe du Bengale court une autre chaîne moins élevée qui vient la rejoindre sous le nom de *Ghattes orientales.*

Cette partie de l'Hindoustan a des fleuves nombreux qui se jettent, les uns dans la mer d'Oman, les autres dans le golfe du Bengale, mais ils n'ont point l'importance des fleuves du nord.

Dans le golfe du Bengale se jettent : le *Méhénédy,* le *Godavery,* la *Kistnah,* le *Cavéry.* Dans la mer d'Oman, et de ce côté le versant est moins étendu, parce que les montagnes sont très-proches de la mer, se jettent la *Nerbudah* et le *Tapty.*

Aspect du pays.

L'Inde est le pays des magnificences de la nature. On y éprouve aussi tous les inconvénients des climats brûlants ; mais dans les beaux jours, paraît-il, il offre un charme indescriptible.

« Quel ravissement nouveau, dit Jacquemont, quel étonnement incrédule n'éprouve-t-on pas quand on descend pour la première fois sur la rive des tropiques!

Quelle impression profonde laisse à jamais dans l'âme d'un homme sensible aux beautés de la nature le premier tableau qu'il a contemplé du monde équinoxial ! »

« Il y a, dit M. de Humboldt, quelque chose de si grand et de si puissant dans l'impression que fait la nature sous le climat des Indes, qu'après un séjour de quelques mois, on croit y avoir séjourné une longue suite d'années. Tout en effet ici paraît neuf et merveilleux. Au milieu des champs, dans l'épaisseur des forêts, presque tous les souvenirs de l'Europe sont effacés, car c'est la végétation surtout qui détermine le caractère du paysage ; c'est elle qui agit sur notre imagination par sa masse, le contraste de ses formes et l'éclat de ses couleurs. Plus les impressions sont fortes et neuves, plus elles affaiblissent les impressions antérieures. La force leur donne l'apparence de la durée ; sous le beau ciel du midi, la lumière et la magie des couleurs aériennes embellissent une terre presque dénuée de végétaux. Le soleil n'éclaire pas seulement, il colore les objets ; il les enveloppe d'une vapeur légère, qui, sans altérer la transparence de l'air, rend les teintes plus harmonieuses, adoucit les effets de la lumière, et répand dans la nature le calme qui se réflète dans notre âme. »

Géographie politique. — Empire Anglais.

L'Hindoustan est un empire anglais. La puissance anglaise s'étend même, en dehors de ses limites naturelles, jusque dans l'Indo-Chine. Une simple compagnie de marchands est parvenue à conquérir cette immense contrée ; mais n'ayant pu réussir à bien l'administrer, elle a été forcée de céder cet empire à la métropole qui, depuis 1857, l'administre directement. La reine Victoria porte même aujourd'hui le titre d'*impératrice des Indes*.

L'Angleterre toutefois n'administre pas directement l'Hindoustan entier. Elle a des États vassaux, alliés et tributaires. Les possessions immédiates de la Grande-Bretagne sont divisées en trois vice-royautés ou *présidences*, savoir : celles du *Bengale*, de *Madras* et de *Bombay*. La présidence du Bengale renferme une vice-présidence, celle d'*Agra*.

La capitale de l'Inde anglaise est CALCUTTA, dans la province du Bengale, grande ville de 400,000 habitants située sur un des bras du Gange, l'*Hougly*.

Calcutta est une ville née d'hier, pour ainsi dire, mais magnifique en dépit des désastres que lui font essuyer parfois de redoutables tempêtes ou cyclones. Le quartier européen, siége du commerce et de l'aristocratie, peut être appelé la cité des palais. Mais les indigènes n'ont pour habitations que des cabanes, petites et non bâties en terre glaise, couvertes avec du branchage et de feuilles de bambous. A Calcutta, les pagodes brahmaniques sont petites, pauvres et sans aucun goût dans leur architecture. Le vrai temple des Hindous, c'est le Gange, ce fleuve dont les eaux mêmes sont sacrées. Or la branche occidentale, l'Hougly, qui passe à Calcutta, est la partie que les sectateurs de Brahma honorent de leur dévotion la plus superstitieuse. Ils y descendent par de larges escaliers. La ville renferme un grand nombre d'édifices européens, de sociétés de commerce, de banques et aussi d'institutions charitables, d'institutions et de sociétés littéraires.

Les grandes et belles cités abondent d'ailleurs dans la vallée du Gange et sur le fleuve lui-même. Ici c'est PATNA, ville de 300,000 habitants ; BENARÈS, chef-lieu de la province du même nom, la ville sainte et littéraire des Hindous, et comptant 200,000 habitants ; ALLAH-ABAD autre cité sainte au confluent de la Djemmah et du Gange. Puis, dans l'ancien royaume d'Aoude, c'est LAKUNÔ (300,000 hab.), AOUDE, ville sacrée.

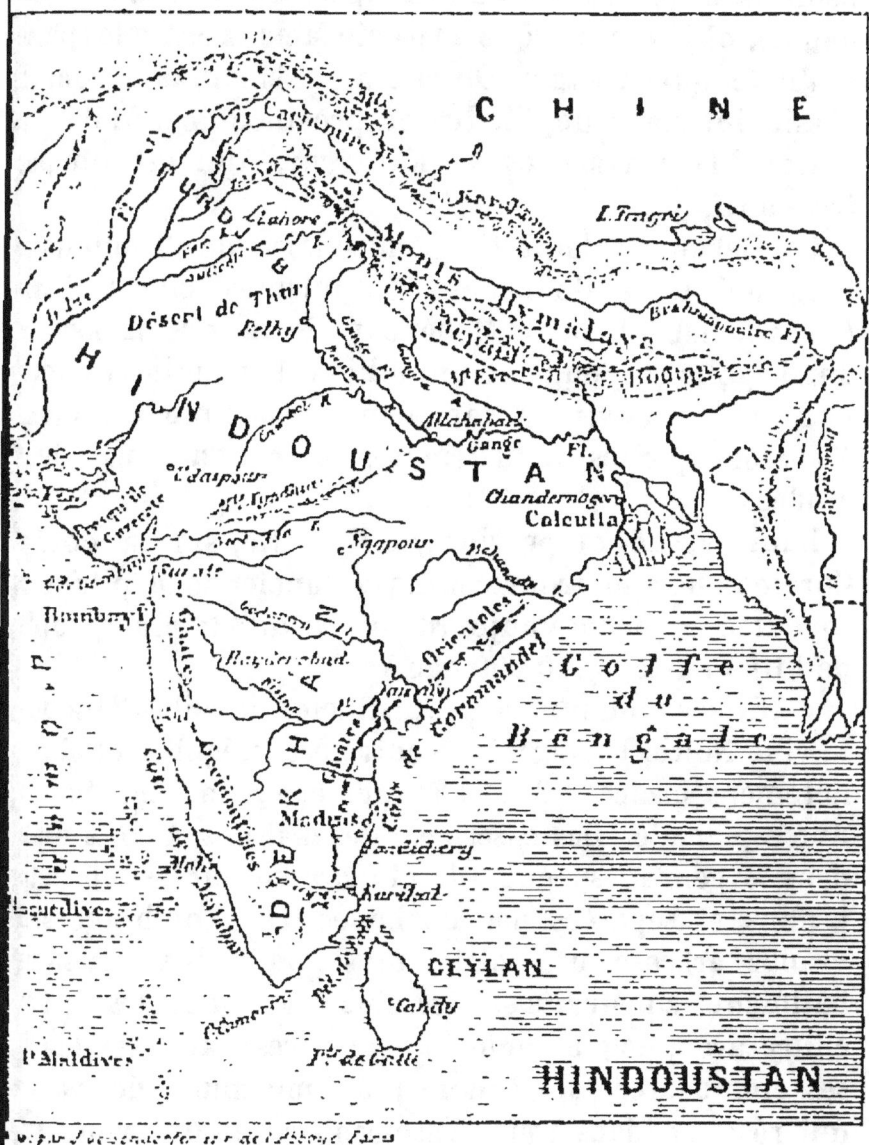

Sur la Djemmah se trouvent deux villes, autrefois les plus opulentes et les plus célèbres de l'Inde, AGRAH et

Dehly, qui furent la résidence des Grands Mogols.

En remontant vers le nord-ouest, on atteint le bassin de l'Indus ; là est le territoire du *Pendjab*, qui embrasse celui de Lahore. La ville principale est Lahore (100,000 habit.), où l'on remarque un palais fameux entre les palais de l'Inde, qui en a tant. On cite aussi Moultan et, dans le bassin inférieur de l'Indus ou province de Sindhi, les villes d'Hayderabad et de Karatchy, qui est un port très-actif.

Le Dekan ou la partie péninsulaire de l'Hindoustan renferme aussi de belles et opulentes cités : Kète (100,000 habit.), sur le Mehénédy ; Poury ou Djagrenate sur le golfe de Bengale : un million de pèlerins viennent chaque année visiter son temple renommé ; Ganga, Madapolam, cités industrieuses et connues par leurs étoffes.

Dans le sud ou province de Karnatic, sur la côte de Coromandel, se trouve Madras, ancienne capitale de royaume et encore aujourd'hui la ville la plus peuplée de l'Hindoustan (700,000 hab.)

« Divisée en deux parties distinctes, la ville Blanche et la ville Noire, l'aspect de Madras est irrégulier et singulièrement bizarre. C'est l'Europe et l'Asie séparées par une esplanade. Des casernes, des maisons à toits plats dans le genre espagnol, la plupart entourées de petits jardins et séparées par de belles rues ombragées de grands arbres ; un palais, plusieurs églises, quelques bâtiments construits sur les plus beaux modèles de l'architecture grecque ; enfin, une forteresse avec ses glacis, ses embrasures, ses canons ; un murmure de vagues qui résonne dans toute l'atmosphère et qui vous suit en s'affaiblissant jusqu'à près d'une lieue : voilà la ville Blanche. Puis un immense village où la vie fourmille, des huttes de boue entassées les unes sur les autres, de minarets, des pagodes, des mosquées : ici tout un quartier dans le genre portugais ; ailleurs une maison isolée parmi les huttes, couverte en tuiles, mais bâtie d'un seul étage et peinte en bandes verticales de diverses couleurs ; au-dessus, des cocotiers élançant leurs gerbes empanachées, le tamarin, le pipuel, le figuier sacré s'appuyant à terre par vingt troncs vigoureux, formant des voûtes et secouant de ses vastes rameaux l'ombre, la fraîcheur, le sommeil ; un peuple bronzé qui remue, qui dort, qui travaille, qui fume, qui fait ses ablutions, tout cela au milieu de la rue : voilà la ville Noire. Enfin, des avenues à perte de vue, larges, plantées des plus beaux arbres et bordées de ces magnifiques habitations, de cette longue suite de palais doriques, ioniques, corinthiens ; les temples d'Athènes, qu'une belle pelouse, ornée de bosquets et de fleurs, met à l'abri du bruit et de la poussière : voilà les jardins, la délicieuse campagne de Madras (1). »

Sur la mer d'Oman, c'est-à-dire sur la côte de Malabar, plus malsaine et moins belle que la côte de Coromandel, on remarque néanmoins de grandes cités : CALICUT ou CALICOT, qui a donné son nom à des toiles de coton qu'on imite partout aujourd'hui ; COCHIN, MANGALORE, BOMBAY (360,000 habit.), point principal du commerce anglais sur la côte de Malabar ; SURATE, ville également très-commerçante.

Il faut citer aussi dans l'intérieur des terres NAGPOUR (100,000 habit.), encore une ancienne capitale.

L'île de Ceylan, célèbre par sa fertilité, compte deux millions d'habitants et a plusieurs villes importantes : COLOMBO, TRINQUEMALE, CANDY, POINTE-DE-GALLES.

1. E. de Warren. *L'Inde anglaise.*

Possessions immédiates de l'Angleterre.

En dehors des provinces gouvernées directement par les fonctionnaires anglais, l'empire anglais s'étend sur un grand nombre de royaumes, principautés, fiefs, domaines de toute sorte qui sont classés dans la servitude sous une hiérarchie habilement organisée.

Les princes qui vivent sous la protection ou sous la dépendance de la Grande-Bretagne peuvent se diviser en quatre grandes classes : 1° Princes indépendants dans l'administration intérieure de leurs États, mais non dans le sens politique. — 2° Princes dont les États sont gouvernés par un ministre choisi par le gouvernement anglais et placés sous la protection immédiate du *représentant* ou *agent* de ce gouvernement, qui réside à la cour du souverain nominal. — 3° Princes dont les États sont gouvernés, en leur nom, par le résident anglais lui-même et les agents de son choix. — 4° Princes dépossédés et pensionnés, mais conservant encore les prérogatives de la caste et du rang, traités avec la considération et les courtoisies indiquées par les usages du pays ; inviolables dans leurs personnes et affranchis de la juridiction des cours, excepté en matière politique.

Parmi les États tributaires ou alliés de la Grande-Bretagne, et qu'il serait trop long de citer, nommons seulement le *Radjepoutana*, ou territoire des *Rajepouts*, dans la partie continentale de l'Hindoustan ; les États des *Mahrattes*, peuple guerrier et longtemps redoutable aux Anglais. Les Mahrattes occupent le sud de la partie continentale de l'Hindoustan et le nord du Dekan. Le principal État mahratte est celui de *Sindhyah*, avec les villes importantes de GOUALIOR, place forte, d'OUDJEIN, ville religieuse et savante.

L'intérieur du Dekan est nominalement soumis à un prince indien, qu'on appelle le *Nizam*. Ce prince, le plus riche de l'Asie, et qui règne sur un pays où abondent les diamants, réside dans la grande cité d'Hayderabad (200,000 hab.). Il possède GOLCONDE, célèbre entrepôt de diamants ; BISNAGAR, dont les ruines sont très-imposantes, et les magnifiques temples d'*Ellore*. En pénétrant plus au midi, dans la presqu'île, on rencontre l'État de Maïssour, avec les villes de MAÏSSOUR, de BANGALORE, de SERINGAPATAM, etc.

Les Anglais ont aussi étendu leur domination sur le *Népaul* dans l'Hymalaya sur le Boutan, et leur influence sur le royaume de CACHEMIRE, enveloppé de hautes montagnes, et où se trouvent des vallées d'une admirable fertilité et d'un climat délicieux.

Importance de l'Inde anglaise.

L'Inde anglaise avec les États vassaux offre une superficie d'environ 379,518,398 hectares, et embrasse une population de 160,000 habitants, dont 130 au moins dans le domaine direct. Rien, nous l'avons dit, de plus riche que ce pays en produits de toute sorte, dont l'énumération ne rentre pas dans notre cadre. Disons que l'Inde suffit pour soutenir la grande puissance commerciale de l'Angleterre, et que c'est là la plus abondante source de ses richesses.

Depuis l'insurrection de 1857, qui a donné à l'Angleterre un sérieux avertissement, le gouvernement s'est beaucoup occupé d'améliorer l'administration de l'Inde et a développé les travaux publics, surtout les chemins de fer. Les chemins de fer traversent déjà les importantes cités de Patna, Bénarès, Allahabad, Agra, Delhi, Lahore, Surate, Calicut, Hayderabad, etc.

Les Anglais redoutent surtout les progrès des Russes qui s'avancent de plus en plus vers l'Inde.

Aussi ont-ils pris leurs précautions, en s'étendant eux-mêmes hors du cadre naturel de l'Hindoustan et en soumettant à leur influence l'empire afghan.

Religions de l'Inde.

L'Inde compte environs 20 millions de musulmans; tout le reste, je veux dire la population indigène, appartient à la religion brahmanique. Cette religion a été dans le principe un pur monothéisme, qui, dans la suite des temps et par la disposition naturelle de l'homme à formuler ses idées à l'aide des signes extérieurs, a dégénéré en polythéisme. Cette religion est fondée sur les *Védas*, ouvrage en quatre livres dont l'antiquité remonte très-haut, et que la tradition religieuse attribue aux Menous, esprits émanés de Brahma et chargés spécialement de la législation de la terre.

Les Hindous sont divisés en castes inégales entre elles, sans qu'ils puissent s'élever de l'une à l'autre. La plus misérable est celle des *parias*.

Possessions françaises et portugaises.

Le commerce des Indes appartint d'abord aux Portugais. Au dix-huitième siècle, si les Français eussent voulu soutenir un homme de génie, Dupleix, ils auraient conquis l'empire qui est aujourd'hui aux Anglais. Le Portugal et la France n'ont gardé que quelques débris de leurs possessions dans les Indes.

Les établissements de la France sont : sur la côte de Coromandel, PONDICHÉRY et son territoire, composé des districts de Pondichéry, de Villenour et de Bahour ; *Karikal* et les *Maganoms* ou districts qui en dépendent.

Pondichéry, comme les villes asiatiques, comprend la ville Blanche et la ville Noire. C'est une ville de 21,000 habitants, mais il y a très-peu d'Européens.

Sur la côte d'Orissa se trouvent YANAON et son territoire, MAZULIPATAM. Yanaon n'est qu'un comptoir ainsi que Mazulipatam, et cette dernière ville n'appartient même pas aux Français, qui ne jouissent que du droit d'y avoir des établissements avec leur pavillon.

Citons encore, sur la côte de Malabar, le comptoir de MAHÉ.

Dans l'Hindoustan proprement dit, et dans la présidence du Bengale, nous avons, au-dessus de Calcutta et dans son voisinage, la ville de CHANDERNAGOR et son territoire et quelques bourgades où nous avons conservé des établissements.

Ajoutons enfin, dans la presqu'île de Guzzerate ou Goudjerate, la factorerie de SURATE.

Les possessions portugaises comprennent un territoire un peu plus étendu, sur la côte de Malabar, dans lequel on remarque GOA, l'un des anciens centres du commerce indien, aujourd'hui presque abandonné pour la NOUVELLE-GOA, capitale des possessions portugaises. Dans la presqu'île de Goudjerate, les Portugais ont l'île et la ville de DIU.

La population des possessions portugaises s'élève à 450,000 habitants, celle des possessions françaises à 260,000 habitants.

II.

L'INDO-CHINE.

Montagnes et fleuves.

Une autre grande péninsule termine l'Asie méridionale : c'est l'Indo-Chine, qui s'étend entre le golfe du Bengale à l'ouest et la mer de Chine à l'est.

Elle est bornée au nord-ouest par l'Hindoustan, et au nord par l'empire chinois. Elle se termine au sud par une longue péninsule qui porte le nom de *Malacca*.

Dans la région de l'Indo-Chine, le golfe du Bengale porte plusieurs groupes d'îles, les îles *Andaman, Nicobar*. La mer de Chine creuse la côte orientale et forme le golfe du Tonkin, le golfe de *Siam*.

L'Indo-Chine est terminée au sud par le cap *Bourou*, le point le plus méridional de l'Asie.

La charpente du pays est formée par une longue chaîne de montagnes qui se détache du plateau central asiatique et court droit au sud, partageant ainsi l'Indo-Chine en deux versants, celui de l'ouest et celui de l'est, du golfe du Bengale et de la mer de Chine. Cette chaîne que l'on nomme *monts de l'Indo-Chine*, puis *monts de Siam*, et qui coupe à peu près le pays par moitié, dessine et remplit presque seule la longue presqu'île de Malaka ou Malacca.

Si l'on compte le Brahmapoutre, qui coule d'abord dans l'Indo-Chine avant d'entrer dans l'Hindoustan, cinq fleuves se déversent dans le golfe du Bengale. Les quatre autres sont : l'*Aracan*, l'*Iraouaddy* ou *Ava*, un des plus grands cours d'eau de l'Asie, qui forme un vaste delta à son embouchure ; le *Sitang*, le *Salouen* ou *Martaban*.

Dans la mer de Chine tombent : le *Mé-Nam* ou fleuve de Siam, le *Méi-kong* ou *Kambodge*, qui naît dans l'empire chinois : son cours est de 3,000 kilomètres, il se jette dans la mer par deux embouchures : le *Tam-Chiang-Kan*, formé par la réunion du *Don-Naï* et de la rivière de *Saïgon*. Ses embouchures sont voisines de celles du Kambodge, et il communique avec ce fleuve par des canaux ; enfin, le *Song-koï*, fleuve qui va se jeter dans le golfe du Tonkin.

L'Indo-Chine a un lac important : le *Talé-Sab* ou *Bien-*

No, qui s'écoule dans le Méi-Kong, par une rivière du même nom.

L'Indo-Chine anglaise.

L'Indo-Chine est composée en général de longues vallées presque parallèles et toutes bien arrosées, comme on vient de le voir. L'eau abonde, le soleil chauffe la terre ; aussi le pays est-il en général d'une très-remarquable fécondité et ses produits sont innombrables.

Les Anglais n'ont eu garde de laisser un pays si fertile et si voisin de l'Hindoustan sans y tailler quelques morceaux. Ils en ont détaché l'Assam et plusieurs provinces de l'ouest de l'empire des Birmans : l'*Aracan*, le *Pégou*, le *Ténassérim*. Ils occupent tout le littoral jusqu'à la presqu'île de Malacca, et, à l'extrémité de cette presqu'île même, ils possèdent *Malacca*, *Singapour*, qui commandent le détroit de Malacca, un des points importants pour se rendre dans les mers de la Chine et dans les îles de l'Océanie.

L'Assam et les trois provinces qu'on appelle la Birmanie anglaise, dépendent de la présidence du Bengale : Malacca, l'île et la ville de Singapour constituent le gouvernement des détroits. SINGAPOUR est située d'une manière très-favorable pour le commerce et possède 100,000 habitants. Les Anglais occupent aussi les îles Andaman.

L'Indo-Chine indépendante.

Le centre et l'ouest de l'Indo-Chine comprennent des États encore indépendants : l'*empire Birman*, le royaume de *Siam*, le royaume de *Cambodge*, l'empire d'*Annam*.

L'empire *Birman* a été bien ébréché par les Anglais,

comme on vient de le voir, et coupé de ses communications avec la mer. Il conserve néanmoins encore une
grande importance. Les villes principales sont AVA, l'ancienne capitale, sur le plus beau fleuve, l'Iarouaddy;
MANDELAY, la nouvelle capitale, à quelque distance du
même fleuve ; BAMPOA, sur la frontière chinoise, etc.
Dans cet empire se trouve une contrée montagneuse appelée le *Lao Birman*, habitée par des peuples assez
doux quoique encore dans l'état sauvage.

Le royaume de *Siam* occupe le milieu de l'Indo-
Chine et un bassin très-fertile, très-riche. Il a pour capitale BANG-KOK, ville de 400,000 habitants, mais qui
ne sont pas tous indigènes, car on y compte la moitié
de Chinois. On remarque aussi l'ancienne capitale
Siam.

Le royaume de *Cambodge* est un des plus antiques de
l'Indo-Chine ; c'était autrefois un des plus puissants,
mais il est bien déchu aujourd'hui; son voisin, l'empire
d'Annam, l'a considérablement affaibli, et le Cambodge
reconnaît aujourd'hui la protection de la France. La capitale est OUDONG, sur la rivière du même nom.

La presqu'île de *Malacca* contient aussi plusieurs États
indépendants, mais fort restreints.

L'empire d'*Annam* se composait autrefois de trois
royaumes distincts : le Tonquin, la Cochinchine ou province d'Hui, la basse Cochinchine, et de plus quelques
États tributaires.

Le *Tonkin* est une vaste plaine limoneuse, fertile, fé-
condée par le Song-Koï et par ses affluents. La Cochinchine est une bande de terre de trente à cinquante lieues
de large qui court du nord au sud, comme les montagnes
qui la bornent à l'ouest. Ces montages sont un des rameaux détachés de la grande chaîne qui dessine la charpente générale de l'Indo-Chine.

Le Tonkin a pour capitale BAR-KING ou KÉ-CHO, grande ville de 150,000 habitants, située sur le Song-Koï.

La Cochinchine a pour villes principales : HUÉ, capitale de l'empire annamite, ville très-bien fortifiée qui compte 100,000 habitants ; TOURANE, près de la baie du même nom ; FAÏ-FO, centre du commerce avec la Chine.

Indo-Chine française ou basse Cochinchine.

A l'empire d'Annam se rattachait autrefois la basse Cochinchine, divisée en six provinces. Ce pays est devenu depuis 1862 une possession de la France.

« Autrefois, sans doute, la mer couvrait ce qui est aujourd'hui la basse Cochinchine. Le terrain est visiblement un terrain d'alluvion. Les sables, qui s'amoncellent en dunes sur d'autres rivages, ont formé ici, avec le limon du Cambodge, un mélange qui est devenu un riche pays de rizières.

« Cinq grands fleuves traversent la basse Cochinchine, et vont se jeter à la mer par un des plus vastes estuaires du monde : le *Don-naï*, le *Don-trang*, le *Soirap*, le *Vaïco*, le *Cambodge*. Ce dernier fleuve est malheureusement obstrué par des bancs.

« Ces grands cours d'eau communiquent entre eux par des canaux perpendiculaires à la direction générale des fleuves. La paume de la main humaine est une image frappante, par son exactitude, du régime des eaux de la basse Cochinchine. Quelques-uns de ces canaux ont été creusés de main d'homme, ou régularisés dans leur cours et leur profondeur ; les autres proviennent d'une action naturelle. Leurs bords sont couverts d'une végétation douce et molle, gracieuse et agréable, mais qui ne réalise pas la splendeur des tropiques. Ce sont des manguiers, des palétuviers, des palmiers nains, des arbres à jasmin blanc, beaucoup d'autres qui ont un feuillage européen. A une petite distance du bord s'élèvent des cocotiers et le plus gracieux des arbres de la terre, colonne corinthienne vivante, le palmier-arac. De hautes herbes, des lianes, des aloès, des cactus très-épineux, forment des fourrés impénétrables pour les Européens, mais où les Annamites savent glisser, ramper et guetter.

« L'aspect de la basse Cochinchine est monotone, triste, comme celui de tous les pays de rizières. Quand une trouée de tigre ou de daim laisse la vue s'échapper au delà de ces rives d'arroyos, rien ne frappe les yeux qu'une plaine verdoyante qui ondoie quelquefois comme la mer... Vers le nord, cependant, quand on se rapproche de l'une ou de l'autre chaîne montagneuse, le terrain se relève, les rives des fleuves deviennent escarpées et les forêts succèdent aux rizières. Ces forêts sont riches en produits destinés à la droguerie chinoise, et qui se vendent souvent plus qu'au poids de l'or. »

La capitale de la basse Cochinchine est Saïgon, sur la rivière du même nom, que les vaisseaux peuvent remonter. Saïgon est le centre militaire, par sa forteresse, sa position à cheval sur les routes qui mènent à Hué, au Cambodge, au pays des Moys. Depuis la conquête, cette ville tend à prendre de grands développements. De grands travaux y ont été exécutés, des rues ont été dessinées, de belles routes ont été construites. Saïgon devient un port commerçant très-actif et un grand port d'exportation pour le riz, le principal produit de la basse Cochinchine.

Notre colonie comprend maintenant six provinces : les provinces de *Bien-Hoa*, chef-lieu Bien-Hoa ; de *Giading*, chef-lieu Saïgon ; de *Dinh-Tuong*, chef-lieu Mytho, centre commercial très-actif ; de *Ving-Long*, chef-lieu

Ving-Long, place forte ; les provinces d'Angiang, de Hatien.

C'est une précieuse acquisition pour la France que celle de la Cochinchine ; les Annamites ont accepté notre domination, et la colonie se suffit déjà à elle-même.

CHAPITRE XX

RÉGION ORIENTALE. — LA CHINE ET LE JAPON.

I.

LA CHINE.

Géographie physique.

L'empire chinois occupe le centre et l'est du vaste continent asiatique.

Au nord il est borné par la Sibérie, à l'ouest par le Turkestan, au sud par l'Hindoustan et l'Indo-Chine, au sud-est et à l'est par les mers que forme le grand Océan, la mer de Chine, la mer Jaune, la mer de Corée, la mer du Japon. Sur les côtes on remarque les îles d'*Haïnan* et de *Formose*.

Ces mers d'un côté, d'énormes montagnes des autres côtés, enveloppent et isolent l'immense empire de la Chine, dont la superficie est de 14 millions de kilomètres carrés, c'est-à-dire le dixième de la terre habitable.

Cet empire est le plus vaste après l'empire russe;

mais, s'il est le second en étendue, il est du moins le premier de l'Asie et le premier de tous les empires du monde, quant au nombre de la population, qui s'élève au chiffre inouï de 450 millions d'habitants; la plus grande partie de cette population appartient à la race jaune.

La Chine occupe presque tout le plateau central de l'Asie et la plus large partie du versant oriental, c'est-à-dire de l'océan Pacifique. Elle est isolée des autres pays par une ceinture de montagnes qui ne s'écartent qu'au nord-est et au sud-est. Du côté de la Sibérie, c'est le petit *Altaï*, les monts *Sayansk*, les montagnes de *Mongolie* et de *Mandchourie*; à l'ouest, ce sont les monts *Bolor* et les monts *Célestes*; au sud, c'est le revers septentrional de la chaîne de l'*Hymalaya* et les monts du Thibet.

Au centre on rencontre les monts qui forment le bord oriental du plateau, les monts *Ching-khan* et le massif du *Kou-kou'noor*.

C'est en Chine que se détache, du plateau central, la longue chaîne qui va former l'arête montagneuse de l'Indo-Chine.

Comme la Chine, par le plateau central, possède le faîte général de partage des eaux de l'Asie entière, les eaux du pays se dirigent selon les inclinaisons du plateau, les unes vers l'océan Glacial, les autres au grand Océan, d'autres au midi vers l'océan Indien, d'autres enfin vers l'intérieur même du plateau.

Les plus grands cours d'eau se jettent dans l'Océan Pacifique. L'*Amour* est appelé par les Mandchous *fleuve Noir*, et par les Chinois fleuve de *Serpent Noir*; c'est dans la vallée de ce fleuve que les Russes, nous l'avons dit, ont fait de belles conquêtes; on le regarde maintenant plutôt comme un fleuve russe que comme un fleuve chinois. Le *Hohang-ho* (fleuve Jaune), presque aussi grand que l'Amour, se jette dans la mer Jaune. Le *Yang-tse-kiang* (fleuve Bleu) est pour les Chinois le fleuve par excellence ; le plus long, le plus abondant des cours d'eau du pays, il partage le Céleste Empire en deux régions distinctes, la région du nord et celle du midi. Les deux branches du canal impérial viennent déboucher dans le Yang-tse-kiang, à 40 milles au-dessous de Nankin, à 160 milles de l'embouchure : c'est par ces canaux que les provinces du nord reçoivent le riz, le thé et les soieries des provinces du midi. Pékin ne peut plus vivre si l'on intercepte cette communication ; c'est empêcher l'air d'arriver à ses poumons, c'est frapper la dynastie mantchoue d'asphyxie. Le Yang-tse-kiang a souvent deux kilomètres de large, et la largeur de son embouchure atteint 30 kilomètres ; les vaisseaux peuvent remonter jusqu'à 1,000 kilomètres de la mer. Un savant officier, Francis Garnier, a exploré en 1873 une partie de la vallée de ce grand fleuve, et montré qu'on pourrait, au grand avantage de notre commerce et de notre colonie de Cochinchine, ouvrir une voie d'échange par le Tonking avec la ville importante de Changkin, l'un des principaux marchés de la Chine méridionale.

On remarque encore le *Pei-ho* (fleuve Blanc), qui passe à Pékin et se jette dans le golfe de Tchi-li.

Le *Si-kiang* se jette dans la baie de Canton.

Le vaste plateau central a des cours d'eau sans écoulement vers la mer, et qui se jettent dans des lacs. On remarque parmi eux le *Tarim*, fleuve considérable formé par la réunion de deux rivières et qui va se jeter dans le lac *Lob*. On remarque aussi le lac *Bleu* ou *Kou-kou-noor*.

Le nord-est de l'empire Chinois est peu peuplé. A l'ouest et au nord-ouest, c'est un mélange de hautes montagnes, de quelques vallons fertiles et de vastes plaines imprégnées de sel qui forment le désert de *Cobi*. Le désert de Cobi, situé sur des hauts plateaux, semé de sables, et où les vents froids du nord soufflent sans obstacle, est un pays affreux. C'est donc la partie orientale de l'empire qui est la plus riche et la mieux cultivée.

L'empire chinois réunit dans sa vaste étendue presque toutes les températures du globe. Dans les parties les plus septentrionales, il y a des hivers semblables à ceux de la Sibérie; au sud, on éprouve des chaleurs très fortes.

Divisions et villes principales.

Le nom des divisions et des villes se confond en Chine, car les villes n'ont d'autre nom que celui de la province ou du district dont elles sont le chef-lieu.

La capitale de l'empire est PÉKING, près du *Peï-ho* avec lequel elle communique par un canal. Cette ville immense couvre une grande superficie, car elle a 27 kilomètres de tour; elle compte, avec ses faubourgs, 1 million d'habitants. Car il faut rabattre des chiffres fantaisistes par lesquels on évaluait la population de cette capitale en décadence. On sait qu'une armée européenne anglo-française est entrée à Péking en 1860.

Quant au caractère de cette ville, il est difficile de le préciser; en Chine, presque toutes les villes se ressemblent. Le comte d'Escayrac de Lauture, qui a vu les choses de près et a publié sur la Chine des mémoires fort exacts, les décrit ainsi : « Des villes elles-mêmes j'ai peu à dire; les rues en sont d'ordinaire étroites, sales, encombrées, bordées de boutiques ouvertes, de maisons bruyantes, ou de murs derrière lesquels se cachent les cours et les maisons. A Pékin, quelques rues sont larges comme de grands chemins; de grandes baraques de bois rouge, des maisons éparses les limitent de distance en distance; une poussière noire et fétide soulevée par le vent, une boue épaisse coupée d'ornières profondes, en rendent le parcours insupportable.

« On rencontre souvent dans l'enceinte des villes de grands cimetières, d'autres cimetières anciens et abandonnés, de vastes espaces déblayés par l'incendie ou délaissés par un peuple décroissant; on y rencontre jusqu'à des champs et des métairies. Les boutiques sont quelquefois très-élégantes, il y en a à Pékin de magnifiques; elles sont couvertes d'écriteaux indiquant la marchandise, le nom du marchand, ou portant des invitations plaisantes, telles que : « Seule maison honnête, se méfier de la boutique en face. »

« Presque toutes les villes ont leur jardin, YUEN, ou jardin à thé, TMA-YUEN. Ce jardin, entouré de temples et de boutiques, contenant un lac ou un étang, ou traversé par une rivière, a des ponts en zigzag et des ponts surélevés, des îles, des kiosques, des rochers et des grottes, dont les formes et l'entassement dépassent de beaucoup les œuvres de la nature. Ce sont des lieux de divertissement et des théâtres.

« On a assez parlé de l'opium pour qu'il me soit permis de ne pas revenir ici sur des récits mille fois répétés. Je rappellerai seulement qu'après l'avoir lavé et réduit à l'état de pâte, on le livre aux fumeurs qui, armés d'une baguette, en soulèvent de petites parties qu'ils appliquent contre le fourneau de la pipe, placé au tiers de la longueur d'un large tuyau, et qu'ils brûlent à la flamme d'une lampe. Cette pratique, portée à l'excès, conduit beaucoup de gens à la misère et quelques-uns à la mort. L'alcool a, en Suède, les mêmes effets. La consommation de l'opium augmente beaucoup; il en est entré en

1863, à Shang-haï, environ 37,000 piculs, valant plus de 120 millions de francs. Il est aussi impossible d'arrêter la vente de l'opium ou son emploi que d'approuver l'abus qu'on en fait (1). »

Les grandes villes abondent en Chine, et en faire la liste serait s'amuser à une énumération de noms bizarres et tout au moins inutiles à retenir. Ce qui nous intéresse surtout, nous autres Européens, c'est de savoir quelles villes sont, depuis la guerre de 1860, ouvertes à notre commerce.

D'abord, les grandes puissances européennes ont des ambassades à Pékin même. Puis, dans l'intérieur des terres, de Pékin à la mer, on nous ouvre l'importante ville de Tien-tsin, sur le *Peï-ho;* cette ville est comme le port intérieur de la capitale du Céleste Empire.

Sur les côtes orientales, c'est la ville de Shang-haï, le principal comptoir européen, et qui tend de jour en jour à prendre un plus grand développement; c'est un point où nous sommes solidement établis.

Non loin de là sont encore ouverts Hang-tcheou, Ning-po, où commence le grand canal, artère commerciale très-importante; Foutcheou, le grand marché des thés noirs; et en descendant vers le sud, Émoui (ou Hiamen), Canton.

Il faut ajouter à cette liste deux villes sur le fleuve Bleu, Han-keou, et Nan-kin.

Shang-haï, le principal comptoir européen, n'est pas éloigné de la ville la plus peuplée de l'empire chinois, Sou-tcheou, qui a un million de plus d'habitants que Pékin.

En face de Canton, les Anglais possèdent l'île de *Hong-kong*, et les Portugais, non loin de là, l'île et la ville de Macao.

1. E. de Lauture.

Ces villes sont situées dans ce qu'on appelle la Chine proprement dite. Hors de cette contrée il y en a d'autres qui ont des caractères et des noms particuliers, et dont la plupart ne paient qu'un tribut : au nord, la *Mandchourie*, pays moins chaud et moins populeux, très-fertile néanmoins et aujourd'hui fort entamé par la Russie ; la péninsule de la *Corée*, assez froide et dont les tribus sont encore assez barbares ; la *Mongolie*, qui occupe la plus grande partie du plateau central ; le *Turkestan chinois* tout à fait à l'ouest ; le *Thibet*, au sud, région montagneuse et très-élevée au-dessus du niveau de la mer. Ce pays, où se trouvent de riches et belles vallées, n'est pas très-peuplé, mais il renferme beaucoup de temples et de couvents de *lamas* ou prêtres ; il est le séjour du *dalaï-lama*, souverain pontife de la religion bouddhiste, qui réside sur une montagne, près de la capitale, LUASSA : cette capitale reçoit chaque année une grande affluence de pèlerins ; enfin, le *Boutan*, pays montagneux qui appartient en réalité à la région de l'Hindoustan.

Le gouvernement de la Chine est, comme tous ceux de l'Asie, un gouvernement absolu. Longtemps il a été en hostilité avec l'Europe. Maintenant il entre en relations avec les puissances européennes, et nul ne peut prévoir les changements que ces relations amèneront. Elles le forcent du moins déjà à respecter les étrangers et les missionnaires qui répandent la religion chrétienne en Chine. La plupart des Chinois sont bouddhistes et vénèrent le *dalaï-lama* du Thibet. La religion bouddhique est assez compliquée, et admet au-dessous d'un Être suprême une nombreuse hiérarchie de dieux et d'esprits. Les prêtres chinois s'appellent *bonzes*. La religion de *Confucius*, plus philosophique, est la religion de l'empereur et des classes lettrées : elle n'admet ni autels ni prêtres ; elle n'admet qu'un seul Dieu.

II.

LE JAPON.

L'Archipel.

L'archipel du Japon se compose de quatre grandes îles et de groupes nombreux qui forment un long arc de cercle sur la côte orientale de la Chine, laissant entre elles et la côte une mer qu'on appelle mer du *Japon* et le détroit de *Corée*.

La principale île est celle de *Nippon*, très-longue et relativement assez large. Cette île a au-dessous d'elle, c'est-à-dire au sud, les îles *Kiou-siou* et de *Sıkoff*; au-dessus d'elle, c'est-à-dire au nord, l'île d'*Yeso*, dont elle est séparée par le détroit de *Tsoungar*. L'île d'Yeso est séparée à son tour de l'île russe *Saghalian* par le détroit de *La Pérouse*.

Le Japon doit sa fertilité et la richesse de ses cultures, moins à la nature de son sol qu'à l'industrie et à l'énergie de ses habitants. Ce que la nature lui a le plus prodigué, ce sont les métaux; le Japon est riche en mines d'or, d'argent, de cuivre.

Villes principales.

Le Japon a deux capitales, parce qu'il a deux souverains, comme nous allons l'expliquer tout à l'heure. Yédo, dans la grande île de Nipon, sur la côte sud-est, est une immense et magnifique cité où se trouve le palais du *taïcoun*, souverain temporel. C'est une ville de 2 millions d'habitants. Au sud de la même île se trouve la cité de Kioto ou Myaco, résidence du souverain spirituel ou *mikado*; c'est une ville d'un million d'habitants.

Le Japon s'est longtemps fermé au commerce européen. Il a fallu aussi ouvrir les portes à coups de canon. Depuis les derniers traités qui datent de 1854, les Européens peuvent commercer non-seulement à Yédo, la capitale du Japon, mais encore à Kiogo ; à Osaka, ville maritime très-importante et très-commerçante ; à Nagasaki, dans l'île de Kiou-siou, ville très-curieuse et très-pittoresque; à Hakodade, port important de l'île septentrionale, c'est-à-dire de l'île d'Yeso.

Religion et gouvernement.

« Nous ne savons pas grand'chose sur les religions du Japon ; celle qu'on peut cependant appeler la religion nationale, et qui remonte à la plus haute antiquité, c'est la religion de Sinsyn ou « la foi des dieux. » Les fidèles s'appellent des *Sintoo* et le chef le *mikado* ou empereur spirituel ; la divinité à laquelle on rend le principal culte est la déesse Ten-sio-dai-zin, ou déesse patronne du Japon. Elle était la fille du premier des dieux qui se soit jamais marié, et qui a créé le monde qui se composait alors du Japon. A cette déesse à l'interminable nom, succédèrent quatre dieux terrestres, dont le premier épousa une femme mortelle, et laissa sur la terre un fils mortel, ancêtre immédiat des mikados.

« Ce mikado, outre qu'il est empereur spirituel du Japon, est encore en quelque sorte un médiateur qui intercède pour les sujets de ce monde-ci auprès des esprits et des êtres canonisés de l'autre monde. Ses fonctions paraissent ressembler sous beaucoup de rapports à celles du pape. Il a le pouvoir de canoniser, honneur fort recherché parmi les kamis et grands seigneurs de l'empereur. Une fois canonisés, ils conservent dans l'autre monde le titre de kamis, et servent surtout d'intercesseurs auprès de la déesse Ten-sio-daï-zin, qu'on ne peut approcher directement. Aussi chaque Japonais sintoo a-t-il un kami pour patron, un sanctuaire lui est consacré dans sa maison, ce sont ses dieux lares et pénates. Les kamis sont divisés en kamis supérieurs et inférieurs : 192 sont nés dieux et 296 sont des hommes déifiés ou canonisés.

« Le Japon était autrefois divisé en soixante-huit principautés séparées. Grâce aux difficultés qu'on éprouvait pour maintenir dans l'ordre quelques-uns de ces petits potentats, on crut bon, lorsque l'occasion s'en offrit, de subdiviser leurs territoires dans le but de diminuer leur pouvoir, en sorte qu'il y a maintenant 300 princes feudataires plus ou moins puissants qui sont tous obligés d'avoir une résidence à Yédo, de passer dans la capitale six mois de l'année, et de se retirer solitairement le reste du temps dans leurs principautés, laissant leurs femmes et leurs enfants à Yédo comme gages de leur bonne conduite.

« Outre les princes, il y a encore 300 divisions du territoire d'une moindre importance, en sorte que l'empire compte en tout plus de 600 fiefs. Je n'ai pas pu découvrir la nature exacte des obligations qu'entraînaient ces différentes concessions. Les 68 princes de l'ancienne organisation ne devaient assurément leur obéissance qu'au *mikado*. D'autres relèvent du taïcoun, ou empereur temporel, tandis que d'autres semblent être les vassaux des grands princes (1). » Aujourd'hui le *mikado* qui avait laissé usurper la plus grande partie de ses pouvoirs

---

1. *La Chine et le Japon. Mission de lord Elgin racontée par Oliphant*, traduction Guizot.

par le taïkoun a repris l'empire et règne au temporel comme au spirituel.

Le jour où le gouvernement de Yédo a ouvert par des traités l'accès de son territoire aux Européens, deux éléments antipathiques l'un à l'autre se sont heurtés brusquement : d'un côté, un empire immobile gouverné par un mécanisme féodal et ancien ; de l'autre, l'avant-garde de cette émigration européenne, animée d'une sorte de fièvre mercantile si répandue désormais sur toutes les mers. L'arrivée des étrangers a modifié et modifiera chaque jour davantage cet état social. Les castes supérieures ne voient qu'avec peine la classe infime des marchands amasser maintenant des richesses et éluder ainsi les lois somptuaires qui règlent à chacun, suivant son rang, jusqu'aux moindres détails de la vie. Le Japon du reste bénéficie beaucoup de ces nouveaux rapports avec l'Europe et l'empressement qu'il a mis à étaler ses richesses à l'exposition universelle de 1878 montre qu'il désire plus encore vendre qu'acheter.

III.

RÉSUMÉ DES COLONIES EUROPÉENNES EN ASIE.

En décrivant l'Asie, nous avons remarqué combien ce vaste continent était pénétré de tous côtés par les puissances européennes.

Deux puissances surtout s'y partagent et, bientôt, s'y disputeront l'influence : la Russie et l'Angleterre. La Russie a le nord, s'avance chaque jour au centre et tente de se faire jour vers le midi. L'Angleterre a un florissant empire dans les Indes, qui est pour tout le monde un objet de convoitise. Jusqu'ici, elle avait craint du côté de la mer. Elle avait échelonné ses comptoirs ou plutôt ses forteresses de manière à se défendre de ce côté. Elle possède *Aden* et l'île de *Périm* à l'extrémité de l'Arabie, les îles *Laquedives*, *Maldives* dans la mer d'Oman. Voici maintenant que le danger vient du nord : aussi cherche-t-elle à étendre son influence au centre, sur l'Afghanistan, sur la Perse. Les précautions maritimes ne lui suffisent plus et depuis le jour où l'isthme de Suez a été percé, depuis le jour où toutes les marines européennes ont été rapprochées des Indes, l'Angleterre a compris la nécessité d'avoir des points d'appui solides. C'est dans cette pensée qu'elle s'est fait céder l'île de Chypre par la Turquie et qu'elle a étendu son protectorat sur l'Asie-Mineure.

La France comptait à peine quelques comptoirs qui faisaient triste figure à côté des vastes empires de la Russie et de l'Angleterre. Maintenant elle a, dans l'Indo-Chine, une colonie restreinte, il est vrai, et qui ne saurait entrer en comparaison avec les Indes, mais qui vaut bien les régions stériles de la Sibérie. Cette colonie nous donne au moins un point d'appui et pourra servir plus tard au développement de notre puissance coloniale comme elle sert déjà à l'activité de notre commerce.

Les Portugais n'ont plus que des débris de leur ancien empire : *Goa* et *Diu*, dans l'Hindoustan ; *Macao*, en Chine ; les premiers maîtres des Indes n'ont pu garder une puissance trop grande relativement à la puissance de leur propre pays.

LIVRE IV.

L'AFRIQUE.

CHAPITRE I.

GÉOGRAPHIE GÉNÉRALE.

Limites et mers.

Sans l'isthme de Suez, à travers lequel on a frayé un passage aux navires, l'Afrique serait une île. Les limites sont donc de tout côté la mer : au nord, *Méditerranée* ; à l'ouest, *océan Atlantique* ; à l'est, mer *des Indes* et *mer Rouge*, qui en dérive ; au sud, *grand Océan*.

La mer qui enveloppe l'Afrique creuse parfois ses côtes, mais ne la déchire pas comme il arrive pour d'autres contrées : au nord, la Méditerranée forme les golfes de *Tunis* et de la *Sidre* ; à l'ouest, l'océan Atlantique forme le *golfe de Guinée*, et avant de former le grand golfe de la *mer Rouge*, l'océan Indien creuse le *golfe d'Aden*.

Les principaux caps qui font saillie sur la ligne générale des côtes sont au nord : le cap *Bon* ; à l'ouest le cap *Blanc*, le cap *Vert* ; le cap de *Bonne-Espérance* à l'extrémité méridionale de l'Afrique, où l'on remarque aussi le cap des *Aiguilles* ; enfin, à l'est, le cap *Guardafui*, qui termine une vaste pointe que l'Afrique pousse dans l'océan Indien, qui correspond au **renfoncement du golfe** Guinée à l'ouest.

L'Afrique, de tous côtés entourée d'eau, n'a de détroits que vers les points où elle touche à l'Europe et à l'Asie et où semble s'être opérée la rupture violente qui l'a détaché. Le détroit de *Gibraltar* la sépare de l'Espagne. Le détroit de *Bab-el-Mandeb*, à l'extrémité de la mer Rouge, la sépare de l'*Arabie* à laquelle elle devait tenir, dans l'origine, par le midi, comme elle y tient encore par le nord.

Un grand nombre d'îles entourent l'Afrique, en restant toutefois, la plupart, à une assez grande distance. Dans l'océan Atlantique, les îles *Madère*, les îles du *Cap Vert*, les îles *Canaries*, les îles *Gorée*, *Saint-Thomas*, *Sainte-Hélène*, où est mort Napoléon Ier, l'*Ascension* ; et au sud, les îles *Tristan d'Acunha* ; dans l'océan Indien, l'île de *Madagascar*, les îles *Comores*, l'île *Maurice*, autrefois île de France, l'île *Bourbon* ou de *la Réunion*, les îles *Seychelles*, l'île *Socotora*.

Montagnes et Fleuves.

La forme générale de l'Afrique est singulière. C'est un trapèze au nord et un triangle au midi. Il semble qu'originairement elle a dessiné un vaste triangle et qu'un mouvement violent a disjoint la base du triangle sans le détacher tout à fait.

Les montagnes ne sillonnent pas, ne découpent pas cette contrée comme elles font généralement pour les autres. Elles courent autour, soutenant l'intérieur des terres qui s'élèvent sur un vaste plateau dont le centre est mal connu. Au nord, c'est la chaîne de l'*Atlas*, une des plus importantes de l'Afrique ; les eaux qui prennent naissance dans ses vallées, se jettent dans la Méditerranée. Au nord-est, les montagnes d'Abyssinie et la chaîne arabique qui dessinent la vallée du Nil, autre fleuve tributaire de la Méditerranée ; au centre les *monts de la Lune* peu connus. Sur la côte orientale, le long de l'océan Indien, court la chaîne très-haute et large des monts *Lupata*. Sur la côte occidentale, au-dessous du golfe de Guinée, se remarquent les monts *Kong* qui vont de l'est à l'ouest et qui encadrent en partie le bassin du *Niger*.

Le système montagneux de l'Afrique se compose donc d'une ligne contournant cette contrée, et de groupes plus ou moins élevés, et paraissant indépendants les uns des autres. Dans ces groupes seulement un réseau fluvial important.

Le massif de l'Atlas, tourné vers la Méditerranée, est sillonné par le *Chéliff*, la *Medjerda*, la *Malouia*. Des montagnes de l'Abyssinie et de celles du centre de l'Afrique descendent par mille cours d'eau les eaux du grand fleuve le Nil.

Dans les monts *Lupata*, on a la vallée du *Zambèze*, affluent de l'océan Indien. Sur la côte occidentale, sur le revers du plateau du Soudan, on a la vallée du *Niger* et celle du *Sénégal*, tributaires de l'océan Atlantique.

Le centre de l'Afrique est formé d'une succession de plateaux. Le plateau de l'*Afrique australe*, terminé au sud par les monts *Nieuweveld*, à l'est par les monts *Lupata*. De ce plateau descendent vers l'océan Atlantique le fleuve *Orange* et le *Coanza*, et il envoie de l'autre côté de nombreux affluents au Zambèze.

Le plateau de l'*Afrique centrale* est plus élevé, mais c'est là la partie la moins connue de l'Afrique. Puis vient le plateau du Soudan dont les eaux s'écoulent dans le lac Tchad. Au nord du Soudan le sol, au lieu de s'élever, s'abaisse, et entre ce plateau et la chaîne de l'Atlas existe une grande dépression occupée par des sables : c'est le *Sahara* ou grand désert.

L'Afrique, on le sait, est coupée par l'équateur en deux parties presque égales. Dans les endroits cultivables, la végétation est d'une vigueur et d'une richesse extraordinaires ; mais la plus grande partie de cette immense contrée, chauffée par un soleil implacable, n'a pu recevoir d'habitants. L'Afrique, qui comprend une superficie de 29,700,000 kilomètres carrés, est par conséquent trois fois plus grande que l'Europe, et compte à peine cent millions d'habitants.

Ces habitants sont partagés entre plusieurs races : la *race blanche*, qui domine au nord et à l'est, Arabes, Berbères, Éthiopiens, Gallas, Fellatahs au Soudan et au Sénégal ; la *race noire* qui domine à l'ouest, au centre et au sud ; la *race cafre*, au sud et à l'ouest, qui ressemble à la race malaise.

La religion musulmane est la religion dominante, et, chez les tribus barbares, la religion païenne règne avec le fétichisme le plus grossier et quelquefois les superstitions les plus cruelles.

CHAPITRE II.

RÉGION DU NORD-EST. — ÉGYPTE. — NUBIE. — ABYSSINIE.

Le bassin du Nil.

Le Nil est le plus grand, le plus célèbre et le plus bienfaisant fleuve de l'Égypte. Son bassin a peu de largeur, mais il est très-long et on n'en connaît pas toutes les limites : dans sa partie inférieure, il est encadré à l'ouest par le désert, à l'est par la chaîne arabique qui empêche le fleuve d'aller se jeter dans la mer Rouge. Plus on s'enfonce dans l'intérieur du pays, plus le bassin s'élève et devient montagneux; il s'appuie, au sud-est, sur le massif considérable des monts d'Abyssinie, d'où descendent de nombreux affluents du Nil ; à l'ouest, il s'appuie aux monts du *Kordofan* dans le Soudan. Mais le bassin s'étend bien au delà vers le sud et on ne sait pas encore précisément où il s'arrête, bien qu'aujourd'hui on croie connaître les véritables sources du Nil.

Les sources du Nil.

On sait que, jusqu'à ces dernières années, un voile qui semblait impénétrable, couvrait les origines du grand fleuve égyptien. Elles étaient cachées dans des contrées si sauvages, tant d'obstacles se réunissaient pour les rendre inaccessibles, qu'on désespérait presque de les atteindre. De hardis voyageurs avaient, depuis le siècle dernier, tenté de pénétrer dans cette région, Bruce, Caillaud, Combes, Tamisier, etc. Enfin, dans ces dernières années (1861-1864), trois Anglais, *Speke*, *Grant* et *Baker*, ont, à force de courage et de persévérance, traversé ces pays où n'avait encore pénétré aucun Européen civilisé. Ils ont découvert les sources du Nil et donné de son cours supérieur un tracé dont l'exactitude est incontestable, du moins dans ses lignes générales.

Si l'on examine une carte de l'Afrique, on voit qu'au dessus des cataractes qui sont, en quelque sorte, la limite naturelle de l'Égypte supérieure, et avant de franchir cette succession de chutes, le Nil est formé par deux affluents qui se réunissent près de la ville de Khartoun. De ces deux affluents, l'un qui vient de l'Abyssinie et coule du sud au nord-ouest, est depuis longtemps assez connu ; c'est le *Nil Bleu*. L'autre, de beaucoup le plus important, puisqu'il alimente presque seul le Nil égyptien pendant les mois les plus chauds de l'année, porte le nom de *Nil Blanc*. Il descend du sud au nord et vient des régions centrales de l'Afrique.

Au sud de l'Abyssinie, sous l'équateur même, et dans cette partie encore inconnue de l'Afrique centrale que baigne l'océan Indien, se trouve un lac immense formé par les pluies et par les torrents des régions montagneuses environnantes. Ce lac, c'est le *Victoria-N'yanza*, le premier réservoir d'où sort le Nil Blanc.

Le fleuve coule d'abord directement du sud au nord, mais, après avoir franchi la cataracte de Kharouma, il s'infléchit vers l'ouest et atteint bientôt la partie septentrionale d'un second lac presque parallèle au Victoria-N'yanza, et nom moins considérable, l'*Albert-N'yanza*. Puis, mêlant ses eaux à celles de ce second réservoir qui les renforce d'une façon sensible, il le quitte un peu plus loin, pour couler du sud au nord jusqu'aux cataractes de la Haute-Égypte.

D'après les explorations les plus récentes, celles de l'Américain *Stanley* (1874-1877), un troisième lac, plus petit que les deux autres, communique avec le lac Victoria : c'est le lac *Alexandra*.

Speke et Grant avaient assez bien exploré le lac Victoria-N'yanza, le premier réservoir d'où sort le Nil Blanc : ils avaient descendu ce dernier jusqu'aux cataractes de Karthoum, qui sont l'endroit où il s'infléchit vers l'ouest pour gagner l'Albert-N'yanza. Mais à ce point, ils avaient dû s'éloigner du fleuve et ils ne l'avaient rejoint qu'entre

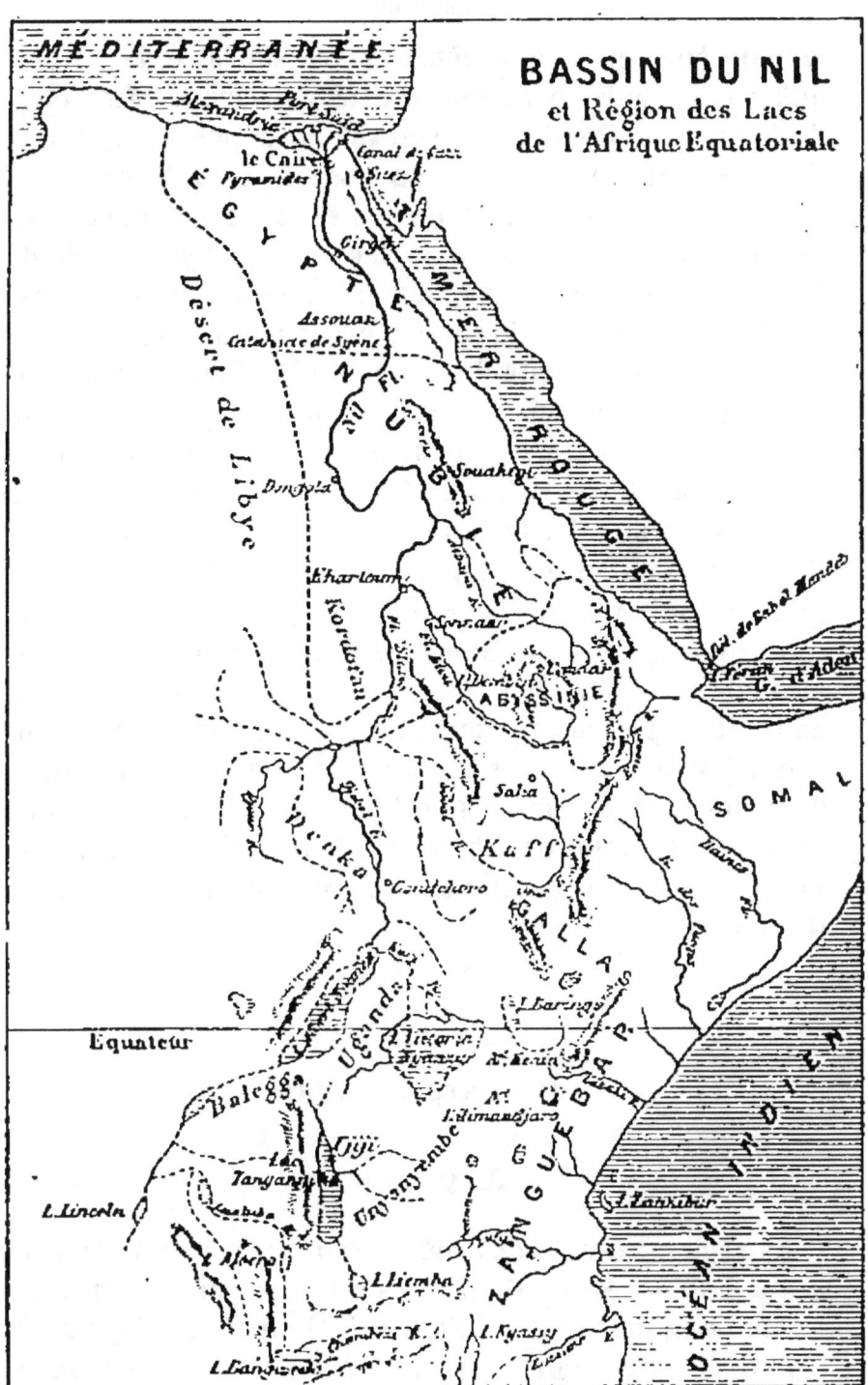

le troisième et le quatrième degré de latitude, alors qu'ayant depuis longtemps quitté son second réservoir, il a repris la direction du sud au nord pour gagner la Haute-Égypte. Il restait donc à savoir ce qu'il devenait au juste, quels méandres il décrivait entre ces deux points, et surtout à reconnaître le lac *Albert-N'yanza*, dont Speke et Grant avaient vaguement entendu parler, mais dont ils étaient loin de soupçonner l'importance.

Ce lac était la véritable source du Nil Blanc, le réservoir central où viennent aboutir toutes les eaux des versants montagneux environnants, et le lac Victoria-N'yianza, avec la branche qu'il émet, n'est lui-même que le principal de ses affluents. Le lac Victoria est bien, si l'on veut, l'une des sources et la plus lointaine ; mais ce n'est qu'une source secondaire, et le fleuve n'acquiert toute son importance qu'après s'être joint à l'Albert-N'yanza et avoir reçu l'important et même capital renfort de ses eaux. Il était nécessaire aussi de constater que la branche qui débouche dans le second lac est bien celle qui sort du premier réservoir, et que Speke et Grant avaient dû quitter aux chutes de Kharouma (chute Murchison). Baker y réussit en remontant cette branche dans une partie de son cours.

I

ABYSSINIE ET NUBIE.

Abyssinie.

La région sauvage des sources du Nil est occupée par des tribus nègres ou Gallas. Mais le reste du bassin renferme de grands États : l'*Abyssinie*, la *Nubie*, l'*Égypte*.

L'Abyssinie, limitée au nord par la Nubie et la mer

Rouge, au sud par le pays des Gallas, à l'est par la côte d'Adel et la mer Rouge, est un massif montagneux sillonné par de profondes vallées où coulent les affluents du Nil, entre autres le Nil Bleu. Ce cours d'eau forme le lac *Tana*. Il faut citer aussi le *Taccazé* dont les eaux vont se jeter dans un autre affluent du Nil. Ce pays est soumis, comme beaucoup d'autres, à de fortes pluies périodiques en été : il est très-fertile.

Les rois d'Abyssinie, comme la plupart des rois barbares, ont une origine légendaire. Ils prétendent descendre du fils de Salomon, et de la reine de Saba. Dans l'Afrique, peuplée par les enfants de Cham, ils sont donc, eux et leurs peuples, les représentants de la race sémitique. Convertis en même temps que leur nation au christianisme par les patriarches d'Alexandrie au IVe siècle de notre ère, ils étaient désignés par les géographes du moyen âge sous le nom de *Prêtre-Jean*.

L'organisation de ce pays est féodale. C'est la terre qui doit le service militaire ; le propriétaire du fief est tenu d'obéir à son suzerain, qui obéit à son supérieur, qui obéit au roi ou négus.

La religion joue un grand rôle chez les Abyssins ; c'est notre catholicisme, mais très-modifié : ils relèvent du patriarche d'Alexandrie.

L'Abyssinie formait plusieurs États, qui furent la plupart réunis en un empire dont les souverains paraissaient redoutables. Dans ces dernières années, une armée anglaise dirigea une expédition contre l'empereur Théodoros qui fut vaincu et tué. La capitale de l'Abyssinie est Gondar, près du lac Tana. Sur la côte on remarque *Massouah*, et la France possède la station maritime d'*Obock* ainsi que l'île de *Dessi*.

Nubie.

Au nord de l'Abyssinie se trouve la *Nubie,* partagée en un grand nombre de petits États, presque toujours soumis à l'autorité ou à l'influence du vice-roi d'Égypte. La Nubie est la portion moyenne du bassin du Nil et est traversée du sud au nord par ce fleuve qui répand la fertilité sur ses bords. Mais en Nubie, en dehors des rives du Nil, la chaleur et le manque d'eau rendent le pays presque inhabitable.

La ville principale de la Nubie est KARTHOUM, dans une position importante, au confluent des deux branches du Nil, le Nil Blanc et le Nil Bleu. Les deux Nils y versent à l'envi les produits du sud, dents d'éléphants et d'hippopotames, cornes de rhinocéros, gomme, poudre d'or, plumes d'autruche, etc. ; le grand Nil, formé de la réunion des deux, les emporte à la Méditerranée, d'où il rapporte en échange les produits d'Europe. Karthoum a pris un rapide développement ; née d'hier, elle compte aujourd'hui 40,000 habitants de toute race et de toute nation.

Soudan oriental.

Le bassin du Nil comprend aussi, nous l'avons dit, la partie orientale du plateau du Soudan. Ce pays comprend surtout le *Kordofan,* réunion d'oasis soumises à l'Égypte, comme la Nubie. OBÉID en est la capitale.

II

ÉGYPTE.

Le pays. — Les inondations du Nil.

C'est dans le bassin inférieur du Nil que se trouve l'État le plus important : l'*Égypte*. L'Égypte est un des pays où se formèrent les plus anciens empires. Elle est bornée au nord par la Méditerranée, à l'est par la mer Rouge et l'isthme de Suez ; à l'ouest par la régence de Tripoli et le grand désert de Libye ; au sud par la Nubie.

Il pleut rarement en Égypte, plus sur les côtes qu'au Caire, plus au Caire que dans la Haute-Égypte. En 1798, il a plu au Caire une fois pendant une demi-heure. Les rosées sont fort abondantes. L'hiver, le thermomètre descend, dans la Basse-Égypte, à deux degrés Réaumur au-dessus de zéro, et s'élève à dix degrés au-dessus de zéro, dans la Haute. En été, il monte à vingt-six et vingt-huit degrés dans la Basse-Égypte, et à trente-cinq et trente-six dans la Haute. Les eaux croupissantes, les marais n'exhalent aucun miasme malsain, ne donnent naissance à aucune maladie, ce qui provient de l'extrême sécheresse de l'air.

L'Égypte est un des plus beaux, des plus productifs et des plus intéressants pays du monde. C'est le berceau des arts et des sciences. On y voit les plus grands et les plus anciens monuments qui soient sortis de la main des hommes.

L'Égypte se compose : 1° de la vallée du Nil ; 2° de trois oasis ; 3° de six déserts. La vallée du Nil est la seule partie qui ait de la valeur. Si le Nil était détourné dans la mer Rouge ou dans la Libye, avant la cataracte de Syène, l'Égypte ne serait plus qu'un désert inhabitable ; car ce fleuve lui tient lieu de pluie et de neige. C'est le dieu de ces contrées, le génie du bien et le régulateur de toute espèce de productions.

Le Nil croît régulièrement tous les ans en juillet, août, septembre et octobre ; il décroît en novembre, décembre, janvier et février ; il est rentré dans son lit et très-bas en mars, avril, mai et juin. Lorsque le Nil est haut, il y a beaucoup de pays inondés, beaucoup de terres en culture ; quand l'inondation est peu forte, une moindre quantité de pays est inondée, l'année est médiocre ou mauvaise. Cependant, lorsque les inondations sont très-fortes, l'eau séjourne trop longtemps sur le terrain, la saison favorable se trouve écoulée, on n'a pas le temps de semer, l'atmosphère est trop humide ; il peut y avoir disette et famine.

Dans aucun pays l'administration n'a autant d'influence sur la prospérité publique. Si l'administration est bonne, les canaux sont bien creusés, bien entretenus, les règlements pour l'irrigation sont exécutés avec justice, l'inondation plus étendue. Si l'administration est mauvaise, vicieuse ou faible, les canaux sont obstrués de vase, les digues mal entretenues, les règlements de l'irrigation transgressés, les principes du système d'inondation contrariés par la sédition et les intérêts particuliers des individus ou des localités. Le gouvernement français n'a aucune influence sur la pluie ou la neige qui tombe dans la Beauce ou dans la Brie. Mais, en Égypte, le gouvernement a une influence immédiate sur l'étendue de l'inondation qui en tient lieu. C'est ce qui fait la différence de l'Égypte, administrative sous les Ptolémées, et de l'Égypte déjà en décadence sous les

Romains, et ruinée sous les Turcs. Ainsi, pour que la récolte soit bonne, il faut que l'inondation ne soit ni trop basse, ni trop haute.

Gouvernement. — Villes principales.

L'Egypte a éprouvé de nombreuses vicissitudes politiques. Longtemps indépendante, elle fut soumise par les Perses, puis par Alexandre et fut un royaume grec. Elle fit ensuite partie de l'empire romain, puis de l'empire arabe. Aujourd'hui elle dépend nominalement de l'empire ottoman, comme province vassale. Elle est gouvernée par un vice-roi à peu près indépendant.

La capitale est la vile du CAIRE (390, 000 habitants), grande et curieuse cité. Non loin de là sont les fameuses *Pyramides*, le plus étonnant et peut-être le plus ancien monument qui soit au monde.

Dans l'Égypte inférieure, c'est-à-dire dans le Delta que forment les bouches du Nil, il faut citer ALEXANDRIE, le port le plus commerçant de l'Égypte (180, 000 habitants). On y trouve encore beaucoup de ruines de l'antiquité.

ROSETTE et DAMIETTE sont situées chacune à l'extrémité d'une bouche du Nil.

Si l'on remonte dans la Haute-Égypte, on remarque des villes ou des villages qui offrent le plus grand intérêt pour l'archéologue et l'historien par leurs ruines magnifiques ; DENDERAH, LOUQSOR KARNAK, ces deux derniers sur l'emplacement de l'ancienne et fameuse ville de Thèbes qui paraît avoir été un amas prodigieux de monuments et de palais. Plus au sud, c'est ESNNÉ puis ASSOUAN, SYOUT, etc. Lorsqu'on arrive aux limites de la Haute-Égypte, la navigation du Nil devient impossible ; le lit du fleuve est embarrassé de rochers, le Nil saute de catacrate en cataracte. Sur la mer Rouge l'Égypte possède le port de Kosséir.

Isthme de Suez.

La mer Rouge va devenir pour l'Égypte l'occasion d'une nouvelle prospérité et d'une nouvelle grandeur. Cette mer est mise en communication directe avec la Méditerranée et devient le passage du commerce européen et du commerce asiatique. Ce magnifique travail, fut entrepris par une société, grâce à l'initiative hardie d'un Français, M. de Lesseps, et conduit avec la plus grande énergie malgré les difficultés politiques.

Les actes de cession du canal de Suez datent de 1854 et de 1855. Puis il fallut étudier le terrain, sonder, dresser les plans ; la Compagnie de Suez se forma à Paris en 1858 ; le premier coup de pioche fut donné à Port-Saïd, près de la Méditerranée, le 25 avril 1858. Le canal a été achevé en 1869.

Port-Saïd, sur la Méditerranée, est une ville qu'on chercherait en vain sur les cartes anciennes : c'est une création de la Compagnie de Suez ; tête du canal, elle est déjà une ville importante non-seulement à cause du nombreux personnel employé aux travaux, mais par le mouvement commercial et maritime.

Le canal suit en général une ligne droite jusqu'à *Suez*, au fond de la mer Rouge ; il a une longueur de 150 kilomètres. En partant de Port-Saïd, il traverse d'abord le lac *Menzaleh*, puis le lac *Ballah*, plus loin le lac *Timsah* ; enfin les lacs *Amers*. Entre les lacs il a fallu creuser les dunes de sable et quelquefois le roc.

Ismaïlia, vers le milieu du canal est encore une création de la Compagnie : là aboutit le canal, d'eau douce qui amène l'eau du Nil.

A l'extrémité de l'isthme, au fond du golfe Arabique, se trouve située Suez. Jusqu'à présent cette ville n'offrait pas un grand intérêt. Maintenant la voilà tête du canal maritime, du côté de l'Inde, et déjà elle s'est développée. Sans parler des chantiers nécessités par les travaux, elle est une station très-utile pour la navigation à vapeur ; les Messageries françaises y ont fait construire un bassin de radoub. Un chemin de fer relie Suez au Caire d'où une autre ligne ferrée conduit à Alexandrie.

CHAPITRE III.

LES ÉTATS BARBARESQUES.

I

GÉOGRAPHIE PHYSIQUE.

Les côtes, les montagnes, l'Atlas.

Les États barbaresques occupent la côte septentrionale de l'Afrique sur une longueur de 4,000 kilomètres. Ils sont enfermés entre la Méditerranée et une mer de sable, le Sahara. On remarque le long des côtes un grand enfoncement qu'on appelle le golfe de la *Sidre*, et des golfes moindres : ceux de *Tunis*, de *Bône*, de *Bougie*, la rade d'*Alger*, le golfe d'*Oran*. Les caps sont assez nombreux : caps *Razat, Bon, Blanc* de *Bizerte* ; caps *Boudjarone* et *Matifou*. Deux pointes forment, du côté de l'Afrique, le détroit de Gibraltar : le promontoire de *Ceuta* et le cap

Spartel. Les côtes des États barbaresques se prolongent sur l'océan Atlantique.

Toute cette bande septentrionale de l'Afrique est couverte par un massif de montagnes qui porte en général le nom d'Atlas. Le massif, très-élevé à l'ouest et au centre, va sans cesse en s'abaissant vers l'est et finit en collines du côté de l'Égypte. Dans la région occidentale de l'Atlas, beaucoup de sommets sont couverts de neiges éternelles, et le point le plus élevé, le mont Miltsien, atteint 3,476 mètres.

De ces montagnes tombent de nombreux cours d'eau qui apportent à cette contrée la fraîcheur si nécessaire sous un climat brûlant, et la fertilité si rare en Afrique. Du côté du midi les eaux de l'Atlas vont se perdre dans les sables du désert, sauf le *Draha* qui, tournant à l'ouest, va se jeter dans l'océan Atlantique. Mais les fleuves bienfaisants sont sur le versant septentrional et se jettent dans la Méditerranée ; la *Malouïa* qui se grossit de la *Tafna* et de l'*Isly*; la *Mactah*, le *Chéliff*, le *Harrach*, le *Ouad-Sahel*, l'*Ouad-el-Kebir*, grossie du Rummel, la *Seïbouse*, la *Medjerda*.

Toute cette contrée, dont chaque partie est loin de se ressembler pour le climat et la richesse, est divisée entre l'empire du *Maroc* à l'ouest, l'*Algérie* et la régence de *Tunis* au milieu, la régence de *Tripoli*, à l'est. L'empire du Maroc est indépendant, l'Algérie appartient à la France, la régence de Tunis et celle de Tripoli sont vassales de la Turquie.

II

RÉGENCE DE TRIPOLI.

La régence de Tripoli est bornée au nord par la Méditerranée, au sud par le Sahara, à l'est par l'Égypte, à l'ouest par la régence de Tunis. C'est une contrée plus longue que large habitée surtout par des tribus nomades. La population ne s'élève pas à plus de 600,000 habitants, dont la religion est le mahométisme.

La capitale est TRIPOLI, port sur la Méditerranée, d'où s'exportent les marchandises de l'intérieur : poudre d'or, plumes d'autruche, séné. On remarque aussi dans l'intérieur la ville de GHADAMÈS, et dans la province du *Fezzan*, MOURZOUK, rendez-vous des caravanes qui viennent du Soudan. Le souverain de Tripoli porte le titre de bey et reconnaît la suzeraineté du sultan de Constantinople.

RÉGENCE DE TUNIS.

Il en est de même pour le souverain de la régence de Tunis. La régence de Tunis, plus peuplée que celle de Tripoli (2,400,000 habitants), va du nord au sud, elle est située entre l'Algérie et la régence de Tripoli. La partie septentrionale, arrosée par la *Medjerda,* est la plus fertile.

TUNIS, la capitale (100,000 habitants), est un port sur la Méditerranée, non loin des ruines de la célèbre Carthage. C'est une ville pittoresque comme les villes orientales, mais dont l'intérieur ne répond pas à l'extérieur.

II

ALGÉRIE.

Limites, montagnes et fleuves.

L'Algérie, située au nord du continent africain, est comprise entre le 6° degré de longitude ouest et le 7° degré de longitude est. — Le Kis et la Moulouïa la séparent à l'ouest, du Maroc, et l'Oued-el-Zaïne la sépare, à l'est de la régence de Tunis. Au nord, elle est bornée par la Méditerranée et au sud par le Sahara proprement dit ou Grand-Désert.

Du nord au sud, elle a 600 kilomètres, et, de l'est à l'ouest, elle en compte de 850 à 900. En superficie, elle égale environ les 4/5 de la France : elle n'a pas moins de 390,000 kilomètres carrés.

« Qu'on se figure un bloc immense de plus de 800 kilomètres d'étendue, sortant de la mer pour s'élever vers le ciel en douces collines, puis en rudes montagnes (l'Atlas), présentant au nord de vastes flancs sillonnés par d'innombrables vallées, par des plaines majestueusement déployées entre deux chaînes onduleuses, criblées de déchirures et d'enfoncements, de ravins à la fraîche verdure, aux sources abondantes, de coupures abruptes et sauvages, servant de lit à de rapides torrents, ici une végétation vigoureuse et puissante, résistant aux ardeurs du soleil, là des rochers nus, noirs et rougeâtres, aux reflets brillants et nuancés. Voilà la terre d'Afrique, dont les armes françaises ont fait la moderne Algérie (1). »

---

1. Duval. *Tableau de l'Algérie.*

L'Algérie présente trois grandes divisions naturelles : la région du Tell, la région des plateaux et le Sahara algérien.

Le Tell commence au littoral de la Méditerranée, et s'étend des frontières de Tunis à celles du Maroc, région fertile où les céréales prospèrent.

Les plateaux sont la région formée par la double chaîne de montagnes dont se compose l'Atlas.

Enfin, le Sahara algérien est la région des oasis, sorte de transition entre le sol des plateaux et du Tell, et le sol désolé du Grand-Sahara.

L'Algérie, au point de vue territorial, peut se répartir en deux grandes divisions : au nord, *le Tell*, et au sud, *le Sahara*.

Le Tell, qui commence au littoral de la Méditerranée, s'étend des frontières de Tunis à celles du Maroc, jusqu'au Sahara.

Il embrasse toute la Kabylie.

Le Sahara comprend d'immenses pâturages, quelques cultures voisines du Tell, et quelques rares oasis dans les plaines sablonneuses qui le terminent au sud. En 1861, sa population était évaluée à 600,000 Arabes formant 200 tribus.

L'Algérie est sillonnée, de l'ouest à l'est, par une immense chaîne de montagnes, l'*Atlas*, divisée en deux chaînes secondaires : le *Grand* et le *Petit Atlas*. Celui-ci longe la Méditerranée ; celui-là sépare les États barbaresques (berbéresques) du Sahara. Le plus haut sommet de l'Atlas est le Miltsin (3,475 mètres). Ses branches les plus remarquables sont le Djurjura (2,400 mètres), au sud-est d'Alger, le Mouzaïa, l'Ouanseris, le Djebel-Amour, le Djebel-Aurès, etc.

La plupart des cours d'eau algériens se jettent dans la

Méditerranée. On distingue : la *Tafna* (autrefois Siga), le *Chéliff*, l'Oued-el-Kébir ou grossi du *Rummel*, la *Seibouse*, la *Medjerdah*, etc. L'Oued-el-Djeddi est du nombre des cours d'eau qui vont se rendre aux lacs salés ou aux sables du désert.

Les trois provinces de l'Algérie possèdent des lacs (sebkas), que la saison pluvieuse emplit d'eau, mais qui se dessèchent pendant l'été.

Le climat du littoral est à peu près celui de l'Espagne, du Portugal, de l'Italie, de la Provence, de la Grèce. Celui du Sahara est presque tropical. Sur les plateaux du Tell on subit quatre saisons, comme au centre de l'Europe ; mais sur le littoral et dans les plaines du sud, l'automne et le printemps n'existent pas à proprement parler. La période des chaleurs commence en juin et finit en octobre ; la période tempérée embrasse novembre à mai.

Productions.

Partout où le sol algérien peut être arrosé, la fertilité est, pour ainsi dire, prodigieuse. Un triple épi était jadis l'emblème de la Mauritanie.

La Flore algérienne est riche et pourrait s'enrichir de la plupart des végétaux qui croissent ailleurs. Signalons ici les céréales (le blé dur, entre autres, qui manque à la France), le maïs, le millet, le riz, l'olivier, le chêne vert, le chêne-liége, le palmier nain, le dattier, le coton, le tabac, la canne à sucre, le mûrier, l'amandier, le grenadier, l'oranger, la vigne, le cyprès, le lentisque, tous les arbres, toutes les plantes potagères du midi de l'Europe.

La Faune ne le cède pas à la Flore. Si, à l'état sauvage, on remarque, parmi les animaux de l'Algérie, le lion, la panthère, le chacal, l'hyène, etc., on trouve, parmi les animaux domestiques, le cheval, le mulet, le chameau, le dromadaire, le bœuf, le mouton, la chèvre, etc.

Le règne minéral présente d'abondantes mines de fer, de mines de plomb, de cuivre, peut-être même des mines argenti-aurifères assez riches pour être exploitées.

Population.

La population non européenne de l'Algérie, qui s'élève à 2,700,000 habitants, ne forme point un ensemble homogène.

Il existe des différences essentielles, au point de vue de l'organisation sociale, entre les Arabes et les Kabyles. Ces derniers ont d'autres lois, d'autres mœurs, et leur culte même n'est pas identique. Les Kabyles sont les anciens chrétiens réfugiés dans les montagnes pour y défendre leur liberté. Ils ont sauvé leur indépendance ; ils ont gardé les anciennes lois municipales de l'Afrique romaine. Au point de vue civil, leur organisation se rapproche de nos municipalités. Leur mahométisme est mitigé ; le Coran n'est pas pour eux la loi civile ; ils n'ont pas accepté la polygamie, et, par conséquent, leurs familles sont restées semblables à nos familles d'Europe : tout s'y rapproche de nous.

Les vrais indigènes de l'Algérie et de l'Afrique septentrionale paraissent être les Berbères, qui occupent toute la grande région de l'Atlas.

Divisions et villes principales.

L'Algérie forme trois provinces, d'*Oran*, d'*Alger*, de *Constantine*. Chaque province se compose de deux territoires : le territoire civil et le territoire militaire. Le territoire civil forme le département. Il comprend : la préfecture, les arrondissements, les commissariats civils ou districts, les communes de plein exercice.

Le territoire militaire comprend : la *division militaire*, la *subdivision*, les *cercles*.

ALGER est le chef-lieu de notre colonie et de la province de ce nom. C'est une grande ville de 70,000 habitants ; elle s'étage en amphithéâtre sur le bord de la mer. De magnifiques travaux y ont créé un vaste port. Alger est le siège du gouvernement général de l'Algérie, et d'un archevêché catholique.

Les sous-préfectures de la province d'Alger sont : BLIDAH, MÉDÉAH, MILIANAH ; les villes principales : *Orléansville*, *Cherchell*, port de mer sur la Méditerranée, et *Laghouat*, sur le territoire militaire.

La province d'Oran a pour chef-lieu ORAN ; sous-préfectures : MASCARA, TLEMCEM, et MOSTAGANEM ; les villes principales sont : *Sidi-bel-Abbès*, *Saïda* et *Géryville*, sur territoire militaire.

La province de Constantine a pour chef-lieu CONSTANTINE ; sous-préfectures : BONE, SÉTIF, PHILIPPEVILLE et GUELMA. Villes principales : *Bougie*, port sur la Méditerranée, et *Bouçada*, *Batna*, *Biskra*, *Tougourt*, sur le territoire militaire.

L'Algérie est pour la France d'une grande importance militaire et commerciale ; militaire, car la conquête et le soin de garder la colonie ont fait de ce pays une école pour toute notre armée. De plus, c'est une excellente position pour assurer notre influence dans la Méditerranée et sur le continent africain. L'Algérie, de plus, deviendra une source précieuse de richesses agricoles et par suite commerciales. Elle nous envoie déjà les produits de son industrie.

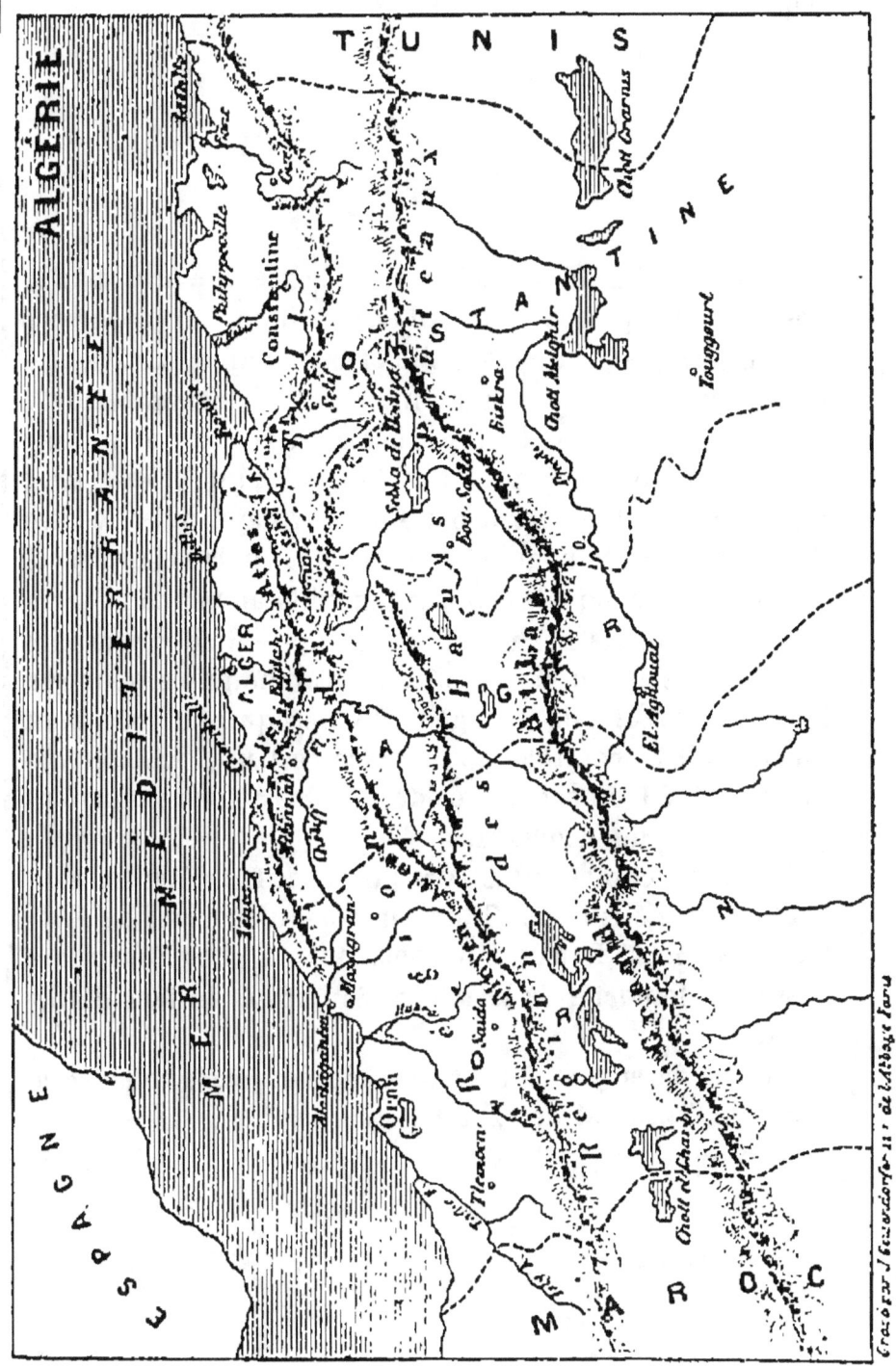

IV

MAROC.

Le Maroc, limité à l'est par l'Algérie, au midi par le désert, à l'ouest par l'océan Atlantique, au nord par la Méditerranée, est très-fertile et très-peuplé, car il comprend huit millions d'habitants. Arrosé par la Malouïa qui se jette dans la Méditerranée et le Draha qui va finir dans l'Atlantique, il présente l'aspect d'un beau pays ; mais il est mal gouverné par son souverain, qui a le titre d'empereur, et la population opprimée vit dans la misère.

Les villes principales sont : Fez, ville ancienne et jadis célèbre parmi les Arabes ; la science orientale y prospère encore. Elle est aussi industrieuse et renommée pour ses fabriques de soie, de lainage et de maroquin. Maroc, bien qu'elle soit la capitale de l'empire, est une ville moins importante. L'empereur réside le plus souvent dans l'agréable ville de Méquinez.

Le Maroc compte plusieurs ports actifs : Tanger, vers l'entrée du détroit de Gibraltar lorsqu'on vient de l'Atlantique ; Salé, Rabat, Mogador, Agadir. Les Espagnols possèdent le port et le territoire de Ceuta, en face de Gibraltar.

Dans le désert, le Maroc possède des oasis telles que celles de *Tafilet* et des *Touats*.

CHAPITRE VI.

RÉGION SAHARIENNE.

I

LE SAHARA.

Le désert et les oasis.

Au delà de l'Atlas s'étend un espace immense, plat, couvert de sables mouvants et semé de loin en loin de terres fertiles qu'on appelle *oasis* ; c'est le Sahara. Il est borné au nord par les États barbaresques, à l'est par l'Égypte et la Nubie, au sud par le Soudan et à l'ouest par l'océan Atlantique. Les sables n'occupent pas tout cet espace ; certains plateaux couverts d'herbages s'élèvent jusqu'à 2,000 mètres au-dessus du niveau de la mer. Les endroits arrosés sont habités par des éléphants et des sangliers, et on voit errer des bêtes féroces, des lions et des panthères. Les autruches farouches et les antilopes au pied léger peuvent seules vivre dans l'intérieur du désert. Quelques plantes isolées semblent avoir été organisées par la nature pour résister aux vents ardents qui d'ordinaire brûlent tout sur leur passage et dont le souffle embrasé renverse l'homme.

La principale oasis du désert est celle de *Toudt*, la plus étendue et aussi la plus fertile. On y cultive le blé, l'orge, des arbres fruitiers. Les autres sont celles de *Ghât* et d'*Asben*.

Populations.

Les oasis du Sahara ont pour habitants des populations Berbères qu'on appelle dans l'ouest *Maures Trarzas*, au centre *Touaregs*, à l'est *Tibboust*.

Les *Touaregs*, population la plus intéressante et la plus curieuse à étudier, sont de sang blanc et se gardent soigneusement de toute alliance avec la race nègre qu'ils méprisent souverainement. De haute taille, ils ont le front haut, la poitrine large, les membres allongés et un peu grêles. Ils passent leur existence à convoyer les caravanes.

Les Touaregs forment un peuple essentiellement nomade ; ils n'ont ni villes ni villages ; ils passent leur vie à parcourir leur vaste désert, à escorter et à rançonner les caravanes qui le traversent. Comme le sol sur lequel ils vivent ne produit rien, ils sont obligés d'aller faire leurs provisions dans les villes les plus proches. Ainsi Bornou et Tombouctou sont celles où ils vont le plus communément faire leurs achats, qui se composent exclusivement de couscoussou et de dattes, quand ils ont le moyen d'en acheter. A certaines époques de l'année, il pleut abondamment dans certaines parties du désert ; sitôt que les Touaregs sont prévenus de cet heureux événement, ils transportent leurs tentes et leurs bagages dans la région qui a été privilégiée par les pluies, car l'herbe y croît en abondance et les tribus trouvent de quoi alimenter leurs chevaux.

Les Touaregs sont musulmans superstitieux, mais pas fanatiques. Ils croient aux esprits et aux revenants. Aussi, pour se préserver de leur influence, se couvrent-ils la tête et la poitrine d'un grand nombre d'amulettes. Les pratiques du culte se bornent à quelques prières et à quelques ablutions avec de l'eau et du sable; ils n'ont ni mosquées, ni imans, ni cadis. Les Touaregs de l'est reconnaissent la suprématie religieuse du sultan de Constantinople, tandis que ceux de l'ouest sont soumis à l'empereur de Maroc.

Caravanes.

Comme il n'y a dans le désert ni forêts, ni fleuves, ni montagnes, mais seulement des collines errantes, il est difficile d'indiquer les grandes routes commerciales que suivent les longs convois de marchands. Cependant, d'après les explorations d'intrépides voyageurs tels que *Caillet*, le docteur *Barth*, *Henri Duveyrier*, on sait à peu près les directions que suivent les caravanes pour porter dans les villes de la Méditerranée les produits de l'Afrique intérieure et réciproquement.

A l'ouest, la voie la plus suivie est celle qui va de *Fez* à *Tombouctou*, dans le Soudan, et qui passe par *Tafilet* et l'oasis de *Touât*. Au centre, il y a la route commerciale d'*Alger* à *Tombouctou* et à *Kanou*, c'est celle qui intéresse le plus notre colonie, car elle servira à la relier par terre à notre colonie du Sénégal.

Enfin, à l'est, plusieurs caravanes vont de Tripoli et de Tunis aux différentes contrées du Soudan. Elles ont pour étapes *Ghadamès*, *Moursouk*, *Agadès* et *Bilma*.

C'est au printemps que les caravanes se mettent en mouvement; elles savent que les Touaregs ou d'autres tribus les guetteront au passage; aussi le chef des plus prudentes s'entend-il avec le chef le plus voisin qui lui donne quelques cavaliers sous la sauvegarde desquels la caravane continuera sa route, en payant à tous, jusqu'à destination, et selon l'importance des marchandises, un impôt forcé. Les plus grandes cependant passent hardiment, fortes de leur nombre, mais ce n'est pas sans être harcelées ni sans faire beaucoup de pertes. Ce qui est étrange, c'est que les individus de ces peuplades de pillards fréquentent ouvertement les grands marchés du nord de l'Afrique où ils apportent du pays des nègres de la poudre d'or, des défenses d'éléphants, des peaux tannées pour les tentes, du poivre rouge et des dépouilles d'autruche.

II

SOUDAN.

Limites et aspect.

Lorsqu'on a traversé le désert, on rencontre un pays non moins vaste, non moins brûlé par le soleil, mais arrosé, relativement fertile, et qu'on nomme le Soudan ou la Nigritie. Ce pays, qui s'étend en général sur toute la largeur de l'Afrique, est compris entre le Sahara au nord, la Sénégambie à l'ouest, la Guinée au sud et le plateau inexploré de l'Afrique méridionale, à l'est la Nubie. On appelle ce pays la *Nigritie* ou pays des noirs, cela ne veut pas dire que toutes les populations appartiennent à la race nègre.

Il est divisé en deux grands versants, le bassin du Niger ou fleuve noir, et le bassin du lac Tchad.

Bassin du Niger.

Le bassin de ce fleuve occupe la partie occidentale du Soudan et c'est un des plus importants de l'Afrique, mais il est à peine connu d'hier dans toute son étendue. Le Niger, dont on a ignoré longtemps la direction, a été étudié et suivi dans son cours par un grand nombre de voyageurs, surtout par *Mungo-Park* (1795 à 1803), qui périt noyé dans le fleuve près de Boussa ; par l'Allemand *Boentgen*, assassiné près de Tombouctou ; par *Clapperton* (1823), par *Laing* (1825), *Caillet* (1828), *Lander* (1830), *Barth*, *Richardson*. On avait cru longtemps que ce fleuve se perdait dans le lac *Tchad*, ou même dans le Nil, mais maintenant on connaît son cours et on sait que, prenant sa source dans les mots de *Kong*, en Guinée, il trace un vaste demi-cercle, puis revient se jeter dans le golfe de Guinée par plusieurs embouchures ; son principal affluent est la belle rivière de *Tchaada* ou *Benoué*.

Le bassin du lac *Tchad* a été exploré par les voyageurs *Clapperton*, *Richardson*, *Barth*, *Overweg*. Les principaux cours d'eau qui se jettent dans le *Tchad* sont le *Charry* et le *Yeou*.

Divisions et villes principales.

La région du Niger ou Soudan occidental est occupée par les *Touaregs*, les *Fellatahs* et les *Bambarras*. On y trouve entre autres villes Tombouctou, si célèbre par les relations des voyageurs. Tombouctou, après laquelle soupirent les caravanes fatiguées, n'est pourtant qu'un amas de maisons en terre mal construites, au milieu de plaines immenses de sables mouvants, mais cette ville est le centre du commerce de l'intérieur de l'Afrique et on y vient faire fortune.

Les autres villes de la vallée du Niger sont : Segou, dans le bassin supérieur, et Boussa, sur le cours inférieur.

Quant à la partie centrale du Soudan, elle comprend l'empire de *Bornou*, les royaumes de *Bagherné* et de *Bergou* ; les villes principales sont KOUKA et KANOU, deux villes commerciales.

Le reste du Soudan ou la partie orientale appartient au bassin du Nil et nous l'avons déjà décrite.

III

SÉNÉGAMBIE.

Possessions européennes.

Sur le revers opposé des montagnes où le Niger prend sa source, naissent deux fleuves moins importants qui s'en vont droit à l'océan Atlantique en arrosant un pays montagneux et fertile, c'est le *Sénégal* et la *Gambie* ; on a réuni les deux noms et on a appelé le pays *Sénégambie*.

La Sénégambie s'étend entre le Sahara au nord, le Soudan à l'est, la Guinée au sud et l'océan Atlantique à l'ouest. Le développement de ses côtes est assez considérable et on y remarque surtout un des principaux caps de l'Afrique, le cap *Vert*. Les côtes sont partagées entre la France et l'Angleterre mais la France y domine surtout : elle a soumis à son influence les peuplades de la vallée du Sénégal. C'est surtout depuis 1855 que notre domination a fait des progrès dans l'intérieur des terres sous l'administration de M. Faidherbe. Le pays *Oualo* a été constitué en province française ; nous avons forcé à la soumission les peuples du *Cayor*, du *Fouta*, du *Bondou*, du *Bambouc*. Un officier français, le lieutenant Lambert, a exploré les montagnes du Fouta-Djalloun dans lesquelles le Sénégal et la Gambie prennent leurs sources.

La capitale de notre colonie est SAINT-LOUIS, à l'embouchure du Sénégal, et les principaux ports établis sont DAGANA, PODOR, BAKEL... Nous possédons aussi auprès du cap Vert l'île de *Gorée* et la ville de *Sedhiou* sur la rivière de Casamance.

Les Anglais tiennent l'embouchure de la Gambie par les comptoirs de BATHURST et d'ALBREDA.

Les Portugais ont conservé de leurs anciennes possessions l'archipel des îles *Bissagos*.

La Sénégambie offre une végétation splendide, beaucoup de forêts, et on y trouve la gomme, l'ivoire, la poudre d'or; on y récolte le coton et des graines oléagineuses. La population appartient en général à la race nègre.

IV

LA GUINÉE.

Possessions européennes.

Au-dessous du Sénégal, la côte africaine décrit une courbe très-prononcée qui porte le nom de *Guinée*. La Guinée s'étend depuis le Sénégal jusqu'au cap *Frio* dans la partie méridionale de l'Afrique. On la divise en Guinée méridionale; c'est le cap *Lopez* qui marque la séparation.

La première occupe un des versants des monts de Kong, il est arrosé par la rivière de *Sierra Leone,* par le cours inférieur du *Niger* et l'*Ogoway*. La Guinée méridionale est traversée dans sa largeur par la chaîne du *Congo* et arrosée par le fleuve *Congo* ou *Zaïr* et par le *Coanza*. Cette partie de l'Afrique a été surtout explorée par l'Anglais *Livingstone*.

Les côtes de la Guinée septentrionale portent des noms pittoresques : côte des *Graines*, côte des *Dents*, côte d'*Or*, côte des *Esclaves*, noms qui proviennent de la nature du commerce que l'on y fait en poivre, en ivoire, en poudre d'or, et qu'on y faisait en esclaves avant l'abolition de la traite.

Les Anglais y ont pour principaux comptoirs Freetown, Cap-Coast, Bonny, et Vieux-Calabar.

Les Français ont des établissements à Grand-Bassam, Assinie et d'autres beaucoup plus au sud sur la côte de Gabon.

Les Portugais ont les îles de *Saint-Thomas* et du *Prince* ; les Espagnols celles d'*Annobon* et de *Fernando-Po*.

L'intérieur du pays est divisé en un grand nombre de royaumes nègres dont les principaux sont au nord, ceux des *Achantis*, de *Dahomey* et de *Benin*, qui ont pour villes principales, le premier : Coumassi ; le second Ahomey, le troisième Benin.

On connaît trop la barbarie des habitants de ces pays et les cruautés du roi de Dahomey qui fait encore des sacrifices humains.

Au sud, la Guinée compte deux royaumes assez importants, l'*Ohango*, avec une capitale du même nom, et le *Congo*, capitale San-Salvador. De ce côté, les Portugais ont gardé quelques-unes de leurs anciennes possessions dont les chefs-lieux sont : Saint-Philippe de Benguela et Saint-Paul de Loanda.

V

ILES AFRICAINES DE L'OCÉAN ATLANTIQUE.

Nous avons dit qu'à une certaine distance de l'Afrique se trouvaient des îles qui dépendent cependant de ce continent. Les îles *Madère* appartiennent au Portugal, et la principale, *Madère*, est célèbre par ses vins. Les îles *Canaries*, autrefois îles Fortunées, remarquables par leur fertilité, appartiennent à l'Espagne ; elles sont au nombre de sept. Les Portugais ont encore les îles du cap *Vert*, au nombre de dix, qui produisent de l'indigo, des oranges et des citrons. Enfin l'Angleterre possède deux rochers, l'*Ascension* et *Sainte-Hélène*.

CHAPITRE V.

RÉGION AUSTRALE ET ORIENTALE.

I

AFRIQUE AUSTRALE.

Colonie du Cap.

La pointe qui termine l'Afrique comprend : le pays des Hottentots, les républiques du fleuve Orange et la Colonie anglaise du cap de Bonne-Espérance.

C'est une région montagneuse, surtout dans la colonie

du Cap, traversée par la chaîne des monts *Nieuweweld*. Le fleuve principal est le fleuve *Orange* qui limite au nord la colonie ; c'est un des fleuves les plus importants de l'Afrique méridionale, et sa vallée est des plus fertiles.

Les républiques qui occupent la vallée du fleuve Orange, et parmi lesquelles il faut citer celle de *Transvaal*, doivent leur origine aux Hollandais qui, autrefois, possédaient la colonie du Cap. Elles sont aujourd'hui indépendantes.

La colonie du *Cap*, qui fut autrefois une des principales colonies de la Hollande, appartient aujourd'hui à l'Angleterre, elle se divise en trois provinces : *province occidentale, province orientale* et *Cafrerie anglaise*. On y trouve encore une nombreuse population d'origine hollandaise. Les villes principales sont : LE CAP, belle ville très-fortifiée qui s'étend au pied des montagnes de la Table et du Lion ; situé sur la rive d'une baie, le Cap a dû sa prospérité à sa position qui en faisait le point de relâche des navires voyageant autour de l'Afrique. Cette ville perdra sans doute de son importance par suite du percement de l'isthme de Suez. Les autres ports sont : PORT-ELISABETH et AST-LANDON, sur l'océan Indien.

La population totale de la colonie s'élève à 300,000 habitants ; la population indigène se partage entre les nègres, les Hottentots et les Cafres.

« Les Hottentots indigènes sont condamnés à disparaître comme peuple ; réduits à une trentaine de mille, ils fournissent aux colons des ouvriers et des domestiques, au gouvernement des soldats, et se trouvent sur cette terre, dont ils ont été les seuls possesseurs, dans une situation des plus précaires, bien qu'ils jouissent, depuis l'abolition de l'esclavage, de tous les droits civils et politiques. Cette égalité, dont ils sont dignes par leur instruction (car tous savent lire et écrire), hâtera leur fusion dans la population d'origine européenne. Quelques groupes détachés sont encore indépendants, mais disparaîtront de même sous l'action progressive de la civilisation ; ce sont les Namaquois, qui ont dressé leurs tentes à l'embouchure du fleuve Orange, les Korannas, qui s'étendent le long de la rive gauche de la rivière du Fol, et les Boschmen ou Hommes des Buissons, qui stationnent dans le désert de Kalahari. Ces derniers sont les bohémiens de la race du sud de l'Afrique ; ils vivent en grande partie de vols et de brigandage et les noirs comme les blancs leur font une guerre incessante. »

II

AFRIQUE ORIENTALE ET CENTRALE.

Voyages dans l'Afrique centrale. — Livingstone. — Le Zambèze.

Remontons maintenant la côte orientale : longée par la chaîne des monts Lupata, elle ne contient guère qu'une vallée un peu profonde, celle du *Zambèze* ; encore cette vallée n'est-elle bien connue que depuis les voyages de Livingstone (1849 à 1856) (1).

Ce courageux missionnaire avait été surtout soutenu dans ses premiers voyages par le zèle religieux, et l'amour de la science se développant à mesure que ses

---

1. L'Afrique australe avait été déjà explorée dans plusieurs de ses parties par le Vaillant, missionnaire anglais, les missionnaires protestants français Daumas et Arbousset, qui ont entrepris un voyage d'exploration chez les Mantétis et les Korannas.

explorations étaient couronnées de succès, il résolut de consacrer sa vie entière à la découverte de nouveaux pays. Ses premiers voyages, de 1843 à 1849, ne dépassaient pas ceux que faisaient alors les missionnaires anglais, qui cherchaient à faire rayonner le plus possible autour de la colonie du Cap la civilisation, et à étendre le cercle des relations commerciales.

En 1849, familiarisé avec les dialectes, les usages des tribus de l'Afrique australe, il remonta vers le nord et atteignit le lac *N'gami*. Plus tard, il pénétra jusqu'au royaume des Makololos et découvrit une grande vallée, fertile, populeuse, dans une région qu'on croyait déserte. Il partit de nouveau en 1852, et cette fois, remontant le Zambèze, puis un des affluents du Zambèze, il arriva à la terrasse montagneuse qui descend vers la côte occidentale, et qui est occupée par les colonies portugaises. Il se remit, à Saint-Paul-de-Loanda, d'une longue maladie, et, une fois sauvé, ne songea qu'à se jeter de nouveau dans les périls. Il s'enfonça encore une fois dans l'intérieur de l'Afrique, retrouva le Zambèze, et le descendit jusqu'à la côte de Mozambique, ayant ainsi atteint les deux bords opposés de l'Afrique. Il arriva à Quilimané au mois de mai 1856.

Nous avons dit que cette hardie exploration avait été suivie de bien d'autres dans la région des lacs de l'Afrique équatoriale. Nul n'a rendu de plus grands services à la science; nul, depuis Vasco de Gama et Christophe Colomb, n'a fait faire à la géographie de plus grands progrès. Livingstone a révélé véritablement l'intérieur de l'Afrique, et, grâce à ses relations, on a des données certaines sur sa configuration, sa fertilité, sa population.

La vallée du *Zambèze* ou *Lyambie* excite sans cesse l'admiration de Livingstone. Il l'a étudiée dans tous les sens, et a décrit dans tous les détails le fleuve qui l'arrose, et qui peut rivaliser avec le Nil. Le Zambèze sera la grande voie qui ouvrira à la civilisation le centre de l'Afrique. Sa plus longue direction est de l'ouest à l'est ; mais par ses sources situées vers le nord, dans l'Afrique équatoriale, par ses nombreux affluents, il conduit, et Livingstone en a fait l'expérience, aux endroits les plus opposés.

« Le Lyambie, dit le docteur Livingstone (1), est un fleuve magnifique ; sa largeur est souvent de plus d'un mille (1,600 et quelques mètres), et nous côtoyons des îles nombreuses. Elles sont couvertes de bois, ainsi que les deux rives ; les arbres qui se trouvent au bord de l'eau plongent dans le fleuve des rejetons qui naissent de leurs branches, et qui vont s'enraciner dans la terre comme ceux du figuier banian. De loin on prendrait ces îles pour une masse de verdure reposant à la surface étincelante du Lyambie ; du milieu de ce fourré plein de fraîcheur, les dattiers déploient leurs frondes gracieusement incurvées, dont le vert clair se détache sur le fond du tableau, et que surmontent les palingras, qui découpent sur un ciel sans nuage leurs feuilles radiées, pareilles à d'énormes éventails. Le pays est ondulé, rocailleux ; les éléphants y abondent, ainsi que tous les animaux sauvages. Le sol est rougeâtre et d'une grande fertilité. Il y a sur les deux rives un grand nombre de villages, habités par un peuple industrieux, composé d'habiles chasseurs d'hippopotames, et qui travaille le bois et le fer avec un grand succès.

« De l'embouchure de la Loba, l'un des principaux affluents du Zambèze, jusqu'aux chutes de *Mosioatounya*, le Liambye serait navigable, et porterait aisément les

---

1. Livingstone. *Explorations dans l'Afrique australe.*

steamers qui sillonnent la Tamise ; il est aussi large, en beaucoup d'endroits, que cette rivière au pont de Londres. Néanmoins il y a de sérieux obstacles à la navigation du Liambye ; environ dix milles au-dessous de l'embouchure du Lioti, par exemple, le cours du fleuve est obstrué par des bancs de sable à la fois nombreux et d'une grande étendue ; vous avez ensuite, jusqu'à la Simah, une centaine de milles qu'un steamer de la Tamise pourrait parcourir toute l'année ; mais entre la Simah et Katima-Molélo, vous rencontrez cinq ou six rapides avec des cataractes et les chutes de Gouyé qu'il est impossible de franchir. De Katima-Molélo jusqu'au Chobé, le fleuve redevient navigable sur une étendue de cent milles.

« Je ne veux pas dire que cette portion du Liambye offre immédiatement de grands avantages au commerce européen ; mais lorsque nous trouvons une rivière de trois cents mètres de large, dont certaines parties nous présentent des canaux de cent milles de longueur à l'endroit où les géographes ne supposaient autre chose qu'une mer de sable, il est permis de concevoir des espérances pour l'avenir. J'ai la conviction bien arrêtée que le prétendu désert peut nourrir autant de millions d'habitants qu'il en contient de milliers aujourd'hui. Mis en culture, le sol de la vallée des Barotsés, dont l'herbe, excellente pour les vaches, est assez haute et assez épaisse pour les petits des antilopes, fournirait une quantité de grains suffisante à l'alimentation de nombreuses multitudes. »

Le Zambèze, obligé de se frayer un passage dans le plateau du centre de l'Afrique, forme, comme le Nil, des cataractes. La chute de Mosioatounya est la plus célèbre, et le docteur Livingstone l'a nommée la chute *Victoria*.

« Après avoir navigué pendant vingt minutes depuis Kalaï (raconte Livingstone), nous apercevons les colonnes de vapeur, très-justement appelées fumée, et qui, à la distance où nous sommes, environ cinq ou six milles, feraient croire à l'un de ces incendies d'une vaste étendue de pâturages que l'on voit souvent en Afrique. Ces colonnes sont au nombre de cinq et cèdent au souffle du vent ; elles paraissent adossées à un banc peu élevé, dont le sommet est boisé. De l'endroit où nous nous trouvons, le faîte de ces colonnes va se perdre au milieu des nuages ; elles sont blanches à la base et s'assombrissent dans le haut, ce qui augmente leur ressemblance avec la fumée qui s'élève du sol. Tout le paysage est d'une beauté indicible : de grands arbres, aux couleurs et aux formes variées, garnissent les bords du fleuve et les îles dont il est parsemé ; chacun a sa physionomie particulière, et plusieurs d'entre eux sont couverts de fleurs ; le massif baobab, dont chaque branche formerait le tronc d'un arbre énorme, se déploie à côté d'un groupe de palmiers dessinant leurs feuilles légères sur le ciel, où elles tracent des hiéroglyphes qui signifient toujours : « loin de ta patrie, » car ce sont elles qui impriment au paysage son caractère exotique. Le mohonono argenté, qui, dans cette région, est pareil pour la forme au cèdre du Liban, fait un heureux contraste avec le sombre motsouri, taillé sur le patron du cyprès, et dont la teinte brune est rehaussée par des fruits écarlates. Quelques-uns de ces arbres ressemblent à nos grands chênes ; il en est d'autres qui rappellent nos ormes séculaires et nos vieux châtaigniers ; néanmoins, personne ne peut se figurer la beauté de ce tableau d'après ce qui existe en Angleterre. Jamais les regards des Européens ne l'ont contemplé ; mais les anges doivent s'arrêter dans leur vol pour l'admirer d'un œil ravi. Des collines de cent à cent trente mètres de hauteur, couvertes d'arbres qui laissent apercevoir entre eux la nuance rutilante du sol, bornent la vue de trois côtés. Il ne manque au paysage que des cimes neigeuses se confondant avec l'horizon.

« A huit cents pas environ de la cascade, je change de canot pour en prendre un beaucoup plus léger, dont les rameurs habiles me font passer au milieu des tourbillons et des écueils, et me conduisent à une île située au bord de la rampe où les eaux viennent tomber. La rivière est basse et nous permet d'atteindre un lieu qu'il est impossible d'approcher lorsque les eaux sont grandes ; mais, bien que nous ne soyons plus séparés de l'abîme que par une très-faible distance, personne, je le suppose, ne pourrait voir l'endroit où cette masse d'eau va s'engouffrer. La lèvre opposée de la fissure où elle disparaît n'est pourtant qu'à cinq mètres de nous, tout au plus. Je gravis avec émotion la rampe du précipice ; je regarde au fond d'une déchirure qui traverse le Zambèze d'une rive à l'autre, et je vois un fleuve de mille mètres de large, tombant tout à coup à plus de trente mètres de profondeur, où il se trouve comprimé dans un espace de quinze à vingt mètres de large. L'abîme est tout simplement une rupture de la chaussée de basalte, crevasse profonde qui, après avoir croisé le lit du fleuve, se prolonge au nord du Zambèze, à travers une chaîne de montagnes sur un espace de trente à quarante milles Si l'on regarde au fond de l'abîme du côté de la rive droite, on ne distingue rien qu'un nuage épais dont la masse blanche, à l'instant où je la regarde, est entourée de brillants arcs-en-ciel ; de ce nuage s'élève un jet de vapeur de cent mètres de haut ; à cette élévation, la vapeur se condense et retombe en une pluie fine qui a bientôt fait de transpercer nos habits ; elle est surtout sensible de l'autre côté de la fissure. A quelques mètres de l'abîme, se dresse un rideau d'arbres verts dont les feuilles sont mouillées perpétuellement ; une quantité de petits ruisseaux partent de leurs racines et vont se jeter dans le gouffre béant; mais la colonne de vapeur qu'ils rencontrent dans leur chute les fait remonter avec elle, et jamais ils n'atteignent le fond de l'abîme, où ils se répandent sans cesse.

« A gauche de l'île, on peut suivre des yeux la masse écumante du fleuve se dirigeant vers les collines, et mesurer du regard la hauteur de la falaise d'où il se précipite. Les deux murailles de cette crevasse gigantesque sont perpendiculaires et formées d'une masse homogène. De l'endroit où je suis placé, on voit parfaitement la masse d'eau quitter son lit, tomber au fond du gouffre, en nappe aussi blanche que la neige, se briser en morceaux, si je puis ainsi parler, et lancer des jets d'écume de chacun de ses éclats absolument comme les tiges d'acier que l'on brûle dans l'oxygène produisent des étincelles : on dirait une myriade de comètes neigeuses précipitant dans l'abîme leur chevelure rayonnante. Je n'ai jamais vu qu'on ait signalé nulle part cet aspect singulier.

« Les colonnes vaporeuses qui jaillissent de cet abîme sont évidemment le résultat de la compression de l'eau, dont la pesanteur, augmentée par la violence de la chute, se joint à la résistance qu'éprouve cette masse énorme. Des cinq colonnes, trois sont plus fortes que les deux autres ; le courant qui produit celles qui surgissent près de la rive gauche est, à l'endroit où il se trouve resserré, entre le bord de l'île et celui du fleuve, plus considérable que la Clyde à Stonebyres quand elle est débordée; le Zambèze, dont, à cette époque, les eaux sont basses, a plus de 600 mètres de large à l'endroit où nous sommes, et plus d'un mètre de profondeur au bord du précipice (1). »

1. Livingstone. *Explorations dans l'Afrique australe.* Traduit de l'anglais. Librairie Hachette.

Au dessous de ces chutes fameuses, le Zambèze ne tarde pas à redevenir un fleuve majestueux. A Tété il a mille mètres de large.

On croyait que le Zambèze se déchargeait dans l'océan Indien par deux branches principales, qui formaient avec la mer un triangle équilatéral dont chaque côté mesurait une centaine de kilomètres. La branche septentrionale sur laquelle est construite Quillimané passait pour l'embouchure du fleuve. Une carte, sortie il n'y a pas longtemps des bureaux du ministère des colonies portugaises, la donne encore comme telle : c'est une erreur. Livingstone prouve que cette branche est indépendante du fleuve, car elle a dans les eaux basses de véritables solutions de continuité avec lui. Elle est alimentée par quatre affluents qui viennent du nord ; aussi porte-t-elle parmi les indigènes un nom particulier, le Couacoua. Ce n'est que dans la saison pluvieuse qu'elle se relie au Zambèze par des canaux naturels qui se cachent au milieu d'un fouillis épais de plantes marines. Le vrai Zambèze est la branche qui coule au sud, et se décharge dans la mer par cinq bouches principales, en formant un delta d'environ 40 kilomètres de base.

La côte orientale et méridionale. — Colonies anglaises et portugaises.

La côte est divisée entre la colonie anglaise du *Natal*, la *Cafrerie*, les établissements portugais de *Mozambique*, de *Zanguebar* et le pays de *Somale*.

La colonie anglaise de *Natal* a pour ville principale NATAL, sur l'océan Indien, ville appelée ainsi par Vasco de Gama, parce qu'elle fut découverte le jour de la Nativité. La colonie est nouvelle, mais déjà florissante.

La Cafrerie, soumise en partie à l'influence des Anglais,

habitée par une race à part, les Cafres (ou infidèles); différente de la race nègre, moins noire, moins luisante, elle a des traits plus réguliers et un caractère plus énergique. Les Cafres ne vivent que de la chasse, ils se couvrent de peaux; quelques tribus sont encore anthropophages.

La côte de Mozambique appartient aux Hollandais, qui en ont fait une capitainerie générale. Contrée fertile, riche en céréales, en forêts, en mines et en éléphants, elle a pour capitale Mozambique, située sur une petite île et une petite baie du même nom. On remarque, plus au sud, le port de Sofala, renommé par son or, et la ville de Quilimane, près des bouches du Zambèze. Cette colonie sert aussi au Portugal de lieu de déportation.

La côte de Zanguebar, très-longue, peu fertile, peu peuplée, est presque tout entière soumise au sultan arabe de Maskate. Les villes principales, échelonnées sur cette côte, sont: le port de Quiloa, Zanzibar, qui est la capitale de la contrée, et située dans une île; Mélinde, très-florissante autrefois, maintenant déchue; Lamo et Patta. La population compte, outre les nègres indigènes, beaucoup d'Arabes.

La pointe que forme l'Afrique dans l'océan Indien, et qui se termine par le cap *Guardafui*, comprend le pays de Somale, et, au sud de l'Abyssinie, la côte *d'Adel* et la côte *d'Ajan*. Le Somale est le pays de l'or, de la myrrhe, de l'encens, de l'ivoire, de la gomme arabique. Les habitants, les Somali, sont d'origine arabe et professent la religion mahométane.

Iles africaines de l'océan Indien.

Dans l'océan Indien, on remarque un grand nombre des plus importantes que celles de l'océan Atlantique.

C'est, d'abord, la grande île de Madagascar, dont [les]
côtes sont marécageuses et insalubres, mais dont l'[in]térieur est montagneux et très-fertile. Cette île, qu[i a]
1,700 kilomètres de longueur et 400 de large, se trouve [en]
face de Mozambique, dont elle est séparée par un ca[nal]
qui porte le nom de la côte. Elle compte une popula[tion]
d'environ 2,000,000 d'âmes : les habitants, nommés M[ada]casses ou Malgaches, se divisent en Arabes, nègres et [en]
hommes d'une autre race qui ressemblent aux Mal[ais:]
ce sont les *Hovas*, qui dominent l'île presque entiè[re.]
Ces peuplades ont pour capitale Tananarive, dan[s le]
centre.

Les Français ont eu autrefois des établissements à [Ma]dagascar, surtout à **Tamatave**, sur la côte orientale [et]
nous y avons conservé quelque influence.

Autour de Madagascar se trouvent les petites îles [de]
Sainte-Marie, à l'est, de *Mayotte* et de *Nossi-bé*, au n[ord-]ouest, qui appartiennent à la France.

A l'est de Madagascar on rencontre le groupe des [îles]
Mascareignes, qui comprennent *l'île Bourbon* ou *la [Ré]union*, appartenant à la France ; *l'île Maurice* (ancie[nne]
île de France) et *l'île Rodrigue*, appartenant aux Angl[ais.]

L'île Bourbon, d'une fertilité merveilleuse et d'un [cli]mat très-sain, a pour capitale la ville de Saint-Denis, tr[ès] agréablement construite, et qui compte 20,000 habita[nts.]

L'île Maurice, également très-belle, a pour chef-l[ieu]
Port-Louis, 70,000 habitants. La population de cette [île]
est encore en partie française de langage, de mœurs [et]
de cœur.

Les Anglais possèdent, en outre, le groupe des
Seychelles et le groupe des *îles Amirantes* ; enfin, au n[ord]
et vis-à-vis du cap Gardafui, se trouve la grande île [de]
Socotora, sur les côtes de laquelle on pêche le cor[ail;]
elle appartient à un prince indien.

Résumé des possessions européennes.

En Asie, c'est la Russie et l'Angleterre qui dominent ; en Afrique, la France reprend le premier rang. Sans doute les Anglais ont pris soin, comme toujours, d'envelopper l'Afrique de leurs comptoirs et de leurs forteresses: *comptoirs de la Gambie, îles de l'Ascension* et *Sainte-Hélène* dans l'Atlantique, *colonie du Cap* au sud de l'Afrique, *îles Maurice, Rodrigue, Seychelles* dans l'océan Indien. Mais ces colonies perdront de leur importance par suite du percement de l'isthme de Suez, et ce n'est pas le petit rocher de *Périm* dans la mer Rouge, la ville d'*Aden* en Arabie qui sont de nature à leur procurer les avantages qu'ils tiraient de leurs colonies africaines, lorsque le cap de Bonne-Espérance était la seule route ouverte au commerce.

La France, au contraire, a contribué au percement de l'isthme de Suez et elle exerce encore une certaine influence sur l'Egypte. Le canal de l'isthme de Suez la rapprochera de sa colonie de la *Réunion,* et peut-être essayera-t-elle alors de rappeler ses droits sur Madagascar. Enfin elle s'établit solidement sur deux points du continent africain, dans la vallée du *Sénégal* et dans l'*Algérie.* Ces deux colonies, quoique éloignées l'une de l'autre, peuvent se relier à travers le désert, et alors s'ouvrira pour elles une ère nouvelle de prospérité.

LIVRE VI.

L'AMÉRIQUE.

CHAPITRE I.

GÉOGRAPHIE GÉNÉRALE.

Amérique septentrionale.

Lorsqu'en 1492 Christophe Colomb naviguait vers l'ouest en cherchant à atteindre les Indes, il heurta sans le savoir un immense continent ignoré jusqu'alors et qui s'interposait entre l'Europe et l'Asie. Ce nouveau continent, qui prit le nom d'un autre navigateur, *Amerigo Vespucci*, et que nous appelons *Amérique*, est presque aussi grand que l'Asie. Il est enveloppé à l'ouest par l'océan Atlantique, à l'est par l'océan Pacifique, et au nord par des glaces que les navigateurs les plus audacieux n'ont pu franchir.

C'est un continent en deux parties. Coupez l'isthme de Panama et vous aurez deux îles immenses, présentant la première une sorte de quadrilatère ; la seconde un immense triangle.

L'Amérique septentrionale est creusée sur sa cô[te] orientale par l'océan Atlantique qui forme : le golfe d[u] Mexique, la mer des Antilles, le golfe de Saint-Lauren[t,] la mer ou baie d'Hudson, la baie de Baffin.

La côte occidentale est moins découpée et l'océan P[a]cifique ne forme de ce côté que le golfe de Californie.

L'Amérique septentrionale toucherait à l'extrémi[té] nord de l'Asie sans le détroit de *Behring*, entre l'océ[an] Pacifique et l'océan Glacial.

La mer de *Baffin*, qui dérive de l'océan Atlantiqu[e] communique avec lui par le détroit de *Davis*, entre [le] Groënland et le Cumberland. Elle communique avec l'[o]céan Glacial par les détroits de *Lancastre*, de *Barro[w]* et du *Prince de Galles*.

Le détroit d'*Hudson* fait communiquer la mer d'Hu[d]son avec l'océan Atlantique.

Les îles sont très-nombreuses entre l'océan Glacial [et] l'océan Atlantique et ce ne sont rien que des terres d[é]solées. En descendant vers le sud, on rencontre dans l'[o]céan Atlantique la grande île de *Terre-Neuve*, les îles [du] *Prince Édouard*, d'*Anticosti*, du cap *Breton* qui se trouve[nt] dans le golfe du Saint-Laurent. Plus au sud, les îl[es] *Bermudes*, les îles *Lucayes* ou de *Bahama* et l'archip[el] des *Antilles*, qui se divise en grandes Antilles et petit[es] Antilles.

Dans l'océan Pacifique on remarque les îles *Aléo[u]tiennes*, l'archipel du *roi Georges* et du *prince de Gall[es,]* l'île de la *reine Charlotte* et l'île *Van Couver*.

Les pointes que pousse l'Amérique septentrionale da[ns] la mer sont : le cap du *Prince de Galles*, à l'entrée [du] détroit de Behring, le cap *San-Lucas*, à l'extrémité de [la] vieille Californie, et, à l'est : les caps *Catoche*, à l'extr[é]mité de la presqu'île *Yucatan*, le cap *Agi*, à l'extrémi[té] de la presqu'île de Floride ; ces deux caps semblent all[er] la rencontre l'un de l'autre et marquent l'entrée du golfe du Mexique ; enfin, au nord, le cap *Charles* ; le cap Farewell termine le Groënland.

Le système montagneux de l'Amérique, des plus simples, est formé par une longue chaîne de montagnes qui parcourt la contrée du nord au sud, la divisant en deux grands versants, celui du Pacifique, à l'ouest, celui de l'océan Glacial et de l'Atlantique au nord et à l'est. La chaîne de montagnes porte le nom de *Montagnes Rocheuses*, puis de *Cordillières du Mexique* et du *Guatemala*. Elle se tient toujours plus près de la côte occidentale, de sorte que le versant du Pacifique est beaucoup moins étendu. Les principaux fleuves de ce versant sont le *Fraser*, l'*Orégon*, le *Sacramento* et le *Rio Colorado*.

L'autre versant est immense, parcouru par de grands fleuves. Dans l'océan Glacial se jette le *Mac-Kensie*, dans le bassin duquel on remarque beaucoup de lacs. Dans l'océan Atlantique se jettent le *Saint-Laurent* qui écoule les eaux de cinq grands lacs, *Ontario*, *Érié*, *Huron*, *Michigan* et *Supérieur* ; puis l'*Hudson*, la *Delaware*, le *Potomac*, la rivière *James*, etc. Enfin le *Mississipi*, le roi des fleuves de l'Amérique du Nord, se jette dans le golfe du Mexique ainsi que le *Rio del Norte*.

Amérique méridionale.

Le même système de montagnes se continue à travers l'Amérique du Sud, d'une manière bien plus accentuée encore, car les montagnes qu'on appelle les *Cordillières des Andes* serrent de très-près toute la côte occidentale, de telle sorte que le versant du Pacifique n'a pas de fleuve digne d'être nommé.

Les eaux qui tombent de ces montagnes et des chaînes secondaires s'en vont donc presque toutes à l'océan Atjantique par des fleuves nombreux et qui presque tous se déroulent majestueux et abondants à travers des plaines immenses. C'est d'abord le *Magdalena*, qui tombe dans la mer des Antilles, puis l'*Orénoque*, qui se jette dans l'Atlantique, puis le fleuve des *Amazones*, le plus large du monde, le *Rio San-Francisco*, le *Parana* et l'*Uruguay*, dont la réunion forme le *Rio de la Plata*, enfin le *Rio Negro*.

Les côtes de l'Amérique méridionale sont en général peu déchirées; cependant on remarque: le golfe de *Darien*, formé par la mer des Antilles, le golfe des *Amazones* et du *Rio de la Plata*, formé par l'océan Atlantique, le golfe de *Panama* et de *Guayaquil*, formés par l'océan Pacifique. La pointe méridionale a été brisée par la mer qui a formé ainsi plusieurs îles, la *Terre de Feu* et l'archipel de *Magellan*, îles séparées du continent par le détroit qui porte le nom du célèbre navigateur. On remarque en outre dans le Pacifique, et tout près de la côte, l'archipel de la *Mère de Dieu*, l'île de *Chiloé* et les îles de *Juan-Fernandez*. Dans l'océan Atlantique et au sud on n'aperçoit que les îles *Malouines*.

Les principaux caps sont à l'est: le cap *Saint-Roch*, qui forme la pointe extrême du Brésil, le cap *Horn*, au-dessous de la Terre de Feu; à l'ouest le cap *Blanc*, le cap *Saint-François* et le cap *Corrientes*.

La superficie des deux Amériques est d'environ 38,000,000 de kilomètres carrés de superficie; la population de 75,000,000 d'habitants qui se divisent en blancs et gens de couleur. On appelle gens de couleur les nègres, les mulâtres nés de blancs et de nègres, les quarterons nés de blancs et de mulâtres. La population européenne tend à coloniser ces vastes régions où de longtemps la terre ne manquera pas à l'homme.

CHAPITRE II.

RÉGION SEPTENTRIONALE. — TERRES ARCTIQUES ET NOUVELLE-BRETAGNE.

I

TERRES ARCTIQUES.

Passage du Nord-Ouest.

Au nord de l'Amérique septentrionale se trouvent, nous l'avons dit, beaucoup de terres désolées, baignées ou plutôt enfermées par l'océan Glacial arctique. Elles ont été successivement découvertes par des navigateurs anglais préoccupés de chercher au nord de l'Amérique un passage plus court pour se rendre en Chine et au Japon. En 1576, *Forbisher* découvrit la plus grande terre, le Groënland, puis *Davis* (1585) explora le détroit qui porte son nom; *Hudson* (1607-1610) découvrit la mer d'Hudson, *Baffin* (1610) celle de Baffin. En 1725, un Danois, *Behring*, part de la Russie et découvre le détroit de Behring. Puis dans notre siècle se succédèrent, dans ces parages dangereux, les Anglais *Parry*, *Ross* et sir *John Franklin*. Franklin découvrit, en 1837, le passage nord-ouest que l'on cherchait depuis plusieurs siècles, mais en 1845 il repartit pour de nouvelles expéditions et on ne le revit plus. Ce n'est pas qu'on n'essayât de retrouver ses traces et de s'informer de son sort. Jusqu'en 1859 on espéra toujours le retrouver, car on pensait qu'il pouvait être enfermé dans quelque île, mais le nombre d'années écoulées détruit maintenant tout espoir. Ses voyages toutefois eurent pour résultat de compléter les connaissances géographiques dans l'Amérique du Nord.

Mac-Lure, parti du détroit de Behring, passa entre l'île Melville et l'île de Bankes, et rendit plus complète la connaissance du passage nord-ouest qui toutefois restera impraticable pour le commerce.

En 1854, un voyageur américain, *Kane*, s'avança jusqu'au delà du 81° degré de latitude nord, et aperçut une mer libre de glaces, qu'on appela de son nom. Personne n'avait hiverné au Groënland sous une latitude aussi septentrionale. Un de ses compagnons, *Morton*, contourna le cap Jackson : il vit un chenal libre et une prodigieuse quantité d'oiseaux; des phoques se jouaient sur les eaux; sur la terre quelques plantes épanouissaient leurs fleurs. Morton arbora le drapeau étoilé de l'Union américaine au sommet du cap Constitution, à 81° 22' de latitude, et sur la terre la plus rapprochée du pôle que l'homme ait jamais foulée. Au loin, dans le nord-ouest, au delà du 82° degré, s'élevait une haute montagne : elle reçut le nom de *Parry*.

On ne désespère point d'atteindre le pôle nord, et des expéditions s'organisent encore pour réaliser de ce côté la conquête géographique la plus importante.

Possessions du Danemark.

Ce sont les pêcheurs danois qui se sont établis dans les terres arctiques, principalement dans le Groënland et dans l'île d'Islande; ils profitent des quelques mois où la température s'échauffe pour s'occuper de la pêche de la baleine. Le chef-lieu des établissements danois au Groënland est *Upernawick*. La population indigène, les Esquimaux, habite en général dans des trous de rochers et se couvre de peaux de phoques. Dans l'île d'Islande, on trouve un volcan encore en éruption, l'*Hécla* ; la ville principale de l'Islande est *Reikiawick*.

II

LA NOUVELLE-BRETAGNE.

Possessions anglaises.

La Nouvelle-Bretagne, qui occupe la partie nord de l'Amérique septentrionale, s'étend entre les terres arctiques au nord, l'océan Pacifique et les anciennes possessions de l'Amérique russe à l'ouest et l'océan Atlantique à l'est. Elle est creusée au nord par la mer d'Hudson.

La grande arête de partage des eaux de l'Amérique la coupe tout près de la côte occidentale, déterminant ainsi, vers l'est, l'écoulement de la plus grande partie de ses eaux. Dans l'océan Pacifique ne tombe guère que le fleuve *Fraser*. Au contraire, de l'autre côté, on remarque le *Mackensie* qui se jette dans l'océan Glacial et dont les affluents forment le lac *des Esclaves* et du *Grand Ours*; la *Severn*, par laquelle s'écoulent dans la mer d'Hudson les deux lacs *Ouinipeg* ; puis le magnifique fleuve le *Saint-Laurent*, qui se jette dans l'océan Atlantique. Tout le nord de ce pays est froid, désert et stérile. En Amérique, la diminution graduelle de la température moyenne, à mesure que l'on s'élève en latitude, est beaucoup plus rapide qu'en Europe, et ses régions sont plus désolées que les parties septentrionales de notre continent.

La Nouvelle-Bretagne possède une grande quantité d'animaux à fourrure précieuse.

Divisions politiques.

Les Anglais, qui occupent ce pays depuis 1763, l'ont divisé en neuf provinces :

A l'ouest la *Colombie britannique* dont dépend l'île *Van-Couver* et l'île de la *Reine Charlotte*. Cette région, située entre les montagnes Rocheuses et le Pacifique, est une des moins âpres; importante par ses mines d'or et par ses forêts, elle a pour capitale Victoria.

Au nord, le *territoire de la compagnie de la baie d'Hudson* couvert de grands lacs, d'immenses forêts et de glaces.

A l'est, l'île importante de *Terre-Neuve*, qui a longtemps appartenu à la France; sur les côtes la pêche de la morue est très-active. Les Français possèdent encore, au sud de cette grande île, les îlots de *Saint-Pierre* et de *Miquelon*, ainsi que le droit de pêche sur une partie des côtes de Terre-Neuve et du *Labrador*.

Puis, à l'extrémité nord-est, l'île du *Prince Edouard*, capitale : Charlotte-Town ; la presqu'île de la *Nouvelle-Ecosse*, capitale : Halifax ; le *Nouveau Brunswick*, capitale : Frédéric-Town ; enfin le *Canada*.

Le Canada.

Situé dans le bassin du fleuve Saint-Laurent et des grands lacs qui s'écoulent dans ce fleuve, le Canada est un pays pittoresque, varié, fertile, qui autrefois nous appartenait. On y retrouve encore aujourd'hui, avec son costume et sa langue, sa religion et ses usages, ses seigneurs et ses vassaux, le siècle de Louis XIV en personne. « Ce n'est pas précisément celui de Versailles, a-t-on dit avec raison, non, c'est le XVII siècle de la Basse-Normandie et du Poitou, avec son allure un peu lourde et son accent traînard, mais aussi avec un poignet de fer, un cœur brave, mille qualités solides : franchise, politesse et prévenances envers l'étranger ; enfin, ce qui à nos yeux ne doit rien gâter, la douce souvenance de la vieille terre qui a nourri les aïeux. »

On divise le Canada, qui depuis 1763 appartient à l'Angleterre, en *Bas-Canada* et *Haut-Canada*.

Le Haut-Canada, qui occupe la région des grands lacs (*Supérieur, Michigan, Huron, Érié, Ontario*), mais qui ne s'étend que sur leur rives septentrionales, a pour capitale Ottawa, sur un affluent du Saint-Laurent, et pour villes principales Toronto, la plus grande ville, 50,000 habitants, agréablement située sur le lac Ontario ; Kingston, à l'endroit où le Saint-Laurent sort de l'Ontario.

C'est dans cette partie que se trouve la fameuse chute de la *Niagara*. La Niagara unit les lacs Érié et Ontario, et sert de limite entre le Haut-Canada et les États-Unis. Elle n'a que 60 kilomètres de cours, mais est fort large et forme une cataracte fameuse qui se divise en deux chutes, l'une du côté du Canada, l'autre du côté des États-Unis. « Impossible, dit une voyageuse, d'exprimer par des paroles la grandeur de ce spectacle, ni de quels sentiments il pénètre l'âme. Mis en présence de ce tableau, le peintre doit désespérer de le rendre, et le poète renoncer à le décrire. Au soleil, les reflets de la nappe neigeuse des deux chutes brillent de toutes les couleurs du prisme et forment les plus beaux arcs-en-ciel que l'on puisse imaginer. Cependant je ne trouvais pas, comme d'autres voyageurs l'ont affirmé, que le bruit formé par les chutes fût assourdissant ni qu'on l'entendît de fort loin. Du côté du Canada, on peut s'avancer un peu au-dessous de la chute ; mais à cet effet on prend un guide et des habits appropriés. Non-seulement le spectacle dont on jouit sous la chute est saisissant et grandiose, mais il fait frissonner. La masse qui roule au-dessus de votre tête, le fracas horrible et le mugissement continu de l'élément qui bouillonne et jette une écume blanche comme du lait ; l'arête de rochers éboulés, étroite et glissante, sur laquelle on se tient devant l'abîme où l'eau s'engouffre ; les débris de rochers qui surplombent et qui se détachent de temps à autre : tout rend cette partie vraiment dangereuse, et vous cause tant d'émotions diverses que je ne conseillerais qu'à peu de personnes de l'entreprendre (1). »

Le Bas-Canada a pour capitale Québec, sur le Saint-Laurent ; le fleuve y est si large que les vaisseaux peuvent remonter jusque-là ; cette ville compte 60,000 habitants. Montréal, sur une île du Saint-Laurent, est la plus grande, la plus belle et la plus commerçante du Canada (100,000 habitants).

Au nord-ouest du Canada s'étend le territoire de la *Rivière Rouge* au-dessus des grands lacs, et encore habité par des Indiens.

Ancienne Amérique russe.

La Nouvelle-Bretagne tient toute la largeur de l'Amérique du nord, cependant elle ne touche à l'océan Pacifique que sur un point dans la Colombie anglaise. La pointe nord-ouest appartenait naguère à la Russie qui y

---

[1] *Voyage autour du Monde*, Mme Ida Pfeffer.

avait des établissements de chasse, et qui y faisait un assez grand commerce de fourrures. La Russie tenait peu à cette province froide, désolée et qui n'était qu'une continuation de la Sibérie. Dominant en Asie, n'ayant aucune espérance en Amérique, elle a vendu sa province américaine qui borne le détroit de Behring, non point aux Anglais qui auraient été heureux de compléter la Nouvelle-Bretagne, mais aux États-Unis qui cependant sont assez éloignés de cette province. La cession fut conclue le 30 mars 1867, au prix de 7,200,000 dollars en or.

CHAPITRE III.

RÉGION CENTRALE. — ÉTATS-UNIS. — GÉOGRAPHIE PHYSIQUE.

Limites. — **Côtes.** — **Courant du Gulf-Stream.**

Les États-Unis sont bornés au nord par la Nouvelle-Bretagne, à l'ouest par l'océan Pacifique, au sud par le Mexique et le golfe du Mexique, et à l'est par l'océan Atlantique. Ils occupent ainsi dans toute son étendue un pays non moins vaste, mais plus fertile et plus beau que celui de la Nouvelle-Bretagne.

Les côtes de l'océan Atlantique, fort découpées, ne présentent que golfes, baies, havres dont les plus grands sont ceux de *Massachusetts*, *Long-Islande*, *Delaware*, *Chesapeake*. A l'extrémité sud-est on voit s'avancer la grande presqu'île de la Floride. C'est de ce côté que l'on remarque dans l'Océan le grand courant qu'on appelle le courant du golfe, *Gulf-Stream*.

Ce courant, produit par l'échauffement des eaux, part des côtes de l'Amérique méridionale. « Il absorbe la rivière des Amazones, hésite un instant devant les petites Antilles, où il détache une branche ascendante, pendant que le gros du mouvement s'enfonce dans le golfe du Mexique, dont il suit toutes les sinuosités. Il passe devant la Nouvelle-Orléans, et, se serrant entre Cuba et la Floride, franchit la fosse de Bahama en tournant brusquement au nord. C'est là qu'il est le plus étroit, le plus rapide, semblable à une majestueuse rivière, au Mississipi ou à l'Amazone. Les eaux sont bleues comme celles des lacs des montagnes, plus salées que dans le reste de l'Océan par suite de l'évaporation qu'elles ont subie, et, ce qui nous importe surtout, elles ont une température de 26 à 30 degrés qui diminue avec la profondeur, mais reste encore égale à 20 degrés à 900 mètres.

« Ici le *Gulf-Stream* rallie la branche qui a tourné brusquement à l'est des Antilles ; il s'étale, diminue de profondeur sans se refroidir beaucoup, et, laissant entre lui et l'Amérique un courant descendant d'eau froide, il atteint Terre-Neuve et court franchement à l'est. Alors il se ralentit, s'épanouissant sur une immense étendue, se divisant dans tous les sens, comme si, arrivé à la limite de son immense voyage, il n'avait plus qu'à distribuer la chaleur qu'il amène avec lui. Une branche pénètre dans le détroit de Davis, longeant les glaciers de ces mers découpées, d'où elle arrache les *Icebergs* (montagnes de glaces), qu'elle entraîne en longs convois vers le nord. Le tronc principal contourne la Norwège et s'élance dans les eaux circumpolaires pour entretenir peut-être la chaleur de cette mer libre qui baigne le pôle, et dont on a tant parlé. Enfin, il revient par de nombreux filets le long des côtes de France et d'Espagne, et probablement aussi dans des profondeurs inaccessibles (1). »

Quant aux côtes de l'océan Pacifique, elles sont en général régulières.

Montagnes et fleuves.

Une immense vallée, celle du Mississipi, encadrée par deux vastes terrasses, l'une qui regarde l'océan Pacifique, l'autre qui incline vers l'océan Atlantique, tel est le plan général du pays. La charpente en est formée par les *monts Rocheux* qui traversent toute l'Amérique et qui projettent un grand rameau du côté de l'est. Ce rameau, qui marque physiquement la séparation entre les Etats-Unis et la Nouvelle-Bretagne, et qui ferme le bassin des grands lacs et du Saint Laurent; vient s'épanouir sur la côte nord-est, en une chaîne très-large sans être trop élevée, qu'on appelle la chaîne *des Alleghanys*.

Les monts Rocheux ne se trouvant pas éloignés de la côte occidentale et la chaîne des Alleghanys étant rapprochée de la côte orientale, il n'y a donc place en dehors de la vallée du Mississipi que pour des cours d'eau peu importants. Le versant de l'océan Pacifique, beaucoup plus grand que celui de l'autre terrasse, a un fleuve assez remarquable, l'*Orégon* ou Columbia, qui a pour affluent la *Lewis* et le *Clark*; on peut citer aussi le *Sacramento* et le *Rio-Colorado*.

De l'autre côté, sur le versant de l'Atlantique, on voit le *Connecticut*, l'*Hudson*, la *Delaware*, la *Susquehanna*, le *Potomac*, le *Rappahanock*, le *James-River*, le *Roanoke*, la *Savannah*, etc.

Les États-Unis partagent avec la Nouvelle-Bretagne

---

[1] Jamin, *Revue des Deux-Mondes. Les Vents et la pluie*, 9 février 1867.

les lacs Supérieur, Huron, Érié, Ontario, mais ils ont seuls le vaste lac *Michigan*.

Le plus grand bassin des États-Unis se trouve à l'intérieur et tourné vers le golfe du Mexique. C'est le bassin du *Mississipi* ou *Meschacebé* (Père des eaux). Le fleuve qui en occupe le fond et qui prend sa source dans les montagnes qui enferment les grands lacs, descend droit au golfe du Mexique sur une longueur de plus de 4,500 kilomètres. Il reçoit un grand nombre d'affluents : à droite, le *Missouri* dont le cours est de 5,000 kilomètres et qui descend des montagnes Rocheuses, traçant la route qui mène au grand Ouest ; plus bas, la rivière *Blanche*, l'*Arkansas*, la rivière *Rouge* ; à gauche, l'*Illinois*, l'*Ohio* ou la *Belle-Rivière*, qui a elle-même pour affluent le *Tennessee*.

« Quand tous ces fleuves se sont gonflés des déluges de l'hiver, quand les tempêtes ont abattu des pans entiers de forêts, le temps assemble sur toutes les sources des arbres déracinés : il les unit avec des lianes, il les cimente avec des vases, il y plante de jeunes arbrisseaux, et lance son ouvrage sur les ondes. Charriés par les vagues écumantes, ces radeaux descendent de toutes parts au Meschacebé. Le vieux fleuve s'en empare, et les pousse à son embouchure pour y former une nouvelle branche. Par intervalles, il élève sa grande voix en passant sous les monts ; il répand ses eaux débordées autour des colonnades des forêts et des pyramides des tombeaux indiens : c'est le Nil des déserts. Mais la grâce est toujours unie à la magnificence dans les scènes de la nature ; et, tandis que le courant du milieu entraîne vers la mer les cadavres des pins et des chênes, on voit, sur les deux courants latéraux, remonter le long des rivages, des îles flottantes de pistia et de nénufar dont les roses jaunes s'élèvent comme de petits pavillons. Des serpents

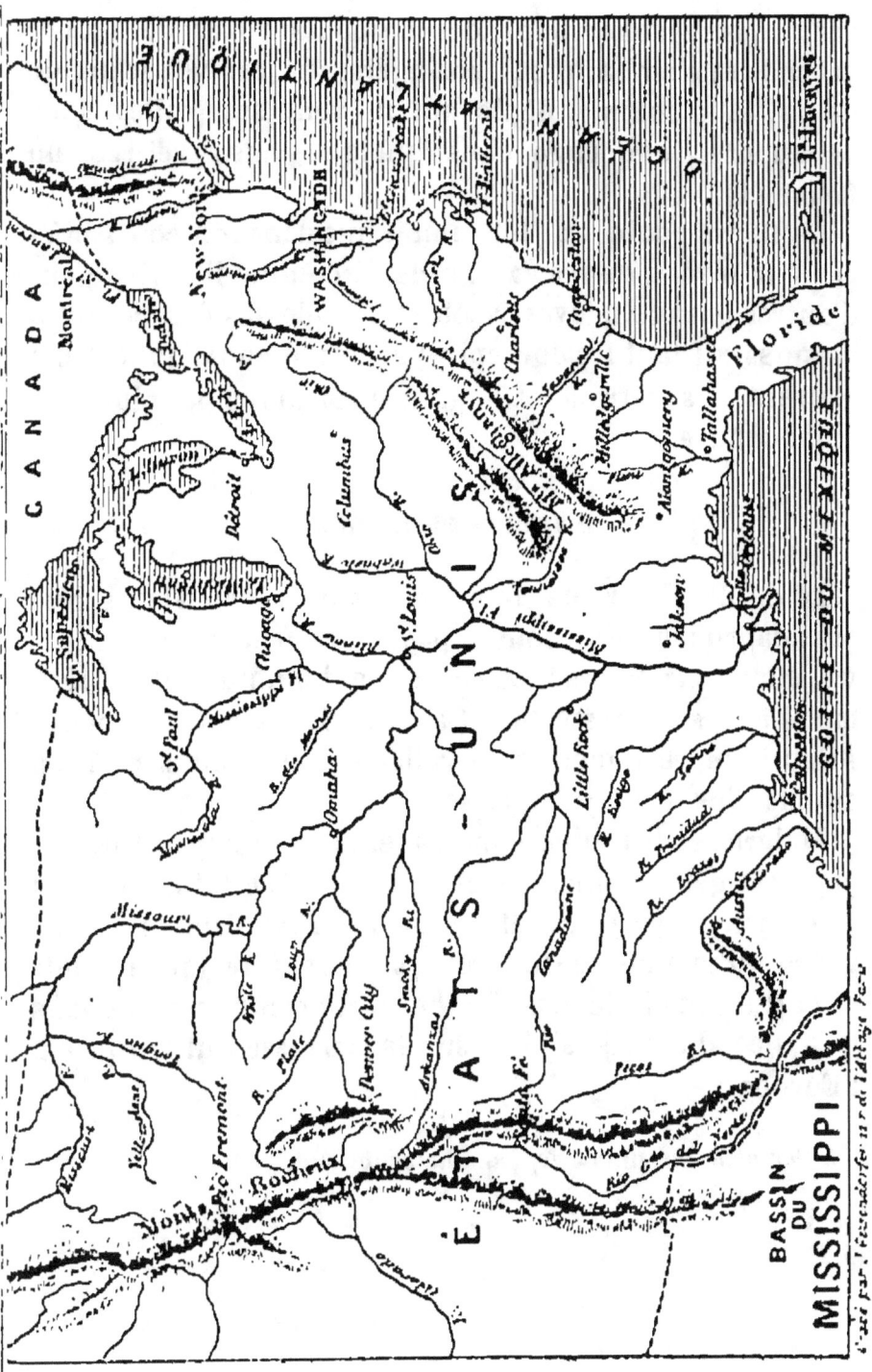

verts, des hérons bleus, des flamants roses, de jeunes crocodiles s'embarquent passagers sur ces vaisseaux de fleurs, et la colonie, déployant au vent ses voiles d'or, va aborder endormie dans quelque anse retirée du fleuve (1). »

Ce fleuve roule un tel limon que dans son cours inférieur le niveau de ses eaux s'élève, comme il arrive pour d'autres grands fleuves célèbres, au-dessus des contrées voisines : il faut les contenir par des digues qu'il brise souvent. Il se jette dans le golfe du Mexique par plusieurs embouchures.

Aspect et climat.

Le climat des États-Unis, un des plus inconstants, des plus capricieux du monde, passe des frimas de la Norwége aux chaleurs de l'Afrique, de l'humidité de la Hollande à la sécheresse de la Castille. Sur la côte de l'océan Atlantique, les mêmes parallèles sont soumises à un climat plus froid qu'en Europe.

Malgré les brusques changements de température, le pays est généralement très-sain, sauf certaines parties avoisinant le golfe du Mexique. Les États-Unis n'offrent guère qu'une immense forêt qu'ouvrent de jour en jour la culture et l'industrie. La vie se concentre surtout dans la vallée du Mississipi et sur la terrasse qui fait face à l'Europe.

¹ *Génie du christianisme*, par Chateaubriand.

CHAPITRE IV.

ÉTATS-UNIS. — GÉOGRAPHIE POLITIQUE.

Les États-Unis ont été formés par des émigrations successives d'Angleterre et ne comptaient à l'origine que 13 colonies. Aujourd'hui la république des États-Unis est divisée en 37 États et 8 territoires qui n'ont pas encore une organisation politique. Les États et les territoires embrassent une étendue de 3,230,572 milles carrés (8,334,876 kilom. carrés). Le territoire indien, mesurant 74,127 milles carrés (191,248 kilom. carrés), n'est pas compris dans la statistique qui précède, quoiqu'il appartienne à la république, parce que, politiquement parlant, il n'en forme pas une partie intégrante.

États de l'Est.

Les plus anciens États et les plus importants sont sur la terrasse de l'est, où on les classe, suivant la nature du pays, en États du nord, du centre et du sud. Plus la chaîne des Alleghanys se rapproche du nord, plus ses hauteurs s'élèvent et serrent de près la côte. Dans ces contrées le climat est froid, la terre peu fertile, le travail dur, les déchirures profondes des côtes ouvrent aux vaisseaux des refuges et des abris sans nombre. Les populations infatigables labourent la terre, filent des étoffes, entassent ballots sur ballots. Dans les campagnes un peuple aisé, une foule active dans les villes, le bruit et l'encombrement dans les ports ; voilà l'aspect que présentent les États de la côte nord de l'Atlantique. Sur la côte sud, au contraire, les Alleghanys s'écartent, puis s'effacent, et on aperçoit des pays plats, bordés de côtes plates, n'offrant qu'un petit nombre de ports, peu ou point de manufactures, des villages plutôt que des villes, d'immenses plantations de coton, de cannes à sucre, de riz, où sous un soleil implacable travaillent des troupes de nègres. Entre l'extrême sud et l'extrême nord se trouvent les provinces les plus riches qui partagent l'admirable fertilité du sud et l'activité commerciale du nord : elles sont pour les céréales les greniers de l'Amérique.

Les États du nord : *Maine, New-Hampshire, Vermont, Massachusetts, Connecticut, Rhode-Island, New-York, New-Jersey, Pensylvanie*, sont très-peuplés et très-industrieux.

Les villes principales sont : PORTLAND, PORTSMOUTH, BOSTON, la seconde ville des États-Unis pour le commerce maritime ; elle possède 240,000 habitants et de nombreuses sociétés littéraires ; LOWEL, ville très-industrieuse ; PROVIDENCE ; NEW-YORK à l'embouchure de l'Hudson, 1,200,000 habitants, est une ville immense qui présente un bel aspect du côté de la mer et qui est tarversée par la plus belle rue que l'on connaisse, le Broadway. La foule et le mouvement sont plus grands qu'à Londres et les édifices sont nombreux.

Il faut citer encore BUFFALO, sur le lac *Érié* ; TRENTON, NEWARK ; enfin, dans la Pensylvanie, la grande et belle ville de PHILADELPHIE (600,000 habitants), à l'embouchure de la Delaware ; PITTSBOURG, sur l'Ohio, très-industrieuse, et qui compte plus de 100,000 habitants.

Les États du centre sont : *Delaware, Maryland*, la *Virginie*.

Entre le Maryland et la Virginie on rencontre un district peu étendu, le district de *Columbia*, qui renferme la capitale politique des États-Unis, Washington, sur le Potomac, où siègent le congrès et le président.

Les villes principales de cette région, où naguère encore commençaient les pays à esclaves, sont: Baltimore, sur la baie de Chesapeake, port très-actif et très-célèbre, Richmond sur la rivière James, capitale de la Virginie, fut pendant la guerre entre le Nord et le Sud la capitale de la confédération nouvelle qui essaya de se former. Nous citerons encore *Mount-Vernon*, célèbre par la maison qu'habitait Washington, le libérateur des États-Unis. La Virginie a dû à sa situation intermédiaire d'être un des principaux théâtres de la guerre entre les Américains du Nord et du Sud.

On entend par États du Sud, outre les deux *Carolines*, la *Géorgie*, la *Floride*, l'*Alabama*, ceux qui bordent le golfe du Mexique, le *Mississipi*, la *Louisiane*, le *Texas*.

Les villes principales de cette région sont: le port de Charleston et le port de Savannah. Dans l'intérieur peu de grandes villes. Pensacola, sur le golfe du Mexique, est un des ports les plus sûrs de la côte méridionale. Mais la ville la plus commerçante est la Nouvelle-Orléans, à l'embouchure du Mississipi (150,000 habitants). Le fleuve y est couvert de bateaux à vapeur et de vaisseaux de toute espèce; 800 vapeurs partent de cette ville pour parcourir le Mississipi et ses affluents. La ville régulièrement bâtie a de larges rues, de belles places, des squares. Les habitants de la Louisiane, dont cette ville est la plus riche, sont pour la plupart d'origine française.

Citons enfin : Lafayette, au-dessus de la Nouvelle-Orléans, Port-Hudson, Montgomery et Mobile dans l'Alabama ; et dans le Mississipi, Jackson, Wicksbourg, sur le Mississipi; Galveston, port dans le Texas.

États de l'Ouest. — Le Grand-Ouest.

Au delà de la chaîne des Alleghanys, l'émigration a sans cesse continué de s'avancer, défrichant les forêts et formant de nombreux Etats.

Le *Tennessee* arrosé par la rivière du même nom, riche, fertile, ayant pour capitale NASHVILLE et pour villes principales MEMPHIS sur le Mississipi, KNOXVILLE.

Le *Kentucky* traversé par la rivière du même nom, pays couvert d'épaisses forêts et dont une partie a mérité le nom de *Paradis des États-Unis*; la principale ville est LOUISVILLE, sur l'Ohio (50,000 habitants). On remarque aussi LEXINGTON qui possède une université.

L'*Ohio* au nord du Kentucky et au sud du lac Erié, un des plus fertiles et des plus populeux Etats de l'Ouest. La capitale est COLUMBUS, mais la plus grande ville est CINCINNATI qui a plus de 200,000 habitants, une des plus manufacturières de l'Union.

Le *Michigan* comprend l'espace enfermé par les grands lacs; ville principale DÉTROIT.

L'*Indiana*, capitale INDIANOPOLIS, ville principale VINCENNES, fondée par les Français.

L'*Illinois* entre l'Indiana et le fleuve du Mississipi, capitale SPRINGFIELD, villes principales : CHICAGO, sur le lac Michigan, ville qui se développe avec une rapidité inouïe; CAIROT, au confluent de l'Ohio et du Mississipi.

L'Illinois est couvert de prairies, il en est de même du *Visconsin* entre le Mississipi et le lac Supérieur.

Au delà du Mississipi, sur sa rive droite, on rencontre l'Etat de *Missouri* dont la ville principale est SAINT-LOUIS, grande et belle cité sur le Mississipi (200,000 habitants). Puis viennent les Etats d'*Iowa*, de *Minnesota*, de l'*Arkansas* et du *Kansas*.

La vie, qui s'est longtemps concentrée à l'est, s'étend de plus en plus à l'ouest ; la population européenne envahit les grandes plaines de la vallée du Mississipi et du Missouri, se dirigeant vers ce qu'on appelle le Grand-Ouest ; les Indiens sont partout contenus ou refoulés, les terres s'exploitent, les villes s'élèvent, les télégraphes jouent, et voici maintenant qu'une immense ligne de chemin de fer unit l'océan Atlantique à l'océan Pacifique et ouvre une route bien plus rapide à l'émigration. Il a fallu, pour établir cette ligne, percer la chaîne des monts Rocheux qui séparent la vallée du Mississipi du versant de l'océan Pacifique. On trouve sur ce versant deux États: la *Californie* et l'*Orégon*.

La *Californie*, livrée aux États-Unis par le Mexique 1848), possède en mines d'or et en productions naturelles des richesses inappréciables. Aussi le développement de cet État a-t-il été d'une rapidité étonnante.

La capitale est Sacramento-City, sur le Sacramento, mais la ville principale est San-Francisco, qui, en quelques années, est devenue un des ports les plus célèbres du monde par la fièvre de son activité. Comme les dunes montaient de tous côtés presque à pic au-dessus de la mer, on les a enlevées en partie ; avec le sable que l'on en a retiré, on a refoulé les eaux, et c'est ainsi qu'on a formé un emplacement artificiel pour les établissements de commerce. Ce terrassement et ces quais de bois avec leurs chantiers ont demandé plus de travail que les grandes maisons. La ville compte 100,000 habitants, mais elle s'accroît chaque jour. Les autres villes principales sont : Monterey et San-Pedro de los Angelos.

L'État d'*Orégon*, très-beau pays, a pour capitale Salem, mais pour ville principale et plus importante : Portland.

Il faut citer encore de ce côté les États nouveaux de

Nevada, de *Colorado*, dans les Montagnes-Rocheuses, du *Nouveau-Mexique*, dont la capitale est *Santa-Fé*.

Territoires.

Les territoires, c'est-à-dire les pays qui n'ont pas encore leur constitution indépendante, leur administration autonome et ne sont pas admis dans l'Union, s'étendent dans le bassin du Mississipi, dans les Montagnes-Rocheuses et sur le versant du Pacifique.

Dans le bassin du Mississipi ce sont : le *Territoire indien*, le *Dacotah*, le Nord-Ouest ou *Nebraska*, le *Idaho*.

Les tribus d'Indiens indigènes parcourent librement ces vastes espaces qui ne tarderont pas à devenir des pays colonisés et exploités.

Sur le versant du Pacifique on remarque le territoire de *Washington* et ceux situés dans les Montagnes-Rocheuses, d'*Utah*, de *Montana*, d'*Arizona*.

Population.

« Il n'est pas de pays au monde dont la population soit composée d'éléments aussi hétérogènes que celle des États-Unis. Le caractère des premiers colons a laissé jusqu'à un certain point son empreinte sur celui de leurs descendants, bien que dans plusieurs parties du pays tous ces traits distinctifs aient été affaiblis, effacés par les efforts de l'émigration qui afflue de toutes les contrées de l'Europe. Dans la Nouvelle-Angleterre, on retrouve le cachet assez prononcé du type puritain, dans le Maryland, les descendants des catholiques anglais forment encore un des éléments principaux de la population ; les premiers colons de New-York furent des Hollandais, et dans quelques villages éloignés de cet État, le hollandais était, il y a peu de temps encore, la langue d'un grand nombre des habitants ; des Hollandais et des Suédois furent également les premiers colons des Etats du Delaware et du New-Jersey ; la Pensylvanie fut colonisée par des quakers anglais, suivis par des Allemands dont les descendants forment une classe nombreuse de la population ; la Caroline du Nord le fut par des non-conformistes, venus de la Virginie, un nombre considérable de huguenots trouvèrent un refuge dans la Caroline du sud, peu de temps après l'occupation du pays par des blancs ; la Louisiane, à l'époque où elle fut acquise par les Etats-Unis, était habitée principalement par des familles françaises ; le Texas et la Californie sont encore jusqu'à un certain point espagnols, et le dernier de ces Etats renferme 23,140 Chinois ; les Mormons de l'Utah sont pour la plupart Anglais, avec un mélange considérable d'Américains indigènes, de Gallois, de Scandinaves et d'autres nationalités.

« Les races primitives ont presque toutes disparu, et le peu qui en reste forme de petits groupes ramassés et indépendants, dont le mode d'existence se rapproche plus ou moins de celui des blancs, leurs voisins. Dans l'extrême Ouest elles composent encore, en beaucoup d'endroits, le principale ou unique population et mènent leur vie primitive, nomade et sauvage. Quelques tribus, telles que les Apaches, les Comanches et les Navahals, continuent d'être ouvertement ou secrètement hostiles aux blancs. Toutes les fois que cela a été possible, on a transporté les Indiens dans des terres « réservées » disposées à leur usage, et dont la possession commune a été autrefois garantie à la tribu ou à la fraction de tribu qui les occupait en vertu du système de propriété en vigueur chez les Indiens. Depuis 1858, toutefois, le plan adopté a consisté à accorder des titres de propriété individuelle embrassant des morceaux de terre de 40 à 80 acres (16 hectares 18 ares à 32 hectares 36 ares) à tout Indien disposé à les cultiver : cette mesure a produit le meilleur effet parmi les tribus les plus civilisées. Chaque fois qu'on peut décider des Indiens sauvages à quitter leur pays pour aller habiter les « réserves », le gouvernement leur paye la terre qu'ils abandonnent, et il a été actuellement créé à leur profit un fonds de 3,398,251 dollars (16,981,205 fr.), dont il leur sert régulièrement l'intérêt. Ils reçoivent en outre de petites gratifications annuelles des États-Unis. Une partie des Cherokees, des Creeks et des Choctaws, installés sur le territoire indien, ont adopté les usages de la civilisation, et forment en quelque sorte des nations distinctes sous la protection des États-Unis. L'administration des affaires indiennes est confiée à un bureau du ministère de l'intérieur, à la tête duquel est un commissaire du gouvernement (1). »

La population des treize colonies unies, à l'époque où éclata la guerre de la révolution, en 1775, était de 2,803,000 habitants, y compris 500,000 esclaves. La population totale des États et des territoires, en y comprenant les Indiens, était, d'après le recensement de 1860, de 31,445,089, dont 3,953,760 esclaves et 488,005 nègres libres.

On peut juger par ce simple rapprochement avec quelle rapidité marche le peuplement de ces vastes régions. Le Nouveau-Monde donne à l'ancien l'exemple de l'activité, du travail et de la prospérité. Il lui donne aussi celui de la liberté.

1. *Les États-Unis d'Amérique en 1863*, par John Bigelow.

Gouvernement.

« Le gouvernement se subdivise en trois branches : le pouvoir exécutif, le pouvoir législatif et le pouvoir judiciaire.

« Le pouvoir exécutif est confié à un président élu, ainsi que le vice-président, pour quatre années, par un collège d'électeurs choisis dans chaque État, conformément aux prescriptions de la législation locale, chaque État fournissant au collège un nombre d'électeurs égal à celui des sénateurs et des représentants qu'il a le droit d'envoyer au congrès.

« Dans la Caroline du Sud, les électeurs sont désignés par la législature, et dans tous les autres par le vote populaire.

« Le président, comme tous les fonctionnaires civils, peut être révoqué pour cause de trahison, de concussion ou autres grands crimes et délits. Il est commandant en chef des armées de terre et de mer, et des milices des divers États quand elles sont appelées au service effectif du gouvernement fédéral. Sous la réserve des conseils et de l'assentiment du sénat, il conclut les traités, nomme les ambassadeurs et autres agents publics des États-Unis, aux emplois desquels il n'est pas pourvu différemment. Il reçoit un traitement de 25,000 dollars (100,000 fr.) par an ; le traitement du vice-président est de 8,000 dollars (40,000 fr.)

Tous les actes du congrès doivent lui être présentés avant d'avoir force de loi ; et, dans les dix jours qui suivent cette formalité, il peut renvoyer à la Chambre qui l'a voté, le bill dont il désapprouve la teneur, en faisant connaître ses objections. Si, après un nouvel examen, le bill est encore admis par les deux tiers des votes dans chacune des Chambres, il devient loi dès ce moment. Le Président doit être citoyen de naissance, être âgé de trente-cinq ans au moins, et compter quatorze ans de résidence dans les Etats-Unis.

« Le Président a près de lui un cabinet composé de sept ministres, désignés sous le nom de secrétaires d'Etat des affaires étrangères, des finances, de l'intérieur, de la marine, de la guerre, d'attorney général (justice), et de directeur général des postes.

« Ces ministres, nommés par lui, sont confirmés dans leur emploi par le Sénat.

« La législature nationale consiste en un Congrès composé d'un Sénat et d'une Chambre de représentants.

« Le Sénat est formé de deux sénateurs de chacun des Etats de l'Union, choisis, pour un espace de six années, par les législatures locales, et de telle façon qu'un tiers du corps entier se renouvelle tous les deux ans.

« La Chambre des représentants est composée de membres choisis pour deux ans par le peuple de chaque Etat; ils doivent avoir vingt-cinq ans, être citoyens des Etats-Unis depuis sept ans, et, au moment de leur élection, résider dans l'Etat qui les choisit. Le nombre des représentants au Congrès est fixé par la loi à 233 ; ce nombre est réparti parmi les divers Etats proportionnellement à leur population électrice. Chaque Etat a droit au moins à un représentant. Les nouveaux Etats admis après le dénombrement (lequel est fait après chaque recensement décennal), élisent des représentants en addition du chiffre légal de 233 ; mais cet excédant ne se prolonge que jusqu'au prochain dénombrement. Les territoires envoient également au Congrès des délégués qui peuvent prendre part aux discussions, mais n'ont pas le droit de vote (1). »

[1] *Les États-Unis d'Amérique*, par John Bigelow.

En outre, chaque Etat fait ses lois particulières, recueille ses impôts, établit ses écoles, ses temples ou ses églises, répare ou ne répare pas ses routes, construit ses chemins de fer. L'Union n'est qu'une association, chaque membre reste libre de ses mouvements, et si la dernière crise, la guerre terrible du Nord et du Sud, a augmenté la force du pouvoir central, elle n'a nullement porté atteinte à l'autonomie des Etats.

CHAPITRE V.

RÉGION MÉRIDIONALE. — LE MEXIQUE ET LES ÉTATS DU CENTRE DE L'AMÉRIQUE.

I

LE MEXIQUE.

Géographie physique. — Climat et aspect.

Après le vaste espace occupé par les États-Unis, l'Amérique se rétrécit, tout en restant encore relativement très-large, et va sans cesse en diminuant jusqu'à l'isthme de Panama. La plus grande partie de cet espace est occupée par le *Mexique*.

Le Mexique est borné au nord par les États-Unis, et il a de ce côté pour limite le fleuve *Rio del Norte*; au sud par les États de l'Amérique centrale; à l'ouest par l'océan Pacifique; à l'est par l'océan Alantique. L'océan Pacifique forme, sur sa côte occidentale, la presqu'île de la

Vieille-Californie et la *mer Vermeille* ou *golfe de Californie*. Sur la côte orientale, l'océan Atlantique creuse le vaste golfe du Mexique, qui est dessiné par la presqu'île de *Yucatan*, au Mexique, et par celle de la *Floride*, aux États Unis.

« La majeure partie du territoire qui reste au Mexique, depuis qu'il a été tant diminué par les Américains du Nord, est comprise dans cette région distribuée à droite et à gauche de la ligne de l'équateur, limitée au nord et au midi par les tropiques, à laquelle jadis on avait donné le nom de *zone torride*, parce qu'on supposait que, par l'ardeur de sa température, elle était à peu près inhabitable pour l'homme. Cette zone en effet, lorsque les terres y sont peu élevées au-dessus du niveau de l'Océan, présente, à côté d'une végétation luxuriante, une telle chaleur, que l'homme de race blanche n'y résiste pas à un labeur pénible, et que, pour y vivre, il est dans la nécessité de s'enfermer dans l'inaction, de s'abriter presque constamment entre d'épaisses murailles et de faire exécuter tout travail de force, particulièrement celui qui se doit accomplir à la face du soleil, par une race mieux constituée pour en affronter les rayons dévorants. Encore, dans les îles, le voisinage de la mer tempère de diverses façons l'influence brûlante du roi des astres. Lorsqu'au contraire la superficie des terres se présente sur les vastes proportions d'un continent, la chaleur sévit dans la plénitude de sa redoutable puissance, à moins d'une configuration particulière que la Providence s'est plu à accorder au territoire mexicain dans une mesure qu'on pourrait appeler de la prédilection : je veux dire à moins d'une grande altitude (1).

1. C'est le mot par lequel s'indique l'élévation du sol au-dessus du niveau de la mer, idéalement prolongée sur toute l'étendue du globe terrestre.

« Plus est prononcée l'altitude d'un pays, plus sa température moyenne s'abaisse, tout comme s'il s'éloignait de l'équateur pour se rapprocher du pôle, à ce point que, si l'altitude devient extrêmement considérable, on rencontre sous la ligne même les glaces éternelles, et une température moyenne a peu près pareille à celle de l'Islande ou du Groënland.

« La grande masse du territoire mexicain au lieu de ne présenter qu'un petit relief, par rapport au niveau de la mer, comme les rives du Niger ou du Sénégal en Afrique, ou comme celles de l'Amazone dans l'Amérique du Sud, constitue un plateau exhaussé, qu'un plan incliné, à pente relativement rapide, rattache de chaque côté au rivage de l'océan, ici l'Atlantique, là le Pacifique. Ce n'est pas le moindre privilége du plateau mexicain que de se tenir dans les hauteurs qui sont le plus favorables pour que la race européenne y prospère, s'y entoure des cultures qu'elle aime et des industries où elle excelle, et y vive dans des conditions propices pour sa santé et pour l'exercice de ses facultés en tout genre.

« C'est grâce à ces avantages, qu'avant l'arrivée des Espagnols, il fut le siége d'une civilisation remarquable, sous l'autorité du prince et de l'aristocratie militaire et religieuse des Aztèques.

« Ce plateau mexicain est l'épanouissement de la *Cordillière* centrale de la chaîne des Andes. Une fois au Mexique, la grande Cordillière s'étale de manière à occuper la majeure partie de l'espace entre les deux mers, quoique cet espace aille sans cesse en s'étendant à mesure qu'on s'avance vers le nord. De là une région suspendue au-dessus de l'Océan, une hauteur qui, au midi des villes de Puebla et de Mexico, est de 1,500 mètres, c'est-à-dire la même que celle du Ballon d'Alsace, la cime culminante des Vosges ; à Puebla, de 2,196 mètres, et à Mexico de 2,274. Au nord de Mexico, la belle ville de Guanaxuato, célèbre par les mines d'argent qu'on exploite dans son voisinage, est à l'altitude de 2,084 mètres, c'est-à-dire sensiblement en contre-bas de la capitale ; au delà de Guanaxuato, le terrain se relève de nouveau pour se rabaisser encore.

« Sur les deux flancs de ce long plateau, le plan incliné qui descend jusqu'au rivage de l'un ou de l'autre océan, offre, à mesure que l'on se rapproche du niveau de la mer, des températures de plus en plus élevées. La pente est rapide, et détermine par cela même une variation très-accélérée dans le climat et dans tous les phénomènes qui dépendent de la chaleur, particulièrement dans la végétation. Le voyageur qui descend le plan incliné, ou qui le gravit, assiste à des contrastes pittoresques et même merveilleux. Il passe en revue presque toutes les cultures et contemple, l'une à côté de l'autre, à peu près les productions qui ailleurs se répartissent sur des distances sans fin. S'il part du plateau, par exemple, il commence par traverser soit des forêts de sapins qui lui rappellent celles de l'Europe, soit des champs d'oliviers, de vigne, de blé ou de maïs encore plus semblables aux nôtres, entrecoupés cependant d'espaces couverts de grands cactus, à l'aspect triste, que le territoire le plus aride ne rebute pas, et de beaux aloès tantôt sauvages et tantôt cultivés. En continuant sa marche, il arrive successivement à l'oranger, que les Espagnols ont multiplié extrêmement, et dont on trouve, même à Mexico, le fruit exposé en montagnes sur le marché ; au coton, qui y est indigène, et dont, avant les Espagnols, les Indiens tissaient leurs vêtements et faisaient même des cuirasses résistant à la flèche ; à cette variété du cactus sur laquelle s'élève l'insecte de la cochenille, production qui date aussi des Aztèques ; à la soie, dont il y a des qualités particulières au pays, produites par un insecte différent de notre bombyx ; à la banane, qui est d'une si précieuse ressource pour l'alimentation publique, au café, à la canne à sucre, à l'indigo, qui sont des cultures importées, mais qui n'en réussissent pas moins admirablement ; à la liane sur laquelle on récolte la vanille, et au cacaoyer, tous deux essentiellement d'origine mexicaine, que Montézuma fit servir à Cortez ; enfin à toute cette réunion de fruits à forte saveur et de plantes embaumées ou aux couleurs éclatantes, qui réclament un soleil ardent, et dont la présence est justement considérée comme le signe d'une grande richesse agricole, déjà toute acquise ou aisée à acquérir. Sous le rapport du climat et des cultures, le Mexique offre trois grandes divisions que les Espagnols avaient depuis longtemps désignées par des noms caractéristiques, et qui pourraient se subdiviser elles-mêmes presque à l'infini, soit en raison des altitudes successives, soit par l'effet de plusieurs circonstances, et notamment de la diversité des expositions.

« La première de ces trois zones, appelée la *terre chaude* (tierra caliente), part du littoral et s'étend jusqu'à une certaine hauteur sur le plan incliné, par lequel on monte au plateau. La nature végétale y est d'une puissance exubérante, par l'excès même de la température et par la présence des eaux courantes, qui s'y montrent plus qu'ailleurs. Cette zône a une végétation particulièrement active sur le versant oriental du Mexique, parce que les vents dominants, les vents alizés, arrivent de ce côté chargés de l'humidité qu'ils ont recueillie dans leur longue course sur la surface de l'Océan. Elle se distingue par les cultures connues sous le nom de tropicales. Malheureusement, sur plusieurs points, surtout dans le voisinage des ports que baigne l'océan Atlantique, elle est désolée par la fièvre jaune, dont le foyer pestilentiel est dans des marécages que l'industrie humaine réussira quelque jour à dessécher, quand elle voudra y appliquer les puissants moyens dont elle dispose aujourd'hui. Au-dessus, à mi-hauteur sur le plan incliné, s'étend la zône appelée la *terre tempérée* (tierra templada), qui présente une température moyenne annuelle de 18 à 20 degrés, et où le thermomètre éprouve très-peu de variations d'une époque à l'autre de l'année, de sorte qu'on y jouit d'un printemps perpétuel. C'est une région délicieuse, dont le type le plus parfait s'offre aux environs de la ville de Jalapa, et qu'on retrouve avec ses charmes autour de la ville d'Orizaba et de celle de Chilpancingo, où s'était réuni le premier congrès indépendant. Elle possède une végétation à peu près aussi active et aussi vigoureuse que celle du littoral, sans avoir le ciel embrasé et les miasmes empestés de la plage et de la contrée qui l'avoisine. Elle est exempte de ces myriades d'insectes incommodes ou venimeux qui pullulent dans la région basse de la terre-chaude et y font le tourment de l'homme. On y respire l'atmosphère pure du plateau, sans en subir les passagères fraîcheurs et l'air vif, dangereux aux poitrines délicates. La zone tempérée est un paradis terrestre, quand l'eau y abonde, comme à Jalapa et dans quelques autres districts, où les glaciers éternels de quelques montagnes, telles que le pic d'Orizaba et le Coffre de Perote, se chargent d'en fournir aux sources toute l'année.

« Au-dessus de la zône tempérée se déploie la *terre froide* (tierra fria), ainsi nommée en raison de l'analogie que des colons venus de l'Andalousie durent lui trouver, sur une partie de son développement, avec le climat assez cru des Castilles ; mais les Français, les Anglais et les Allemands transportés au Mexique dans la terre froide, s'y jugent à peu près partout en un climat fort doux. La température moyenne de Mexico, et d'une bonne portion du plateau, est de 17 degrés ; c'est seulement un peu moins que celle de Naples et de la Sicile, et c'est celle de trois mois d'été à Paris. D'une saison à l'autre les variations, comme partout entre les Tropiques, y sont bien moindres que dans les parties les plus tempérées et les plus belles de l'Europe.

« Pendant la saison qu'on n'y saurait appeler l'hiver que par une extension excessive des termes du dictionnaire, la chaleur moyenne du jour, à Mexico, est encore de 13 à 14 degrés, et en été, le thermomètre, à l'ombre, ne dépasse pas 26 degrés.

« Une supériorité du Mexique sur une partie des autres régions équinoxiales de l'Amérique, c'est le petit nombre de ces volcans et l'absence de ces violents tremblements de terre, qui ailleurs viennent de temps en temps détruire les villes. Dans toute l'étendue du Mexique, on ne comptait, il y a cent ans environ, que quatre volcans encore en feu : le pic d'*Orizaba*, qui n'a pas fait d'éruption notable depuis trois cents ans ; le *Popocatepelt* qui constamment jette de la fumée en très-petite quantité, depuis une suite d'années, et qui ne dévaste pas ses alentours ; la montagne de *Tustla* et le volcan de *Colima*, qui ne paraissent pas avoir jamais causé de désastres. En septembre 1759, un phénomène fit sortir de terre, au milieu de circonstances terrifiantes, un volcan nouveau, celui de *Jorulle*, aujourd'hui encore enflammé, autour duquel apparurent en même temps une infinité de petits cônes qui n'ont pas cessé de fumer. Aucune des cités du Mexique n'a éprouvé de ces tremblements de terre terribles qui ont désolé et quelquefois renversé Guatemala, Lima, Caracas et d'autres centres de population de l'Amérique centrale ou de l'Amérique du sud.

« Sous quelques-unes d'entre elles, assez fréquemment le sol remue ; Mexico même est dans ce cas. Mais ce sont des tremblements si faibles qu'ils n'inquiètent pas les habitants. Ils n'empêchent pas de bâtir des maisons à plusieurs étages ; ils obligent seulement à donner aux murs une solide assiette et à s'abstenir de l'architecture élancée, comme celle de nos cathédrales gothiques.

« Le côté faible du Mexique, ce sont les cours d'eau. Ceux qu'on y voit sont des torrents qui, pendant la belle saison, sont presque tous à sec. Le *Rio-Bravo del Norte*, qui est bien mieux pourvu, ne peut guère rendre de services. Autrefois en plein dans le pays, il est à la frontière depuis que les États-Unis se sont emparés du Texas, et la partie du Mexique qu'il borde est des moins peuplées. Au midi, le *Guazacoalco*, fleuve navigable, dont l'embouchure pourrait devenir un bon port, n'est pas davantage à la portée des provinces populeuses. Il paraît certain néanmoins que dans les temps primitifs, je veux dire à l'époque de la conquête, ses bords étaient couverts d'habitants ; le *Santiago* ou *Tolotoltan*, qui débouche dans l'océan Pacifique, près du port de San-Blas a un cours plus étendu. Heureusement, pendant la saison des pluies, qui dure quatre mois de notre été, chaque jour la terre mexicaine est abondamment arrosée dans l'après-midi, et alors s'emplissent non-seulement les réservoirs naturels qui alimentent les sources, mais aussi les bassins disposés par la prévoyance des hommes pour assurer des approvisionnements à l'agriculture, bassins qu'il serait possible de multiplier. Sur le plateau, les ruisseaux et même les sources sont assez rares. C'est le même phénomène qui se rencontre dans un certain nombre de pays calcaires. La cause en est dans la constitution du terrain. Non qu'il soit calcaire comme certains plateaux du midi de la France, désignés communément sous le nom de *causses*, et où se montrent fort peu de sources ; mais il est de même fissuré. Les eaux pluviales, absorbées par le sol, descendent par d'innombrables fentes imperceptibles, de manière à aller former les cours d'eau, petits ou moyens, qui sourdent sur la pente des deux plans inclinés conduisant à la mer. En somme, le Mexique est un pays sec, assez souvent aride. Quelques lacs cependant y sont épars. Le plus grand est celui de *Chapala*, dont la surface est de plus de 300,000 hectares. C'est le double du lac de Constance, dont l'étendue est déjà peu commune. Il est situé dans la partie peuplée du plateau, non loin de l'importante ville de Guadalaxara. Les lacs qui forment un réseau à côté de la ville de *Mexico* sont au nombre de cinq ; ils occupent ensemble une superficie de 44,000 hectares. On en compte neuf autres au nord de la ville de *Zacatecas* et cinq autour de *Chihuahua*. Malheureusement l'eau de la plupart de ces lacs contient une proportion très-sensible de carbonate de soude, à ce point qu'on a pu y établir l'exploitation de ce sel ; mais cet avantage manufacturier est acheté par un grave inconvénient ; leur eau est impropre à l'irrigation, qui partout est une si précieuse ressource pour l'agriculture. Elle ne vaut rien non plus pour les usages domestiques (1). »

Villes principales.

Le Mexique a pour capitale la grande et belle cité de Mexico où nos troupes sont entrées en 1863, et où elles sont restées jusqu'en 1867, sans pouvoir, malgré de

1. M. Michel Chevalier, *le Mexique*.

nombreuses expéditions, arracher ce beau pays à l'anarchie qui le désole depuis le commencement du siècle.

Les principaux ports sont, sur l'océan Atlantique : Matamoros, à l'embouchure du Rio del Norte, Tampico, Vera-Cruz, celui qui se trouve le plus près des villes de l'intérieur, Campêche, dans la presqu'île du Yucatan. Sur l'océan Pacifique les ports sont ceux de Guaymas, de Mazatlan et d'Acapulco.

A l'intérieur, la ville la plus importante après Mexico est Puebla, grande et belle cité très-fortifiée, que nos troupes n'ont emportée qu'après un siège long et régulier. Puis on remarque San-Luis de Potosi, Durango, Guadalaxara, Oaxaca, Guanaxato, Jalapa, Queretaro, où s'est joué le dernier acte du drame dont l'infortuné Maximilien a été le héros et la victime (1867).

Le Mexique est une république indépendante ; on a essayé en vain de la soustraire à l'anarchie qui la dévore et la livrera tôt ou tard aux États-Unis. La religion dominante est le catholicisme.

II

AMÉRIQUE CENTRALE.

États. — Isthme de Panama.

Le grand isthme qui réunit l'Amérique du Nord et l'Amérique du Sud est divisé en cinq petites républiques qui sont, du nord au sud : *Guatemala*, sur les deux océans ; *Honduras*, sur l'Atlantique ; *San-Salvador*, sur le Pacifique ; et enfin *Nicaragua* et *Costa-Rica* qui possèdent aussi l'avantage de réunir les rivages des deux océans. Autrefois ces deux républiques ne formaient qu'un État : divisées politiquement, elles se sont rapprochées par des traités.

L'intérêt que ces républiques nous offrent est tout entier dans le territoire qu'elles possèdent. La mer des Antilles en creusant profondément, aux dépens de l'isthme, la baie de *Mosquite* et le golfe de *Honduras*, au fond desquels se jettent deux cours d'eau, met à la disposition de ces républiques deux points importants où il serait facile d'établir, entre les océans, deux nouveaux passages. L'un est sur le territoire de Guatemala, l'autre entre Nicaragua et Costa-Rica. Un chemin de fer, qui appartient à la république de Vénézuela, relie déjà les deux rives de l'isthme de *Panama*. Les projets de canaux ont été très-nombreux : par l'isthme de *Tehuantepec* au Mexique, par l'isthme de *Honduras*, par les lacs de *Nicaragua* et de *Léon*; c'est là en effet que le passage semblerait le plus facile à réaliser, l'existence d'un grand lac dont les eaux débouchent dans la mer des Antilles, par le fleuve navigable de San Juan, ne laisserait à frayer une route qu'à travers les montagnes peu épaisses qui séparent le lac de Nicaragua des rivages du Pacifique ; Enfin les autres tracés sont dirigés par l'isthme de *Panama*, par l'isthme de *Darien*, etc.

III

ANTILLES.

C'est l'archipel des Antilles qui fut le premier découvert par les Espagnols ; c'est une longue chaîne d'îles volcaniques qui s'étendent entre l'Amérique du Nord et l'Amérique du Sud, depuis la Floride jusqu'aux embouchures de l'Orénoque. On partage les Antilles en deux groupes principaux, les grandes et les petites.

Le groupe des îles *Lucayes* ou *Bahama*, répandues au sud-est de la Floride, et qu'on leur réunit d'habitude, ne sont guère que des rochers; ces rochers toutefois occupent une position avantageuse, et l'Angleterre s'en est assuré la possession.

Grandes Antilles.

Le groupe des Grandes-Antilles comprend quatre îles, grandes, belles et riches. L'île de *Cuba*, la plus longue et la plus vaste des Antilles, est presque aussi grande que l'Angleterre. Une chaîne de montagnes la traverse dans toute sa longueur ; d'une admirable fertilité, elle jouit d'un climat très-chaud, et ses forêts contiennent une grande quantité de bois précieux ; c'est dans ce pays toutefois qu'on trouve le mancenillier, arbre gracieux qui cache un poison redoutable.

La capitale de Cuba est LA HAVANE, d'où l'on exporte des tabacs renommés ; le commerce y est très-actif et le port peut contenir mille vaisseaux ; elle compte 200,000 habitants. Les autres villes principales sont : MATANZAS, avec un beau port, et SANTIAGO. Cette île appartient à l'Espagne, mais les États-Unis la convoitent.

La *Jamaïque*, île anglaise, est traversée par une chaîne de montagnes hautes et âpres. Elle est néanmoins très-bien cultivée et produit des fruits exquis ; sa principale industrie est la fabrication du rhum ou eau-de-vie de sucre. Sa capitale est KINGSTON, port de mer sur la côte méridionale, dont le commerce est très-actif.

L'île d'*Haïti*, découverte la première par Christophe

Colomb, qui lui donna le nom d'Hispaniola. Longue de 660 kilomètres, large de 260, très-montagneuse, mais ayant aussi de vastes plaines, jouissant d'un climat sain sur les hauteurs, elle est partout d'une fécondité étonnante et a mérité le surnom de *Reine des Antilles*. Elle est divisée en deux États : à l'ouest, la république d'*Haïti*, à l'est, le territoire de *Saint-Domingue*. La capitale de la république d'Haïti est PORT-AU-PRINCE, 20,000 habitants ; ville principale : LE CAP, qui a un port excellent.

Haïti était une ancienne possession française ; le territoire de Saint-Domingue, qui appartenait à l'Espagne, secoua le joug, mais en 1861, il retomba sous la domination espagnole. Ce territoire forme les deux tiers de l'île. La capitale est SAINT-DOMINGUE.

La plus petite des Grandes-Antilles est *Porto-Rico*, à l'est de l'île d'Haïti ; elle a pour capitale SAN-JUAN DE PORTO-RICO. Elle appartient à l'Espagne.

Petites Antilles. — Colonies européennes.

Le groupe des petites Antilles est divisé entre quatre puissances, la France, l'Angleterre, la Hollande, le Danemark.

A la France appartiennent : la *Martinique* (136,000 habitants), où l'on remarque un grand nombre de volcans mal éteints ; la capitale est FORT-DE-FRANCE, port excellent ; la ville principale : SAINT-PIERRE, centre du commerce.

L'île de la Martinique présente l'aspect d'un pâté de montagnes au milieu desquelles s'élève une pyramide abrupte et colossale aux flancs ravinés comme le cône d'un volcan : c'est la célèbre montagne du *Piton*, que les voyageurs comparent au volcan de Ténériffe. Tous d'ailleurs admirent ces montagnes baignées de soleil, éclatantes de verdure, s'amoncelant les unes sur les autres et s'élevant pêle-mêle; rien de plus fougueux et de plus étincelant dans le détail, rien de plus noble, de plus riant, de plus harmonieux dans l'ensemble. La Martinique est souvent appelée la plus belle des Antilles.

La *Guadeloupe* (139,000 habitants), île cruellement éprouvée par les tremblements de terre et par des ouragans, mais néanmoins riche dans tous les genres de productions qui ont fait la prospérité des Antilles. La capitale est la BASSE-TERRE; ville principale : POINTE-A-PITRE, centre du commerce.

De cette île dépendent les petites îles *Marie-Galande*, dont le sol est fertile ; les *Saintes*, composées de cinq îlots fortifiés, qu'on appelle le Gibraltar des Antilles ; la *Désirade ; Saint-Martin*, dont une partie seulement nous appartient; la partie sud est à la Hollande.

La France a acquis de la Suède la petite île de Saint-Barthélemy.

A l'Angleterre appartiennent : *La Trinité, La Grenade, Saint-Vincent, Sainte-Lucie, Tabago, La Barbade, La Dominique, Antigoa, Montserrat...*

A la Hollande : *Curaçao, Saint-Eustache, Saba*, et une partie de *Saint-Martin.*

Au Danemark : *Sainte-Croix, Saint-Jean* et *Saint-Thomas.*

CHAPITRE VI.

AMÉRIQUE DU SUD. — RÉGION DU NORD-EST.

Bassin de l'Orénoque.

L'Amérique du Sud est divisée, nous l'avons dit, en deux versants, mais celui de l'océan Atlantique est si vaste qu'on peut dire qu'il occupe l'Amérique méridionale presque tout entière.

Parmi les principaux fleuves qui arrosent ce versant, on rencontre d'abord la *Magdalena* et l'*Orénoque*, c'est la région nord ; le bassin de ces deux fleuves s'appuie à la *Cordillière des Andes*, d'où se détache une chaîne appelée *Cordillière de la Nouvelle-Grenade*, et qui sépare le bassin de la Magdalena de celui de l'Orénoque.

Le bassin de l'Orénoque est le plus grand. L'*Orénoque* prend sa source dans un petit lac nommé *Ipava*, près d'une chaîne de montagnes secondaires, fait un grand détour au sud et à l'ouest, traversant d'immenses plaines qu'on appelle *Llanos*, plaines sablonneuses en été, couvertes d'herbages après les pluies, et qui ressemblent aux steppes de l'Asie.

L'Orénoque, dont le cours est de 2,200 kilomètres, forme beaucoup de rapides et de cataractes, et se jette dans l'Atlantique par des bouches nombreuses. Il a pour principaux affluents, à droite le *Maroni* et à gauche la *Méta* et l'*Apure* ; ce fleuve communique, par un canal naturel, avec le Rio-Négro, affluent de l'Amazone.

Dans cette région, les côtes sont en général malsaines,

on y remarque le golfe de *Darien*, le golfe de *Maracaïbo* dans lequel s'écoulent les eaux d'un lac du même nom.

Le bassin de l'Orénoque comprend : les États-Unis de Colombie, la République de Vénézuéla et les Guyanes.

I

ÉTATS-UNIS DE COLOMBIE.

Aspect et villes.

Les *États-Unis de Colombie* ou *Confédération de la Nouvelle-Grenade* occupent le bassin secondaire de la Magdalena et la partie déserte du bassin de l'Orénoque. Les Andes, couvertes de majestueuses forêts et qui se ramifient en plusieurs chaînes, s'étendent sur une partie de pays, aussi est-ce la partie la plus riche en mines et en productions végétales.

La Confédération, qui comprend neuf États, est bornée, au nord, par l'Amérique centrale, le golfe de Darien et la mer des Antilles; à l'est, par le Vénézuéla et le Brésil ; au sud, par la République de l'Équateur, et à l'ouest, par l'océan Pacifique et le golfe de Panama.

La capitale de cette République est SANTA-FÉ-DE-BOGOTA, sur un plateau très-élevé et sujet aux tremblements de terre ; les villes principales sont : **Sainte-Marthe, Carthagène**, ports sur la mer des Antilles, **Colon** ou **Aspinwall**, sur l'isthme de Panama, **Panama**, sur l'océan Pacifique et point de départ des grandes lignes de navigation sur cet océan. La religion de cette République est la religion catholique.

II

VÉNÉZUÉLA.

Le Vénézuéla est traversé par la chaîne de montagnes qui, détachée de la chaîne des Cordillères, traverse la Nouvelle-Grenade et marque le partage des eaux de la mer des Antilles et de l'océan Atlantique ; il est borné au nord par la mer des Antilles et l'Atlantique ; à l'est, par la Guyane anglaise ; au sud, par le Brésil, et à l'ouest par la Nouvelle-Grenade. Ce pays comprend tout le bassin central et supérieur de l'Orénoque et renferme beaucoup de *Llanos*, plaines désertes où l'on nourrit cependant beaucoup de bestiaux.

La capitale est CARACAS, dans une charmante vallée non loin de la mer des Antilles ; elle a pour port la *Guayra* ; les villes principales sont : PUERTO-CABELLO, sur la mer des Antilles, MARACAÏBO, entre le lac et le golfe du même nom ; BOLIVAR, sur l'Orénoque.

III

LES GUYANES.

Les côtes de l'océan Atlantique qui séparent les bouches de l'Orénoque de celles du fleuve des Amazones sont couvertes de forêts et de marécages, elles sont peu peuplées et divisées entre les Anglais, les Hollandais et les Français.

La *Guyane anglaise*, la plus peuplée, est arrosée par l'*Essequibo*, et a pour capitale GEORGES-TOWN ;

La *Guyane hollandaise* vient ensuite, ayant pour capitale PARAMARIBO avec un beau port.

La *Guyane française* est bornée, à l'ouest, par la Guyane hollandaise, au sud par le Brésil, et sur les autres côtés par l'océan Atlantique. La partie qui occupe le littoral et s'étend jusqu'aux premiers sauts des rivières comprend les terres basses, marécageuses; l'autre partie comprend les terres hautes. L'intérieur de ce pays n'est pas encore tout à fait exploré.

La capitale est CAYENNE, sur la rive droite de la rivière de ce nom, 8 000 habitants. Les principaux établissements sont : *Sinnamari, Oyapock*. La Guyane ne mérite pas la mauvaise réputation qu'on lui a faite, sauf dans certaines contrées marécageuses. Ce pays avait été choisi par le gouvernement français pour être le siège d'une colonie pénale. On y transportait les forçats et les repris de justice en rupture de ban, mais la Nouvelle Calédonie a remplacé la Guyane comme lieu de déportation.

Les productions de ces pays sont en général les bois, la canne à sucre, le café, le coton, le cacao, l'arbre à caoutchouc.

IV

BASSIN DES AMAZONES. — EMPIRE DU BRÉSIL

Le fleuve des Amazones.

La plus grande partie du centre de l'Amérique du Sud appartient au bassin du fleuve des Amazones. Ce bassin est encadré, à l'ouest, par la chaîne des *Andes* qui présente à cet endroit ses sommets les plus élancés; au nord, par la chaîne peu élevée qui limite le bassin de l'Orénoque : au sud, par la *Sierra Cochamba*, le plateau

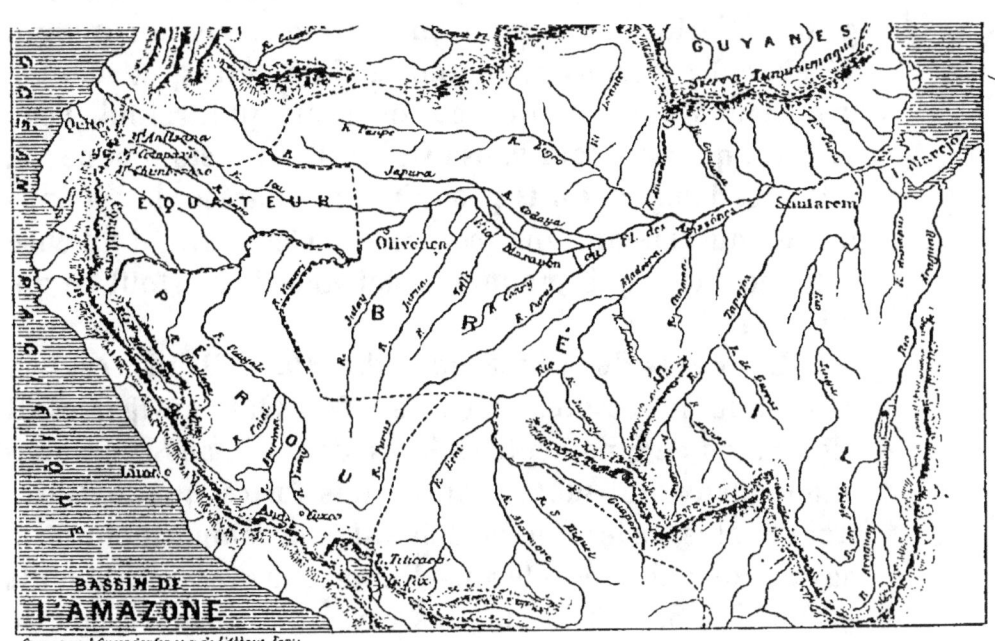

de *Parexis* et par une chaîne qui va aboutir au cap *Saint-Roch*.

Le fleuve des Amazones prend sa source dans les Andes du Pérou et porte d'abord les noms d'*Apurimac* et d'*Ucayale*, se joint au *Maragnon* et coule ensuite directement vers l'ouest entre des rives basses sur lesquelles il déborde périodiquement ; il forme des îles nombreuses et des marécages qui lui donnent plusieurs lieues de largeur, se jette dans l'Atlantique par des embouchures qui s'étendent sur une largeur de 380 kilomètres, et vomit à la mer un volume d'eau si considérable qu'il refoule l'eau salée et que très-loin dans l'Océan l'eau reste douce ; la lutte des deux courants produit, aux marées, le phénomène du mascaret ou *pororoca* : c'est une immense colonne d'eau qui remonte le fleuve et brise tout ce qui lui résiste.

« Le cours de l'Amazone, dit Malte-Brun, est de 7,500 kilomètres dont plus de 6,000 sont navigables. Il reçoit plus de cinq cents rivières dont six aussi grandes que le fleuve lui-même, onze plus fortes que le Rhin, trente plus fortes que la Seine. Le développement de la navigation que présente ainsi l'Amazone avec ses affluents est de 70 à 80,000 kilomètres carrés : c'est le réseau le plus vaste, le plus complet, le plus facile de routes naturelles qui soit au monde. »

En dehors de ce bassin s'ouvrent encore sur l'océan Atlantique les bassins secondaires du *Rio-Parahyba* et du fleuve *Saint-François*.

V

Le Brésil. — Étendue et situation.

Le bassin des Amazones et les deux bassins secondaires sont compris dans l'empire du Brésil qui même débordé au delà vers le sud. C'est le plus grand des États de l'Amérique méridionale.

« Il étend ses immenses possessions entre le Vénézuéla et les Guyanes anglaise, hollandaise et portugaise, au nord ; les Provinces unies du Rio-de-la-Plata, l'Uruguay, le Paraguay, la Bolivie, au sud ; le Pérou et la Nouvelle-Grenade, à l'ouest ; l'océan Atlantique à l'est. — Sa superficie égale douze fois celle de la France, et ses côtes ont un développement de 1,000 lieues sur le littoral. Les fleuves magnifiques que nous venons de décrire sillonnent en tous sens ce vaste empire ; — des montagnes qui renferment des mines de tous genres, depuis le charbon de terre jusqu'au diamant ; — un sol où toutes les productions abondent ; où les fleurs, les plantes, les arbres d'Europe se mêlent à la riche végétation des tropiques et à des essences particulières ; — un climat dont la température varie suivant la situation de ses provinces : tel est le Brésil.

« Son littoral a l'étendue de la côte de l'Europe entre le cap Nord et le détroit de Gibraltar.

« Il s'ouvre en entrepôt à l'Afrique et à l'avenir incalculable du défrichement de l'Amérique méridionale, sur le chemin des échanges de l'Amérique du Nord et du monde manufacturier, vers les régions de l'Inde, de la Chine, de l'océan Austral et de l'océan Pacifique.

« Ajoutons qu'avec ses seize provinces assises sur l'Atlantique, avec ses ports magnifiques, produisant abondamment tout ce que la civilisation européenne recherche, consommant tout ce qu'elle produit, l'empire du Brésil a devant lui un avenir de prospérité. »

Divisions et villes principales.

Avant 1829, le Brésil formait onze capitaineries générales. Il se divise aujourd'hui en vingt provinces, dont quelques-unes sont plus étendues que la France.

« Les ports du Brésil sont si nombreux que la plupart sont à peine connus. Les plus fréquentés sont les ports de Para, Saint-Louis de Maranhao, Parahyba, Pernambuco, San-Francisco, Bahia ou San-Salvador, sur la vaste et remarquable baie de *Tous-les-Saints*, Destero, et enfin la plus belle baie qui existe dans l'univers entier, celle de Rio-de-Janeiro.

« Rio-Janeiro, capitale de l'empire, est située sur une baie circulaire semée d'îles et d'îlots, sillonnée par des milliers de navires, circonscrite par des montagnes.

« Ce qui frappe, dit Ferdinand Denis (1), ce sont les grandes lignes du paysage, la végétation abondante des collines, l'indicible sérénité de l'air, les milliers de maisons de campagne, de villages, de chapelles, de couvents qui semblent enfouis dans les fleurs et dans le feuillage, enfin la pureté des vagues qui reflètent ce beau paysage. » Cette ville compte 360,000 habitants.

A l'intérieur, on cite parmi les villes les plus importantes Barro do Rio Negro, au confluent du Rio-Negro et de l'Amazone; Saint-Paul, au sud-ouest de Rio-Janeiro, Uro-Preto...

Population et gouvernement.

La population du Brésil est de 11 millions d'habitants, elle se compose de trois éléments : les Brésiliens créoles, descendants des Portugais ; les Indiens et les noirs. Les Indiens aujourd'hui ne sont plus qu'en petit nombre ; ce sont quelques tribus clair-semées, quelques pauvres peuplades qui errent dans les forêts.

---

1. *Le Brésil.*

Le gouvernement du Brésil est un gouvernement constitutionnel : un empereur avec un sénat, une chambre de députés et un conseil d'État. Les sénateurs sont au nombre de deux par province ; ils sont choisis par l'empereur sur une liste de trois candidats nommés par l'élection. Le nombre des députés est proportionné à la population de chacune des provinces.

Les provinces sont administrées par un gouverneur nommé par l'empereur. Le gouverneur est assisté d'une représentation locale, formée d'un certain nombre de députés, ce qui rappelle nos conseils généraux. Presque tous les fonctionnaires sont nommés à l'élection. La législation brésilienne est basée en grande partie sur la nôtre, c'est le Code civil avec quelques modifications locales.

La nature du Français s'assimile facilement à celle du Brésilien. Les deux peuples ont à cause de leur origine latine des points de contact, de ressemblance et de sympathie. Chaque année un grand nombre de jeunes gens traversent l'Océan et viennent visiter l'Europe. On les rencontre en Allemagne, en Angleterre, en Italie ; mais on les retrouve surtout en France, sur les bancs de nos écoles.

On parle français à Rio-Janeiro. Notre langue, exigée pour les écoles spéciales, est enseignée dans les écoles primaires, et la librairie française est l'objet d'un commerce considérable.

Les lettres, les sciences et les arts sont en grand honneur chez les Brésiliens. En même temps qu'il constituait sa nationalité, ce jeune peuple révélait le génie qui lui est propre. La langue portugaise est restée la langue des Brésiliens, mais il s'est créé une littérature indigène qui a déjà de glorieuses annales, et le Brésil a ses poètes et ses historiens, tout comme il a ses orateurs et ses hommes d'État.

CHAPITRE VII

AMÉRIQUE DU SUD. — RÉGION DU SUD-OUEST.

Bassin de la Plata.

Les montagnes qui ferment au sud le bassin du fleuve des Amazones le sépare d'un autre bassin presque aussi vaste, celui de la Plata.

Cette chaîne, qui se détache du plateau des Andes, donne, sur son versant méridional, naissance à un grand nombre de cours d'eaux dont les trois principaux, venus de trois points divers, de l'ouest, du nord, de l'est, forment par leur réunion une artère fluviale presque aussi remarquable que celle du fleuve des Amazones. Ces trois cours d'eaux sont : le *Parana* qui prend sa source dans les montagnes voisines de l'Atlantique ; le *Paraguay* qui descend du plateau des *Parexis* au nord : il reçoit le *Pilcomayo* qui descend de l'est, des hauteurs les plus élevées des Andes. Lorsque le Parana a été grossi de ces deux branches importantes il descend plus rapidement vers le sud où il entraîne les eaux de tout un quart du continent colombien. Les paquebots à vapeur remontent le fleuve principal et son tributaire, le Paraguay, jusqu'à Cubaya, au centre même du Brésil, 4,500 kilomètres de l'embouchure. En aval du confluent du Paraguay, le Parana présente une largeur de 15 kilomètres en moyenne, et dans les endroits où son lit est encaissé, où son courant est plus rapide, la nappe resserrée des eaux n'offre pas moins de 5 kilomètres. En rongeant incessamment les berges de sa rive gauche, ainsi que le font, en vertu de la rotation du globe, presque tous les fleuves de l'hémisphère méridional, le Parana délaisse graduellement les terres de la rive droite qu'il a nivelées, et tous les méandres de ses anciens lits sont remplacés par autant de rivières, les unes encore en mouvement, les autres obstruées par les vases et les troncs d'arbres. Ce n'est pas un cours d'eau, c'est un réseau de fleuves et de lacs entremêlés qui borne la pampa. Le navigateur, perdu au milieu de ce dédale d'îles, de canaux et de vastes nappes lacustres, pourrait croire qu'il vogue sur les détroits d'un archipel marin. Pendant les grandes inondations, l'aspect change : le Parana redevient un fleuve, mais un fleuve au courant formidable, dévorant d'un côté ses hautes berges, de l'autre côté s'étalant à perte de vue dans l'immensité des plaines. Alors l'eau, gonflée de 6 ou même 8 mètres au-dessus du niveau moyen, passe en tournoyant sur les îles, reconnaissables seulement à leurs forêts de saules penchés sous l'effort du courant. Des radeaux formés de troncs d'arbres et de branchage entremêlés, des îlots entiers retenus par un lacis de racines, de grandes prairies d'herbes aquatiques parsemées de fleurs bleues, descendent en longues traînées sur le flot, se rencontrent, puis se séparent pour se rejoindre encore. Des bandes d'oiseaux volent au-dessus de ces masses de verdure flottantes, et picorent çà et là les insectes qui se noient ; les grands animaux, surpris par l'inondation dans les îles, les jaguars, les chevreuils, cherchent à gagner la rive, et parfois, trop fatigués pour l'atteindre, s'arrêtent au milieu des amas de débris que le fleuve emporte vers la mer. C'est ainsi qu'en 1825 et en 1853 des marins ont pêché des jaguars en plein estuaire de la Plata, et que des chasseurs ont tué de ces pauvres animaux naufragés aux portes de Buenos-Ayres et de Montevideo.

Les diverses bouches du Parana et le puissant *Uruguay* qui s'unit au cours d'eau principal près l'île de Martin-Garcia, forment ensemble le vaste estuaire ou *Rio de la Plata*, qui est en même temps une embouchure fluviale et un golfe de la mer. Cette masse énorme d'eau, douce en amont, salée en aval, n'a pas moins de 250 kilomètres d'ouverture, de Maldonado au cap San-Antonio, et gardée d'un côté par Montevideo, de l'autre par Buenos-Ayres, s'avance à 300 kilomètres dans l'intérieur du continent. C'est là une magnifique avenue marine pour toutes les régions arrosées par les fleuves tributaires, et notamment pour la longue presqu'île comprise entre l'Uruguay et le Parana (1). »

Le Parana entraînerait une masse d'eau plus considérable encore si les eaux de ses affluents de la rive droite, le *Pilcomayo*, le *Vermejo*, le *Solado*, ne se perdaient pas en partie à cause de l'évaporation dans les lagunes et les marécages. De même le *Rio-Dulce* va se perdre dans une lagune salée à une assez grande distance à l'ouest du Parana.

Les Pampas.

« Les régions où vont se perdre ces eaux ne présentent point le même aspect dans toute leur étendue. Les plaines occidentales qui entourent en partie le massif de Cordova sont parsemées de plantes épineuses, de genets, de mimosas et d'autres arbustes au maigre feuillage ; le sol argileux et compacte n'offre qu'un gazon court ; çà et là, resplendissent au soleil de vastes espaces salins complétement dépouillés de verdure. Ce sont de véritables déserts qui furent autrefois noyés sous les flots d'une mer

---

1. Elisée Reclus, *Revue des Deux-Mondes*, 15 février 1865.

intérieure, et qui de nos jours sont presque complétement privés d'eau, si ce n'est durant les pluies ; les voyageurs traversent en caravanes ces régions inhospitalières, semblables aux solitudes de l'Afrique et de la Perse ; ce sont des *Llanos*.

« Plus à l'est commence cette grande plaine centrale qui forme l'un des caractères distinctifs du continent Colombien, et dont l'immense surface presque horizontale s'étend sur une longueur de 3,000 kilomètres au moins, des régions brûlantes du Brésil tropical aux froides contrées de la Patagonie. Au nord du Salado, cette plaine qu'habitent des Indiens encore indomptés et que se disputent les diverses républiques voisines, avant d'y avoir même établi leurs colonies, porte le nom de *Gran-Chaco*. Le Pilcomayo, le Vermejo et d'autres fleuves descendus des Andes promènent en liberté leur cours à travers ces espaces presque entièrement inexplorés ; leurs eaux, animées d'un très-faible courant, sont arrêtées par le moindre obstacle, et décrivent dans les campagnes une série de méandres aux rives incessamment changeantes ; des lagunes, des marécages, des *banados* n'ayant parfois que deux ou trois décimètres d'eau sur de vastes espaces, reçoivent le trop plein de la masse liquide pendant la saison des pluies, et la déversent de nouveau dans le fleuve à l'époque des sécheresses. Un réseau de coulées et de marais coupe la plaine, dans le voisinage des grandes rivières, et sépare les uns des autres les terrains plus secs où campent les tribus indiennes. Au nord du Pilcomayo, des bouquets de palmiers se montrent parmi les arbres généralement peu élevés qui ombragent le sol du Chaco ; mais, plus au sud, ces massifs deviennent rares, les mimosas et d'autres arbustes épineux constituent presque toute la végétation forestière. Çà et là, s'étendent des **espaces** libres couverts de graminées : ce sont les petites savanes qui annoncent le voisinage de la grande mer de verdure.

« La *pampa* proprement dite occupe toute la contrée qui s'étend au nord et au sud, entre le Salado et les régions de la Patagonie, parcourues par les Indiens sauvages. C'est là l'immense et célèbre pâturage qui a fait la richesse de la République à cause des bestiaux qui le parcourent par centaines de mille et par millions. L'immense surface herbeuse semble complétement horizontale comme la nappe de l'Océan ; de tous les côtés, la rondeur du ciel repose sur une ligne circulaire aussi nette que si elle eût été tracée au compas. Aucun objet ne rompt la grandiose uniformité du paysage, si ce n'est un troupeau de bœufs, la muraille jaunie de quelque *estancia*, ou bien un arbre solitaire oublié par la hache du *gaucho*. Des flaques, les unes salines ou saumâtres, les autres remplies d'eau douce, parsèment la prairie et continuent la nappe onduleuse des graminées par des touffes de joncs et de roseaux à travers lesquels on voit briller çà et là un reflet du ciel bleu, un rayon de lumière. Pendant les jours brûlants de l'été, le mirage fait osciller les couches d'air qui pèsent au loin sur les campagnes, et figure des objets fantastiques, des lacs imaginaires ; parfois le vent s'élève et déroule en longs tourbillons les nuages de poussière qu'il prend sur les chemins piétinés par d'innombrables bestiaux. La Pampa est la région par excellence de la République Argentine, celle que les poètes ont chantée avec le plus d'enthousiasme, celle que les voyageurs se rappellent avec le plus d'amour. D'où vient que ces espaces monotones, ces océans d'herbes sans limites visibles ont toujours été célébrés en paroles plus fières et plus émues que ne l'ont été les montagnes, à la stature colossale, aux formes si variées, aux jeux de lumières si changeants ? — C'est que l'homme se sent maître de l'espace et qu'il y est libre (1). »

En dehors du bassin principal de la Plata, il faut citer les bassins secondaires du *Rio-Colorado* et du *Rio-Negro* qui se jettent dans l'océan Atlantique. Ce dernier fleuve sépare les États de la *Plata* de la Patagonie.

Le bassin principal et les bassins secondaires embrassent, outre une partie du Brésil et de la Bolivie, les Provinces-Unies de la Plata ou Confédération Argentine, le Paraguay et l'Uruguay.

I

URUGUAY.

L'Uruguay forme une république indépendante entre le Brésil au nord, l'Atlantique à l'est, le Rio de la Plata au sud et la Confédération Argentine à l'ouest : il porte aussi le nom de *Bande orientale*. Arrosé et limité à l'ouest par l'Uruguay, puissant affluent du Parana, son territoire est très-fertile. Cette république a pour capitale : MONTEVIDEO (50,000 habitants), à l'embouchure du Rio de la Plata c'est de beaucoup le meilleur port de cette région, mais il n'est pas assez bien relié aux provinces de l'intérieur.

II

PARAGUAY.

Dans une presqu'île dessinée par le Paraguay et une grande courbe du Parana s'est formée la République du

1. Élisée Reclus, *Revue des Deux-Mondes*, 15 février 1865.

Paraguay. Cette contrée, salubre entre toutes, jouit à la fois des avantages des pays continentaux, puisqu'elle est située au centre, et des priviléges des régions du littoral, car les navires peuvent remonter pendant une moitié de l'année jusqu'à la jonction des deux grands fleuves. Grâce à une chaîne de hauteurs qui traversent ce pays du nord au sud, le Paraguay a moins de plaines inondées que les contrées voisines, il est aussi beaucoup mieux cultivé.

La capitale est l'Assomption sur le Paraguay.

III

CONFÉDÉRATION ARGENTINE.

Le reste du bassin de la Plata appartient à la *Confédération Argentine* ou des *Provinces Unies*.

La capitale est Buenos-Ayres dans la province de ce nom. Située dans une position magnifique sur la rive méridionale du Rio de la Plata, cette ville prend de jour en jour plus d'importance comme cité commerciale et compte 140,000 habitants. Toutefois, une décision de 1869 désigna pour la capitale de la Confédération, à partir de 1873, la ville de Rosario.

Les autres villes principales sont : Santa-Fé sur la rive droite du Parana, Corrientes un peu au-dessous du confluent du Paraguay et du Parana. Dans l'ouest on remarque : Cordova et Mendoza, presque au pied des Andes, ville malheureusement détruite par un tremblement de terre en 1861.

Ces contrées, qui occupent une étendue cinq fois supérieure à celle de la France, ne comptent encore que 3,000,000 d'habitants, et au siècle dernier n'en avaient que 500,000. Sans les guerres civiles qui désolent le plus souvent les provinces de la Confédération, sans les grandes luttes de la Confédération contre l'Uruguay et aujourd'hui contre le Paraguay, le développement de la population serait beaucoup plus grand. Ces contrées, en effet, jouissent d'une température moyenne, d'un climat sain et sont heureusement situées pour devenir le domaine de nations de premier ordre. Le Paraguay, la République Argentine et l'Uruguay sont un même pays, et tôt ou tard, en dépit des rivalités et des guerres, ils ne formeront, comme l'a voulu la nature, qu'un seul État. L'émigration européenne, principalement française, italienne et allemande, prend de plus en plus des proportions considérables et concourt maintenant, avec l'accroissement naturel des habitants, à transformer les solitudes en campagnes populeuses.

IV.

PATAGONIE.

Au delà du Rio-Negro s'étend une terre désolée, la *Patagonie*, pays froid, sauvage, semé de loin en loin de prairies et de forêts, il est habité par des tribus indiennes, les *Puelches*, les *Patagons* ou *Thuelches*. On croyait les Patagons (hommes aux grands pieds) plus grands que les autres hommes, mais des observations répétées ont singulièrement rabattu les descriptions exagérées des voyageurs.

Au sud de la Patagonie se trouve un groupe d'îles montagneuses, froides et cependant semées de volcans, c'est pour cela qu'on appelle ce groupe la *Terre-de-Feu*. Ces îles sont séparées du continent par le détroit de *Magellan*, passage long, sinueux, étroit, d'une navigation pénible, mais cependant ayant beaucoup de mouillages sûrs et commodes. L'importance de ce détroit, découvert en 1519 par Magellan, a diminué depuis qu'on a reconnu le cap Horn, à l'extrémité de la Terre-de-Feu; néanmoins, comme le voyage autour du cap *Horn* présente de grands dangers, le détroit de Magellan est encore assez fréquenté. Si un passage était ouvert à travers l'isthme de Panama, cette route serait sans doute de plus en plus délaissée.

A l'est de la Terre-de-Feu, dans l'océan Atlantique, se trouvent deux grandes îles, les îles *Malouines* ou *Falkland*; l'Angleterre en a pris possession parce qu'elles sont un point de relâche pour la navigation du cap Horn et pour les bâtiments baleiniers.

V

ÉTATS DE LA COTE OCCIDENTALE.

Côte du Pacifique. — Cordillière des Andes.

Remontons maintenant la côte occidentale de l'Amérique du Sud, bande étroite entre la mer et une longue chaîne de montagnes appelées les *Cordillières des Andes*. Cette chaîne prend successivement, si nous remontons vers le nord, les noms suivants : *Andes de la Patagonie, Andes du Chili, Andes de la Bolivie* et du *Pérou, Andes de Quito,* et *Cordillières occidentales, centrales, orientales* de la Nouvelle-Grenade.

Cette chaîne, une des plus hautes du globe, est entremêlée de plateaux, de nœuds immenses, et contient des montagnes remarquables. Les sommets les plus élevés sont : dans les Andes de *Quito*, le *Cotopaxi*, 5,760 mètres;

le *Chimborazo*, qui a 6,530 mètres d'altitude ; on dirait vraiment que le colosse touche à la voûte céleste. Toutefois l'Himalaya, en Asie, a des sommets beaucoup plus hauts, et les Andes mêmes en ont d'autres qui le dépassent : les pics d'*Illimani*, 7,400 mètres ; de *Sorata*, 7,690 mètres, dans les Cordillières du Pérou ; l'*Aconcagua*, dans les Andes du Chili, 6,692 mètres. On remarque dans les Andes de Bolivie le grand lac de *Titicaca*.

VI

CHILI.

Des États qui bordent cette côte, le Chili est le plus méridional et le plus étroit. Situé à l'ouest des États de la Plata, il est pittoresque, fertile, salubre, mais tous ces avantages sont compromis par l'instabilité du sol ; les tremblements de terre sont fréquents et violents.

La capitale est SANTIAGO ; villes principales : VALPARAISO, 50,000 habitants, principal port de commerce ; COQUIMBO, VALDIVIA.

Le pays est surtout riche en mines de cuivre, d'or, d'argent, sans parler des produits de l'agriculture que favorise un climat délicieux.

Du Chili dépend l'île de *Chiloé*.

VII

BOLIVIE.

Au nord du Chili, on rencontre la *République de Bolivie*, qui est comprise entre l'océan Pacifique et le Pérou à l'ouest, le Pérou au nord, le Brésil à l'est, le Paraguay et la Plata au sud.

Cet État s'étend donc à la fois sur les deux versants de la chaîne des Andes, et les cours d'eau qui l'arrosent sont en général des affluents du grand fleuve des Amazones et de la Plata. Parmi les affluents de l'Amazone, on remarque la *Mamoré* ou *Rio-Grande* et le *Rio-Madeira*. Dans le sud coulent le *Pilcomayo* et le *Paraguay*; deux des principaux affluents du Parana.

Cet État contient les nœuds les plus élevés des Andes, le *Sorato*, l'*Illimani*; aussi le pays est-il très-riche en mines d'or et d'argent. Tout le monde connaît la montagne célèbre du *Potosi* où on a longtemps exploité les plus riches mines d'argent.

La Bolivie forme une république indépendante dont la capitale est LA PAZ, ville assez grande, 50,000 habitants; villes principales SUCRE ou CHUQUISAKA, POTOSI, et sur la côte, COBIJA.

VIII

PÉROU.

Le Pérou, comme la Bolivie par laquelle il est limité au sud et à l'est, se partage entre les deux versants des Andes; comme elle, il est traversé du nord au sud par la partie la plus haute de cette chaîne de montagnes qui s'y divise même en trois rangées et renferme aussi beaucoup de volcans. Dans l'océan Pacifique ne tombent que de petites rivières; toutes les eaux s'en vont dans le bassin de l'Amazone; le pays est arrosé surtout par le *Maránon* qui est considéré comme la branche principale du fleuve des Amazones et que vient grossir l'*Ucayale*, qui reçoit lui-même l'*Apurimac*.

La richesse du Pérou en mines d'or et d'argent est légendaire, bien que ces mines aient été bien mal exploitées. L'agriculture y prospère, car la température des montagnes y est très-favorable.

C'est au Pérou que l'on trouve le lama qui est le chameau de l'Amérique.

La capitale de ce pays qui, comme les pays voisins, forme une république indépendante, est LIMA, grande et belle cité de 80,000 habitants, ville de luxe et de plaisirs, mais où l'on danse sur un volcan puisque cette ville a souvent été dévastée par des tremblements de terre ; elle a pour port *Callao*.

Les villes principales sont : CUZCO, ancienne capitale de l'empire des Incas et qui renferme encore quelques monuments péruviens ; AREQUIPA, dans le voisinage d'un volcan ; TRUXILLO, près de la mer ; PISCO, ARICA et ISLAY.

Au Pérou appartiennent les îles *Chinchas*, importantes par leurs gisements de guano qui fait l'objet d'un commerce considérable pour les engrais.

IX

ÉQUATEUR.

Au nord du Pérou se trouve la *République de l'Équateur* limitée, comme ce dernier pays, à l'ouest par le Pacifique, à l'est par le Brésil.

La capitale est QUITO, située à 2,900 mètres au-dessus du niveau de la mer, ville de 80,000 habitants, mais souvent dévastée par les tremblements de terre. Les villes principales sont : le port de MANTA, GUAYAQUIL, CUENCA et LOJA.

La République de l'Équateur a pour voisines au nord les Républiques de la Nouvelle-Grenade et du Vénézuéla que nous avons déjà décrites : elle nous ramène ainsi à notre point de départ dans l'étude de l'Amérique méridionale.

LIVRE VII.

OCÉANIE.

CHAPITRE I.

OCÉANIE OCCIDENTALE.

On comprend, sous le nom d'Océanie, les îles situées au sud de l'Asie avec l'Australie et toutes les îles dispersées dans le grand Océan. On a divisé cette multitude d'îles en quatre groupes principaux : la *Malaisie*, la *Mélanésie*, la *Polynésie* et la *Micronésie*. Les deux premiers groupes forment l'Océanie occidentale.

I

MALAISIE.

L'immense archipel de la Malaisie a été appelé le paradis du globe à cause de sa situation au milieu des mers calmes et lumineuses de la région tropicale. Il est occupé par la race *malaise*. Cette race que l'on fait généralement sortir de la presqu'île de Malacca, d'où vient son nom, a le teint d'un rouge de brique foncé, les cheveux longs et noirs, les yeux grands et étincelants ; il y a plus d'une analogie entre le caractère malais et le caractère arabe. Dans l'une et l'autre de ces races, l'homme est aventureux, taciturne et réservé, enclin à se vanter des bonnes comme des mauvaises actions. Le visage du Malais a même quelque chose de sémitique. La race malaise a adopté le mahométisme, mais elle a conservé avec les prescriptions du Coran une foule de superstitions locales qui semblent un reste de leurs croyances primitives.

La *Malaisie* comprend : 1° les *îles de la Sonde* ; 2° l'*archipel de Bornéo* ; 3° l'*archipel des Célèbes* ; 4° les *îles Moluques* ; 5° les *îles Philippines*.

Les deux plus importantes des îles de la Sonde sont *Sumatra* et *Java*, qui paraissent la continuation de la presqu'île de Malacca en Asie. L'île de Sumatra, peuplée de 4,500,000 habitants, jouit d'un climat tempéré ; elle est couverte de forêts ; on y cultive le riz, le cocotier, le bétel, le sagoutier, le poivre, etc.

L'île de *Java*, qui a 1,000 kilomètres de longueur, et qui est, comme Sumatra, traversée par une chaîne de montagnes volcaniques, jouit également d'un climat sain et produit le sagoutier, dont la moelle donne aux habitants une farine dont ils se nourrissent, le bananier, l'ananas, la goyave, le jacquier, etc. Elle compte environ 12,000,000 d'habitants.

Les autres îles de la Sonde sont : *Bali, Sumbava, Florès* et *Timor*.

L'archipel de *Bornéo* a pour îles principales : *Bornéo*, la plus grande des îles de l'Océanie après l'Australie, elle a 1,270 kilomètres de long sur 900 de large, elle surpasse la France en étendue, mais n'a que 3 à 4 millions d'habitants, elle renferme beaucoup de mines de fer, d'or, de cuivre et de diamants.

On remarque encore l'archipel des *Célèbes*, dont la principale est l'île du même nom ; île singulièrement formée et qui figure quatre doigts d'une main, écartés. L'intérieur est montagneux. Cette île, d'un climat très-agréable, produit en quantité du riz, du coton, du camphre, du bois de sandal, et même de l'or : la population est évaluée à 2 millions d'habitants.

Les îles *Moluques*, divisées en grandes et petites, sont appelées aussi *Iles aux Épices*, parce que leurs principales productions sont les épices, le giroflier, le muscadier... On remarque parmi les principales : *Ternate, Banda, Gilolo, Amboine* et *Tidor*.

Tous ces archipels contiennent des États indépendants, mais en général soumis aux Hollandais, ils forment le principal centre de leur empire colonial. Le peuple hollandais, si petit par le territoire et si grand par le caractère, a su étendre sa domination sur une population de 20 millions d'hommes, et les astreindre au travail sans les soumettre à l'esclavage. L'esclavage, cette plaie, a disparu dans les Indes orientales depuis la loi du 7 mai 1859. En 1861, l'esclavage a été aussi supprimé dans les possessions hollandaises de l'Amérique ou Indes occidentales.

Dans cet empire, c'est à peine si on compte 22,000 Européens ; les races de l'Asie et de l'Océanie en forment donc le fond principal, la race javanaise, la race malaise, la race chinoise.

C'est une merveille que la rapide prospérité de ces îles hollandaises si favorisées par le soleil ; elles sont pour la Hollande une source considérable de richesses. La capitale des établissements hollandais est dans l'île de Java : BATAVIA, 250,000 habitants, divisée en ville haute et ville basse ; on remarque encore, dans la même île, SOURABAYA, SAMARANG, BANTAM.

Dans l'île de Sumatra, les chefs-lieux des établissements hollandais sont PADANG et BENCOULEN.

Dans l'île Célèbes, la ville principale est MACASSAR.

Un autre archipel de la Malaisie appartient à l'Espagne, ce sont les îles *Philippines*, dont la principale culture est le riz, le cotonnier, l'ananas, le gingembre, le cassier, le bananier, le tabac.

La principale île est *Luçon*, fertile, mais volcanique. MANILLE, sur la côte occidentale, chef-lieu des établissements espagnols, compte 140,000 habitants. Les autres îles sont *Mindanao, Samar, Zébu, Mindoro*, etc. On évalue la population des Philippines à 5 millions d'habitants.

II

MÉLANÉSIE.

La Mélanésie, ainsi appelée parce qu'elle est occupée par des peuples de race noire, comprend les archipels des îles *Viti*, des *Nouvelles-Hébrides*, les îles *Salomon*, la *Nouvelle-Guinée*, encore peu connue, mais où les Hollandais ont déjà fait quelques établissements.

Australie.

Mais l'île principale de cette région et la plus grande de l'Océanie, est l'*Australie*, vaste comme un continent, qui a été découverte par les navigateurs hollandais, vers l'année 1605. Elle est bornée au nord par le détroit de TORRÈS, qui la sépare de la Nouvelle-Guinée, et par la mer de Timor ; à l'est et à l'ouest par le grand Océan, au sud-est par le détroit de *Bass*, qui la sépare de la Tasmanie. Ses côtes sont très-échancrées, et on remarque au nord le golfe de *Carpentarie*. Sa superficie égale la moitié de l'Europe.

Cette île immense, et encore inexplorée dans sa plus grande partie, est surtout colonisée sur la côte orientale où l'on remarque une chaîne de montagnes que l'on a appelée Alpes Australiennes ou montagnes Bleues; de ces montagnes s'échappe un grand fleuve, le *Murray*, qui

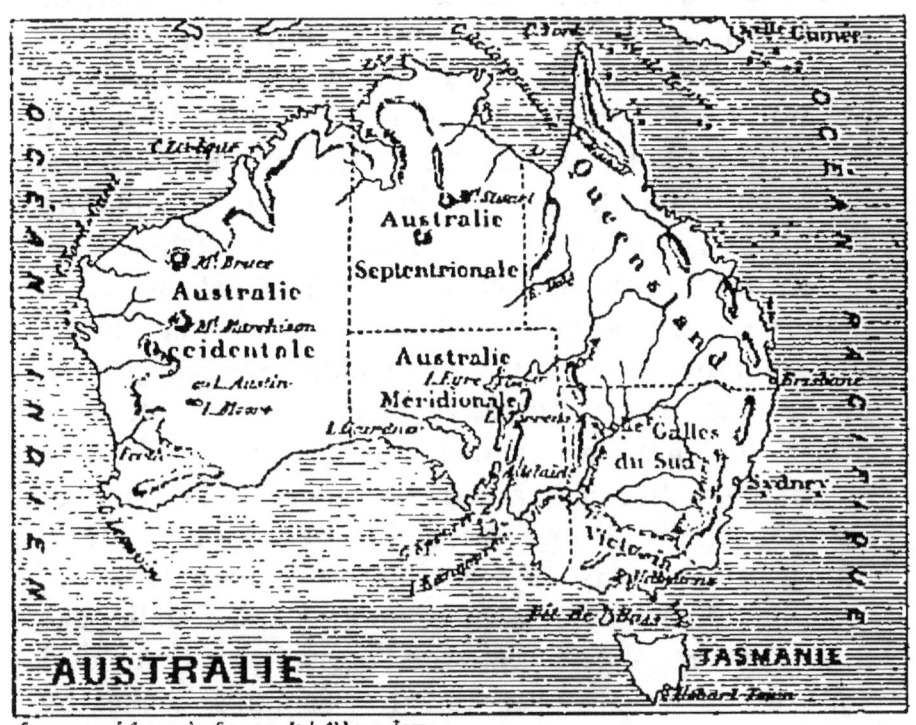

court vers l'ouest, reçoit le *Darling* et se jette dans le Pacifique, sur la côte sud-ouest. Plus loin à l'ouest, on rencontre un grand lac, le lac *Torrens*. Chaque année, les voyageurs cherchent à reconnaître l'intérieur de l'île couvert de steppes, de landes, de forêts, de marécages. Les voyageurs *Landsborough*, *Kennedy*, *Leichart*, *Burke*, et en dernier lieu *Mac-Douall-Stuart*, ont fait faire de grands progrès aux connaissances géographiques; le dernier surtout a traversé le continent dans sa longueur, depuis Adélaïde, au sud, jusqu'au golfe de Carpentarie.

Les colonies australiennes n'ont pas encore cent ans d'existence. La première escadre envoyée d'Angleterre entrait à Port-Jackson en 1788. Sidney, dont l'origine bien modeste est un établissement pénitentiaire, fut le berceau de ce nouvel empire. Melbourne est beaucoup plus moderne ; car les colons ne s'établirent qu'en 1833 sur la pointe sud-est de l'Australie, qui est aujourd'hui la province de Victoria. Cette terre ne paraissait pas offrir de grandes ressources, lorsqu'en 1851 on y découvrit des mines d'or ; depuis ce moment, l'émigration se porta avec rapidité vers cette contrée, et la population s'accroît chaque année d'une manière étonnante.

Dans les terrains aurifères, la verdure est morte, les grands arbres des forêts abattus par la main de l'homme sont étendus sur ces terrains bouleversés ; la plaine a été grattée, lavée, regrattée et relavée à diverses reprises. Les premiers venus trouvèrent l'or à la surface en si merveilleuse-abondance, qu'ils se donnaient à peine le temps de creuser et ne recueillaient que les plus gros morceaux. Il y eut alors une période d'anarchie, de crimes, d'opulence et de désastres. Maintenant tout s'est régularisé. On voit des villes sillonnées de voitures, éclairées au gaz, remplies de clubs, de théâtres, de bibliothèques.

Le travail des mines s'est lui-même transformé. De puissantes compagnies, pourvues de capitaux considérables, creusent des puits profonds et vont chercher dans les entrailles de la terre les pépites que la surface ne rend plus en qualité suffisante.

Quant à l'élevage des bestiaux, c'est une industrie moins aléatoire, mais tout aussi rémunératrice que celle des mines. Des plaines d'une immense étendue que les tribus indigènes parcouraient au hasard sans en tirer nul profit, sont admirablement propres à l'industrie pastorale. On peut s'approprier, au prix d'une faible redevance annuelle, des centaines de kilomètres carrés. Là-dessus vivent des milliers de bœufs ou de moutons, auxquels suffit une escorte de quelques bergers. Ces troupeaux alimentent les villes du littoral ; ils fournissent une prodigieuse quantité de laine que l'Australie exporte dans l'ancien monde. Ils contribuent à la richesse du pays presqu'autant que l'or qui a été pendant longtemps la principale attraction de ces colonies improvisées.

La colonie anglaise se divise en cinq provinces :

A l'est, la *Nouvelle-Galles du Sud*, capitale SIDNEY (Port-Jackson) ; *Queensland* (Terre de la Reine) ; villes principales : PORT-DENISON et BRISBANE.

Au sud : la *Province de Victoria*, capitale MELBOURNE, qui doit au voisinage de ses mines, récemment découvertes, d'avoir aujourd'hui 150,000 habitants. Dans ces villes, des assemblées, élues par les habitants, administrent le pays avec le concours et sous le gouvernement de la reine d'Angleterre. C'est déjà une petite Amérique pour l'activité et la liberté.

A l'ouest, l'Australie occidentale a pour capitale PERTH.

La population totale de la colonie anglaise est de 1,400,000 habitants.

Au sud de l'Australie, l'Angleterre possède encore la *Tasmanie*, florissante colonie.

La Nouvelle-Calédonie.

La France possède dans cette région la *Nouvelle-Calédonie*, située à l'est de l'Australie. Cette île qui nous appartient depuis 1853 jouit d'un climat salubre et contient beaucoup de forêts, mais l'intérieur en est encore peu connu. On y remarque déjà deux villes, Fort-de-France, sur la côte occidentale, et Napoléon, sur la côte orientale.

On trouve à côté de la Nouvelle-Calédonie l'île des *Pins*, qui en est une dépendance.

CHAPITRE II.

OCÉANIE ORIENTALE.

Polynésie et Micronésie.

On a groupé sous ces deux noms (îles nombreuses, *Polynésie*, et petites îles, *Micronésie*), de nombreux archipels. Quelques îles seulement sont remarquables et colonisées par des Européens.

I

POSSESSIONS ANGLAISES.

Les Anglais possèdent la plus grande de ces îles, la *Nouvelle-Zélande*. La Nouvelle-Zélande se compose de deux grandes îles, séparées par le détroit de *Cook*, et qui correspondent aux antipodes d'une partie de la France. Le pays est couvert d'une végétation remarquable, les naturels sont braves et les Anglais ont souvent à réprimer de graves insurrections. La richesse du sol, des pâturages, des forêts, des mines d'or assurent à la colonie un grand développement.

La capitale est la ville d'AUKLAND ; les villes principales sont : WELLINGTON, sur le détroit de Cook, NELSON et DUNEDIN.

II

POSSESSIONS FRANÇAISES.

Les établissements français de l'Océanie sont :
Les *îles Marquises* ou Nouka-Hiva, les *États du Protectorat* ou de la *Société*, qui comprennent les îles de *Taïti* et *Moorea*, et des îlots secondaires.

L'île de Taïti, qui occupe un périmètre de 120 kilomètres et dont le centre est occupé par de hautes montagnes, a pour capitale PAPEITI, capitale du Protectorat, qui possède un port vaste et sûr ; elle est la résidence de la reine et du commissaire français.

Le groupe des îles Marquises se compose de onze îles ou îlots dont beaucoup sont déserts.

La France possède encore les îles *Gambier*, *Tuamoutou* et *Wallis*.

En dehors des archipels qui appartiennent à la France et à l'Angleterre, l'Espagne possède en Micronésie les archipels des *Carolines* et des *Mariannes*.

Les archipels indépendants sont, dans la Micronésie : *Gilbert*, *Marshall*, *Anson* et *Magellan* ; dans la Polynésie, *Tonga*, l'archipel de *Cook* et les îles *Sandwich* au nord l'Océanie.

III

VOYAGES EN OCÉANIE.

C'est surtout au XVIII° et au XIX° siècle que les archipels de l'Océanie ont été explorés. Les voyages de Dampier, de Wallis, de Carteret avaient déjà avancé de ce côté la science géographique, lorsque le capitaine anglais *Cook* entreprit de longs et savants voyages, 1768-1772-1776 : il étudia la côte orientale de l'Australie, reconnut la Nouvelle-Zélande, découvrit la Nouvelle-Calédonie, les îles de la Société, celles des Amis et les îles Sandwich ; on sait qu'il périt dans un combat contre les naturels de ces dernières îles. Le Français *Bougainville* fit également un voyage autour du monde, 1766-1769, dans lequel il explora également beaucoup de régions ; puis vint l'infortuné *Lapérouse*, que Louis XVI, en 1785, chargea d'un voyage de découvertes. Il partit de Brest avec les frégates *la Boussole* et *l'Astrolabe* ; déjà il avait visité les côtes de beaucoup de pays, surtout de l'Australie, lorsqu'on cessa, en 1788, d'avoir de ses nouvelles. On fit, mais en vain, plusieurs voyages dans le but de rechercher ses traces, et on désespérait de les découvrir, lorsqu'en 1827 le hasard fit rencontrer par le capitaine anglais Dilon les débris de ses vaisseaux dans une des îles *Vanikoro*. En 1828, *Dumont d'Urville* acquit la certitude que Lapérouse avait péri sur les récifs qui entourent l'île de Vanikoro. Ajoutons à ces noms ceux du navigateur anglais *Van Couver*, un des compagnons de Cook et du Français *d'Entrecasteaux*. Au XIX° siècle ces voyages ont continué, mais les grandes découvertes étaient faites et il ne restait plus qu'à glaner.

IV.

TERRES AUSTRALES.

Y a-t-il vers le pôle sud des terres comme on en a trouvé vers le pôle nord ? Telle était la question que se posaient les navigateurs ? Cook, après plusieurs voyages, dit : « Non, » et l'on cessa de croire à un continent austral. Or, en 1828, le capitaine *Foster* rencontre au 64° degré de latitude sud une terre montagneuse et glacée. En 1831, le capitaine Biscoe reconnaît une île qu'il appelle *Adélaïde* puis la terre de *Graham*.

Alors navigateurs anglais, français, américains, rivalisent de zèle pour explorer ces régions. Le capitaine *Dumont d'Urville* en fit le but de plusieurs voyages, il reconnut les îles *Orkney* et une terre qu'il appela terre *Louis-Philippe* (1838); plus tard la terre *Adélie* (1840), dans le voisinage de laquelle on croit qu'existe le pôle magnétique; il reconnut aussi la côte que l'on nomme terre de *Clarie*.

Le lieutenant anglais *Wilkes*, le capitaine *Balleny* visitèrent également les régions antarctiques.

Le capitaine *James Ross*, sur les frégates *Erebus* et *Terror*, vérifia les découvertes de Dumont d'Urville, rencontra l'île *Victoria*, et, à 77 degrés latitude sud, une montagne volcanique qu'il appela le mont *Erèbe*, (1840). Ces découvertes ne sont précieuses que pour la science mais elles sont pour elle d'un prix inestimable, surtout au point de vue des calculs mathématiques et des observations physiques.

Le jour approche où pas un coin de terre, fût-il perdu aux extrémités du monde et sous les climats les plus rigoureux, n'aura été exploré, visité; pas une pierre de son domaine n'échappera à la connaissance de l'homme.

FIN.

TABLE DES MATIÈRES.

LIVRE I.

Géographie générale du monde.

	Pages.
CHAPITRE I. — Le globe terrestre.................	1
La terre dans le système solaire.................	1
Forme de la terre. — Les pôles.................	3
Etoile polaire. — Les deux pôles. — Les quatre points cardinaux.................	4
Mesure de la terre. — L'équateur. — Longitude et latitude.................	6
Tropiques et zones.................	7
Les saisons.................	8
Cartes. — La mappemonde.................	10
Etendue relative des terres et des eaux.................	12
CHAPITRE II. — Les eaux.................	13
Les cinq océans.................	13
Détroits et caps.................	15
Marées et courants.................	15
Les courants.................	17
Mers secondaires. — Iles et presqu'îles.................	23
L'atmosphère : vents, moussons, ouragans, pluie, lignes isothermes, climats.................	24
CHAPITRE III. — Les terres.................	39
Les continents. — Les cinq parties du monde.................	39
Etendue relative des terres au nord et au sud de l'équateur ; forme générale ; ressemblances et différences des continents.................	40
Plateaux et grandes plaines.................	42

	Pages.
Les montagnes. — Principales chaînes.................	46
Les fleuves................	50
Ce qui reste à découvrir sur le globe.................	53

LIVRE II.

L'Europe physique.

CHAPITRE IV. — Configuration ; limites et mers de l'Europe.....	55
Configuration générale.................	56
Limites ; océans et mers secondaires...............	56
Détroits................	58
Caps................	58
Iles................	59
CHAPITRE V. — Relief du sol ; les montagnes............	60
La haute et la basse Europe................	60
Les Alpes ; direction générale de la chaîne...........	61
Principaux cols et passages des Alpes.............	65
Les glaciers................	69
La végétation et la vie dans les Alpes...........	72
Les Apennins et les Alpes helléniques............	78
Montagnes de la Bohème et du centre de l'Europe......	81
Les Carpathes. — Le plateau de Transylvanie.........	82
Les Cévennes et le plateau central de la France ; le Jura et les Vosges.................	84
Les Pyrénées ; le plateau espagnol	87
Le Caucase................	91
Montagnes de l'Angleterre et de la Scandinavie ; les fiords de la Norwège................	92
Les volcans................	94
Plateaux et pays de plaines................	97
CHAPITRE VI. — Les eaux................	99
La chaîne de partage des eaux.............	99
Versants et bassins................	100
Fleuves du versant de l'Atlantique............	101
Fleuves du versant de la Méditerranée............	102
Les grands fleuves. Le Rhin, le Rhône............	103
Le Rhône................	107
Le Pô................	111
Le Danube................	114
Le Volga et l'Oural ; les fleuves russes............	119
Fleuves de l'Angleterre. Cours d'eau secondaires......	122
Les lacs de l'Europe................	123
Facilité des relations commerciales.............	125

… TABLE DES MATIÈRES. 419

LIVRE III.

L'Europe. — Géographie générale.

Pages.

CHAPITRE VII. — Région du nord-ouest. — Les iles Britanniques.. 127
    Limites, étendue et côtes.. 127
    Montagnes et fleuves... 129
    Divisions principales... 132
    Grandes villes. — Londres...................................... 133
    Grandes villes. — Les ports et les centres industriels.... 135
    Villes d'Écosse.. 137
    Villes d'Irlande.. 138
    Population. — Religion. — Gouvernement...................... 138
    Principales richesses de l'Angleterre......................... 140

CHAPITRE VIII. — Région du nord-ouest. — La Belgique et la Hollande.. 141
  I. — *La Belgique.* — Limites et géographie physique...... 141
    Divisions et villes principales................................ 143
    Population. — Religion. — Gouvernement...................... 144
  II. — *La Hollande.* — Aspect physique....................... 145
    Divisions et villes principales................................ 147
    Population. — Religion. — Gouvernement...................... 148

CHAPITRE IX. — Région septentrionale. — États scandinaves... 149
  I. — *Le Danemark.* — Aspect. — Divisions politiques et villes principales... 149
  II. — *Royaume de Suède et de Norvége.* — Géographie physique... 151
    Climat. — La Laponie... 153
    Divisions et villes de la Suède et de la Norwége......... 156
    Population. — Religion. — Gouvernement...................... 158

CHAPITRE X. — Région centrale. — La Suisse................. 159
    Les Alpes... 159
    La Suisse. — Ses limites, ses montagnes, ses glaciers, ses fleuves... 160
    Bassin supérieur du Rhin...................................... 162
    Aspect de la Suisse... 163
    Divisions et villes principales................................ 163
    Population. — Religion. — Gouvernement...................... 165

CHAPITRE XI. — Empire d'Allemagne........................... 166

TABLE DES MATIÈRES.

	Pages.
Limites et géographie physique..................	166
Le royaume de Prusse..........................	171
Population. — Religion. — Gouvernement...........	173
États du Nord. — Royaume de Saxe................	174
Les grand-duchés de Mecklembourg................	175
Le grand-duché d'Oldembourg....................	176
Les villes hanséatiques.........................	176
Duchés de Saxe................................	176
Duchés enclavés dans la Prusse...................	177
Le grand-duché de Bade.........................	177
Wurtemberg...................................	178
Bavière......................................	179
Religion et gouvernement.......................	180

CHAPITRE XII. — EMPIRE D'AUTRICHE ET ROYAUME DE HONGRIE.. 180

Géographie physique. — Région du Danube............ 180
Divisions et villes principales...................... 182
Royaume de Hongrie............................. 183
Provinces slaves................................ 185
Population. — Religion. — Gouvernement............. 187

CHAPITRE XIII. — RÉGION MÉRIDIONALE. — PÉNINSULE HISPANIQUE... 188

Région méridionale de l'Europe..................... 188
Péninsule hispanique. — Géographie physique......... 189
Aspect de la région hispanique..................... 191

I. — *Espagne.* — Divisions et villes principales......... 193

Population, religion, gouvernement................ 197

II. — *Portugal.* — Divisions, villes, gouvernement....... 197

CHAPITRE XIV. — RÉGION MÉRIDIONALE. — ITALIE....... 199
Géographie physique............................. 199
Divisions et villes principales..................... 202

CHAPITRE XV. — RÉGION MÉRIDIONALE. — LA GRÈCE ET LA TURQUIE.. 207

I. — *La Grèce.* — Géographie physique................ 207

Divisions et villes principales. — Les îles............ 209

II. — *Turquie d'Europe.* — Montagnes et fleuves......... 211

Divisions et villes principales. — Constantinople....... 213
Population, religion, gouvernement................ 217

CHAPITRE XVI. — PRINCIPAUTÉS DANUBIENNES........... 218

La Bulgarie................................... 218
La Serbie..................................... 219
La Roumanie.................................. 222

CHAPITRE XVII. — RÉGION ORIENTALE. — RUSSIE ET POLOGNE.. 225

Limites, montagnes et fleuves..................... 225

TABLE DES MATIÈRES.

Pages.

Aspect général et climat.................................... 230
Divisions politiques.. 231
Russie — Villes principales................................ 232
Finlande.. 236
Royaume de Pologne.. 236
Pays des Cosaques... 237
Population. — Religion. — Gouvernement...................... 237

LIVRE IV.

L'Asie. — Géographie physique.

CHAPITRE XVIII. — GÉOGRAPHIE GÉNÉRALE............... 240
  Limites, mers et golfes................................. 240
  Montagnes et fleuves. — Plateaux et dépressions du centre et de l'ouest... 243
  Montagnes et fleuves du sud et de l'est. — L'Himalaya. — Le Gange... 245
  Principales races de l'Asie et religions................ 246
CHAPITRE XIX. — RÉGION OCCIDENTALE.................. 247
  I. — *Turquie d'Asie*. — Description physique........... 247
  II. — *Arabie*.. 251
  III. — *Perse*. — Aspect du pays et villes principales.. 254
  IV. — *Les provinces russes du Caucase*. — *Le Turkestan*.
    Les provinces du Caucase............................ 256
    Turkestan. — Les Kirghizes.......................... 257
  V. — *Afghanistan et Béloutchistan*..................... 259
  VI. — *La Sibérie*...................................... 261
  VII. — *Agrandissements des Russes*. — Le fleuve Amour... 264
    Villes principales.................................. 266
CHAPITRE XX. — RÉGION MÉRIDIONALE. — LES INDES..... 267
  I. — *Hindoustan*. — Géographie physique. — Montagnes et fleuves... 267
    Aspect du pays...................................... 270
    Géographie politique. — Empire anglais.............. 271
    Possessions immédiates de l'Angleterre.............. 276
    Importance de l'Inde anglaise....................... 277
    Religions de l'Inde................................. 278
    Possessions françaises et portugaises............... 278
  II. — *Indo-Chine*. — Montagnes et fleuves.............. 279
    L'Indo-Chine anglaise............................... 281

KLEINE. — LE MONDE.

	Pages.
L'Indo-Chine indépendante............................	281
Indo-Chine française ou Basse-Cochinchine.............	283
CHAPITRE XXI. — Région orientale. — La Chine et le Japon..	285
I. — *La Chine.* — Géographie physique................	285
Divisions et villes principales......................	288
II. — *Le Japon.* — L'Archipel.......................	292
Villes principales...................................	292
Religion et gouvernement.............................	293
III. — *Résumé des colonies européennes en Asie*.......	295

LIVRE V.

L'Afrique.

CHAPITRE I. — Géographie générale. — Limites et mers.	297
Montagnes et fleuves.................................	298
CHAPITRE II. — Région du nord-est. — Egypte. — Nubie. — Abyssinie.....................................	300
Le bassin du Nil.....................................	300
Les sources du Nil...................................	301
I. — *Abyssinie et Nubie.* — Abyssinie................	304
Nubie..	306
Soudan oriental......................................	306
II — *Egypte.* — Le pays — Les inondations du Nil.....	307
Gouvernement — Villes principales....................	309
Isthme de Suez.......................................	310
CHAPITRE III. — Les Etats barbaresques................	311
I. — *Géographie physique.* — Les côtes, les montagnes, l'Atlas..	311
II. — *Régence de Tripoli*............................	313
Régence de Tunis.....................................	313
III. — *Algérie.* — Limites, montagnes et fleuves.....	314
Productions..	316
Population...	317
Divisions et villes principales......................	317
IV. — *Maroc*..	320
CHAPITRE IV. — Région saharienne.....................	321
I. — *Le Sahara.* — Le désert et les oasis............	321
Population...	322

TABLE DES MATIÈRES. 423

	Pages.
Caravanes	323
II. — *Soudan*. — Limites et aspect	324
Bassin du Niger	324
Divisions et villes principales	325
III. — *Sénégambie*. — Possessions européennes	327
IV. — *La Guinée*. — Possessions européennes	327
V. — *Iles africaines de l'océan Atlantique*	329
CHAPITRE V. — RÉGION AUSTRALE ET ORIENTALE	329
I. — *Afrique australe*. — Colonie du Cap	329
II. — *Afrique orientale et centrale*. — Voyages dans l'Afrique centrale. — Livingstone. — Le Zambèze	331
La côte orientale et méridionale. — Colonies anglaises et portugaises	338
Iles africaines de l'océan Indien	339
Résumé des possessions européennes	342

LIVRE VI.

L'Amérique.

CHAPITRE I. — GÉOGRAPHIE GÉNÉRALE	343
Amérique septentrionale	343
Amérique méridionale	345
CHAPITRE II. — RÉGION SEPTENTRIONALE. — TERRES ARCTIQUES ET NOUVELLE-BRETAGNE	347
I. — *Terres arctiques*. — Passage du Nord-Ouest	347
Possessions du Danemark	348
II. — *La Nouvelle-Bretagne*. — Possessions anglaises	349
Divisions politiques	350
Le Canada	350
Ancienne Amérique russe	352
CHAPITRE III. — RÉGION CENTRALE. — ETATS-UNIS. — GÉOGRAPHIE PHYSIQUE	353
Limites. — Côtes. — Courant du gulf-stream	353
Montagnes et fleuves	355
Aspect et climat	358
CHAPITRE IV. — ETATS UNIS. — GÉOGRAPHIE POLITIQUE	359
Etats de l'Est	359
Etats de l'Ouest. — Le Grand-Ouest	362
Territoires	364

TABLE DES MATIÈRES.

	Pages.
Population	364
Gouvernement	367

CHAPITRE V. — RÉGION MÉRIDIONALE. — LE MEXIQUE ET LES ÉTATS DU CENTRE DE L'AMÉRIQUE........ 369

   I. — *Le Mexique.* — Géographie physique. — Climat et aspect........ 369
   Villes principales........ 376
   II. — *Amérique centrale.* — Etats. — Isthme de Panama.. 378
   III. — *Antilles.* — Grandes Antilles........ 380
   Petites Antilles. — Colonies européennes........ 381

CHAPITRE VI. — AMÉRIQUE DU SUD. — RÉGION DU NORD-EST........ 383

   Bassin de l'Orénoque........ 383
   I. — *Etats-Unis de Colombie.* — Aspect et villes........ 384
   II. — *Vénézuéla*........ 385
   III. — *Les Guyanes*........ 385
   IV. *Bassin des Amazones.* — *Empire du Brésil.* — Le fleuve des Amazones........ 386
   V. — *Le Brésil.* — *Etendue et situation*........ 387
   Divisions et villes principales........ 389
   Population et gouvernement........ 390

CHAPITRE VII. — AMÉRIQUE DU SUD. — RÉGION DU SUD-OUEST........ 392

   Bassin de la Plata........ 392
   Les Pampas........ 394
   I. — *Uruguay*........ 397
   II. — *Paraguay*........ 397
   III. — *Confédération Argentine*........ 398
   IV. — *Patagonie*........ 399
   V. — *Etats de la côte occidentale.* — Côte du Pacifique. — Cordillière des Andes........ 400
   VI. — *Chili*........ 401
   VII. — *Bolivie*........ 401
   VIII. — *Pérou*........ 402
   IX. — *Equateur*........ 403

LIVRE VII.

Océanie.

CHAPITRE I. — OCÉANIE OCCIDENTALE........ 405
   I. — *Malaisie*........ 406

TABLE DES MATIÈRES.

	Pages.
II. — *Mélanésie*..	408
Australie..	408
La Nouvelle-Calédonie..........................	411
CHAPITRE II. — Océanie orientale..................	412
Polynésie et Micronésie........................	412
I. — *Possessions anglaises*......................	412
II. — *Possessions françaises*....................	413
III. — *Voyages en Océanie*......................	413
IV. — *Terres australes*.........................	414

FIN DE LA TABLE.

657. — ABBEVILLE. — TYP. ET STÉR. GUSTAVE RETAUX.

www.ingramcontent.com/pod-product-compliance
Lightning Source LLC
Chambersburg PA
CBHW060544230426
43670CB00011B/1685